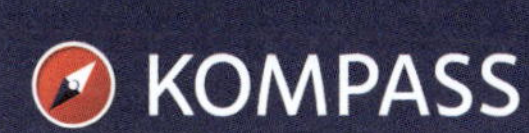

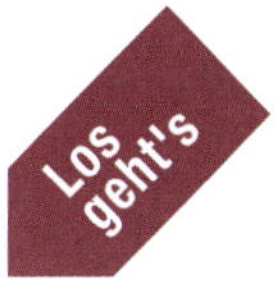

Endlich Genuss

SÜDTIROL

44 GENUSSTOUREN

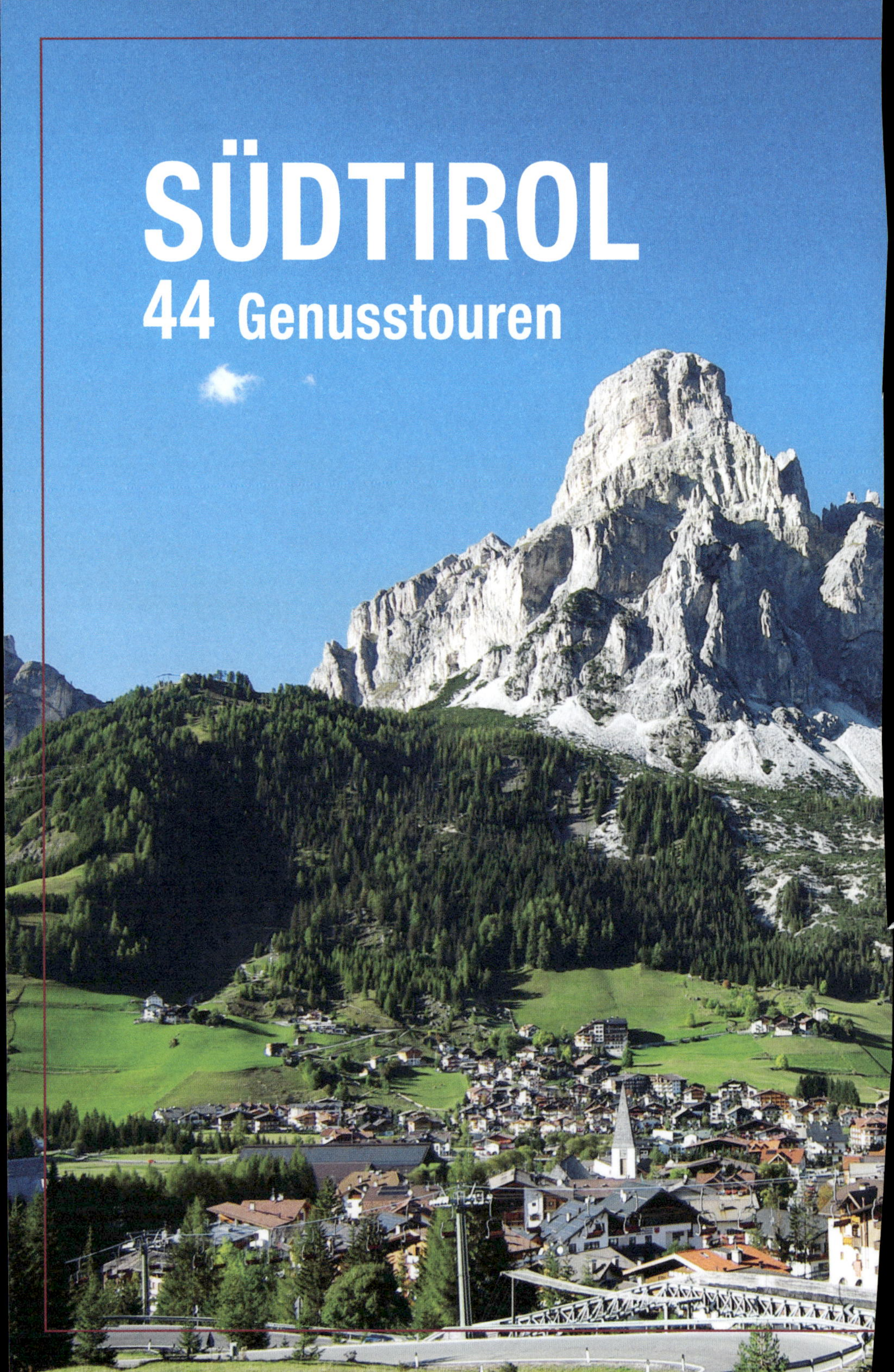
SÜDTIROL
44 Genusstouren

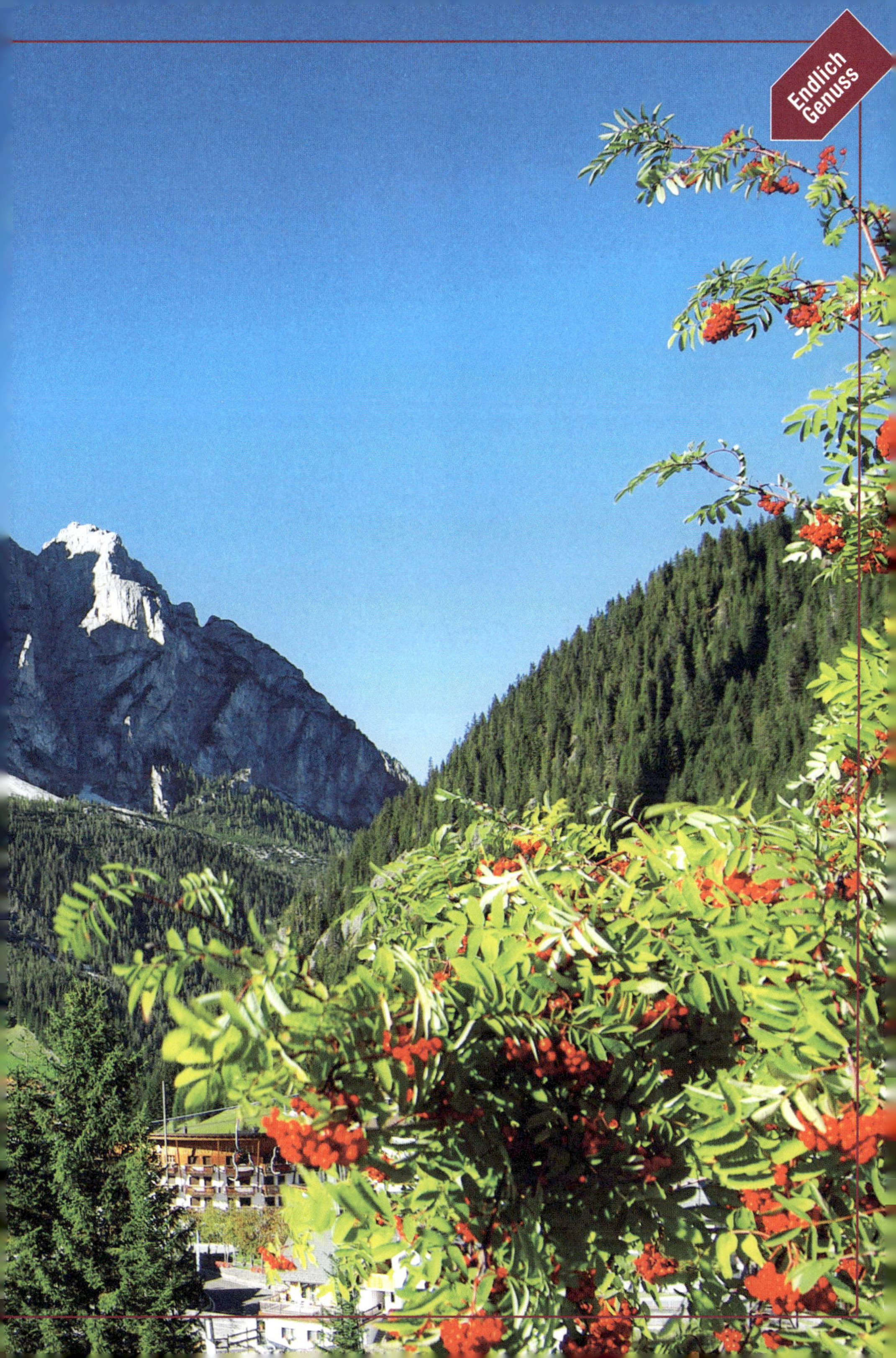
Endlich
Genuss

Inhalt

Tourenübersicht

Übersichtskarte

Endlich... geht es los!

Packliste

Verhaltenskodex

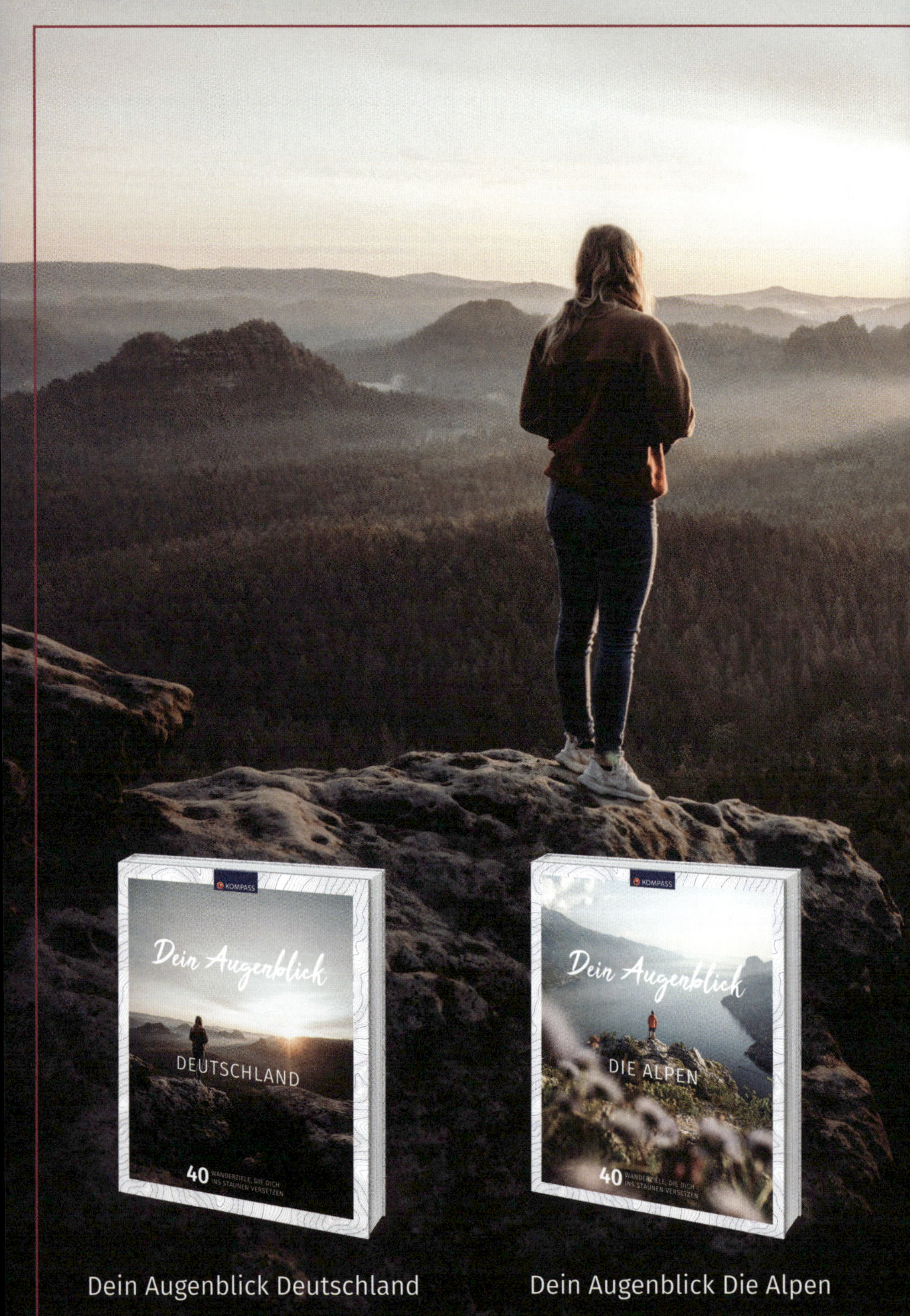

Dein Augenblick Deutschland

Dein Augenblick Die Alpen

Wer wir sind

Wegweisend: der KOMPASS-Verlag

KOMPASS-Produkte sind für Entdecker, Abenteurer und Menschen mit Tatendrang. Ob spontan aufbrechen oder mit einem klaren Ziel vor Augen, ankommen will jeder und jede. Dafür machen wir seit 1953 Outdoor-Produkte.

Tourenübersicht

TOUREN 1–11

TOUREN 12–22

Tourenübersicht

TOUREN 23–32

TOUREN 33–44

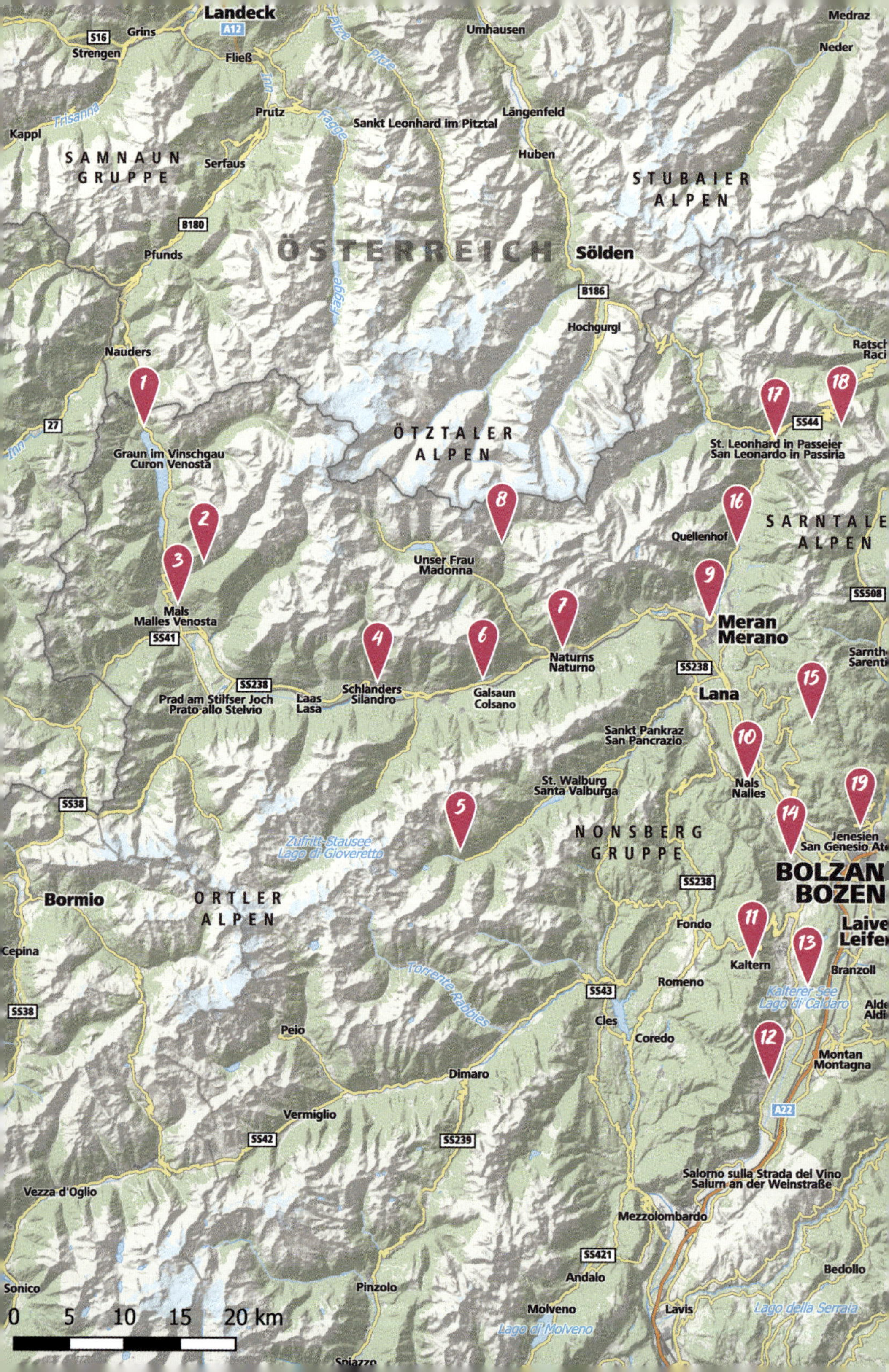

Landeck
A12
S16
Grins
Strengen
Fließ
Inn
Pitze
Umhausen
Medraz
Neder
Prutz
Längenfeld
Trisanna
Kappl
Fagge
Sankt Leonhard im Pitztal
Huben
SAMNAUN GRUPPE
Serfaus
STUBAIER ALPEN
B180
Pfunds
ÖSTERREICH
Sölden
B186
Hochgurgl
Nauders
Ratsch
Inn
27
Graun im Vinschgau
Curon Venosta
ÖTZTALER ALPEN
SS44
St. Leonhard in Passeier
San Leonardo in Passiria
Quellenhof
SARNTALER ALPEN
Unser Frau
Madonna
Mals
Malles Venosta
SS41
SS508
Meran
Merano
Naturns
Naturno
SS238
Sarnth
Sarenti
Schlanders
Silandro
Galsaun
Colsano
Lana
Prad am Stilfser Joch
Prato allo Stelvio
Laas
Lasa
Sankt Pankraz
San Pancrazio
Nals
Nalles
St. Walburg
Santa Valburga
SS38
Jenesien
San Genesio At
NONSBERG GRUPPE
Zufritt-Stausee
Lago di Gioveretto
SS238
BOLZAN
BOZEN
Bormio
ORTLER ALPEN
Fondo
Laive
Leifer
Cepina
Kaltern
Branzoll
Romeno
SS43
Kalterer See
Lago di Caldaro
Torrente Rabbies
SS38
Cles
Coredo
Peio
Montan
Montagna
Dimaro
A22
Vermiglio
SS42
SS239
Salorno sulla Strada del Vino
Salurn an der Weinstraße
Vezza d'Oglio
Mezzolombardo
SS421
Bedollo
Andalo
Sonico
Pinzolo
Molveno
Lavis
Lago della Serraia
Lago di Molveno
0
5
10
15
20 km
Spiazzo
1
2
3
4
5
6
7
8
9
10
11
12
13
14
15
16
17
18
19

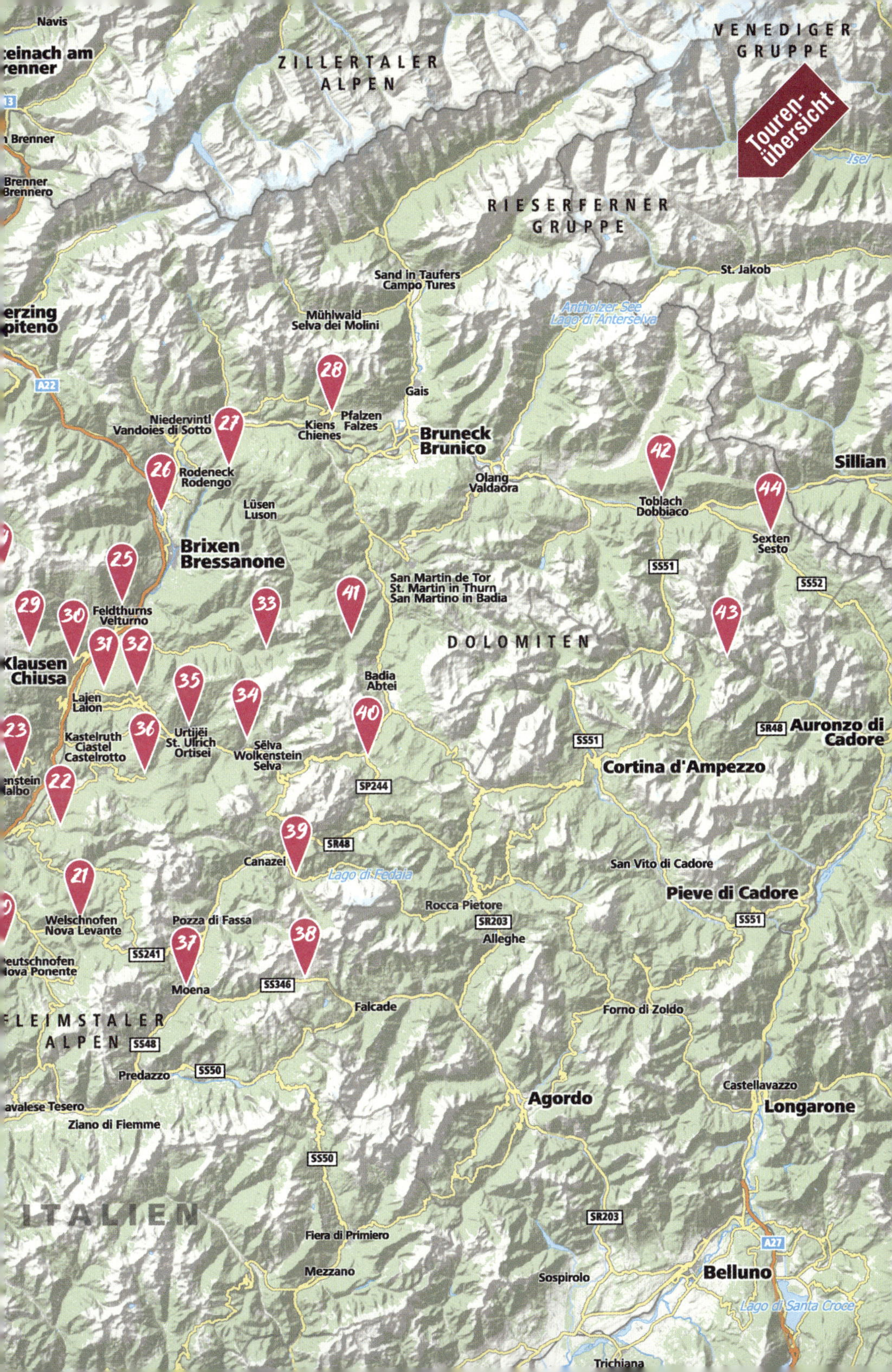

Touren-übersicht
ZILLERTALER ALPEN
VENEDIGER GRUPPE
RIESERFERNER GRUPPE
DOLOMITEN
FLEIMSTALER ALPEN
ITALIEN
Navis
Brenner
Brenner Brennero
Sand in Taufers Campo Tures
Mühlwald Selva dei Molini
Antholzer See Lago di Anterselva
St. Jakob
Gais
Niedervintl Vandoies di Sotto
Kiens Chienes
Pfalzen Falzes
Bruneck Brunico
Olang Valdaora
Toblach Dobbiaco
Sillian
Sexten Sesto
Rodeneck Rodengo
Lüsen Luson
Brixen Bressanone
San Martin de Tor St. Martin in Thurn San Martino in Badia
Feldthurns Velturno
Klausen Chiusa
Lajen Laion
Badia Abtei
Kastelruth Ciastel Castelrotto
Urtijëi St. Ulrich Ortisei
Sëlva Wolkenstein Selva
Auronzo di Cadore
Cortina d'Ampezzo
Canazei
Lago di Fedaia
San Vito di Cadore
Pieve di Cadore
Rocca Pietore
Alleghe
Welschnofen Nova Levante
Pozza di Fassa
Moena
Falcade
Forno di Zoldo
Predazzo
Castellavazzo
Longarone
Agordo
Ziano di Fiemme
Fiera di Primiero
Mezzano
Sospirolo
Belluno
Lago di Santa Croce
Trichiana
21 22 23 25 26 27 28 29 30 31 32 33 34 35 36 37 38 39 40 41 42 43 44

Endlich ...

geht es los!

44 GENUSSTOUREN FÜR DICH

Willst du nicht auch endlich Genuss? Dann nimm dir dieses Buch und los gehts! Denn zwischen Weinbergen und Streuobstwiesen schlemmen kannst du zur Genüge mit unserer Tourenauswahl. Wir nehmen dich mit nach Südtirol, von den Gletschergipfeln im Norden bis zu den Weinbergen im Süden. Denn was könnte schöner sein, als Dolce Vita in Südtirol?

Südtirol liegt am Südrand der Alpen und stellt eine der vielfältigsten und interessantesten Landschaften im Ostalpenraum dar. Das Land an der Etsch und im Gebirge wird im Norden durch den Alpenhauptkamm und seine Gletscher begrenzt. Im Süden geht Südtirol in mediterrane Gefilde über und strahlt mit seinen Weinbergen und Almen südliche Gelassenheit aus. Dieser Teil von Italien hat von den urbanen Zentren, wie Bozen und Meran, bis hin zur beschaulichen Dorfidylle alles zu bieten. Allein schon die Vielfältigkeit der Sprache mit Deutsch, Italienisch, Ladinisch und weiteren Dialekten, die sich von Tal zu Tal unterscheiden, zeigt die Besonderheit Südtirols auf.

Gutes Essen und geschmackvolle Weine runden deinen Aufenthalt noch ab. Das Genussland Südtirol bietet dir eine Vielzahl an Weingütern, Almen und Restaurants, von gutbürgerlicher Küche bis hin zum Gourmetrestaurant. Südtiroler Weine sind weltbekannt und Anbaugebiete in Höhenlagen zwischen 200 und 1.000 Meter versprechen vielseitige Rot- und Weißweine. Aber auch die traditionelle Südtiroler Küche lädt zum Schlemmen ein. Die fünfte Jahreszeit in Südtirol heißt Törggele-Zeit: Herbstwanderungen und Südtiroler Köstlichkeiten wie gebratene Kastanien, Knödel, süße Krapfen und junger Wein sind Teil dieser beliebten Tradition. Bei Vernatsch, Schlutzkrapfen und Marende lässt es sich gut Leben – also pack deine sieben Sachen und deine Liebsten ein und dann heißt es endlich Genuss!

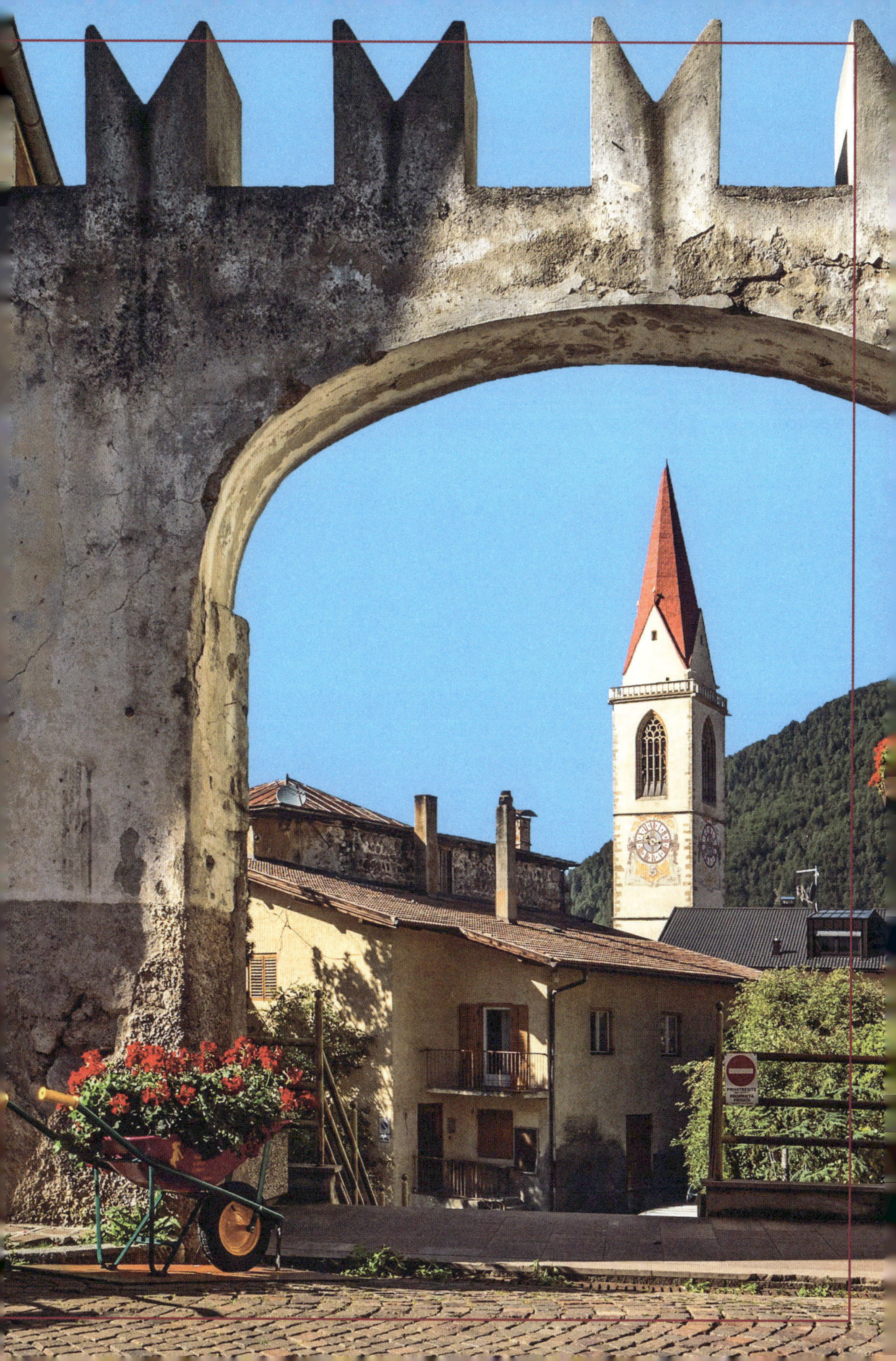

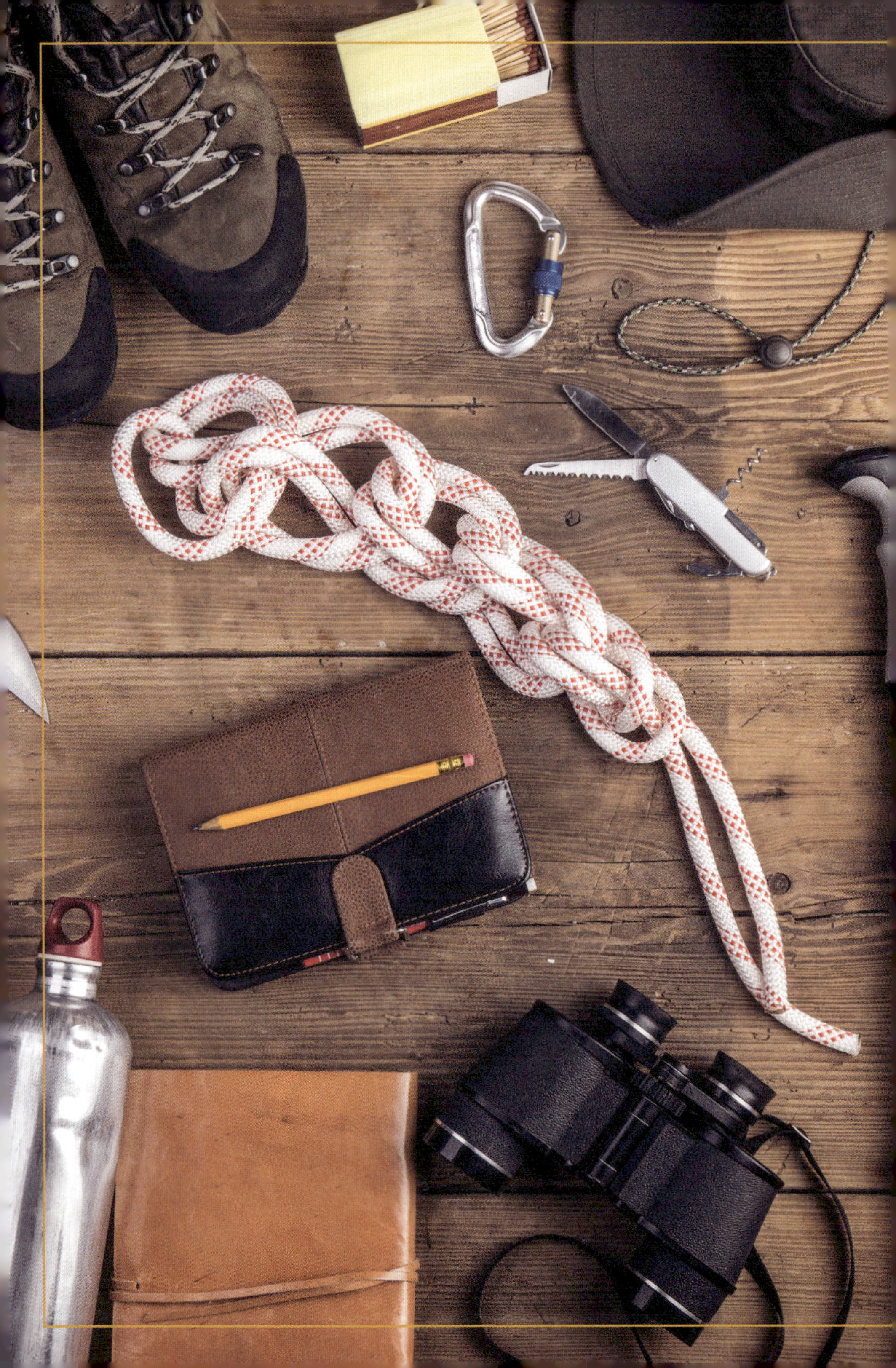

Endlich alle 7 Sachen zusammen

Pack-tipps

Deine Packliste

MATERIALCHECK

Bei den Wandertouren handelt es sich meist um recht einfache und kurze Wanderungen. Daher benötigen wir auch nicht allzu viele Dinge in unserem Rucksack. Dennoch sollten die Südalpen und deren Ausläfuer nicht unterschätzt werden. Die wichtigsten Utensilien haben wir dir hier noch einmal zusammengestellt:

- ○ Festes Schuhwerk mit griffiger Sohle
- ○ Wetterfeste & atmungsaktive Bekleidung
- ○ Getränke (mind. 1,5 Liter!)
- ○ Erste-Hilfe-Set
- ○ Handy (für den Notruf)
- ○ Wechselkleidung
- ○ Proviant
- ○ Gut sitzender Wanderrucksack
- ○ Teleskop- oder Faltstöcke
- ○ Sonnenschutz (Brille, Hut, Sonnencreme)
- ○ Kälteschutz (Handschuhe, Mütze, Halstuch)
- ○ Kompass und Wanderkarte

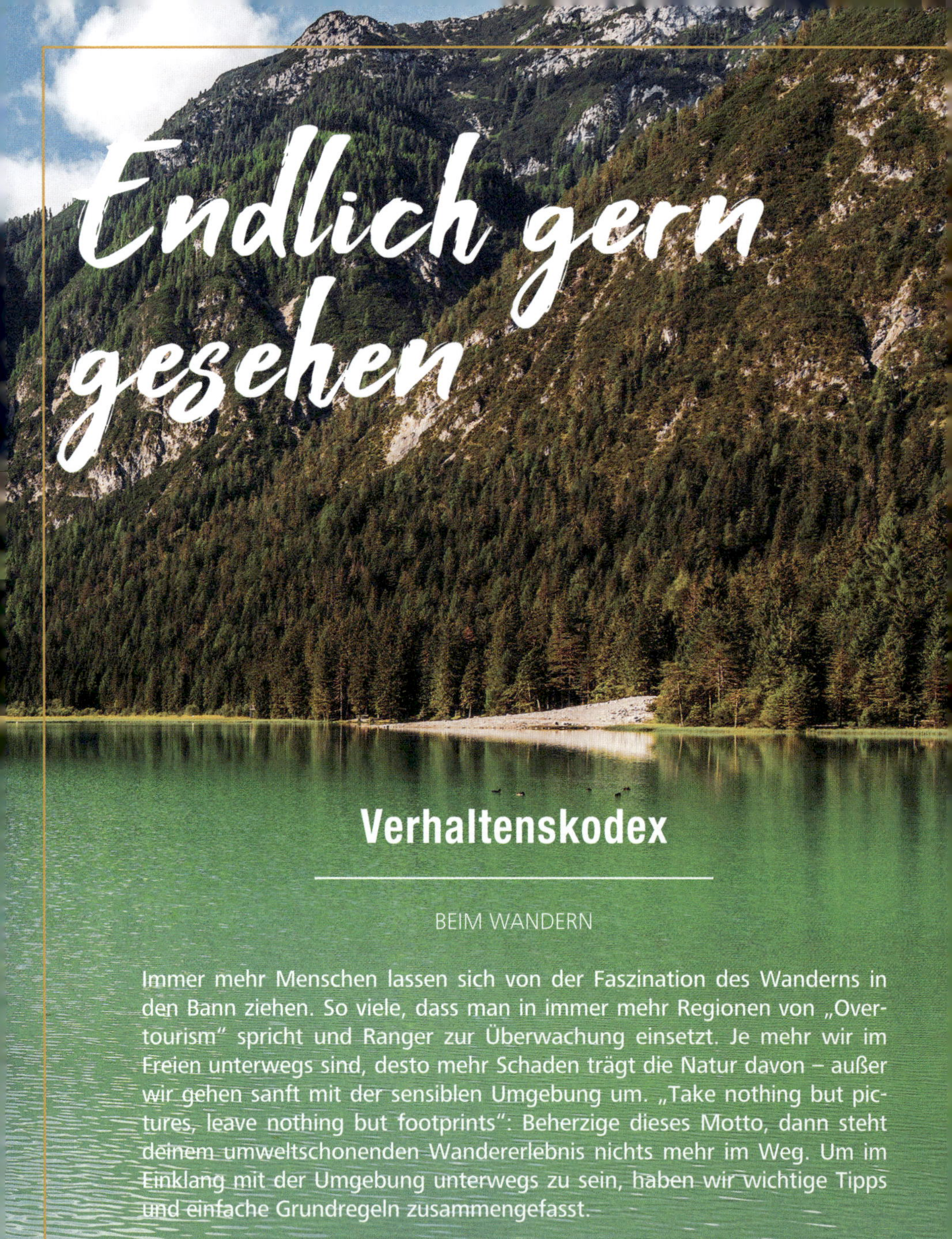

Endlich gern gesehen

Verhaltenskodex

BEIM WANDERN

Immer mehr Menschen lassen sich von der Faszination des Wanderns in den Bann ziehen. So viele, dass man in immer mehr Regionen von „Overtourism“ spricht und Ranger zur Überwachung einsetzt. Je mehr wir im Freien unterwegs sind, desto mehr Schaden trägt die Natur davon – außer wir gehen sanft mit der sensiblen Umgebung um. „Take nothing but pictures, leave nothing but footprints“: Beherzige dieses Motto, dann steht deinem umweltschonenden Wandererlebnis nichts mehr im Weg. Um im Einklang mit der Umgebung unterwegs zu sein, haben wir wichtige Tipps und einfache Grundregeln zusammengefasst.

Und das kannst du machen...

Dos & Don'ts

01 Befolge Bestimmungen: Informiere dich über Regelungen in Nationalparks und Schutzgebieten und halte dich an die Hinweise auf Informationstafeln.

02 Bewege dich auf sichtbaren Wegspuren: Durchquere keine Gebiete auf eigene Faust, sondern bleibe auf den festgelegten Routen. Respektiere Privatgrund und schließe Weidegatter.

03 Respektvoller Umgang untereinander: Begegne anderen Wanderern und Forstpersonal sowie Jägern und Landwirten stets freundlich und respektvoll, schließlich bist du Gast in dieser schönen Gegend.

04 Vermeide unnötigen Lärm: Achte auf Ruhezonen und bewege dich möglichst leise in der freien Natur.

05 Respektiere den Lebensraum der Tiere: Weiche Tieren unaufgeregt aus und halte Distanz bei Begegnungen.

06 Halte die Umwelt sauber: Hinterlasse keinen Abfall. Versuche dich bei Notdurft von Gewässern fernzuhalten und nimm Klopapier wieder mit ins Tal.

07 Pflücke und sammle keine Pflanzen: Achte darauf, Pflanzen möglichst unberührt zu lassen.

08 Mache kein offenes Feuer und campiere richtig: Nutze nur ausgewiesene Feuerstellen und beachte die aktuelle Waldbrandgefahr. Wenn du im Freien übernachtest, tu das nur an Plätzen, wo dies erlaubt ist.

Grundwissen

Wandern

SICHERHEIT UND BASICS

Wandern ist ein ideales Mittel, um einfach mal auszuspannen und den Alltag hinter sich zu lassen. Nur der eigenen Bewegung folgen, sich auf seine Schritte und den eigenen Rhythmus konzentrieren. Die Natur und ihre Schönheit genießen. Trotzdem gilt es einiges zu beachten, damit durch unvorhergesehene Ereignisse der Spaß nicht auf der Strecke bleibt.

Der richtige Einstieg: Voller Enthusiasmus aber ohne jegliche Erfahrungen gleich ins Hochgebirge zu starten sind ungünstige Voraussetzungen. Wenn der Körper die Anstrengung nicht gewöhnt ist, werden lange und anstrengende Distanzen schnell zur Qual und verderben jeglichen Spaß. So ist es ratsam, sich erst einmal kleinere Ziele in der näheren Umgebung zu suchen. Zwei bis drei Stunden reine Gehzeit oder 8 bis 12 Kilometer sind dabei vollkommen ausreichend.

Wettercheck: Gerade im Gebirge ist stabiles Wetter sehr wichtig. Sich bereits zwei bis drei Tage vorher zu informieren und am Abend vor der Tour oder bei Unsicherheit sogar morgens nochmal das Wetter abzuklären, kann oft böse Überraschungen vermeiden. Am besten informierst du dich über den Südtiroler Landeswetterdienst oder das Bergwetter des Südtiroler Alpenvereins. Bei unsicheren Verhältnissen lieber die Tour absagen und auf einen anderen Tag verschieben.

Notruf bei Unfällen: Im Falle eines Unfalls haben Ruhe bewahren und überlegtes Handeln oberste Priorität. Erst einen Überblick über die Situation verschaffen, dann wird mit der europaweit gültigen Notrufnummer 112 ein Notruf abgesetzt. Funklöcher oder kein Handy erfordern das alpine Notsignal mittels Rufen, Pfiffen oder Licht: Alle zehn Sekunden eine Minute lang ein Signal, dann eine Minute Pause, dann wieder alle zehn Sekunden eine Minute lang ein Signal geben. Zudem sollten Erste-Hilfe-Maßnahmen durchgeführt werden, falls möglich.

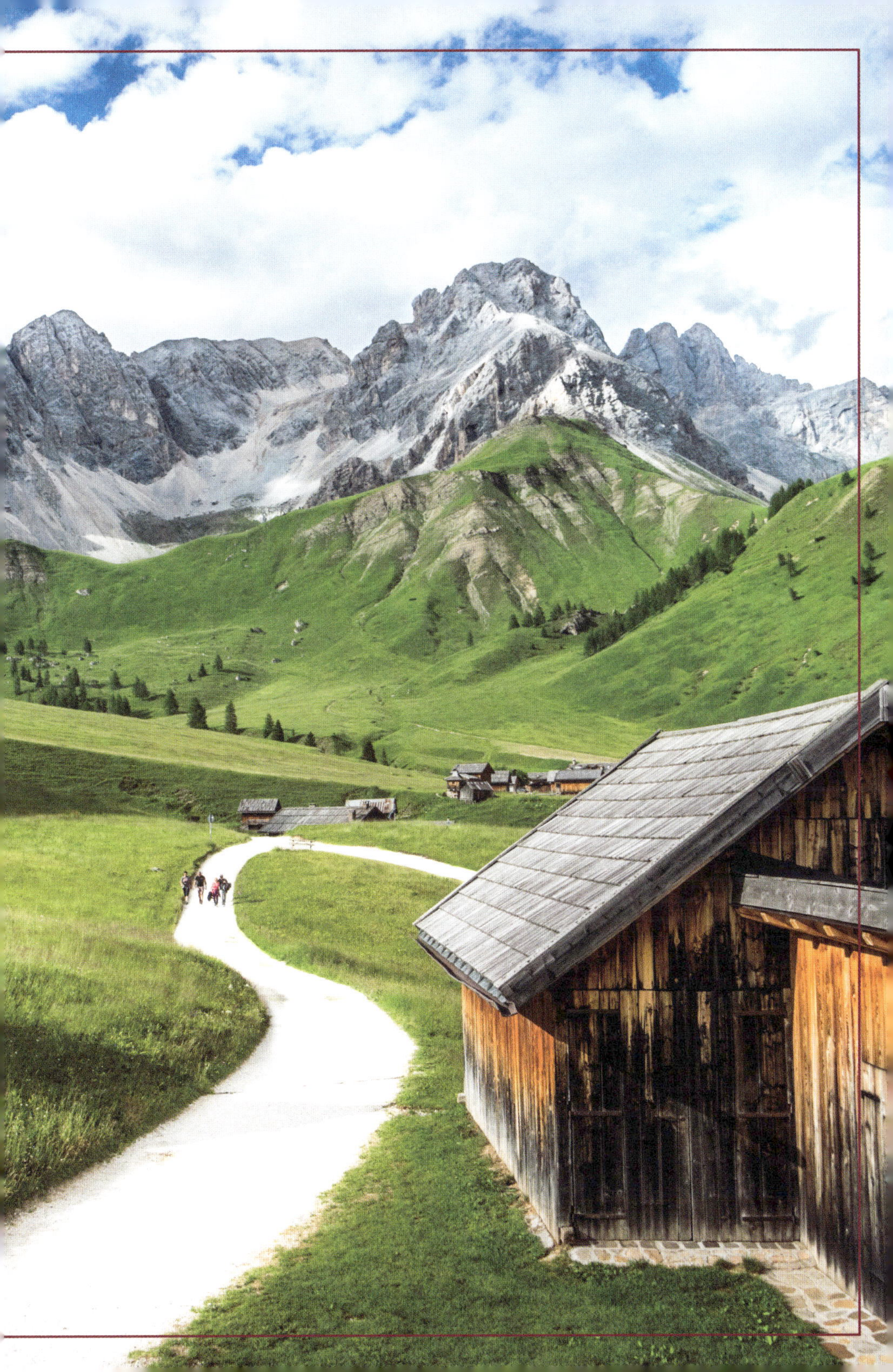

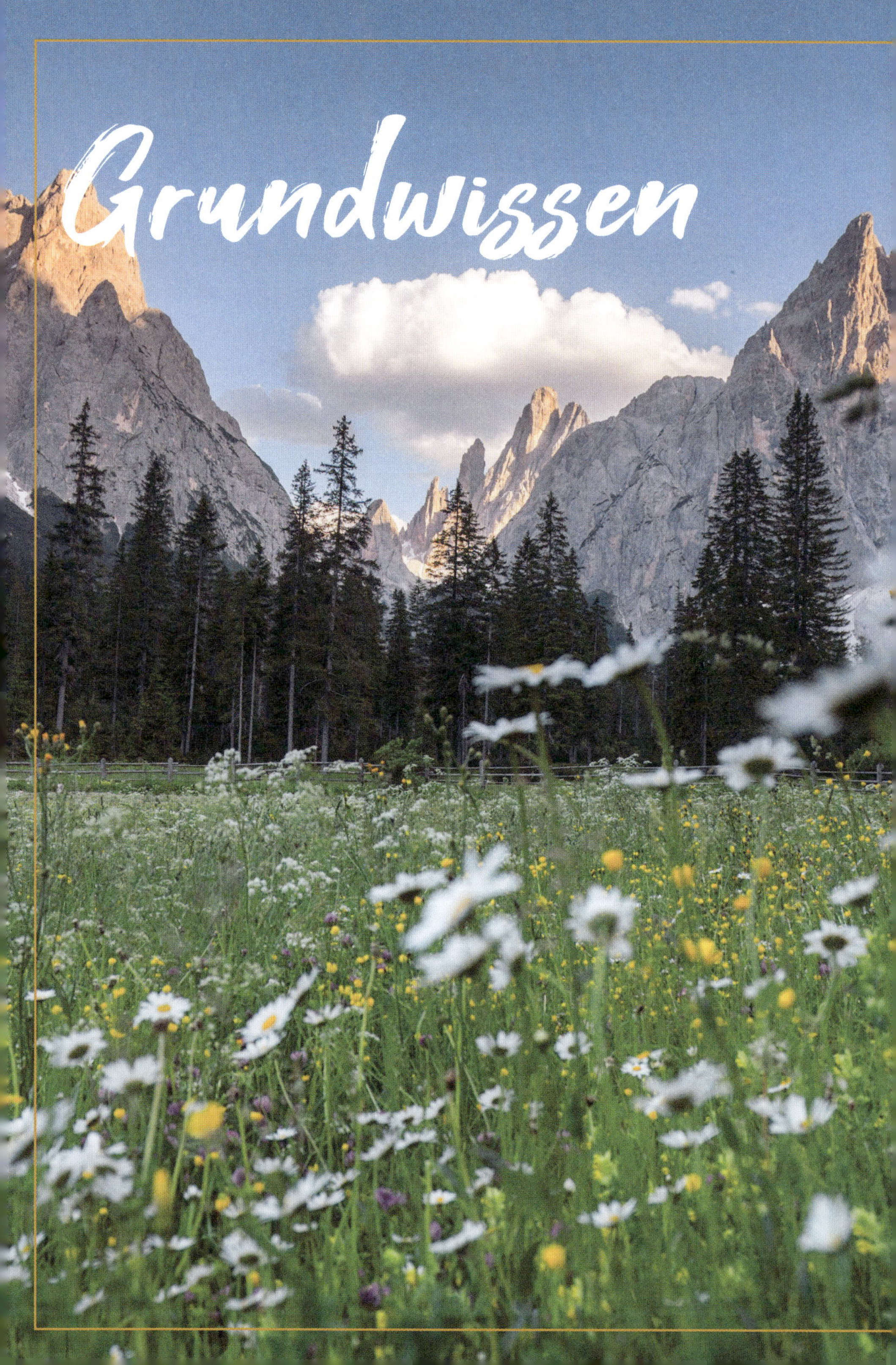

Grundwissen

Wandern

TOUREN-1×1 & LEXIKON

Die Klassifizierung der Touren ist als Richtwert zu verstehen. Schätze dein Können und deine Kräfte realistisch ein und richte deine Tourenauswahl danach aus.

LEICHT: Meist gut markierte, breite Wanderwege ohne Gefahrenstellen, die stellenweise auch etwas steilere, wurzelige und felsige Passagen aufweisen können. Die Routen sind für AnfängerInnen, Kinder sowie fitte, ältere Personen geeignet und setzen keine großartige Bergerfahrung voraus.

MITTEL: Anspruchsvollere Wege und Pfade mit teils unwegsamem Untergrund (steinig, wurzelig, verwachsen, rutschig), die meist gut markiert sind und phasenweise leicht ausgesetzte Abschnitte beinhalten können. Die Routen sind überwiegend länger und setzen Bergerfahrung und eine gute Grundkondition voraus.

SCHWER: Herausfordernde Touren, meist auf schmalen und steilen Steigen in alpinem Gelände. Stellenweise können kurze (durch Drahtseile versicherte) Kletter- und Kraxelpassagen vorkommen, bei denen die Hände zur Hilfe genommen werden müssen. Es ist mit längeren An- und Abstiegen zu rechnen. Langjährige Bergerfahrung, Trittsicherheit und Schwindelfreiheit sowie ausgezeichnete Kondition sind Grundvoraussetzung!

Gehzeiten: Die angeführten Zeitangaben verstehen sich als Richtwerte für die reine Gehzeit ohne Pausen und basieren auf folgenden Erfahrungswerten pro Stunde: Aufstieg 400 Höhenmeter, Abstieg 600 Höhenmeter, 4 km auf flacher Strecke.

Wandersaison: Grundsätzlich lässt es sich in Südtirol ganzjährig wandern, trotzdem solltest du mit Schnee in den höheren Lagen rechnen. Besonders bei Minustemperaturen und Nässe ist auf die Wegverhältnisse zu achten. Deswegen empfehlen wir Wanderungen ab April bis Oktober. In alpinen Lagen lässt es sich von Juni bis Oktober gut wandern, wobei jede Jahreszeit ihren ganz besonderen Reiz hat. Während man in niedereren Regionen schon im Mai schöne Touren unternehmen kann, hält sich der Schnee in höher gelegenen Gegenden oft bis in den Hochsommer hinein. Der Herbst schafft eine einmalige Wanderkulisse und oft besteht sehr gute Fernsicht. Informiere dich am besten in der Region über die aktuelle Begehbarkeit der Wege und die Öffnungszeiten der Zufahrtsstraßen und Einkehrmöglichkeiten sowie Schutzhütten, um keine unerwarteten Überraschungen zu erleben.

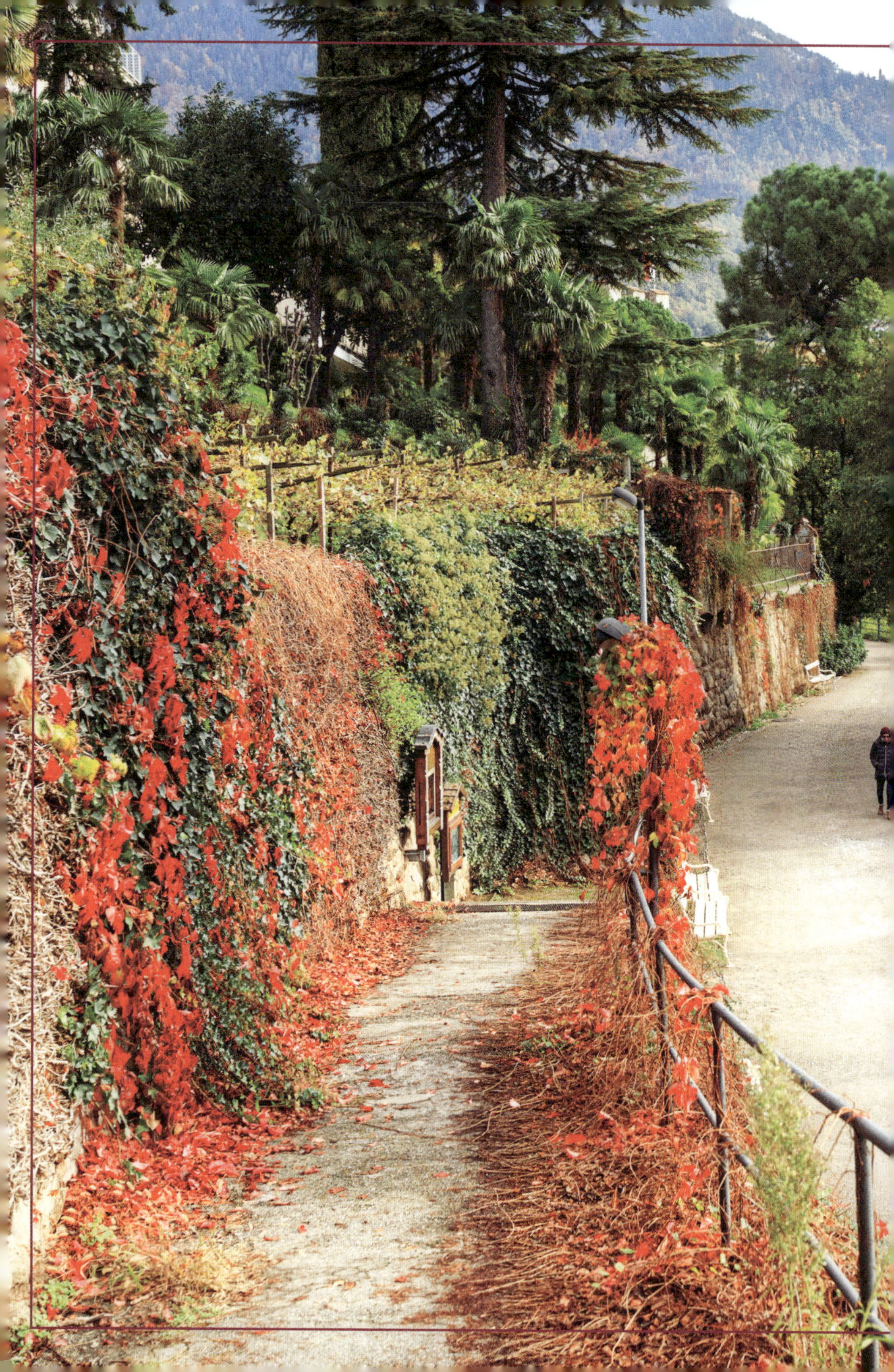

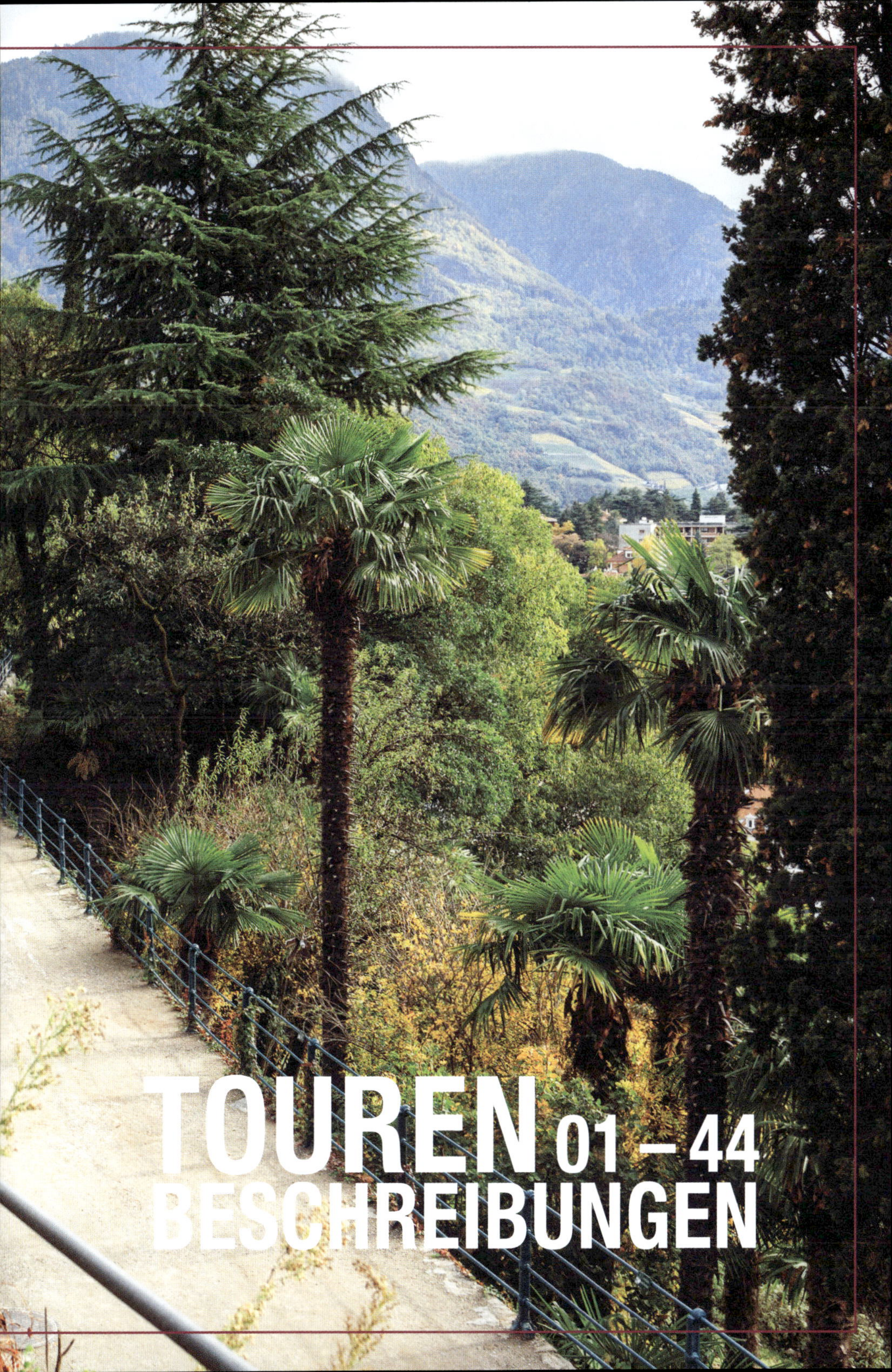

TOUREN 01 – 44
BESCHREIBUNGEN

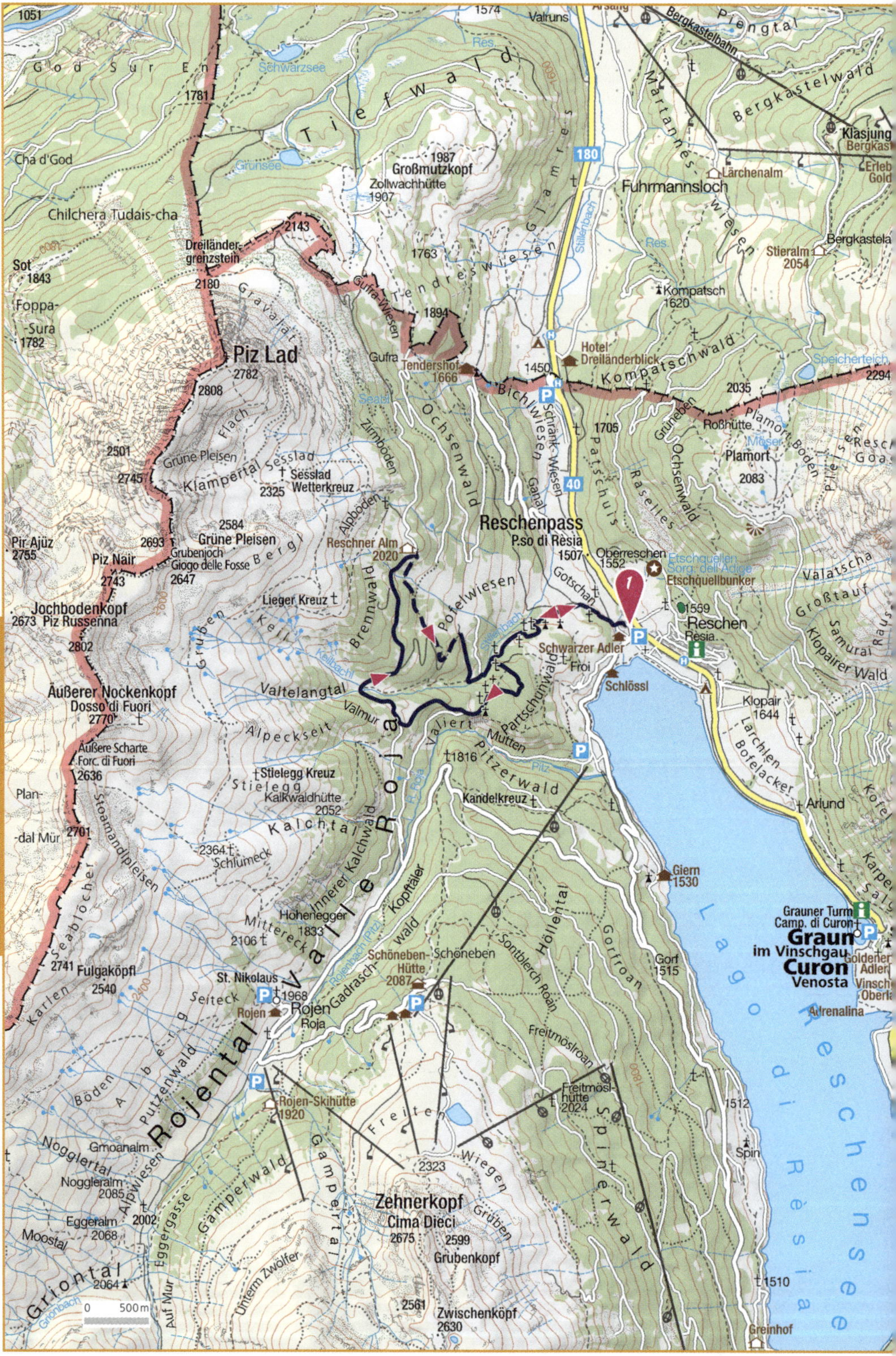

1051
God Sur En
Schwarzsee
Tiefwald
1574
Valruns
Res.
Bergkastelbahn
Piengtal
Bergkastelwald
Klasjung
1781
Cha d'God
Grünsee
1987
Großmutzkopf
Zollwachhütte
1907
180
Martannes-Wiesen
Lärchenalm
Fuhrmannsloch
Chilchera Tudais-cha
Glamres
Dreiländergrenzstein
2143
Tendreswiesen
1763
Stillebach
Res
Stieralm
2054
Bergkastela
Sot
1843
2180
Gufra-Wiesen
Foppa-Sura
1782
Gravalat
1894
Kompatsch
1620
Piz Lad
2782
Gufra
Tendershof
1666
1450
Hotel Dreiländerblick
Kompatschwald
Speicherteich
2035
2294
2808
Seabi
Bichlwiesen
Schrank-Wiesen
Ochsenwald
1705
Grüneben
Roßhütte
Plamort-Boden
Flach
Zirmböden
Patschuls
Möser
Plamort
2501
Grüne Pleisen
Sesslad
Sesslad Wetterkreuz
2745
Klampertal
2325
Ganal
40
Raselles
Ochsenwald
2083
Alpboden
Grüne Pleisen
2584
Reschenpass
P.so di Resia
Pir Ajüz
2755
2693
Reschner Alm
2020
Bergl
Grubenjoch
Giogo delle Fosse
2647
1507
Oberreschen
1552
Etschquellen
Sorg. dell'Adige
Etschquellbunker
Piz Nair
2743
Pofelwiesen
Gotschan
Valatscha
Jochbodenkopf
2673
Piz Russenna
Lieger Kreuz
1559
Reschen
Resia
Großtauf
Brennwald
Keil
Gruben
Schwarzer Adler
Froi
Samurai
Klopairer Wald
2802
Kellbach
Partschunwald
Schlössl
Valtelangtal
Äußerer Nockenkopf
Dosso di Fuori
2770
Valmur
Klopair
1644
Alpeckseit
Valiert
Mutten
Lärchlen
Bofelacker
Äußere Scharte
Forc. di Fuori
2636
1816
Pitzerwald
Pitz
Stielegg Kreuz
Stielegg
Kalkwaldhütte
2052
Kandelkreuz
Arlund
Plan-
-dal Mür
2701
R. Roja
Kalchtal
Kofel
2364
Schlumeck
Innerer Kalchwald
Roja
Giern
1530
Stoamandlpleisen
Kopftäler
Hohenegger
1833
Höllental
Seablöcher
Mittereck
2106
Rojenbach (Pitz)
Wald
Schöneben
Schöneben-Hütte
2087
Sontblech Roan
Gorfroan
Gorf
1515
Grauner Turm
Camp. di Curon
Graun im Vinschgau
Curon Venosta
Goldener Adler
Vinschger Oberland
2741
Fulgaköpfl
2540
St. Nikolaus
1968
Rojen
Roja
Rojen
Gadrasch
Seiteck
Valle Roja
Lago di Resia
Arenalina
Karlen
Alberg
Freitmöslroan
Rojental
Böden
Putzenwald
Rojen-Skihütte
1920
Freiten
Freitmösl-hütte
2024
1512
Reschensee
Nogglertal
Nogglerälm
2085
Gmoanalm
Wiegen
2323
Gampertal
Spinnerwald
Spin
Alpwiesen
Eggeralm
2068
2002
Gamperwald
Zehnerkopf
Cima Dieci
2675
2599
Gruben
Grubenkopf
Moostal
Eggergasse
Griontal
2064
Unterm Zwölfer
Auf Mur
Grionbach
0 500 m
2561
Zwischenköpf
2630
1510
Greinhof

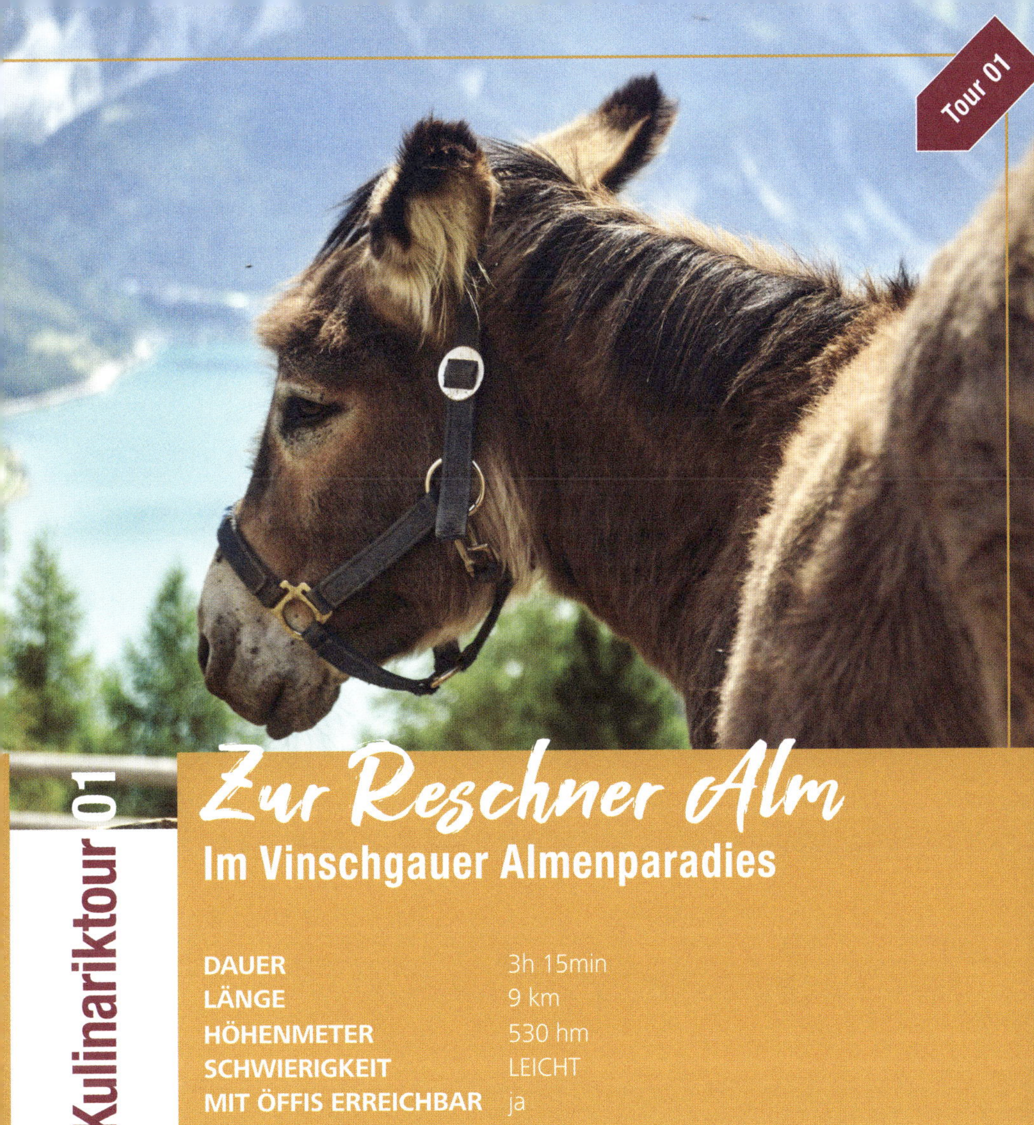

Kulinariktour 01

Zur Reschner Alm

Im Vinschgauer Almenparadies

DAUER	3h 15min
LÄNGE	9 km
HÖHENMETER	530 hm
SCHWIERIGKEIT	LEICHT
MIT ÖFFIS ERREICHBAR	ja

Das erwartet dich ...

Diese kleine Runde bringt uns über Forststraßen und gute Bergwege in die Almenwelt des obersten Vinschgaus. Durch die gemütlichen Anstiege können wir die Almenwelt noch mehr genießen, lediglich der Verkehr um die Alm herum an Wochenenden und während der Hauptferienzeiten sind ein wenig gewöhnungsbedürftig. Dafür können wir während der ganzen Wanderung immer wieder wunderbare Ausblicke hinunter ins Tal – besonders auf den Reschensee – genießen.

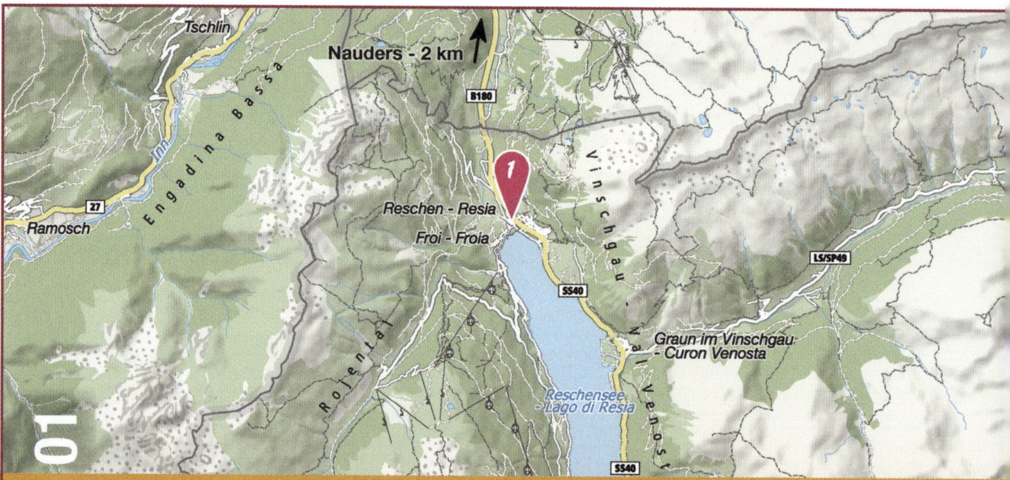

Start & Ziel & Anreise

Wir beginnen die Wanderung in Reschen. Am nördlichen Ortsrand befindet sich an der Abzweigung nach Rojen ein Parkplatz. Von Meran nehmen wir die Europa-Allee zur Staatsstraße 38/SS 38 über Algund. In Spondinig wechseln wir am Kreisel auf die SS 40. Sie bringt uns geradewegs nach Reschen am See. Die Vinschgerbahn fährt von Meran nach Mals. Von hier aus geht es mit dem Bus 273 weiter Richtung Martina. Die Haltestelle ist Reschen.

Tourenbeschreibung

Der Vinschgau, der oberste Teil des Etschtales, ist ganzjährig ein beliebtes Ausflugsziel, unter anderem aufgrund seines milden Klimas. Doch darf man sich nicht täuschen lassen, denn gerade die Region um den Reschenpass kann mitunter sehr rau sein. Zwar hält sich der Schneefall in Grenzen, doch die Winter sind dennoch oft sehr kalt. Aus diesem Grund siedelten sich die Almen von Reschen und Graun auch eher in den niedrigeren Lagen an als im übrigen Vinschgau. Seit einiger Zeit wird die traditionelle Landwirtschaft in Südtirol wieder gefördert und der Trend zur Umkehr ist immer deutlicher wahrzunehmen.

Von der Kreuzung der SS 40 mit der Straße in Reschen wandern wir mit dem Weg Nr. 4 und 5 in einem Bogen um den Partschunwald herum. Auf dem ersten Teil des Weges begleitet uns ein Kreuzweg: 14 Stationen führen uns in gut einer dreiviertel Stunde hinauf zum kleinen Wallfahrtskirchlein am Vallert Eck. In der ruhigen, beschaulichen Landschaft lassen wir uns hier für einen kurzen Moment der Besinnung nieder. Kurz oberhalb des Kirchleins schlagen wir dann den Weg Nr. 7 ein. Er leitet uns über einen Moränenrücken weiter den Hang hinauf. Für den naturkundlich interessierten Wanderer zeigen sich hier deutlich die Spuren der letzten Eiszeit: Die schon erwähnte Moräne und die sichtbar abgerundete, trogförmige Mulde des Reschenpasses. Auch Überbleibsel der traditionellen Berglandwirtschaft erblicken wir abseits des Weges; bereits verwitterte Heustadel trotzen noch immer den frostigen Wintern. Die einen haben das Glück, mit viel Liebe wieder instand gesetzt zu werden, andere hingegen verfallen und werden eines Tages verschwunden sein.

Wir haben beinahe die Höhe der Alm erreicht, da treffen wir auf eine Forststraße, der wir nach rechts folgen. Eine halbe Stunde später kommen wir zur Reschner Alm, an der wir eine kurze Rast einlegen. Für den Abstieg wenden wir uns nun dem Weg Nr. 4 und 5 zu. Über die herrlich blühenden Pofelwiesen wandern wir in drei lang gezogenen Kehren wieder Richtung Kreuzweg, den wir am Anfang der Wanderung hinaufgingen. Der restliche Rückweg nach Reschen führt uns wieder an seinen Stationen vorbei und in kurzer Zeit zurück zum Ausgangspunkt.

Kirchturm im Reschensee

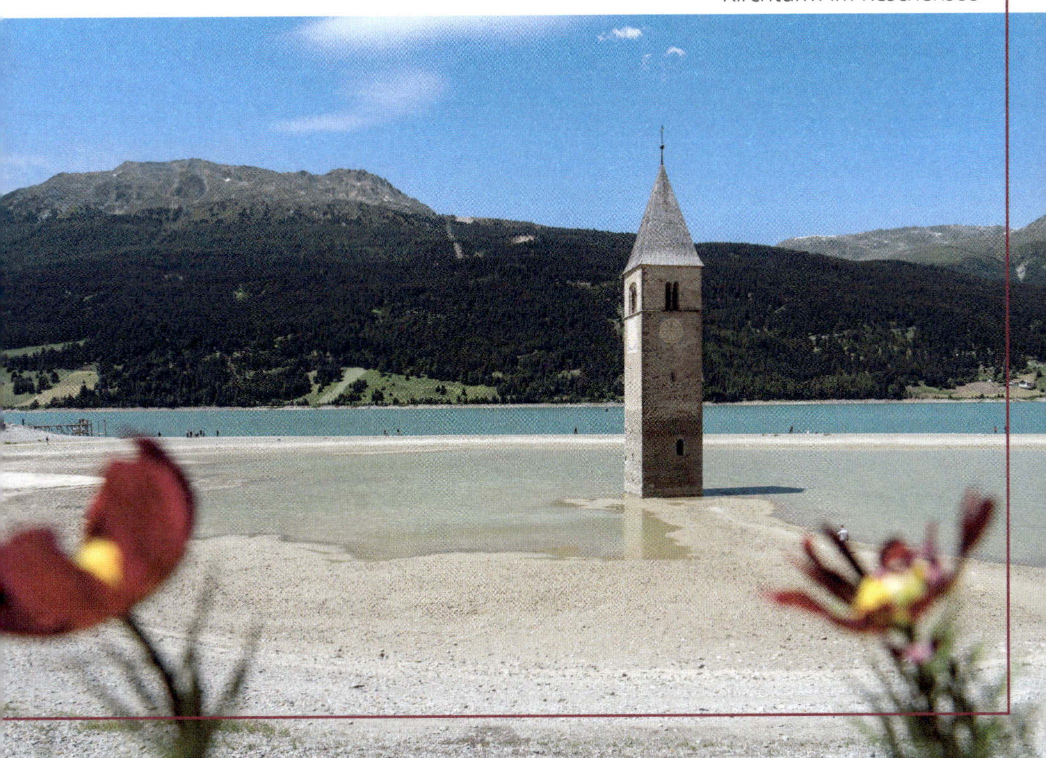

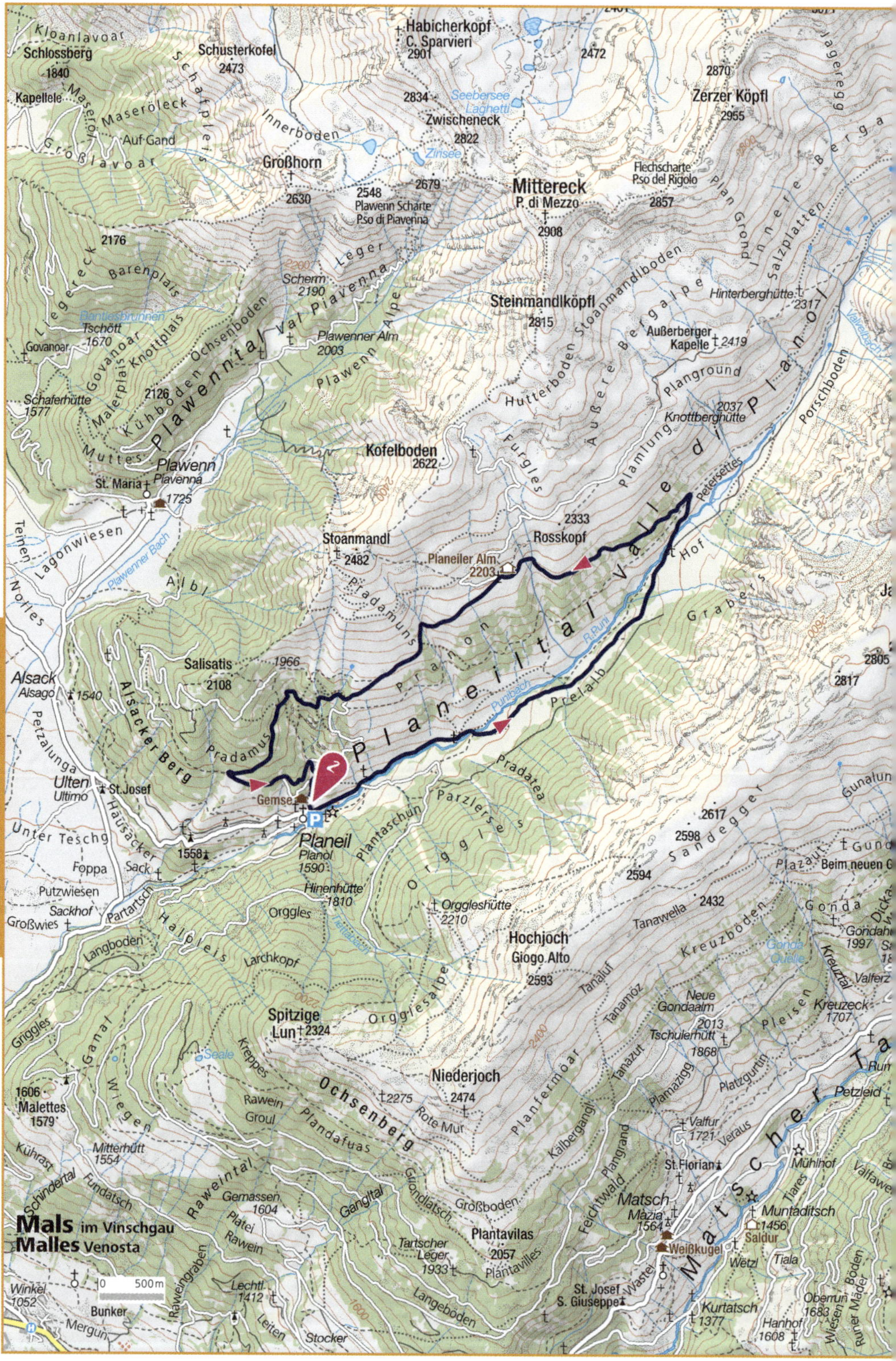

Kloanlavoar
Schlossberg
1840
Kapellele
Maseröleck
Schafpleis
Schusterkofel
2473
Auf Gand
Großlavoar
Innerboden
Habicherkopf
C. Sparvieri
2901
2834
Seebersee
Laghetti
Zwischeneck
2822
Zinsee
2472
2870
Zerzer Köpfl
2955
Großhorn
2630
2548
Plawenn Scharte
P.so di Piavenna
2679
Mittereck
P. di Mezzo
2908
Flechscharte
P.so del Rigolo
2857
Plan Grond
Innere Berga
Salzplatten
Legereck
2176
Barenplais
Bantiesbrunnen
Tschött
1670
Govanoar
Govanoar
Malerplais
Knottplais
Schaferhütte
1577
2126
Kühboden
Ochsenboden
Plawenntal
Val Piavenna
Leger
Scherm
2190
Plawenner Alm
2003
Plawenn Alpe
Steinmandlköpfl
2815
Stoanmandlboden
Hinterberghütte
2317
Außerberger Kapelle
2419
Äußere Bergalpe
Hutterboden
Planground
Knottberghütte
2037
Porschboden
Muttes
Plawenn
Plavenna
St. Maria
1725
Kofelboden
2622
Furgles
Plamlung
Valle di Planol
Petersettes
Teinen
Lagonwiesen
Plawenner Bach
Stoanmandl
2482
Pradamuns
Planeiler Alm
2203
Rosskopf
2333
Hof
Norles
Albl
Grabers
Planeiltal
Pranon
2805
2817
Salisatis
2108
1966
Alsack
Alsago
1540
Alsacker Berg
Petzalunga
Pradamus
Punibach
R. Puni
Prelalb
Ulten
Ultimo
St. Josef
Gemse
Planeil
Planol
1590
Pradatea
Parzlerses
Gunalun
Unter Teschg
Häusacker
1558
Foppa
Sack
Putzwiesen
Sackhof
Großwies
Partartsch
Plantaschun
Hinenhütte
1810
Orggles
Orggleshütte
2210
2617
2598
Sandegger
2594
Plazaut
Gund
Beim neuen G
Tanawella
2432
Gonda
Gondaha
1997
Kreuzboden
Gonda Quelle
Kreuztal
Valferz
Langboden
Halpleis
Larchkopf
Hochjoch
Giogo Alto
2593
Tanaluf
Tanamoz
Neue Gondaalm
2013
Tschulerhütt
1868
Pleisen
Kreuzeck
1707
Griggles
Ganai
Spitzige Lun
2324
Orgglesalpe
Seale
Kreppes
Wiegen
1606
Malettes
1579
Ochsenberg
Niederjoch
2474
2275
Rawein
Groul
Plandafuas
Rote Mur
Planfermoar
Tanazut
Plamazigg
Platzgurtin
Valfur
1721
Veraus
Matscher Tal
Petzleid
Kührast
Mitterhütt
1554
Schindertal
Fundatsch
Raweintal
Gemassen
1604
Platei
Rawein
Gangltal
Glondlatsch
Großboden
Kälbergandl
Plangrand
Feichtwald
St. Florian
Mühlhof
Tares
Valfaw
Mals im Vinschgau
Malles Venosta
Plantavilas
2057
Plantavilles
Tartscher Leger
1933
Matsch
Mazia
1564
Weißkugel
Muntaditsch
1456
Saldur
Wetzl
Tiala
Winkel
1052
0 500 m
Bunker
Mergun
Raweingraben
Lechtl
1412
Leiten
Stocker
Langeboden
St. Josef
S. Giuseppe
Wastei
Kurtatsch
1377
Hanhof
1608
Oberrun
1683
Wiesen
Boden
Runer Mäder

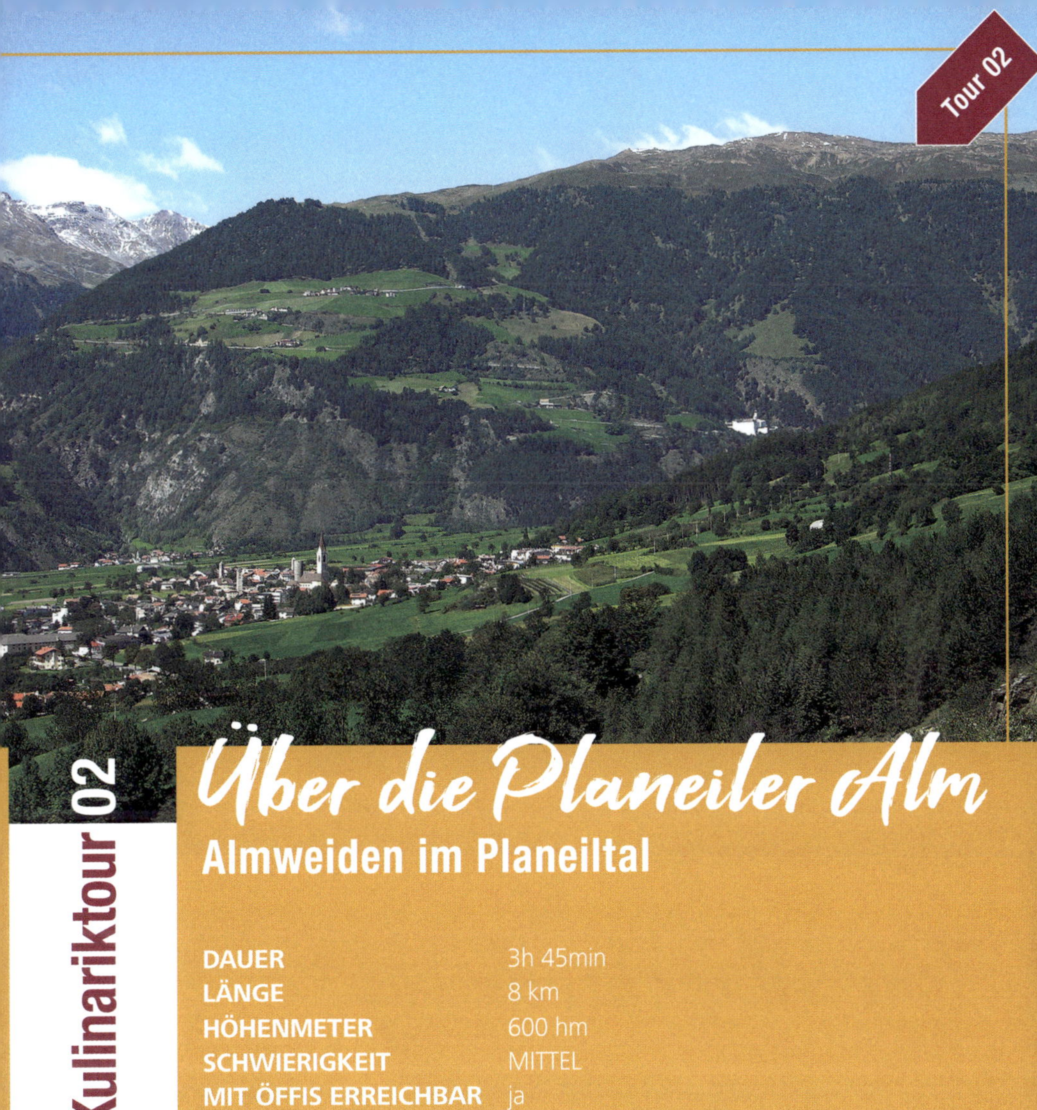

Tour 02

Kulinariktour 02

Über die Planeiler Alm

Almweiden im Planeiltal

DAUER	3h 45min
LÄNGE	8 km
HÖHENMETER	600 hm
SCHWIERIGKEIT	MITTEL
MIT ÖFFIS ERREICHBAR	ja

Das erwartet dich ...

Die schöne, kurze Rundwanderung führt uns durch das Planeiltal auf dem Hinweg stetig am Planeilbach entlang. Dabei wandern wir zumeist sehr angenehm über Almwege und gute Steige. Lediglich ein paar wenige, steilere Abschnitte sind dabei zu überwinden. Während der Wanderung erfreuen wir uns an wunderschönen Lärchenbeständen und traditionellen, urigen Almen.

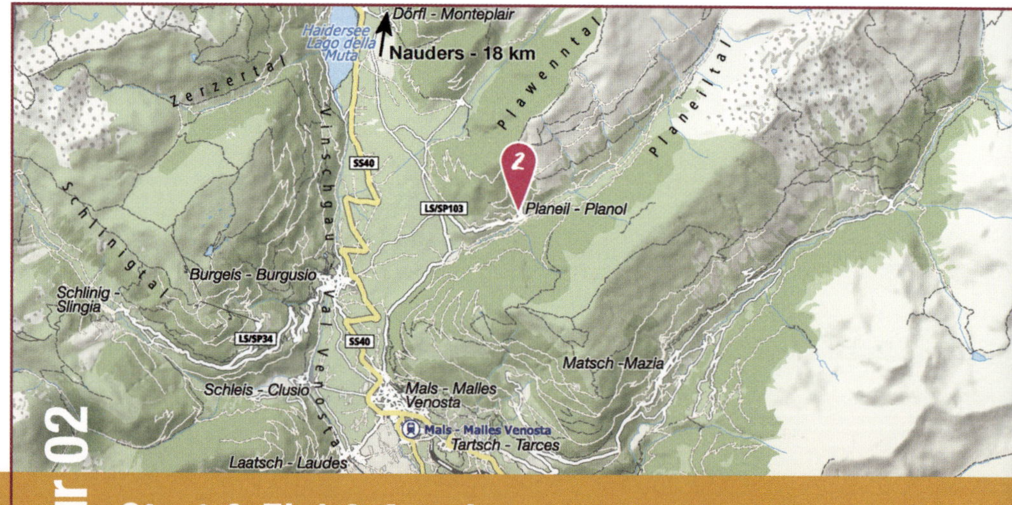

Start & Ziel & Anreise

Ausgangspunkt ist das Örtchen Planeil. Von Meran nehmen wir die Europa-Allee zur Staatsstraße 38/SS 38 über Algund. In Spondinig wechseln wir am Kreisel auf die SS 40 Richtung Mals. Bei Tartsch wechseln wir auf die SP 105. Parkmöglichkeiten gibt es im Ort. Von Mals fährt der Bus Nr. 280 nach Planeil.

Tourenbeschreibung

Unser Ausgangsort, das Dörfchen Planeil, sticht uns gleich am Anfang mit seinen engen Gässchen ins Auge. Noch immer sehr entlegen und noch nicht für den modernen Verkehr gerüstet, ist es von den Einflüssen des hohen Verkehrsaufkommens der SS 40 weitgehend verschont geblieben. Wir folgen der Markierung Nr. 6 auf dem taleinwärtsführenden Fahrweg durch das Dorf. Bald überqueren wir den Punibach über eine Brücke und wandern weiter an blumenreichen Wiesen und Weiden entlang; besonders im Frühjahr gibt es hier einige botanische Kostbarkeiten zu entdecken. Der Anstieg zum verfallenen Petersettes-Hof gestaltet sich so zu einem kurzweiligen Vergnügen. Beim Hof überqueren wir abermals den Punibach und wenden uns der Markierung 6A zu. Sie leitet uns noch ein Stück über den Talgrund nordostwärts, dann lenkt uns der Weg in einer Kehre nach Südwesten zu den Weidegründen der Planeiler Alm. Sie wird in den Karten heute meist als Fürglesalm bezeichnet. Die Alm liegt wunderschön und bietet sich für eine kurze Rast an.

Für den Abstieg wählen wir den Steig Nr. 10. Dieser alte Almweg, er wurde erst in unseren Tagen durch eine Kfz-taugliche Zufahrt ersetzt, steht dem Wanderer jedoch noch immer zur Verfügung. Auf mancher Karte finden sich noch Namen wie „Pradamuns" oder „Pranon" – sie gehen auf die romanische Vergangenheit der Bevölkerung dieser Region zurück. Im Abstieg queren wir zunächst einen Graben, den wir leicht bergab hinuntergehen. Im Bereich einer Aufforstungsfläche wird der Pfad allerdings immer steiler und mündet schließlich in einen Wirtschaftsweg. Er gleicht die Steigung gut aus und bringt uns wieder nach Planeil zurück. Alternativ können wir für den Abstieg auch die Variante „Direttissima" wählen: Sie führt durch einen steilen Graben und schneidet so den weiten Bogen des Forstweges ab.

Wieder in Planeil angekommen lohnt es sich, den Ort einmal genauer anzusehen. Sein Name entspringt dem romanischen Wort „planeola", gleichbedeutend mit „kleine Ebene". Wenn wir genauer hinsehen entdecken wir zahlreiche Relikte aus einer bewegten Vergangenheit: Etliche Bildstöcke erinnern an mehrmalige Überflutung und Vermurung durch den gefährlichen Punibach. Um 1635 grassierte die Pest im Ort. Haus Nr. 36 beherbergte das Pestspital der Bozner Franziskaner. Das Dörfchen ist extrem verwinkelt – das verdankt es den steilen Wiesenhängen, die der Siedlungstätigkeit nur wenig Raum ließen.

Autoren Tipp

Bezeichnend für das Ortsbild sind die Bergbauernhöfe, welche eng aneinandergebaut wurden. Dabei handelt es sich hinsichtlich der Siedlungsform um ein rätoromanisches Haufendorf. Und genau jene Siedlungsform gibt dem Ort seinen ganz besonderen Charme. Tourismus ist hier Nebensache, der Lebensunterhalt wird größtenteils mit der Landwirtschaft verdient. Mittelpunkt ist die Pfarrkirche St. Nikolaus. Das Gotteshaus mit dem Turm samt Zwiebelhaube wurde von Josef Lanz erbaut und im Jahr 1873 eingeweiht.

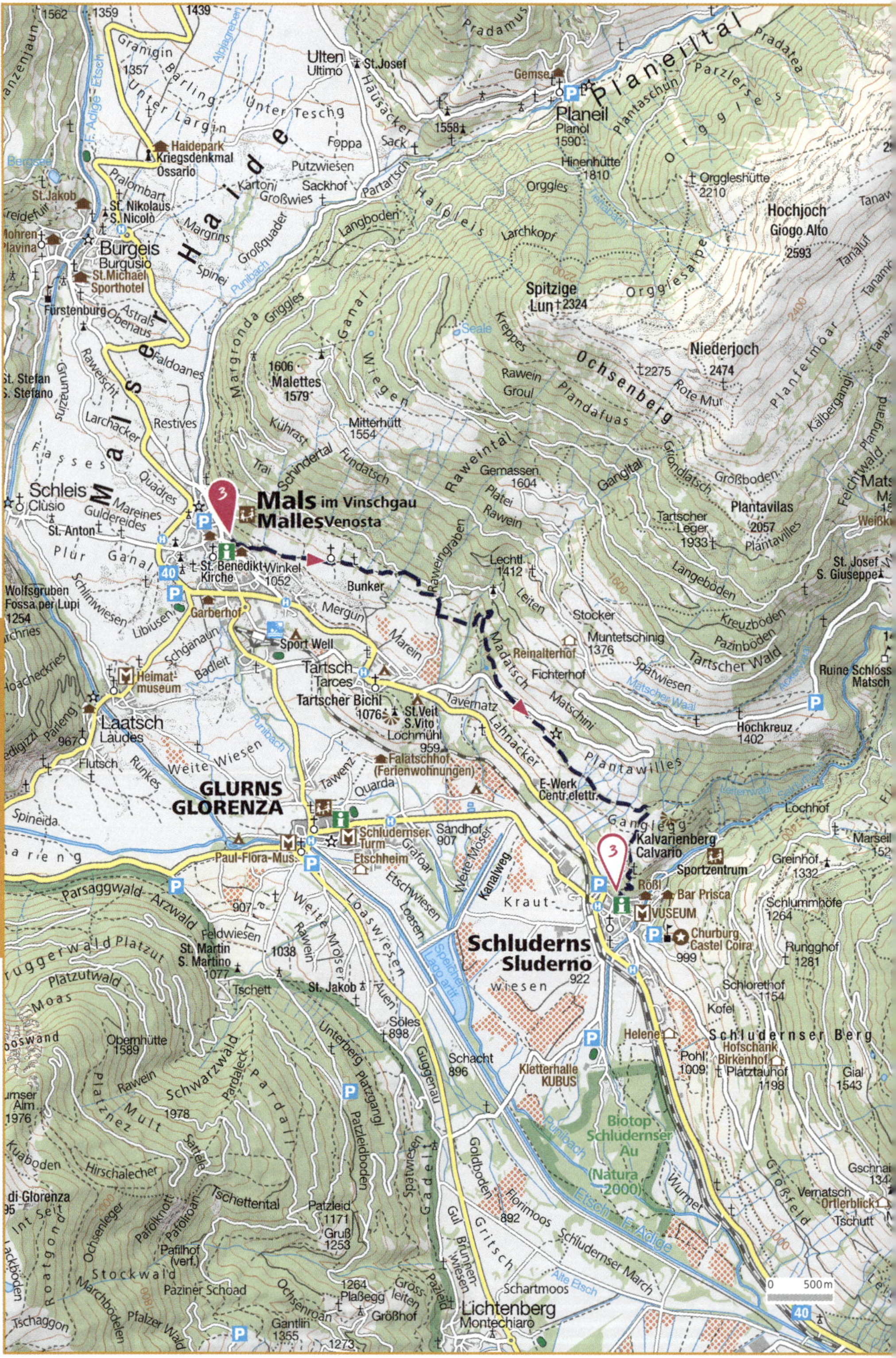

03

Mals im Vinschgau
Malles Venosta
Glurns
Glorenza
Schluderns
Sluderno
Planeil
Planol
Planeiltal
Burgeis
Burgusio
Laatsch
Laudes
Schleis
Clusio
Tartsch
Tarces
Malser Haide
Ulten
Ultimo
St. Josef
Lichtenberg
Montechiaro
Hochjoch
Giogo Alto
2593
Niederjoch
2474
Ochsenberg
Spitzige Lun
2324
Plantavilas
2057
Tartscher Leger
1933
Tartscher Bichl
1076
St. Veit
S. Vito
Kalvarienberg
Calvario
Churburg
Castel Coira
Biotop Schludernser Au
(Natura 2000)
Speicher
Lago artif.
Schludernser Berg
Sportzentrum
Museum
Heimatmuseum
Paul-Flora-Mus.
Schludernser Turm
Kletterhalle KUBUS
Sport Well
Fürstenburg
St. Michael
Sporthotel
St. Nikolaus
S. Nicolò
St. Jakob
Haidepark
Kriegsdenkmal
Ossario
St. Stefan
S. Stefano
St. Benedikt Kirche
Winkel
1052
Bunker
Mergun
Raweingraben
Madatsch
Reinalterhof
Fichterhof
Gemassen
1604
Lechtl
1412
Muntetschinig
1376
Hochkreuz
1402
E-Werk
Centr. elettr.
Ganglegg
Falatschhof
(Ferienwohnungen)
Lochmühl
959
Sandhof
907
Etschheim
Garberhof
Rößl
Bar Prisca
Helene
Hofschank Birkenhof
Malettes
1579
Mitterhütt
1554
Orgglesalpe
Orggleshütte
2210
Hinenhütte
1810
Ruine Schloss Matsch
St. Josef
S. Giuseppe
St. Martin
S. Martino
1077
Obernhütte
1589
Patzleid
1171
Gruß
1253
Plaßegg
Gantlin
1355
Schartmoos
Etsch
E. Adige
Punibach
Schludernser March
Ortlerblick
Vernatsch
Tschutt
Greinhof
1332
Schlummhöfe
1264
Runggghof
1281
Schlorethof
1154
Pohl
1009
Plätztauhof
1198
Gial
1543
0
500 m

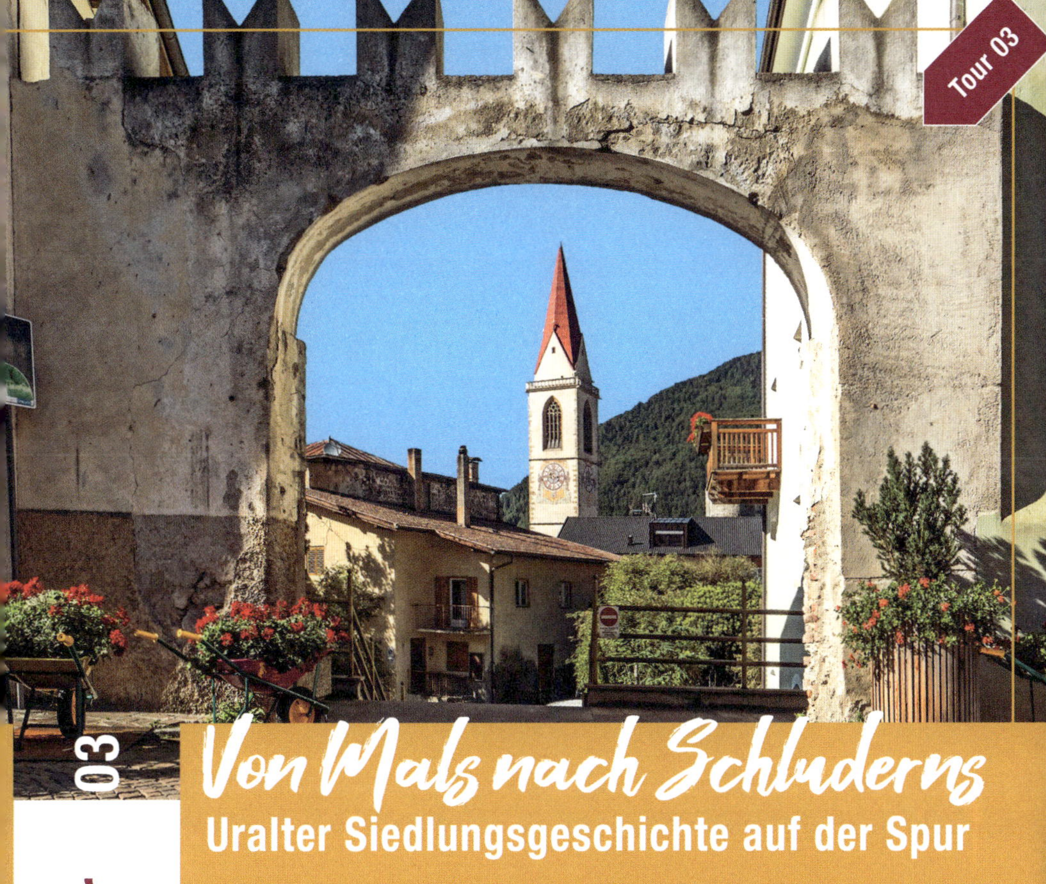

Tour 03

03 Taltour

Von Mals nach Schluderns

Uralter Siedlungsgeschichte auf der Spur

DAUER	2h 15min
LÄNGE	5,5 km
HÖHENMETER	100 hm
SCHWIERIGKEIT	LEICHT
MIT ÖFFIS ERREICHBAR	ja

Das erwartet dich ...

Die leichte Talwanderung führt uns an einem der höchstgelegenen Hänge des Sonnenbergs entlang. Auf guten Wanderwegen eröffnen sich uns bemerkenswert vielfältige Eindrücke; die ursprüngliche Bergwelt vermischt sich mit Steppenvegetation. Ziegen beweiden wie früher die steilen Hänge; im Abstieg durchqueren wir eine der wichtigsten, prähistorischen Siedlungsstätten des Vinschgaus.

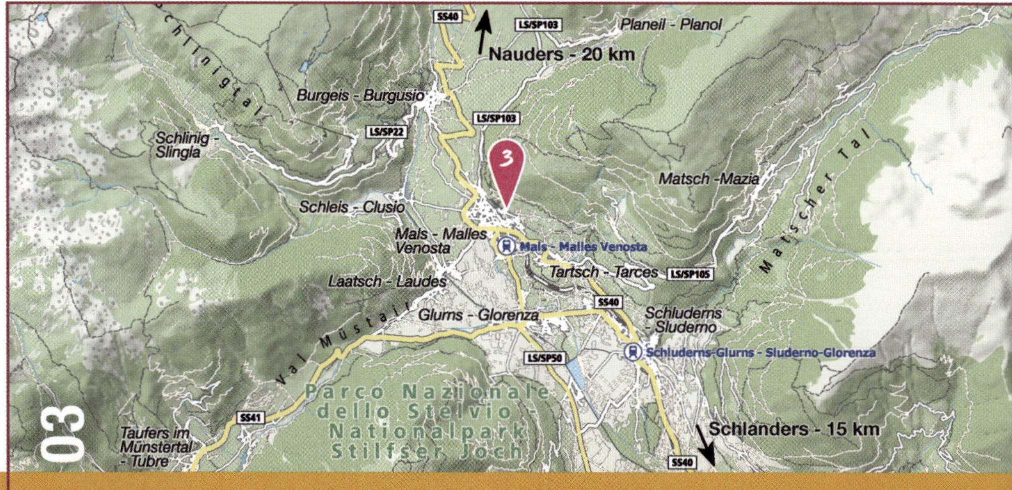

Taltour 03

Start & Ziel & Anreise

Ausgangspunkt der Wanderung ist Mals im Oberen Vinschgau. Von Meran nehmen wir die Europa-Allee zur Staatsstraße 38/SS38 über Algund. In Spondinig wechseln wir am Kreisel auf die SS40. Sie bringt uns geradewegs nach Mals. Parkmöglichkeiten gibt es beim Bahnhof. Die Vinschgerbahn fährt von Meran bis zur Endhaltestelle Mals.

Tourenbeschreibung

Wir beginnen die Wanderung in Mals. Das Örtchen hat mit der Fußgängerzone und einem altertümlichen Dorfkern nicht nur aufgrund seines umgebenden Bergpanoramas viel Flair. Auch die Malser Heide, eine weite, von Wiesen und Getreidefeldern geprägte Nutzlandschaft, einmalig im Alpenraum, durchzogen von alten Bewässerungsgräben (den Waalen), macht diese Gegend besonders. Die schmucken Dorfkerne der Malser Orte, die Burgen und das weithin bekannte Kloster Marienberg stehen für den kulturellen Reichtum eines traditionsreichen Siedlungsgebietes an der Via Claudia Augusta.

Der Matscher Weg bringt uns aus dem Zentrum durch das Dorf hinaus an die Hänge des Sonnenbergs. Hinter den letzten Häusern folgen wir bei einer Weggabelung der Markierung Nr. 17. Der Waalweg „Sonnseite" bringt uns ohne größere Höhenunterschiede nach Südosten. Größtenteils verwachsen zeigt sich der einstige Mitterwaal, dennoch erhalten wir immer noch einen guten Einblick in die Welt des obersten Sonnenbergs. Abwechselnd durchwandern wir feuchte Hänge mit grünen Wiesen und steile Abschnitte mit einer typischen Steppenvegetation. Bei aller Liebe zum Detail sollten wir auch den Blick in die weitere Umgebung schweifen lassen. Am westlichen Talrand erkennen wir Burgels, darüber thronen die festungsartigen, weißen Mauern des Klosters Marienberg. Einst war es nicht nur spirituelles Zentrum, sondern auch wichtigster Grundbesitzer der Region sowie Sitz der niederen Gerichtsbarkeit.

Der kurzweilige Waalweg bringt uns zur Straße von Tartsch ins Matscher Tal. Wir überqueren sie und wandern weiter auf dem Sonnensteig. Bei Plantawilles wendet sich der Steig dem Matscher Tal zu. An der folgenden Gabelung halten wir uns rechts, dem Haupttal entgegen. Kurz hinter dieser Abzweigung gelangen wir an die Verebnung des Ganglegggs; sie zählt zu den wichtigsten archäologischen Ausgrabungszonen Südtirols. Dieses Plateau war in prähistorischer Zeit ein wichtiges Siedlungsgebiet; das ursprüngliche Etschtal war zu diesem Zeitpunkt eine reine Auwaldwildnis mit morastigem, für die Bebauung ungeeignetem Boden. Im Laufe einer langen Zeit hat sich die Landschaft grundlegend verändert. Es entstand wertvoller Siedlungsraum und Kulturland, gleichzeitig sind leider auch unschätzbare Naturlandschaften verloren gegangen. Infotafeln und Mauerreste informieren über diese Geschichte.

Kurz unterhalb des Gangleggs treffen wir auf den Kalvarienberg von Schluderns. Der Pilgerweg führt uns ins Dorf hinab. Hier nehmen wir uns die Zeit und statten dem Vinschgermuseum einen Besuch ab. Es informiert uns über weitere Details zum Ganglegg und der gesamten Region. Im Anschluss fahren wir mit der Vinschgerbahn bequem zurück zum Ausgangsort Mals.

Autoren Tipp

Das Kloster Marienberg, auf 1.340 Meter ist die höchstgelegene Benediktinerabtei Europas. Seit seiner Gründung im 12. Jh. leben hier Mönche nach den Ordensregeln des heiligen Benedikt von Nursia. Im ehemaligen Wirtschaftstrakt sind Schauräume eingerichtet, in denen Historisches und das Alltagsleben im Kloster vermittelt werden. Nicht verpassen sollte man die romanischen Krypta-Fresken mit ihren einzigartigen Engelsdarstellungen. Es gibt immer wieder Sonderausstellungen. www.marienberg.it

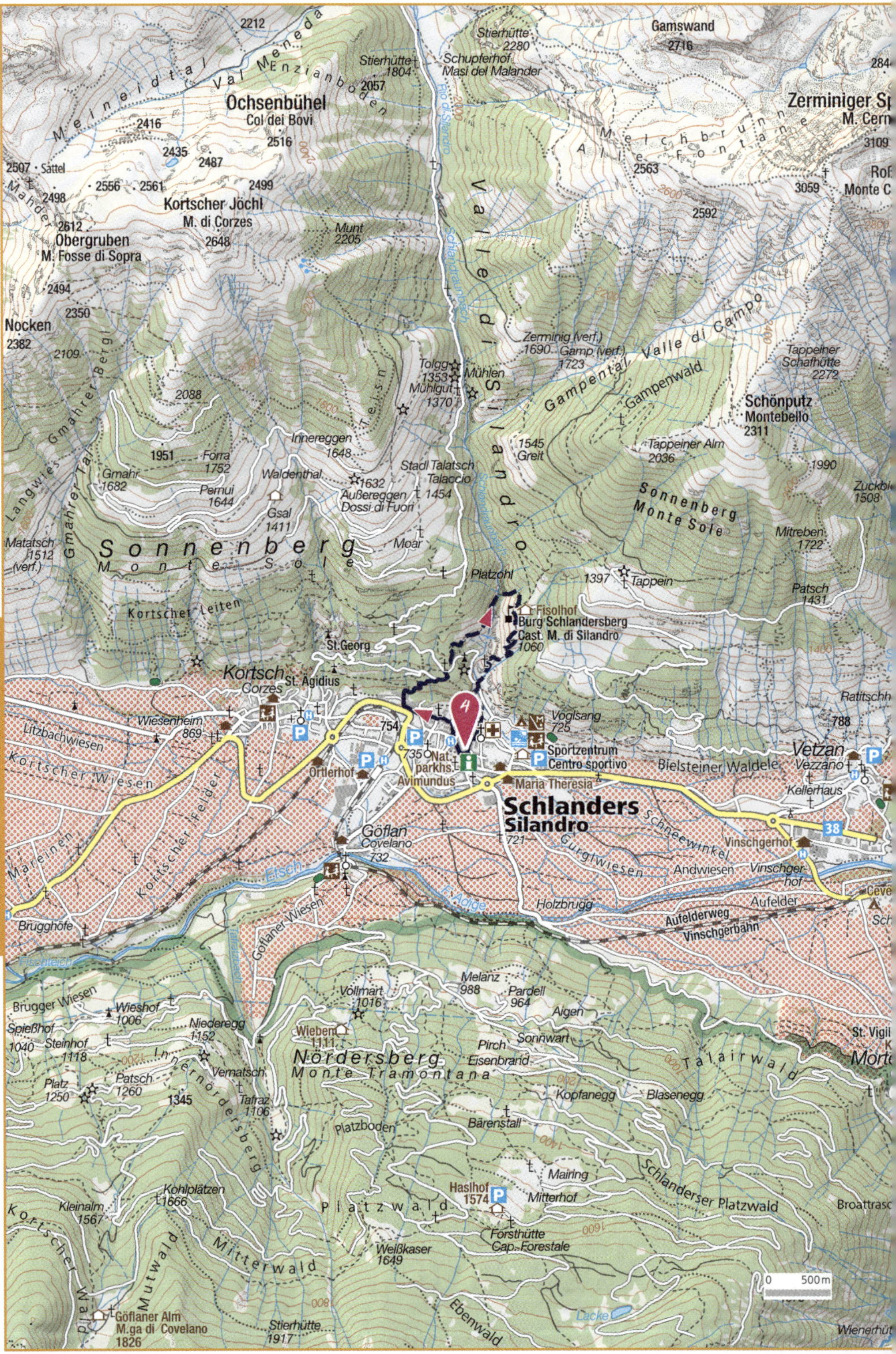
Ochsenbühel
Col dei Bovi
Kortscher Jöchl
M. di Corzes
Obergruben
M. Fosse di Sopra
Nocken
Valle di Silandro
Zerminiger Sp
M. Cern
Gamsward
Gampental Valle di Campo
Schönputz
Montebello
Sonnenberg
Monte Sole
Burg Schlandersberg
Cast. M. di Silandro
Kortsch
Corzes
St. Ägidius
St. Georg
Schlanders
Silandro
Sportzentrum
Centro sportivo
Maria Theresia
Vezzan
Vezzano
Göflan
Covelano
Etsch
F. Adige
Vinschgerbahn
Nördersberg
Monte Tramontana
Talairwald
Schlanderser Platzwald
Platzwald
Haslhof
1574
Forsthütte
Cap. Forestale
Mitterwald
Mutwald
Göflaner Alm
M.ga di Covelano
1826
Ebenwald
Stierhütte
1917
Kortscher Leiten
Kortscher Wiesen
Kortscher Felder
Brugghöfe
Tappeiner Alm
2036
Stierhütte
2280
Schupferhof
Masi del Malander
Melchbrunn
Alpe Fontane
0
500 m
38

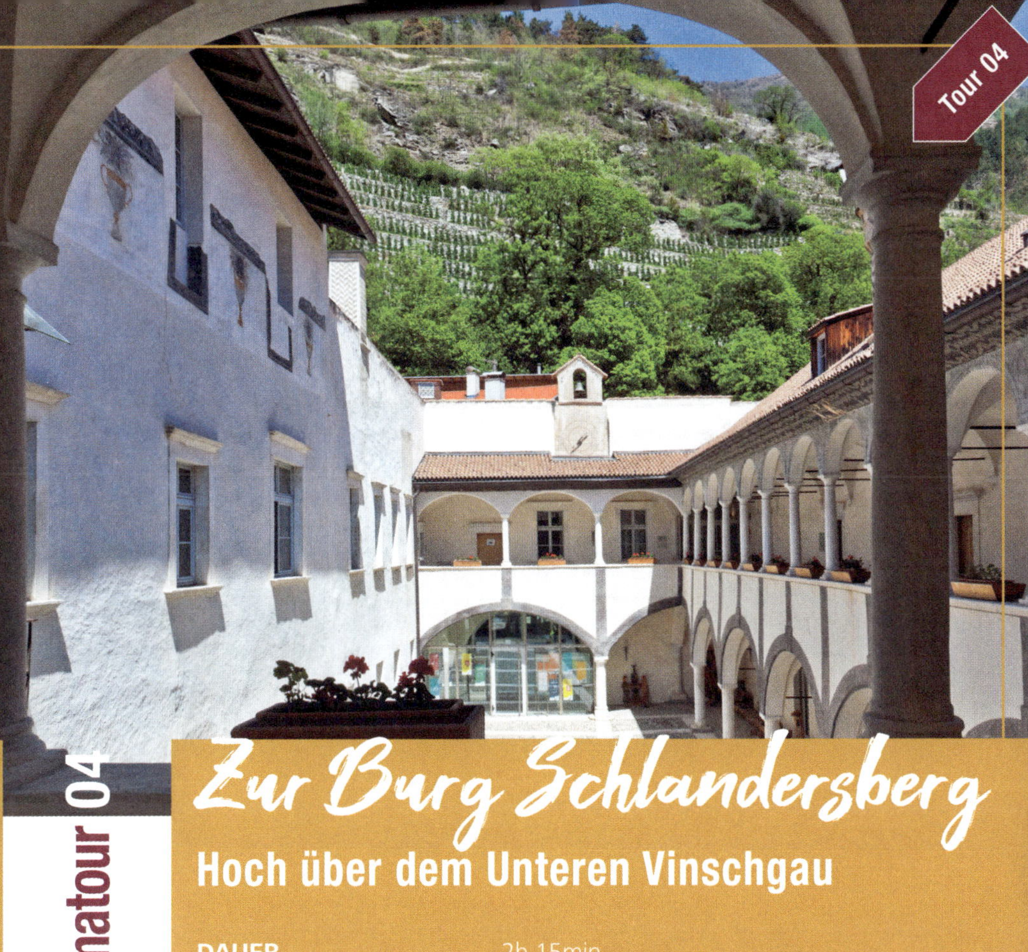

Tour 04

Panoramatour 04

Zur Burg Schlandersberg

Hoch über dem Unteren Vinschgau

DAUER	2h 15min
LÄNGE	5 km
HÖHENMETER	340 hm
SCHWIERIGKEIT	LEICHT
MIT ÖFFIS ERREICHBAR	ja

Das erwartet dich ...

Die Rundwanderung ist sehr kurz und verläuft nur im Abstieg ein paarmal über wenige, jedoch sehr steile Passagen. Von der stolzen Burg Schlandersberg, die auf einem kahlen Bergrücken über dem Eingang ins Schlandrauntal auf einer Höhe von 1.100 Metern thront, genießen wir wunderschöne Rundumblicke. Im Abstieg erhaschen wir sogar ein paar herrliche Tiefblicke auf Schlanders.

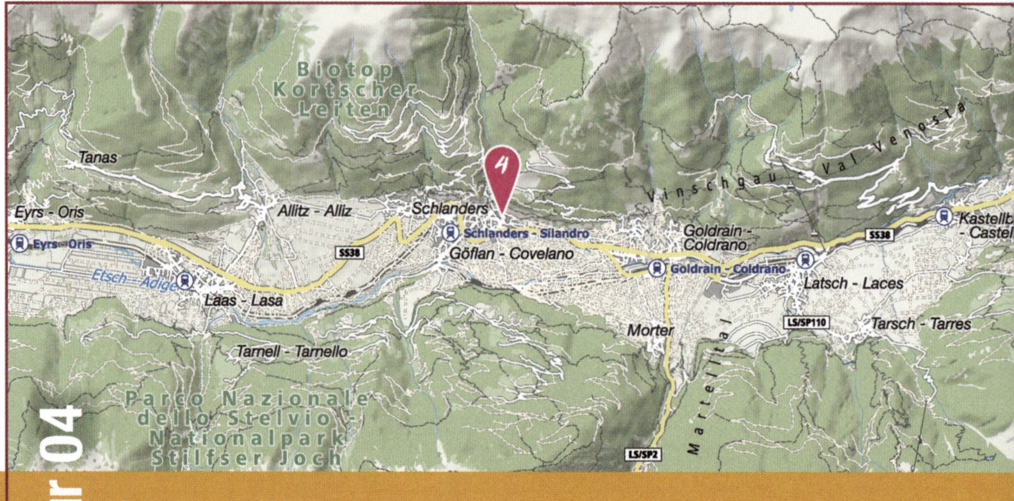

Panoramatour 04

Start & Ziel & Anreise

Ausgangspunkt ist das Ortszentrum von Schlanders. Von Meran nehmen wir die Europa-Allee zur Staatsstraße 38/SS 38 über Algund, Naturns und Latsch. Die Vinschgerbahn fährt von Meran bis nach Schlanders.

Tourenbeschreibung

Das Vinschgau ist bekannt für seine zahlreichen Burgen und Schlösser, teilweise hervorragend erhalten, teilweise nur noch aus Ruinen und Mauerresten bestehend. Schlandersberg nimmt bei diesem großen Angebot eine Ausnahmestellung ein: Ihr wuchtiges Gemäuer ist bis heute ein äußerst beeindruckender Bau. Um ein Haar wäre der Ansitz verfallen und diese Burgenherrlichkeit ein für allemal verloren gewesen. Mitte der 1990er Jahre kam dann die Rettung – ein privater Burgenliebhaber erwarb die Anlage, sodass sie heute wieder in gutem Zustand erstrahlt.

Wir starten in der Ortsmitte von Schlanders und folgen den Straßen und Gässchen des Ortes Richtung Nordwesten bis knapp vor die Staatsstraße. Die SS 38 knickt in fast rechtem Winkel gegen Kortsch ab; hier wechseln wir auf den Weg Nr. 4. Ein Pfad bringt uns relativ steil und in vielen kleinen Schleifen auf den Sonnenberg hinauf. Wir überqueren zweimal ein Sträßchen, schlendern ein kurzes Fahrbahnstück entlang und wandern dann auf dem Weg Nr. 5 in den Graben des Schlandraunerbaches. Unter uns erblicken wir einen rauschenden Wasserfall, der sich seinen Weg durch das enge, bewaldete Tal bahnt. Rechts über uns nehmen wir immer deutlicher die Burg Schlandersberg wahr. Wir queren den Bachgraben in einem weiten Bogen, bis wir schließlich zu einer kleinen Häusergruppe rund um die Burg ansteigen.

Burg und Weiler liegen weit abseits des geschäftigen Treibens des Haupttales, in einer wunderschönen, alten Kulturlandschaft. Hoch darüber liegt die fruchtbare Terrasse von Tappein; der gleichnamige Hof gilt für viele als einer der schönsten in ganz Südtirol. Im Fisolhof können wir uns noch stärken, bevor wir uns die Burg noch einmal genauer ansehen. Sie wurde von einem Zweig der Adelsfamilie von Montalban erbaut und im Laufe ihres Bestehens mehrfach umgebaut. Anfangs nur mit einem Wohnturm ausgestattet folgten erst im 16. Jahrhundert die weiteren Zubauten mit der bis heute erhaltenen Sonnenuhr und dem Familienwappen. Das Adelsgeschlecht starb aus und Schlandersberg verfiel zusehends. Erst in der letzten Zeit wurde es wie schon erwähnt aus seinem Dornröschenschlaf erweckt.

Wir wenden uns dem Abstieg zu; dafür gehen wir links unterhalb der Anlage vorbei und erreichen kurz darauf einen steilen Rücken über der Schlucht des Schlandraunbaches. Um die Kulturlandschaft zu erhalten, werden im Frühling und Herbst die mageren Wiesen mit Schafen beweidet. Steil wandern wir auf den Talgrund zu. Vor uns erblicken wir den hohen, spitzen Turm der Pfarrkirche zur Himmelfahrt Mariä. Viele Serpentinen führen uns über die letzte Steilstufe in den Ort bis an ein Sträßchen, dem wir nach links ins Zentrum von Schlanders zurück folgen.

Autoren Tipp

Das Besucherzentrum des Nationalparks Stilfserjoch avimundus in Schlanders informiert über die Vogelwelt des Nationalparks Stilfserjoch. Eine Dauerausstellung bietet den Besuchern einen Überblick über die Welt der Vögel im Nationalpark, ausgewählte Vogelarten werden anschaulich präsentiert und den jeweiligen Lebensräumen zugeordnet. Die Besucher erhalten dabei umfassende Informationen zu Brut und Aufzucht, zu Stimme und Gesang der Vögel. Hauptstraße 67, Schlanders, Tel. +39 0473 73 01 56.

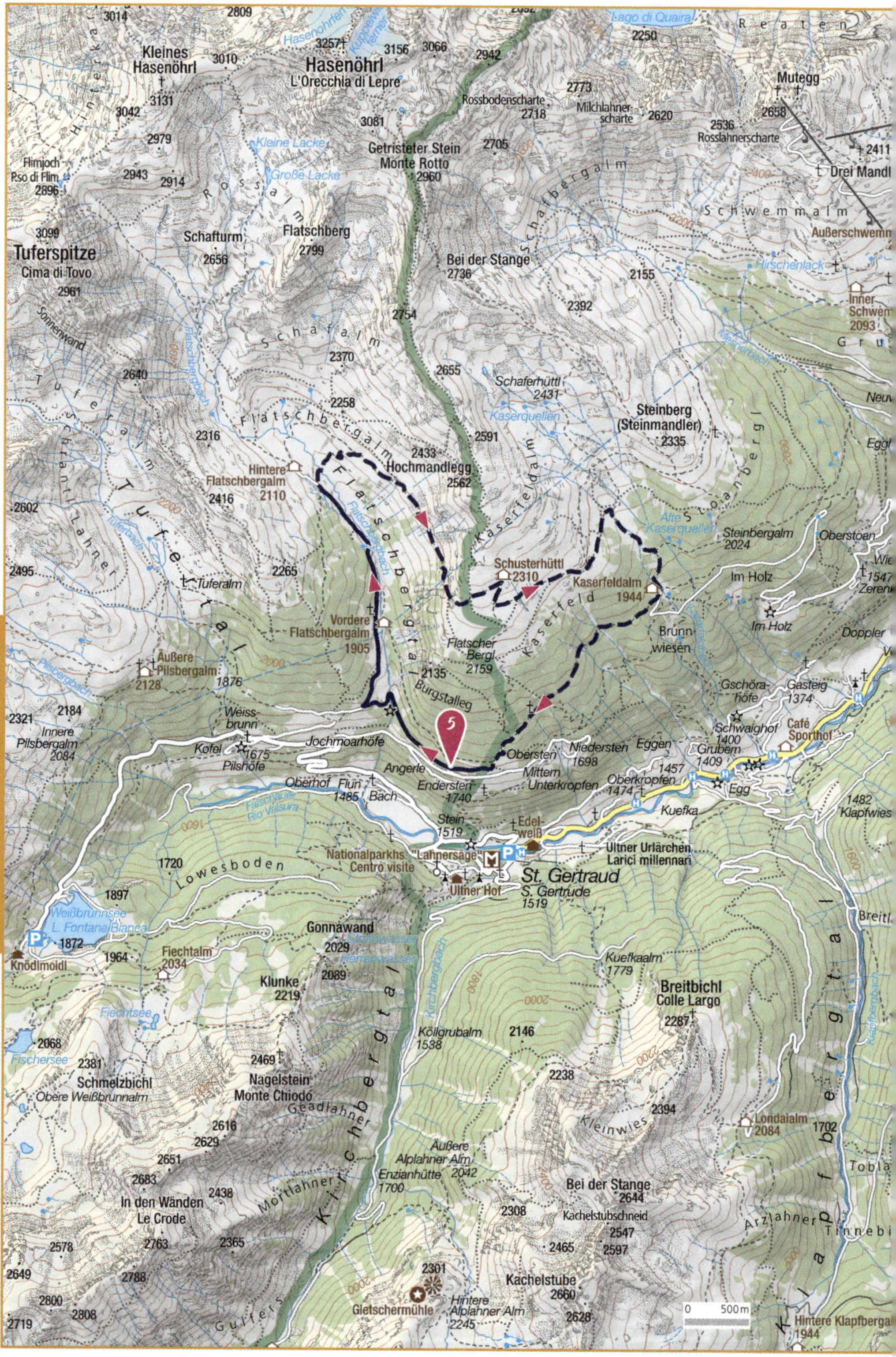

Kleines Hasenöhrl
3131
Hasenöhrl
L'Orecchia di Lepre
3257
3156
3066
2942
3014
2809
3010
3042
3081
2979
Lago di Quaira
2250
Reaten
Mutegg
2658
Rossbodenscharte
2718
Milchlahnerscharte
2620
2773
2536
Rosslahnerscharte
2411
Drei Mandl
Schwemmalm
Außerschwemm
Getristeter Stein
Monte Rotto
2960
2705
Kleine Lacke
Große Lacke
Flimjoch
Pso di Flim
2896
2943
2914
Rossalm
Schafberg alm
Tuferspitze
Cima di Tovo
2961
3099
Schafturm
2656
Flatschberg
2799
Bei der Stange
2736
2155
Hirschenlack
Inner Schwem
2093
2392
Schafalm
2754
2370
Sonnenwand
2640
Tuferalm
2655
Schaferhüttl
2431
Kaserquellen
Steinberg
(Steinmandler)
2335
Stoanbergl
2316
2258
Flatschbergalm
2591
2433
Hochmandlegg
2562
Hintere Flatschbergalm
2110
2416
Schrantllahner
2602
Tufertal
Flatschbergtal
Kaserfeldalm
Alte Kaserquellen
Steinbergalm
2024
Oberstoan
Wie
1547
Zeren
2495
2265
Tuferalm
Schusterhüttl
2310
Kaserfeldalm
1944
Im Holz
Im Holz
Vordere Flatschbergalm
1905
Flatscher Bergl
2159
Kaserfeld
Brunnwiesen
Doppler
Äußere Pilsbergalm
2128
1876
2135
Burgstalleg
Gschörahöfe
Gasteig
1374
2321
2184
Weissbrunn
Schwaighof
1400
Café Sporthof
Innere Pilsbergalm
2084
Kofel
1675
Pilshöfe
Jochmoarhöfe
Angerle
Obersten
Niedersten
1698
Eggen
Grubern
1409
Oberhof
Flun
1485
Bach
Endersten
1740
Mittern
Unterkropfen
Oberkropfen
1474
1457
Egg
Falschauer
Rio Valsura
1482
Klapfwies
Kuefka
Stein
1519
Edelweiß
Nationalparkhs. Centro visite
Lahnersäge
St. Gertraud
S. Gertrude
1519
Ultner Hof
Ultner Urlärchen
Larici millennari
1720
Lowesboden
1897
Weißbrunnsee
L. Fontana Bianca
1872
Knödlmoidl
1964
Fiechtalm
2034
Gonnawand
2029
2089
Klunke
2219
Kirchbergbach
Kuefkaalm
1779
Breitbichl
Colle Largo
2287
Breitl
Fiechtsee
2068
Fischersee
2381
Schmelzbichl
Obere Weißbrunnalm
2469
Nagelstein
Monte Chiodo
Geadlahner
Köllgrubalm
1538
2146
2238
2394
Kleinwies
Londaialm
2084
1702
Klapfbergtal
Klapfbergbach
2616
2629
2651
2683
In den Wänden
Le Crode
2438
Mortlahner
Kirchbergtal
Äußere Alplahner Alm
2042
Enzianhütte
1700
Bei der Stange
2644
Kachelstubschneid
2547
2597
2465
2308
Arzlahner
Tobla
Tinnebi
2578
2763
2365
2649
2788
2301
Kachelstube
2660
2628
2800
2808
2719
Gulfers
Gletschermühle
Hintere Alplahner Alm
2245
0 500m
Hintere Klapfbergal
1944

05

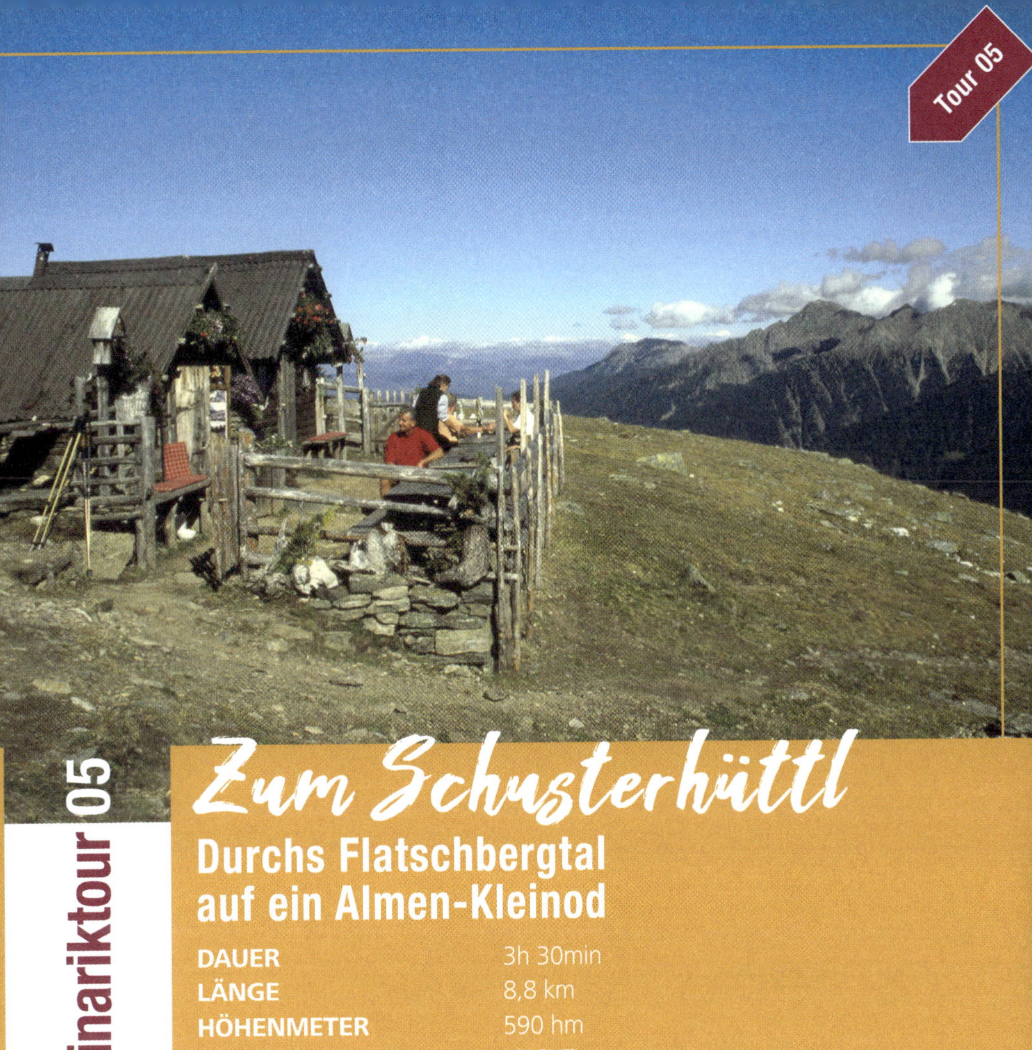

Kulinariktour 05

Zum Schusterhüttl

Durchs Flatschbergtal auf ein Almen-Kleinod

DAUER	3h 30min
LÄNGE	8,8 km
HÖHENMETER	590 hm
SCHWIERIGKEIT	LEICHT
MIT ÖFFIS ERREICHBAR	nein

Das erwartet dich ...

Die Rundwanderung zum Schusterhüttl führt uns über breite Almwege und unschwierige Steige durch das Flatschbergtal im inneren Ultental. Hinter den Flatschberghöfen erwartet uns ein sonniger Steig, im oberen Teil mit Steinmanndln markiert. Der Abstieg über die Almwiesen ist ein wenig steiler und führt zum Ende hin durch herrlichen Lärchenwald.

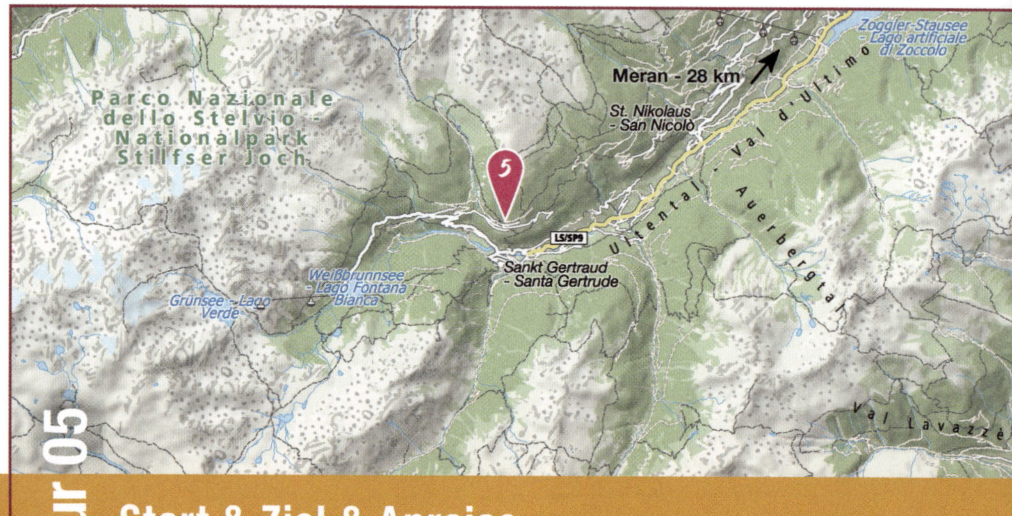

Start & Ziel & Anreise

Der private Parkplatz der Flatschbergalmen bildet den Ausgangspunkt der Wanderung. Wir fahren bis St. Gertraud im Ultental und weiter Richtung Weißbrunnsee. Knapp 100 Meter nach der vierten Kehre biegen wir scharf rechts auf eine schmale Straße ab. In der zweiten Kehre kurz vor den Flatschberghöfen zweigt ein Schotterweg zum Parkplatz ab.

Tourenbeschreibung

Das Schusterhüttl ist wahrscheinlich die kleinste Hütte weit und breit. Doch sie steht größeren Hütten in nichts nach: Sie bietet wundervolle Ausblicke, eine urgemütliche, kleine Terrasse und die Almwirtin zaubert in ihrer fast schon puppenartigen Küche einfache, aber extrem genussvolle Gerichte. Selbst gemachter Käse und Speck aus dem Ultental werden serviert. Auch die Flatschbergalmen sind lohnenswerte Ziele zum Einkehren. Auf dem Schusterhüttl gibt es keine Übernachtungsmöglichkeit. Die Höchster Hütte befindet sich beim Grünsee und kann vom Schusterhüttl bzw. den Flatschbergalmen auf dem 12er-Steig in gut einer Stunde erreicht werden.

Vom privaten Parkplatz der Flatschbergalmen führt uns die Markierung 143 auf einem breiten, schottrigen Almenweg ins Flatschbergtal. Wir queren den Flatschbergbach und steigen in der anschließenden Rechtskehre weiter bergan. Schnell haben wir die Vordere Flatschbergalm erreicht. Weiter geht es über den Fahrweg; man kann auch bald auf einen Steig rechter Hand ausweichen, der nahe dem Bach entlangführt. Kurz bevor wir die Hintere Flatschbergalm erreicht haben folgen wir der Markierung Nr. 12 nach rechts über den Bach und die westseitigen Hänge hinauf. Allmählich flacht der Steig ab und führt uns durch Wacholder- und Alpenrosenbüsche talauswärts. Ein letzter Anstieg bringt uns schließlich auf einen Sattel. Von hier aus hat man einen herrlichen Ausblick auf den Talschluss des Ultentals mit Weißbrunnsee und Eggenspitzen. Ein Steinmanndl weist hier die letzten Meter zum Schusterhüttl.

Für den Abstieg wenden wir uns nach Süden zu einer Gabelung hinab. Der Steig geradeaus brächte uns über das Kuhhüttl zu den Flatschberghöfen. Wir wandern jedoch links gerichtet über die sonnigen Almböden hinab auf der Markierung Nr. 12. An der nächsten Wegteilung halten wir uns rechts; der Rechtsbogen führt durch lichten Wald zur Kaserfeldalm. Hier führt der obere Weg mit der Markierung Nr. 146 nach St. Gertraud. Unterhalb der obersten Hütte vorbei steigt er nochmals an und verläuft über die bewaldeten Hänge des hintersten Ultentals, bis er zum obersten Flatschberghof abfällt. Das Sträßlein bringt uns zum Parkplatz zurück.

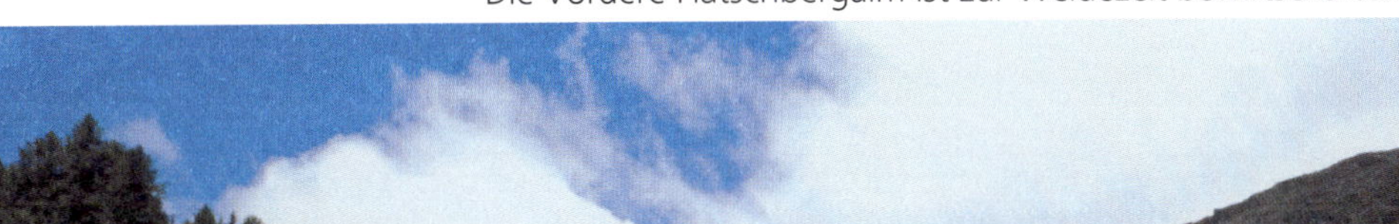

Die Vordere Flatschbergalm ist zur Weidezeit bewirtschaftet

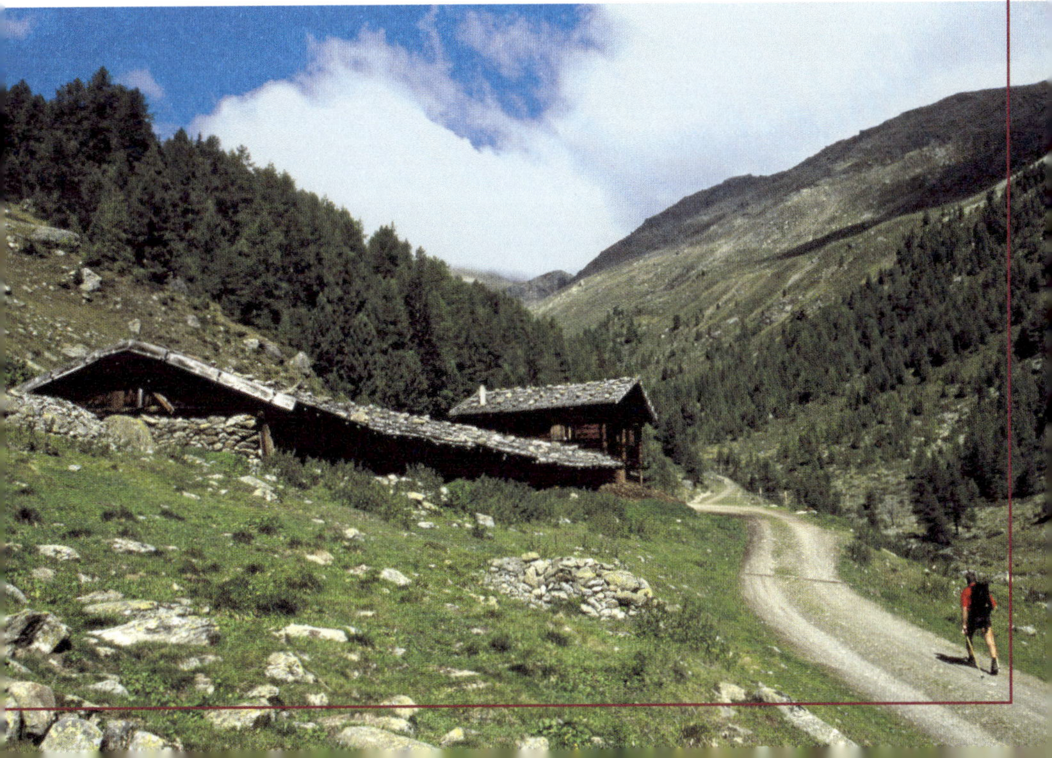

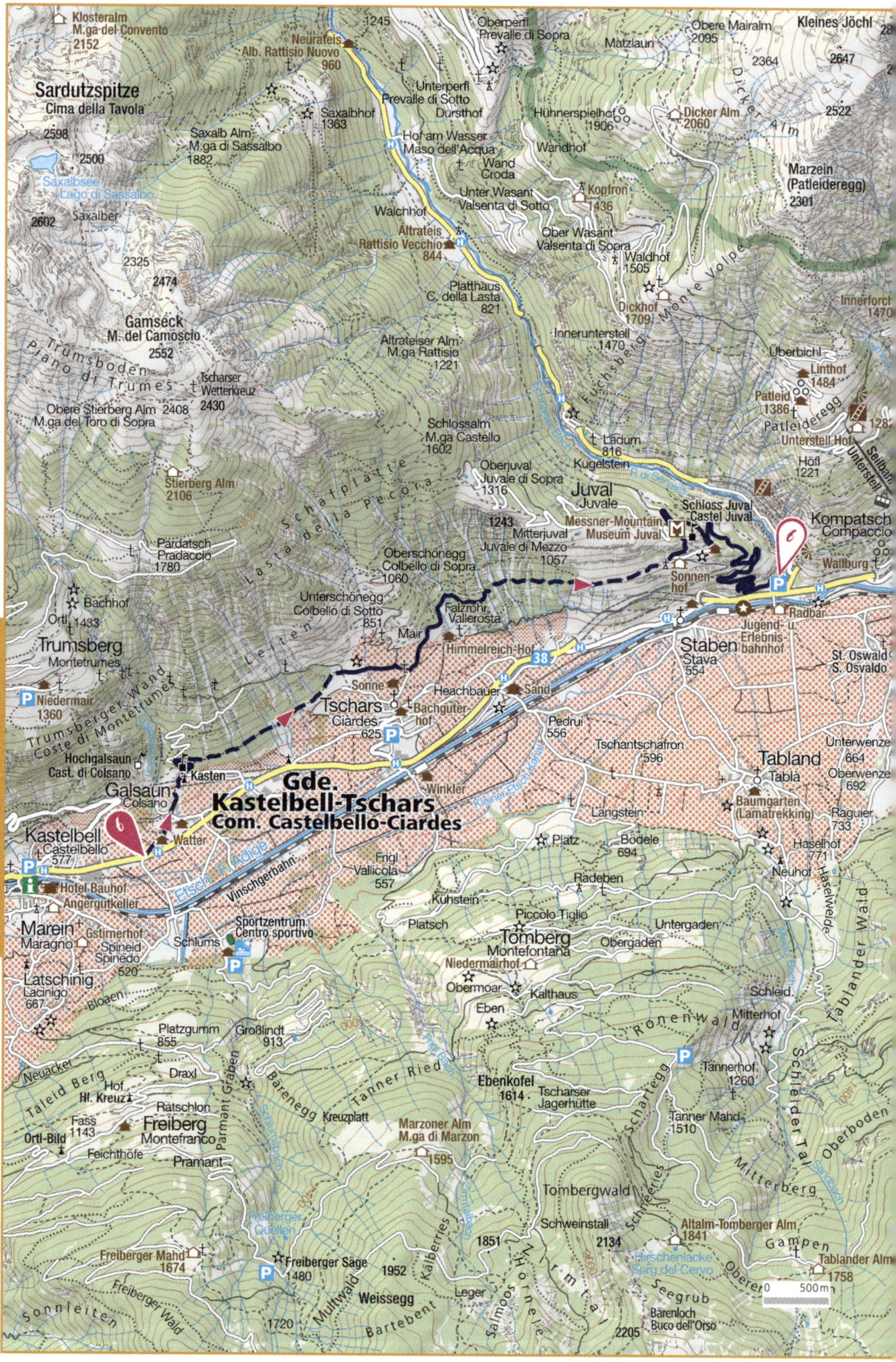

Klosteralm
M.ga del Convento
2152
Neurateis
1245
Alb. Rattisio Nuovo
960
Oberperfl
Prevalle di Sopra
Matzlaun
Obere Mairalm
2095
Kleines Jöchl
2647
2364
Sardutzspitze
Cima della Tavola
Unterperfl
Prevalle di Sotto
Dursthof
Saxalbhof
1363
Hühnerspielhof
1906
Dicker Alm
2060
Dicker Alm
2522
2598
Saxalb Alm
M.ga di Sassalbo
1882
Hof am Wasser
Maso dell'Acqua
Wandhof
2500
Wand
Croda
Marzein
(Patleideregg)
2301
Saxalbsee
Lago di Sassalbo
Unter Wasant
Valsenta di Sotto
Kopfron
1436
2602
Saxalber
Walchhof
Altrateis
Rattisio Vecchio
844
Ober Wasant
Valsenta di Sopra
Waldhof
1505
Monte Volpe
2325
2474
Platthaus
C. della Lasta
821
Dickhof
1709
Innerforch
1470
Gamseck
M. del Camoscio
2552
Innerunterstell
1470
Altrateiser Alm
M.ga Rattisio
1221
Fuchsberg
Überbichl
Linthof
1484
Trumsboden
Piano di Trumes
Tscharser Wetterkreuz
2430
Patleid
1386
Patleideregg
Obere Stierberg Alm
M.ga del Toro di Sopra
2408
Schlossalm
M.ga Castello
1602
Unterstell Hof
1282
Ladurn
816
Kugelstein
Höfl
1221
Unterstell
Seilbahn
Schatplatte
Stierberg Alm
2106
Oberjuval
Juvale di Sopra
1316
Juval
Juvale
Schloss Juval
Castel Juval
Kompatsch
Compaccio
Lasta della Pecora
1243
Messner-Mountain-Museum Juval
Pardatsch
Pradaccio
1780
Mitterjuval
Juvale di Mezzo
1057
Walburg
Oberschönegg
Colbello di Sopra
1060
Sonnenhof
Unterschönegg
Colbello di Sotto
851
Bachhof
Falzrohr
Vallerosta
Radbar
Jugend- u. Erlebnisbahnhof
Ortl
1433
Leiten
Mair
Staben
Stava
554
Trumsberg
Montetrumes
Himmelreich-Hof
38
St. Oswald
S. Osvaldo
Niedermair
1360
Trumsberger Wand
Coste di Montetrumes
Sonne
Heachbauer
Sand
Tschars
Ciardes
625
Bachguterhof
Pedrui
556
Unterwenze
664
Tschantschafron
596
Tabland
Tablà
Oberwenze
692
Hochgalsaun
Cast. di Colsano
Kasten
Gde. Kastelbell-Tschars
Com. Castelbello-Ciardes
Winkler
Galsaun
Colsano
Kleiner Etsch Kanal
Baumgarten
(Lamatrekking)
Raguier
733
Langstein
Kastelbell
Castelbello
577
Watter
Platz
Bödele
694
Haselhof
771
Etsch F. Adige
Frigl
Vallicola
557
Neuhof
Hotel Bauhof
Vinschgerbahn
Radeben
Haselwelde
Angergutkeller
Kühstein
Tablander Wald
Marein
Maragno
Gstirnerhof
Spineid
Spinedo
520
Sportzentrum
Centro sportivo
Schlums
Platsch
Piccolo Tiglio
Tomberg
Montefontana
Untergaden
Obergaden
Latschinig
Lacinigo
667
Niedermairhof
Obermoar
Kalthaus
Schleid
Bloaen
Eben
Ronenwald
Mitterhof
Platzgumm
855
Großlindt
913
Tannerhof
1260
Neuacker
Draxl
Tanner Ried
Schleider Tal
Taleid Berg
Hof
Hl. Kreuz
Bärenegg
Ebenkofel
1614
Tscharser Jagerhütte
Fass
1143
Ratschlon
Kreuzplatt
Tanner Mahd
1510
Oberboden
Ortl-Bild
Freiberg
Montefranco
Marzoner Alm
M.ga di Marzon
1595
Parmant Graben
Schartegg
Feichthöfe
Pramant
Mitterberg
Tombergwald
Freiberger Quellen
Schweinstall
2134
Altalm-Tomberger Alm
1841
Gampen
Tablander Alm
1758
Freiberger Mahd
1674
1851
Freiberger Säge
1480
1952
Kälberries
Hirschenlacke
Berg del Cervo
Seegrub
0 500 m
Weissegg
Leger
Zirmtal
Hörnele
Bärenloch
Buco dell'Orso
Sonnleiten
Freiberger Wald
1720
Multwald
Bartebent
Salmoos
2205

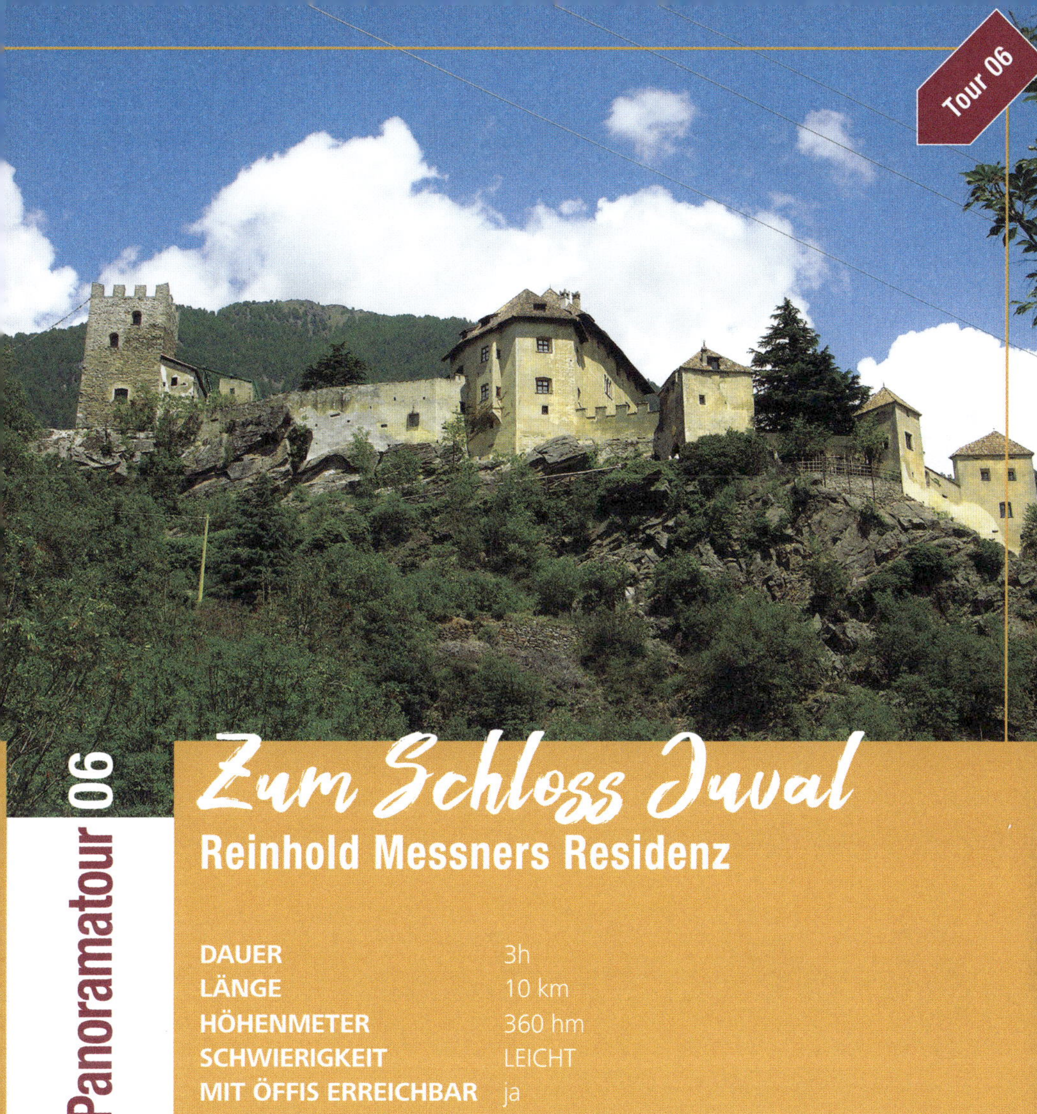

Panoramatour 06

Zum Schloss Juval

Reinhold Messners Residenz

DAUER	3h
LÄNGE	10 km
HÖHENMETER	360 hm
SCHWIERIGKEIT	LEICHT
MIT ÖFFIS ERREICHBAR	ja

Das erwartet dich ...

Die Wanderung von Galsaun nach Staben zum Schloss Juval gehört mit zu einer der schönsten Waalwanderungen mit herrlichen Ausblicken und krönenden Höhepunkten gegen Ende der Tour. Dabei bewegen wir uns zum größten Teil auf Waalwegen; lediglich vom Schloss hinab nach Staben und ein kurzes Stück oberhalb von Tschars wandern wir auf einem asphaltierten Weg. Mit dem Sonnenhof und Schloss Juval haben wir zwei schöne Einkehrmöglichkeiten.

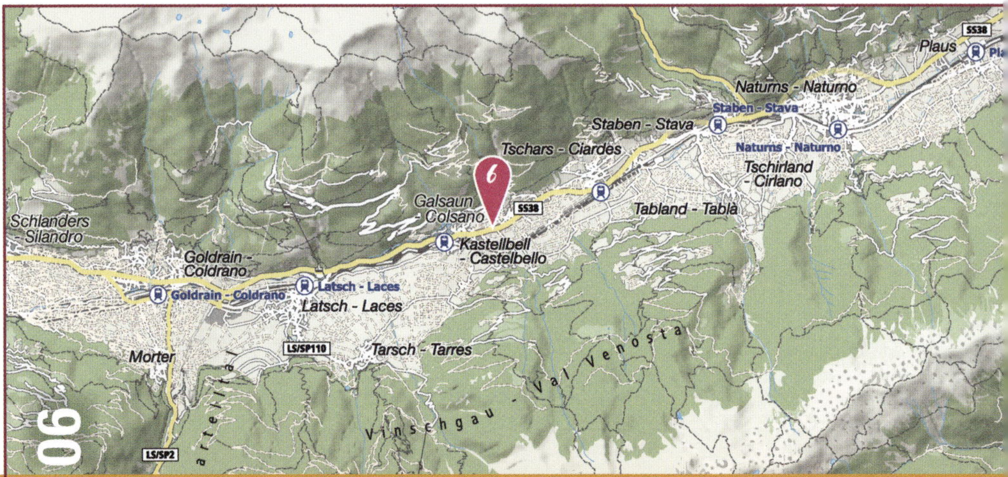

Start & Ziel & Anreise

Die Wanderung beginnt in der Fraktion Galsaun, westlich von Schloss Juval. Von Bozen bringt uns die SS 38 nach Meran, dann weiter über Naturns nach Galsaun. Parkmöglichkeiten befinden sich im Zentrum von Galsaun.

Tourenbeschreibung

In Galsaun spazieren wir zuerst einmal durch die kleine Fraktion. Über einen alten Hohlweg, der nach links abzweigt, verlassen wir die Dorfstraße und wandern in kurzer Zeit hinauf zum beeindruckenden Ansitz Kasten. Das alte Schloss befindet sich noch in gutem Zustand. Die nahe gelegenen Neubauten zeigen schön, dass sich alte und moderne Architektur durchaus harmonisch aneinanderreihen können. Oberhalb der Weingärten führt uns der Weg weiter durch Kastanienbestände zum Einstieg des Waalweges. Er wurde nach einem umfangreichen Forstwegebau Ende 2007 komplett neu gestaltet. Hier zweigt ein schmaler Steig ab, der uns in wenigen Minuten zum Waal hinaufführt.

In Fließrichtung folgen wir dem leisen Geplätscher des Wassers und dem Lauf des Waales. Auch an heißen Tagen ist die Wanderung recht angenehm, denn dichtes Baum- und Buschwerk spenden wohltuenden Schatten und auch am

Wasser haben wir immer die Möglichkeit für eine rasche Abkühlung. Oberhalb von Tschars verschwindet der Waal ein kurzes Stück. Wir gehen auf einer Straße rechts hinab, gleich darauf schwenken wir jedoch wieder nach links und steigen Richtung Waal hinauf. Kurz darauf treffen wir ihn wieder. Jetzt haben wir das attraktivste Wegstück vor uns: Der Waal verläuft hier mitten durch den Sonnenberg. Die typischen Steppenhänge über und unter uns schimmern schon im Mai rötlich und bräunlich. So heben sie sich deutlich von der üppigen, sattgrünen Vegetation am Wasser ab. An einer Stelle überqueren wir über eine alte Holzbrücke eine rauschende Bachschlucht. An anderen Stellen ist das Wasser dann wiederum kaum zu vernehmen. Nach der kurzweiligen Tour über den Sonnenberg erreichen wir schließlich die ersten Obstgärten und kurz darauf den Hofschank Sonnenhof.

Nach einer gemütlichen Einkehr halten wir uns für den Weiterweg dann oberhalb des Sonnenhofs links und steigen über einen alten Plattenweg zum Schloss Juval hinauf. Sie ist die Residenz von Reinhold Messner und ein Schmuckkästchen der besonderen Art. Den Besuch hier sollten wir uns auf keinen Fall entgehen lassen! Nach einer interessanten Schlossführung gehen wir auf der schmalen Straße weiter, passieren den Schlosswirt und das Weingut Unterortl und folgen schließlich den vielen Serpentinen hinunter zum Parkplatz Juval am östlichen Ortstrand von Staben. Nun haben wir noch die Möglichkeit, den Vinschger Bauernladen zu besuchen. Er befindet sich direkt am Parkplatz. Lokale Produzenten bieten hier ihre Köstlichkeiten an. Auch dieses kulinarische Angebot ist ein Teil des Gesamtkunstwerkes Juval.

Autoren Tipp

Das mittelalterliche Schloss Juval thront auf einem prähistorischen Kultplatz am Eingang des Schnalstales. 1278 von Hugo von Montalban erbaut ging es 1983 in den Besitz der Bergsteigerlegende Reinhold Messner über. Seither ist es sein Sommerwohnsitz und beherbergt eines der sechs Messner Mountain Museum in Südtirol. Zu sehen sind mehrere Kunstsammlungen, eine umfangreiche Tibetika-Sammlung sowie die Bergbildergalerie und die Maskensammlung mit Exponaten aus 5 Kontinenten. Auch Fresken aus der Renaissance gibt es zu bestaunen. Juvalweg 3, 39020 Kastelbell, Tel. +39 348 4433871.

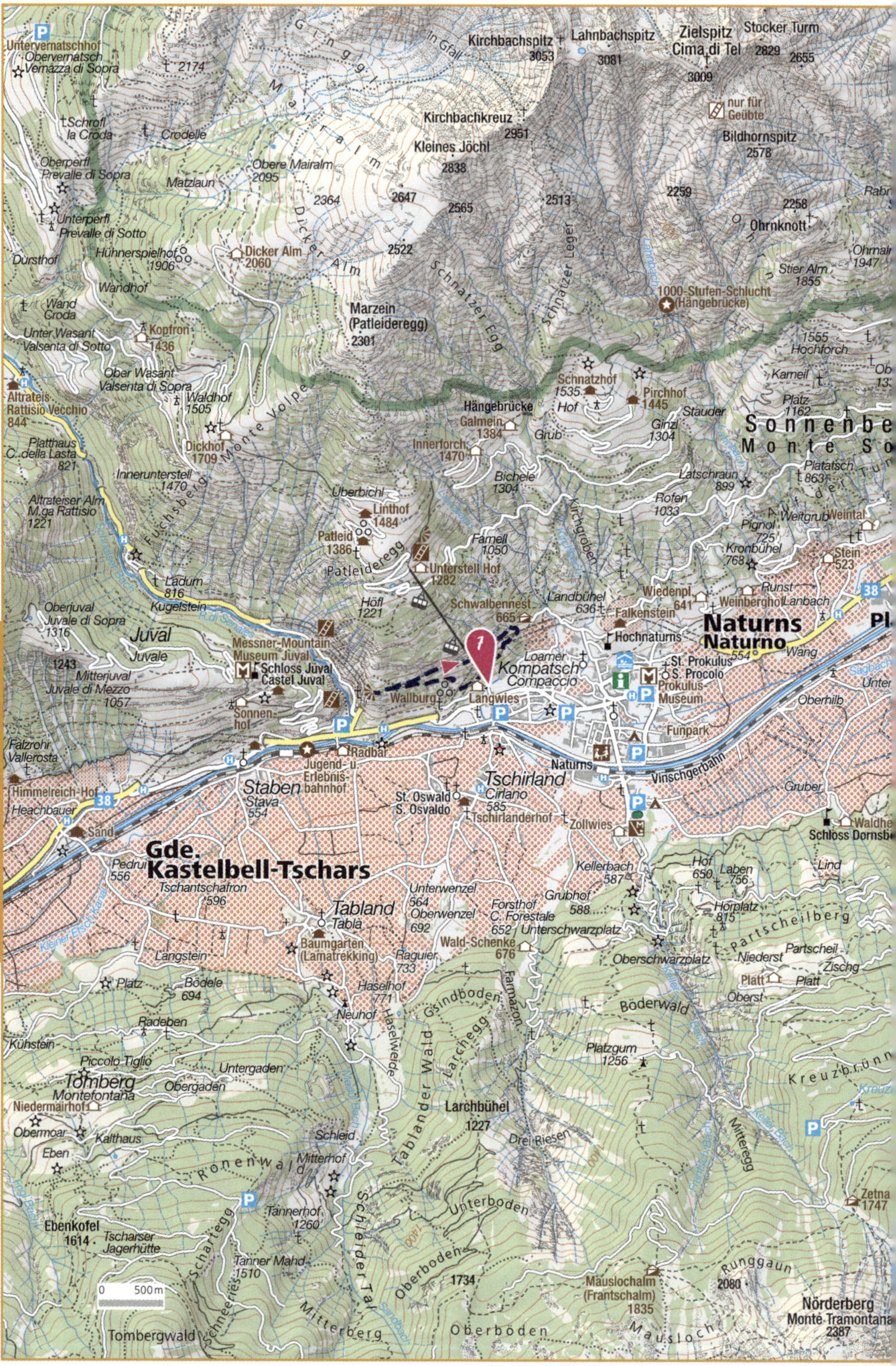

Untervernatschhof
Obervernatsch
Vernazza di Sopra
2174
Ginggl
In Graß
Kirchbachspitz
3053
Lahnbachspitz
3081
Zielspitz
Cima di Tel
3009
Stocker Turm
2829
2655
nur für Geübte
Schroffl
la Croda
Credelle
Mairalm
Kirchbachkreuz
2951
Kleines Jöchl
2838
Bildhornspitz
2578
Oberperfl
Prevalle di Sopra
Obere Mairalm
2095
Matzlaun
2364
2647
2565
2513
2259
2258
Ohrnknott
Rabn
Unterperfl
Prevalle di Sotto
Ohrnalm
1947
Dürsthof
Hühnerspielhof
1906
Dicker Alm
2060
Dicker Alm
2522
Schnatzer Egg
Schnatzer Leger
Stier Alm
1855
Wandhof
Wand
Croda
Marzein
(Patleideregg)
2301
1000-Stufen-Schlucht
(Hängebrücke)
Unter Wasant
Valsenta di Sotto
Kopfron
1436
1555
Hochforch
Ober Wasant
Valsenta di Sopra
Schnatzhof
1535
Hof
Pirchhof
1445
Kameil
Altrateis
Rattisio Vecchio
844
Waldhof
1505
Monte Volpe
Hängebrücke
Galmein
1384
Grub
Stauder
Platz
1162
Sonnenberg
Monte Sole
Dickhof
1709
Ginzl
1304
Platthaus
C. della Lasta
821
Innerforch
1470
Bichele
1304
Latschraun
899
Platatsch
863
Innerunterstell
1470
Fuchsberg
Überbichl
Rofen
1033
Auf der Tum
Altrateiser Alm
M.ga Rattisio
1221
Linthof
1484
Weitgrub
Weintal
Patleid
1386
Famell
1050
Kirchgraben
Pignol
725
Kronbühel
768
Stein
523
Patleideregg
Unterstell Hof
1282
Ladurn
816
Kugelstein
Landbühel
636
Wiedenpl
641
Runst
Weinberghof
Lanbach
38
Oberjuval
Juvale di Sopra
1316
Höfl
1221
Schwalbennest
665
Falkenstein
Naturns
Naturno
Juval
Juvale
Messner-Mountain-Museum Juval
Hochnaturns
1
Loamer
Wang
1243
Mitterjuval
Juvale di Mezzo
1057
Schloss Juval
Castel Juval
Kompatsch
Compaccio
St. Prokulus
S. Procolo
Prokulus-Museum
Unter
Sonnenhof
Wallburg
Langwies
Oberhilb
Funpark
Falzrohr
Vallerosta
Jugend- u. Erlebnisbahnhof
Radbar
Naturns
Vinschgerbahn
Himmelreich-Hof
38
Staben
Stava
554
St. Oswald
S. Osvaldo
Tschirland
Cirlano
585
Gruber
Heachbauer
Tschirlanderhof
Zollwies
Schloss Dornsberg
Waldhe
Sand
Gde. Kastelbell-Tschars
Pedrul
556
Kellerbach
587
Hof
650
Laben
756
Lind
Tschantschafron
596
Unterwenzel
564
Oberwenzel
692
Tabland
Tabla
Forsthof
C. Forestale
652
Grubhof
588
Hörplatz
815
Partscheilberg
Kleiner Etsch Kanal
Unterschwarzplatz
Wald-Schenke
676
Langstein
Baumgarten
(Lamatrekking)
Raguier
733
Oberschwarzplatz
Niederst
Partscheil
Zischg
Platz
Bödele
694
Haselhof
771
Gsindboden
Farnazon
Platt
Platt
Oberst
Neuhof
Haselweide
Böderwald
Radeben
Larchegg
Kühstein
Platzgum
1256
Piccolo Tiglio
Tomberg
Montefontana
Untergaden
Obergaden
Tablander Wald
Kreuzbrünn
Niedermairhof
Larchbühel
1227
Obermoar
Kalthaus
Schleid
Drei Riesen
Mitteregg
Eben
Ronenwald
Mitterhof
Ebenkofel
1614
Tannerhof
1260
Unterboden
Zetna
1747
Tscharser Jagerhütte
Schartegg
Schleider Tal
Tanner Mahd
1510
Oberboden
1734
Runggaun
2080
Mauslochalm
(Frantschalm)
1835
Nörderberg
Monte Tramontana
2387
0 500m
Tombergwald
Schneeberg
Mitterberg
Oberböden
Mausloch

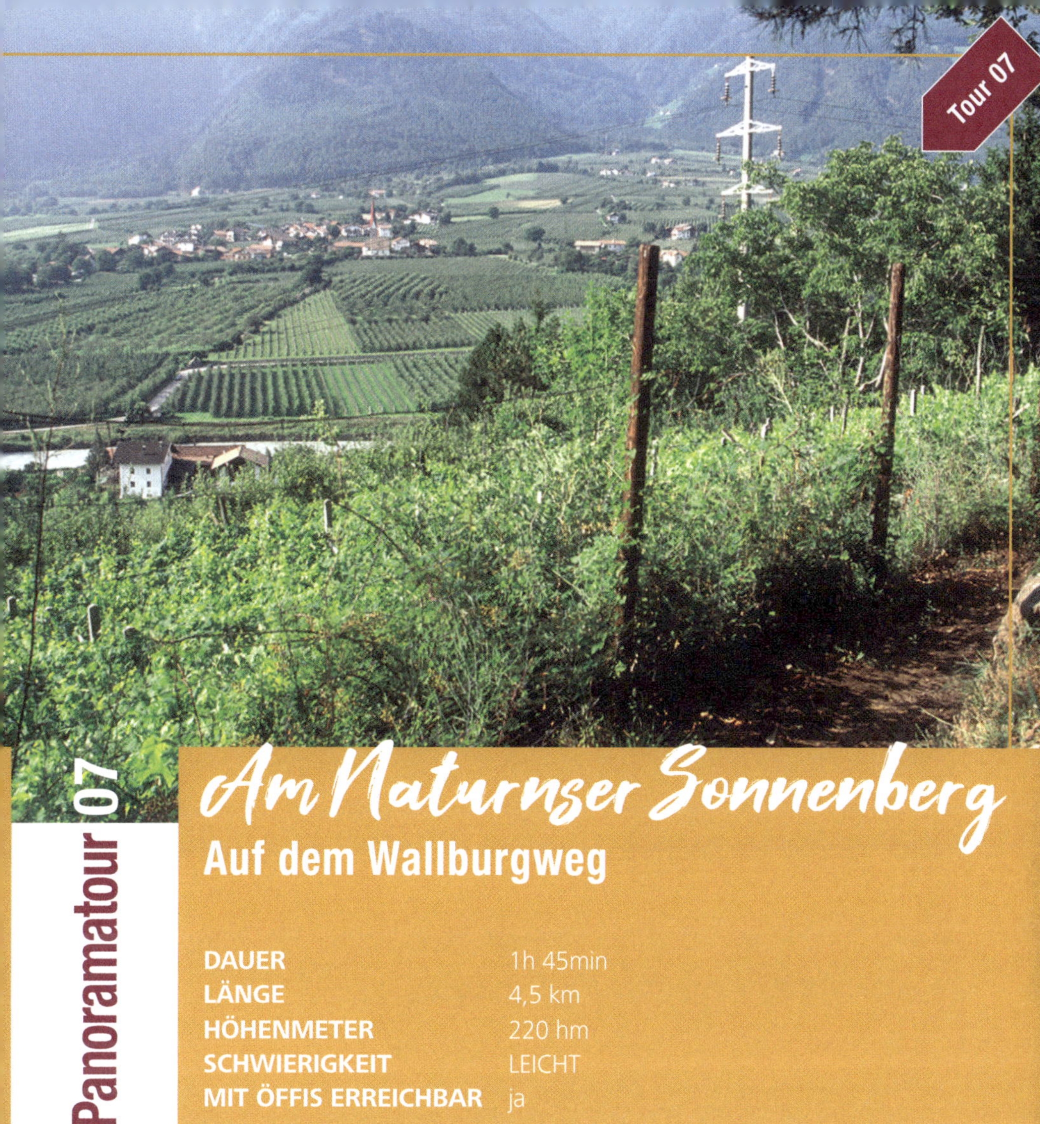

Panoramatour 07

Am Naturnser Sonnenberg

Auf dem Wallburgweg

DAUER	1h 45min
LÄNGE	4,5 km
HÖHENMETER	220 hm
SCHWIERIGKEIT	LEICHT
MIT ÖFFIS ERREICHBAR	ja

Das erwartet dich ...

Die Wanderung ist sehr einfach und auch extrem kurz; sie verläuft auf einem Naturlehrpfad oberhalb von Naturns. Am Sonnenberg mutet er fast wie eine Promenade an. Während der Tour haben wir schöne Blicke auf Naturns und nach Meran hinüber. Einkehrmöglichkeiten gibt es in Kompatsch und Naturns sowie in der gemütlichen und urigen Jausenstation Schwalbennest am Sonnenberg.

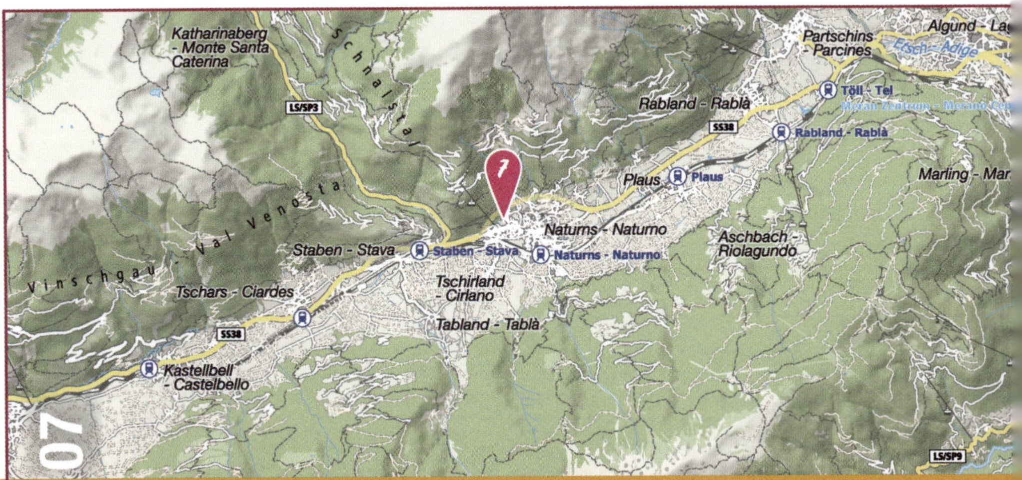

Start & Ziel & Anreise

Ausganspunkt ist die Talstation der Seilbahn Unterstell in Kompatsch. Von Bozen fahren wir über die Schnellstraße MeBo Richtung Meran. Weiterfahrt auf der Vinschgauer Staatsstraße bis nach Naturns und von hier aus in den Ortsteil Kompatsch. Parkplätze gibt es an der Talstation der Seilbahn Unterstell.

Tourenbeschreibung

Die Vinschgauer Steppe findet sich in ihrem östlichsten Ausläufer im Naturnser Sonnenberg wieder. Die Umgebung mutet fast mediterran an: Edelkastanie und Wein sind hier ebenso vorzufinden wie Flaumeiche und südländische Gehölze. Zahllose Eidechsen rascheln sich durchs Gebüsch oder flitzen über die Wanderwege, immer auf der Hut, nicht von den Schritten der Wanderer erwischt zu werden. Aber nicht nur Flora und Fauna sind hier bemerkenswert, auch urgeschichtlich kann der Hang mit vier urzeitlichen Fundstellen aufwarten. Und dort, wo schon vor Tausenden von Jahren Menschen gesiedelt haben, ranken sich auch oft die Sagen. So gilt der Naturnser Sonnenberg als die Heimat der „Wilden Fahr", einem Ungeheuer, das aus zwei Pferden zusammengewachsen ist. Glücklicherweise begegnen wir diesem Untier heute nicht.

Von der Talstation der Seilbahn Unterstell in Kompatsch wandern wir auf den Hangfuß zu, dann gleich nach links den Hang hinauf. Wir wandern an Obstplantagen und Wein vorbei in den submediterranen Buschwald hinauf. Zwar ist die Steigung kurz, dennoch kommt man im Hochsommer hier ganz ordentlich ins Schwitzen, da die Temperaturen auf 40 °C steigen können. Eine halbe Stunde später haben wir an Höhe gewonnen und machen einen Abstecher zur Wallburg nach Westen. Über die Geschichte der Wallburgen ist wenig bekannt: Die meisten sind auf die Bronzezeit und noch weiter zurückzuführen. Es gibt zwar archäologische Befunde über eine frühe Besiedlung, die Bedeutung der Anlagen liegt jedoch weitgehend im Dunkeln. Doch schon wegen der Aussicht auf die Schnalser Schlucht hinüber bis zum Schloss Juval ist der Besuch dieser Stätte zu empfehlen.

Im Bereich der Seilbahn Unterstell, erkennt man an den Südhängen des Vinschger Sonnenbergs zwei markante Geländestufen, auf denen frühgeschichtliche Fragmente von Trockenmauern auf eine „obere" und „untere" Wallburg hinweisen. In unmittelbarer Nähe, auf einer Felskuppe im Schnalstal, befand sich eine weitere Wallburg, die mit jener von Naturns in direktem Sichtkontakt stand.

Wir kehren von unserem Abstecher zurück und wandern auf dem Anstiegsweg auf gleicher Höhe nach links weiter. Teilweise folgen wir nun dem Lauf eines Waals, stets die Höhe haltend, bis wir das Schwalbennest erreichen. Nach angenehmer Rast bringt uns der Abstieg geradewegs zum Ausgangspunkt zurück. Auch hier werden wir wieder der wunderbaren Landschaft gewahr: So zeigen sich immer wieder der rosa Diptam mit seinem Zitronenduft, der Stechende Mäusedorn oder der wasserspeichernde Hauswurz. Vielleicht lässt sich aber auch eine der scheuen Smaragdeidechsen blicken.

Autoren Tipp

Empfehlenswert ist ein Besuch im Prokulus Museum. In einem unterirdisch angelegten Parcours werden 1.500 Jahre Geschichte der Menschen dieses Gebietes lebendig dargestellt. Die Stationen beziehen sich auf die vier wichtigsten Entwicklungsstufen der Kirche: Spätantike, Frühmittelalter, Gotik und die Zeit der Pest. Besonders sind auch die Fresken: Sie stammen aus der Zeit zwischen dem 8. und 11. Jh. und zählen zu den ältesten im deutschen Sprachraum. www.prokulus.org

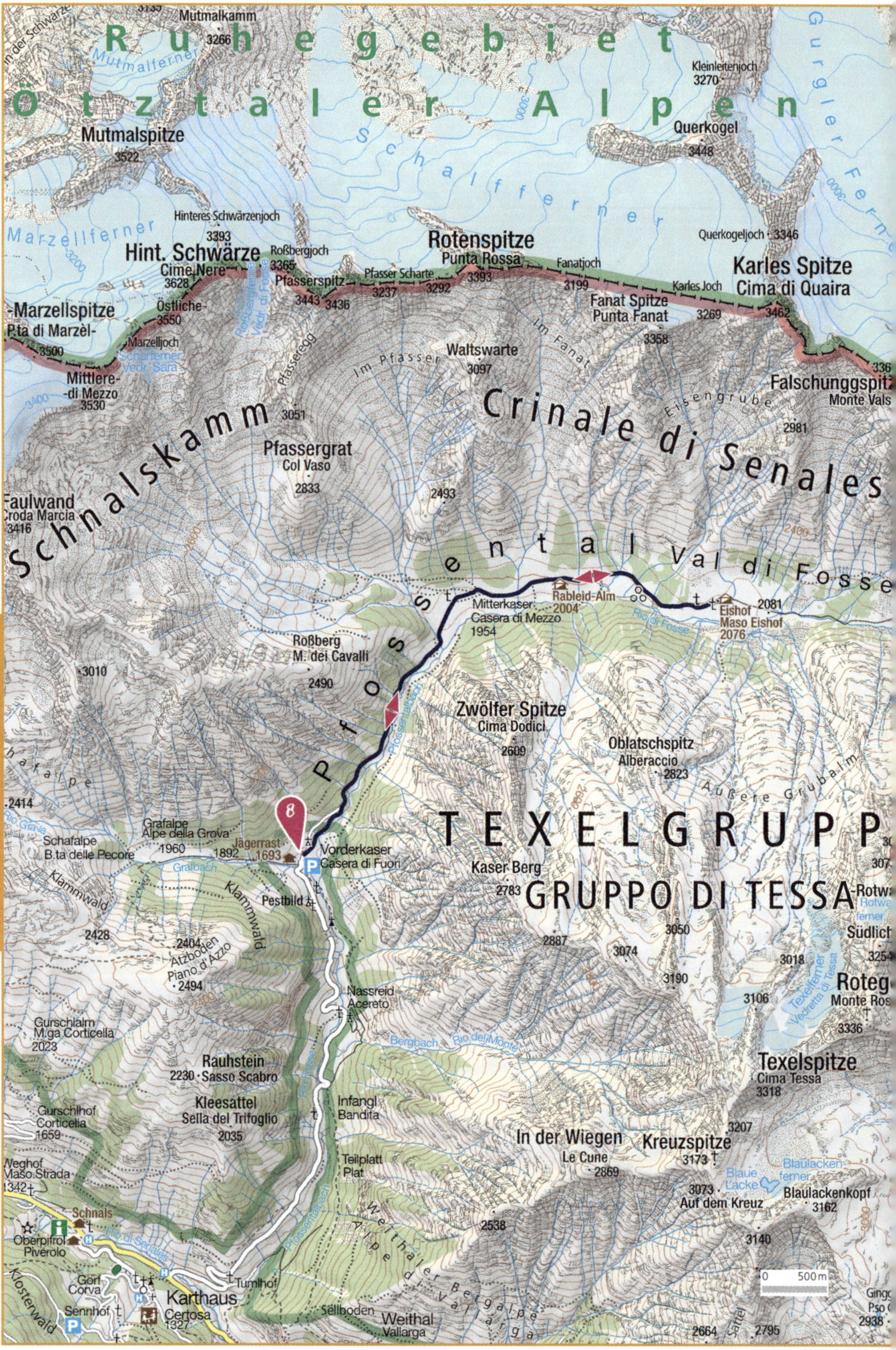

Ruhegebiet Ötztaler Alpen

Mutmalkamm
3266
Mutmalferner
Mutmalspitze
3522
Schalfferner
Gurgler Ferner
Kleinleitenjoch
3270
Querkogel
3448
Querkogeljoch 3346
Marzellferner
Hinteres Schwärzenjoch
3393
Hint. Schwärze
Cime Nere
3628
Roßbergjoch
3365
Pfasserspitz
Pfasser Scharte
3237
3292
Rotenspitze
Punta Rossa
3393
Fanatjoch
3199
Karles Joch
Karles Spitze
Cima di Quaira
3462
Östliche-
3550
Marzellspitze
P.ta di Marzèl-
3500
Marzelljoch
Schalfferner
Vedr. Sara
Roßbergferner
Vedr. di Fosse
3443
3436
Fanat Spitze
Punta Fanat
3269
3358
Mittlere-
-di Mezzo
3530
Passeregg
Im Pfasser
Waltswarte
3097
Im Fanat
Eisengrube
Falschunggspitz
Monte Vals
336
3051
Schnalskamm
Crinale di Senales
2981
Pfassergrat
Col Vaso
2833
2493
Faulwand
Croda Marcia
3416
Pfossental
Val di Fosse
Rableid-Alm
2004
Mitterkaser
Casera di Mezzo
1954
Eishof
Maso Eishof
2076
2081
Rio di Fosse
Roßberg
M. dei Cavalli
2490
3010
Zwölfer Spitze
Cima Dodici
2609
Oblatschspitz
Alberaccio
2823
Äußere Grubalm
Schafalpe
2414
Rio Grava
Grafalpe
Alpe della Grova
1960
Schafalpe
B.ta delle Pecore
1892
Jägerrast
1693
8
Vorderkaser
Casera di Fuori
TEXELGRUPPE
GRUPPO DI TESSA
Kaser Berg
2783
Grafbach
Klammwald
Pestbild
2428
2404
Atzboden
Piano d'Azzo
2494
2887
3074
3050
3190
3018
Rotwand
Südliche
3254
Roteg
Monte Ros
3106
Texelferner
Vedretta di Tessa
3336
Nassreid
Acereto
Bergbach
Rio del Monte
Gurschlalm
M.ga Corticella
2023
Rauhstein
2230 Sasso Scabro
Texelspitze
Cima Tessa
3318
Kleesattel
Sella del Trifoglio
2035
Infangl
Bandita
Gurschlhof
Corticella
1659
In der Wiegen
Le Cune
2869
Kreuzspitze
3173
3207
Weghof
Maso Strada
1342
Teilplatt
Plat
Blaue Lacke
Blaulackenferner
3073
Auf dem Kreuz
Blaulackenkopf
3162
Schnals
Oberpifrol
Piverolo
Rio di Senales
Weithaler Bergalpe
Alpe di Vallarga
2538
3140
Gorf
Corva
Tumlhof
Karthaus
Certosa
1327
Sennhof
Klosterwald
Sällboden
Weithal
Vallarga
2664
2795
0 500 m
Gingg
Pso
2938

08

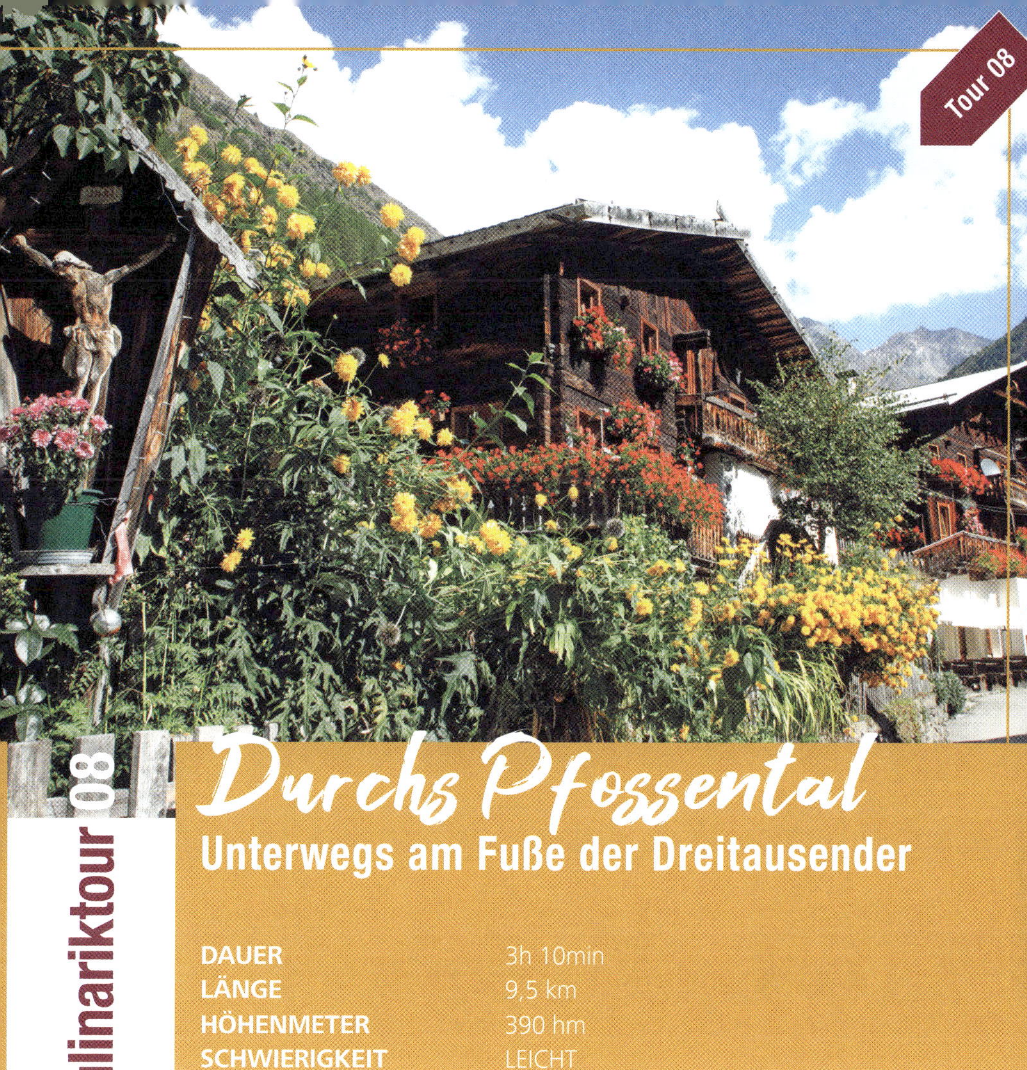

Kulinariktour 08

Durchs Pfossental

Unterwegs am Fuße der Dreitausender

DAUER	3h 10min
LÄNGE	9,5 km
HÖHENMETER	390 hm
SCHWIERIGKEIT	LEICHT
MIT ÖFFIS ERREICHBAR	nein

Das erwartet dich ...

Diese einfache Wanderung führt uns über breite und bequeme Almwege. Das Pfossental wurde über Jahrtausende von Eis und Wasser geformt. Durchfurcht von steilen Flanken und mit lichten Lärchenwäldern versetzt bietet es uns einen Einblick in ein eindrucksvolles Gebirgstal. Drei Almen – ehemalige Bergbauernhöfe – bieten eine genussvolle und schöne Einkehr mit selbst hergestelltem Käse, Südtiroler Spezialitäten und sehr gutem Südtiroler Wein.

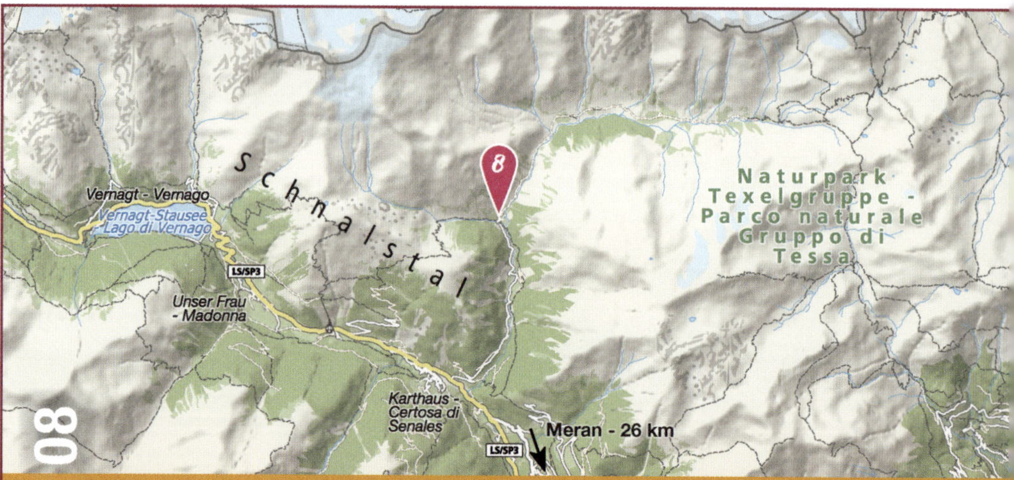

Start & Ziel & Anreise

Ausgangspunkt ist das Gasthaus Jägerrast. Von Meran folgen wir der SS 38 bis kurz hinter Naturns. Dann biegt rechts die LS/SP 3 ab. Nach ca. 11 Kilometer, kurz vor Karthaus, biegen wir rechts auf eine Bergstraße ab. Die Zufahrt ist von der Schnalstalstraße beschildert. Der Parkplatz beim Gasthaus Jägerrast/Vorderkaser ist gebührenpflichtig.

Tourenbeschreibung

Das Pfossental ist ein Seitental des Schnalstales. Früher gab es hier lediglich sechs Höfe, die das ganze Jahr über bewohnt wurden. Abgeschieden und im Winter den schweren Witterungen ausgesetzt lebten die Familien hier als Selbstversorger. Drei dieser Höfe bieten heute eine schöne Einkehr und im Zuge eines 4-Gänge-Menüs kann man sich auf allen dreien verköstigen lassen. Dabei kommen wir auch in den Genuss der beeindruckenden Bergkulisse mit einigen der höchsten Gipfel des Naturparks Texelgruppe: in den Bann ziehen uns dabei besonders die Kleine und die Hohe Weiße mit ihren auffälligen Marmorfelsen.

Vom Parkplatz gehen wir zunächst am Gasthof Jägerrast und einem weiteren schönen Hof vorbei. Im Frühjahr und Frühsommer begrüßen uns hier üppig blühende Bauerngärten. Der breite Weg führt uns taleinwärts. Zusammen mit dem rauschenden Pfossenbach steigen wir durch den Lärchenwald an. Nach gut einer dreiviertel Stunde öffnet sich das Tal und schwenkt nach rechts. Jetzt können wir auch den Talschluss mit den hellen Wänden der Kleinen und Hohen Weiße erblicken. Entlang des Weges treffen wir immer wieder auf die Informationstafeln des Almerlebnisweges, die uns Wissenswertes über die Almwirtschaft und die Pflanzen- und Tierwelt vermitteln.

Über die Almböden erreichen wir bald den Mitterkaser; das urige Holzhaus mit seinen sonnenverbrannten Holzbalken hat eine lange Geschichte hinter sich. Wir wandern über die Wiesen weiter zur Rableidalm, der nächsten schönen Einkehr entlang des Weges. Oberhalb des Baches geht es dann taleinwärts weiter. Nachdem wir ein Lärchenwäldchen durchquert haben erreichen wir den flachen Talboden mit den Weiden des Eishofs und dem Gasthof. Bis 1897 war der auf 2.076 Meter hoch gelegene Eishof bewohnt und bildete damit die höchstgelegene Dauersiedlung östlich der Schweizer Grenze. In leichtem Anstieg wandern wir noch etwas weiter ins Tal hinein. Anschließend steigt der Weg zum Eisjöchl und der Stettiner Hütte hinauf, dem höchsten Punkt des Meraner Höhenweges. Seine Route verläuft auch durch das Pfossental. Für die Rückkehr wählen wir den Anstiegsweg.

Großartige Bergkulisse: Rableidalm mit Hoher und Kleiner Weißen (rechts)

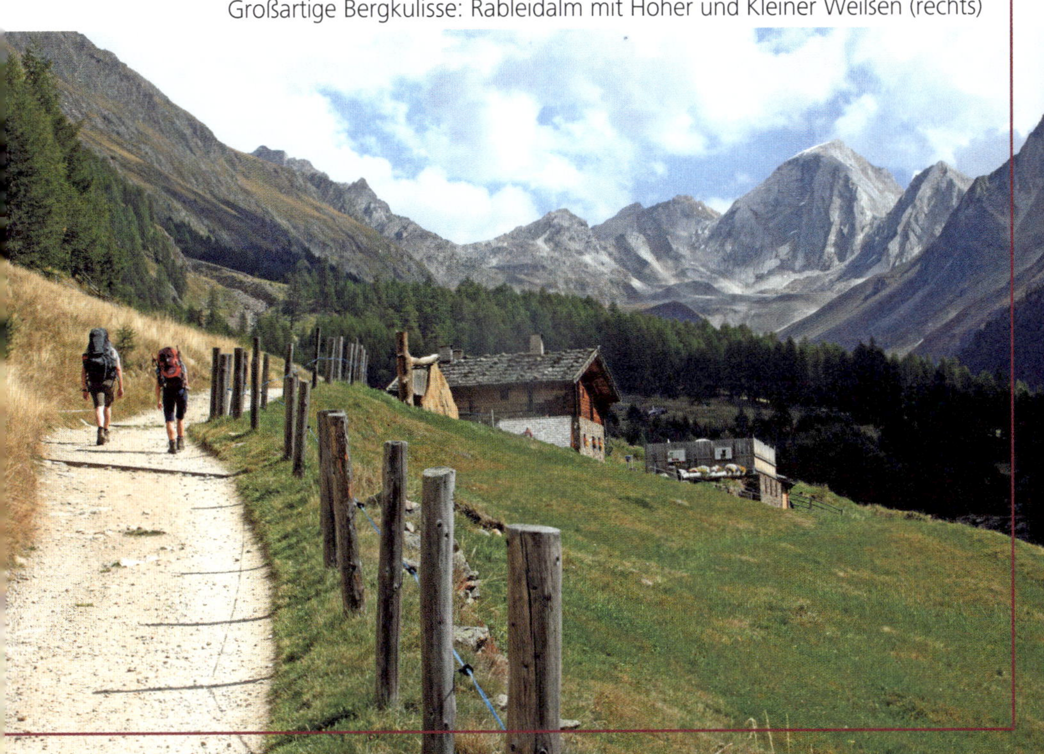

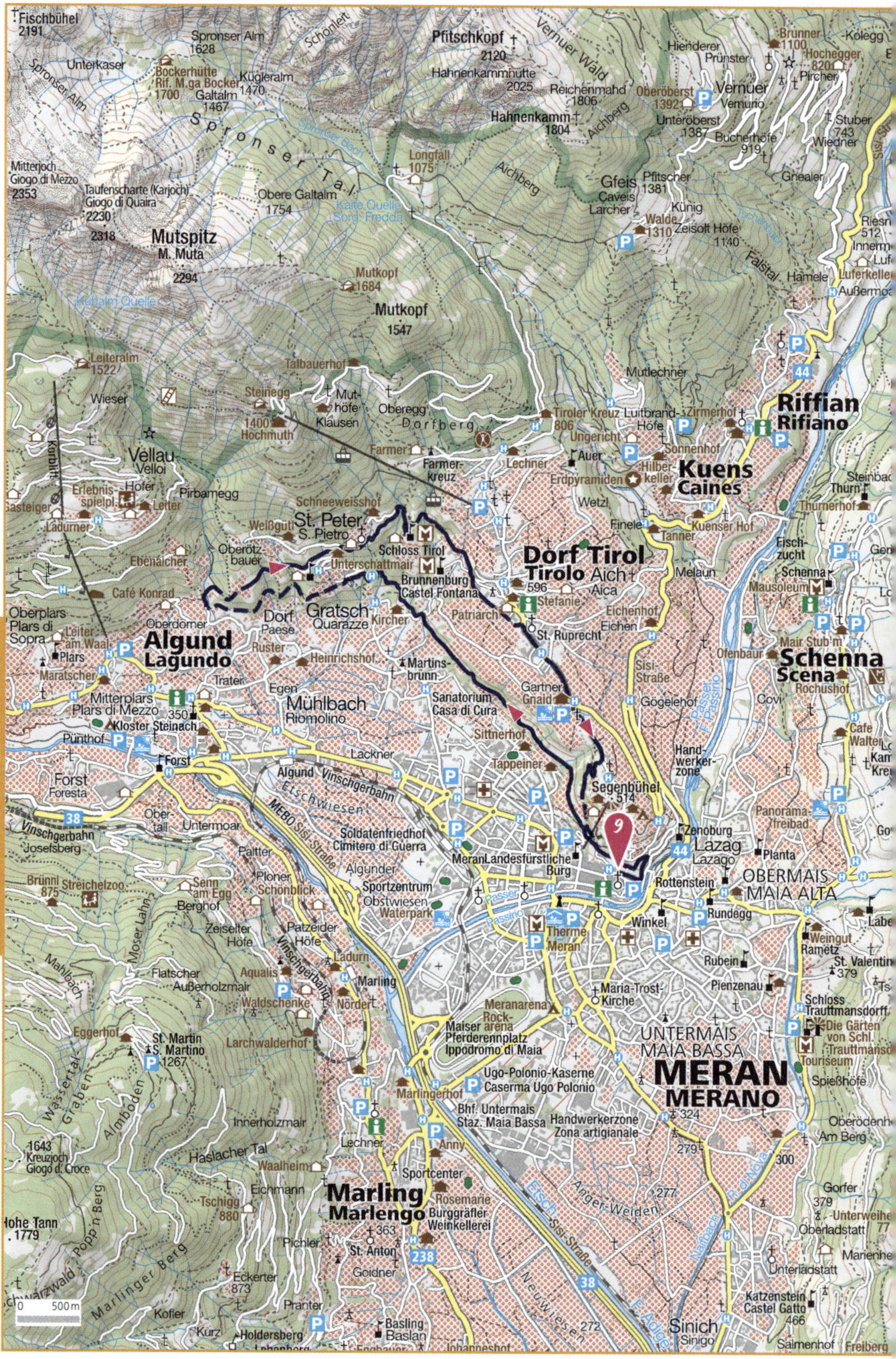

Fischbühel 2191
Spronser Alm 1628
Schönleit
Pfitschkopf 2120
Vernuer Wald
Hienderer
Brunner 1100
Kolegg
Unterkaser
Bockerhütte Rif. M.ga Bocker 1700
Kügleralm 1470
Galtalm 1467
Hahnenkammhütte 2025
Reichenmahd 1806
Oberöberst 1392
Prünster
Vernuer Vernurio
Hochegger 820
Pircher
Spronser Alm
Spronser Tal
Hahnenkamm 1804
Aichberg
Unteröberst 1387
Bucherhöfe 919
Stuber 743
Wiedner
Mitterjoch Giogo di Mezzo 2353
Longfall 1075
Taufenscharte (Karjoch) Giogo di Quaira 2230
Obere Galtalm 1754
Kalte Quelle Sorg. Fredda
Aichberg
Gfeis Caveis
Pfitscher 1381
Larcher
Gnealer
Mutspitz M. Muta
2318
2294
Walde 1310
Künig
Zeisolt Höfe 1140
Riesn 512
Innerm
Falstal
Hamele
Luferkeller
Mutkopf 1684
Mutkopf 1547
Kuhalm Quelle
Außermo
Leiteralm 1522
Talbauerhof
Mutlechner
Wieser
Steinegg
Mut-höfe
Klausen
Oberegg
Dorfberg
Tiroler Kreuz 806
Luitbrand-Höfe
Zirmerhof
Riffian Rifiano
1400 Hochmuth
Farmer
Farmer-kreuz
Lechner
Ungericht
Sonnenhof
Vellau Velloi
Korblift
Erlebnis-spielpl.
Hofer
Pirbamegg
Auer
Erdpyramiden
Hilber-keller
Kuens Caines
Steinbac
Thurn
Gasteiger
Leiter
Schneeweisshof
Wetzl
Thurnerhof
Ladurner
Weißgut
St. Peter S. Pietro
Fineleb
Tanner
Kuenser Hof
Oberötz-bauer
Ebenaicher
Schloss Tirol
Unterschattmair
Dorf Tirol Tirolo
Aich Aica
Fisch-zucht
Schenna
Melaun
Café Konrad
Brunnenburg Castel Fontana
596
Stefanie
Mausoleum
Oberplars Plars di Sopra
Oberdorner
Dorf Paese
Gratsch Quarazze
Kircher
Patriarch
St. Ruprecht
Eichenhof
Eichen
Mair Stub'm
Leiter am Waal
Algund Lagundo
Plars
Ruster
Heinrichshof
Martins-brunn
Sisi-Straße
Ofenbaur
Schenna Scena
Maratscher
Trater
Egen
Gartner Gnaid
Gogelehof
Rochushof
Covi
Mitterplars Plars di Mezzo
350
Kloster Steinach
Mühlbach Riomolino
Sanatorium Casa di Cura
Passer F. Passirio
Cafe Walten
Punthof
Forst
Lackner
Sittnerhof
Hand-werker-zone
Kam Kre
Forst Foresta
Algund
Vinschgerbahn
Etschwiesen
Tappeiner
Segenbühel 514
Panorama-freibad
38
Ober-tall
Untermoar
MEBO
Sisi-Straße
Soldatenfriedhof Cimitero di Guerra
9
Zenoburg
Lazag Lazago
Vinschgerbahn
Josefsberg
Palter
Algunder
Meran
Landesfürstliche Burg
44
Planta
Ploner
Schönblick
Sportzentrum Obstwiesen
Rottenstein
OBERMAIS MAIA ALTA
Brünnl 875
Streichelzoo
Senn am Egg
Berghof
Waterpark
Passer
Passirio
Winkel
Rundegg
Labe
Zeiselter Höfe
Patzeider Höfe
Therme Meran
Weingut Rametz
Ladurn
Rubein
St. Valentin 379
Moser Lahn
Mahlbach
Flatscher
Außerholzmair
Aqualis
Vinschgerbahn
Marling
Pienzenau
Waldschenke
Nörder
Maria-Trost-Kirche
Schloss Trauttmansdorff
Meranarena
Rock-arena
Die Gärten von Schl. Trauttmansd
Eggerhof
St. Martin S. Martino 1267
Larchwalderhof
Maiser Pferderennplatz Ippodromo di Maia
UNTERMAIS MAIA BASSA
Touriseum
Wassertal
Graben
Almboden
Ugo-Polonio-Kaserne Caserma Ugo Polonio
MERAN MERANO
Spießhöfe
Marlingerhof
324
Bhf. Untermais Staz. Maia Bassa
Handwerkerzone Zona artigianale
Oberödenh
Am Berg
Innerholzmair
Lechner
279
1643 Kreuzjoch Giogo d. Croce
Haslacher Tal
Anny
300
Waalheim
Sportcenter
Gorfer 379
Eichmann
Rosemarie
277
Tschigg 880
Marling Marlengo
Burggräfler Weinkellerei
Anger-Weiden
Unterweihe
Hohe Tann 1779
Popp'n Berg
Etsch
Sisi-Straße
Oberladstatt
Naifbach
Rio di Nova
Pichler
363
St. Anton
238
Marienhe
Schwarzwald
Marlinger Berg
Eckerter 873
Goidner
Unterladstatt
38
Neuwiesen
Katzenstein Castel Gatto 466
0 500 m
Kofler
Pranter
272
F. Adige
Sinich Sinigo
Kurz
Holdersberg
Lebenberg
Basling Baslan
Egghauer
Johanneshof
Salmenhof
Freiberg

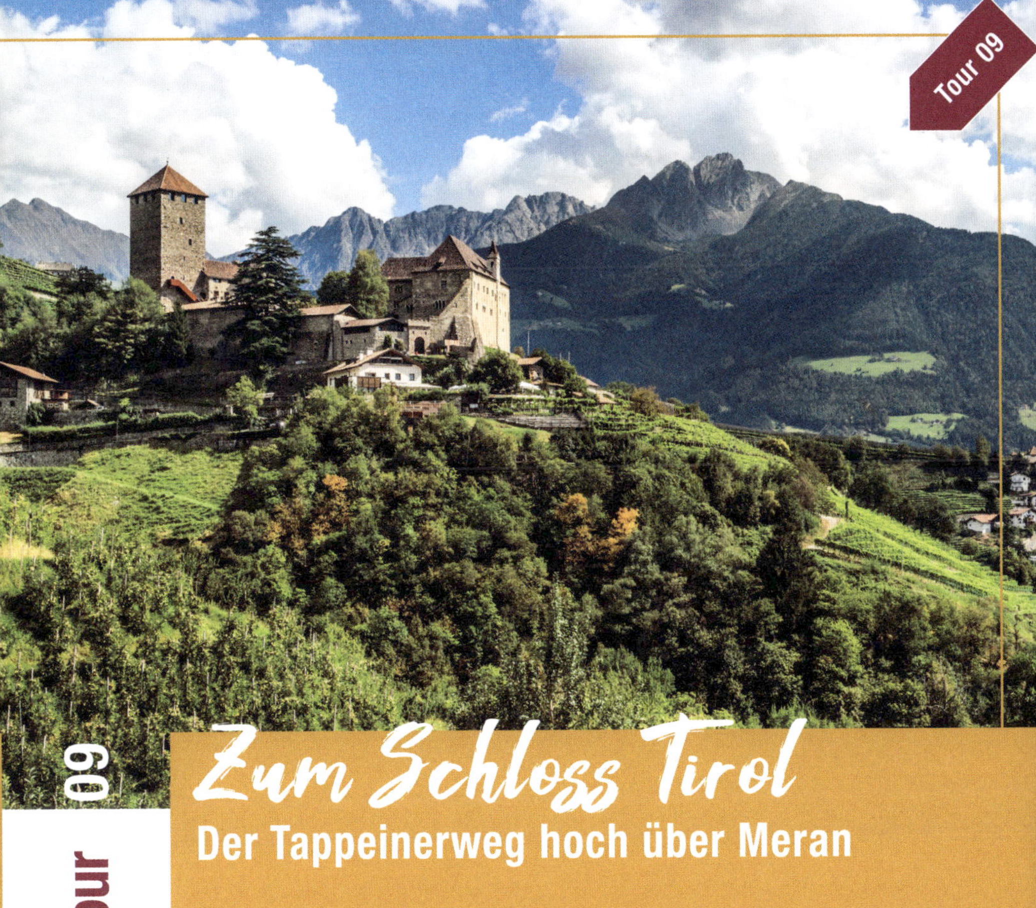

09 Kulturtour

Zum Schloss Tirol

Der Tappeinerweg hoch über Meran

DAUER	3h 30min
LÄNGE	10,5 km
HÖHENMETER	330 hm
SCHWIERIGKEIT	LEICHT
MIT ÖFFIS ERREICHBAR	ja

Das erwartet dich ...

Die Rundtour ist eine gemütliche Wanderung auf bequemen Spazierwegen, ohne allzu große Höhenunterschiede. Dabei ist der Tappeiner Weg der Klassiker der Meraner Spazierwege und der Sarntaler Alpen insgesamt. Hier wird man also nie alleine unterwegs sein. Auf der Runde gibt es diverse Möglichkeiten zum Einkehren. Das Ziel unserer Wanderung, Schloss Tirol, birgt heute das Landesmuseum für Kultur- und Landesgeschichte.

09 Kulturtour

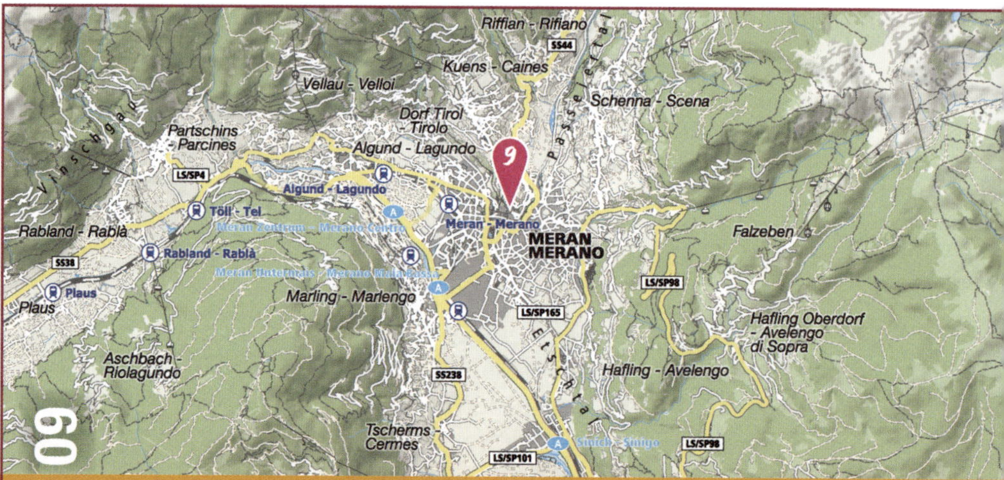

Start & Ziel & Anreise

Der Ausgangspunkt befindet sich im Kurort Meran. Von der A22 nehmen wir die Ausfahrt Bozen-Süd. Dann fahren wir über die Schnellstraße Meran–Bozen – kurz MeBo – Richtung Meran. Parkmöglichkeiten gibt es im gebührenpflichtigen Parkhaus „Therme Meran" im Stadtzentrum. Im Halbstundentakt führt von Bozen ein Regionalzug nach Meran.

Tourenbeschreibung

Der äußerst beliebte Spazierweg wurde 1892 vom Kurarzt Dr. Franz Tappeiner gestiftet. Auf der schönen Promenade kann man über dem Meraner Talkessel bis nach Gratsch schlendern. Mittelmeervegetation, Granatapfelbüsche, Palmen und Zypressen, Kakteen und andere exotische Pflanzen säumen dabei den sonnigen Weg am Küchelberg. Über den Algunder Waalweg kann die Rundtour um viele landschaftliche und kulturelle Eindrücke erweitert werden. Schließlich kehrt man über das Schloss Tirol zurück; es war das Stammschloss Tirols und wurde Ende des 11. Jahrhunderts erbaut.

Wir wandern vom Parkplatz bei der Pfarrkirche vorbei Richtung Osten in die Passeiergasse und weiter durch das Passeirer Tor in die Zenobergstraße. Hier wenden wir uns nach links über einen steilen Fußweg hinauf zum Tappeinerweg. Hier folgen wir der Promenade nach links, passieren den Pulverturm und wandern dann fast eben am Hang entlang mit Blick in das Meraner Becken. Der Tappeinerweg endet schließlich nach dem Café Unterweger bei Gratsch. Auf der Straße wenden wir uns nach rechts und folgen ihr Richtung St. Peter vorbei am Hotel Thurnergut und hinauf in den Wald. An einer Bushaltestelle biegt links der Algunder Waalweg ab. Um die Tour abzukürzen kann man die Straße weiter entlangschlendern direkt bis zur Kirche St. Peter.

Wir folgen jedoch nun dem Waalweg, der uns über Algund durch Wald, Weinberge und Obstgärten bringt. Noch vor dem Café Konrad halten wir uns an der Kreuzung mit dem Teersträßchen nach rechts Richtung „Ochsentodweg, Dorf Tirol". Ein alter Pflasterweg führt uns steil hinauf und über den aussichtsreichen Ochsentodweg nähern wir uns Schloss Tirol. Rechter Hand biegt eine Straße zum Schloss Thurnstein ab. Wir wandern jedoch links bis zum Kirchlein St. Peter. Das Sträßlein führt uns entlang des Burgbachgrabens zum Schloss Tirol. Die Straße bringt uns weiter an den Erdpyramiden vorbei zu einem Tunnel, durch den wir kurz darauf Dorf Tirol erreichen.

An den ersten Häusern biegen wir nach rechts auf die Falknerpromenade ein, entlang derer wir einen schönen Blick auf das Vinschgau erhaschen. An der Hauptstraße halten wir uns rechts bis ans Ende von Dorf Tirol. Hier biegen wir nach dem Hotel Gartner nochmals rechts ab; der linke der beiden Abzweige mit der Markierung „Tirolersteig, Meran" führt uns nach fünf Minuten nochmals rechts auf einen schmalen Fußweg durch den Wald hinab. Wir passieren noch das Gasthaus Fernblick, dann erreichen wir wieder den Tappeinerweg und gehen zurück zum Ausganspunkt.

Autoren Tipp

Schloss Tirol ist heute ein einmaliges Zeugnis mittelalterlicher Architektur. Einst Dynastenburg der Grafen von Tirol, gab sie dem Land seinen Namen. Heute ist hier das Landesmuseum für Kultur- und Landesgeschichte untergebracht. Der Schwerpunkt liegt dabei auf der Geschichte des Landes Tirol von den Anfängen bis in die heutige Zeit. Zu sehen sind berühmte romanische Portale im Südpalas, Fresken in der Doppelkapelle und eine Ausstellung der Geschichte des 20. Jahrhunderts.

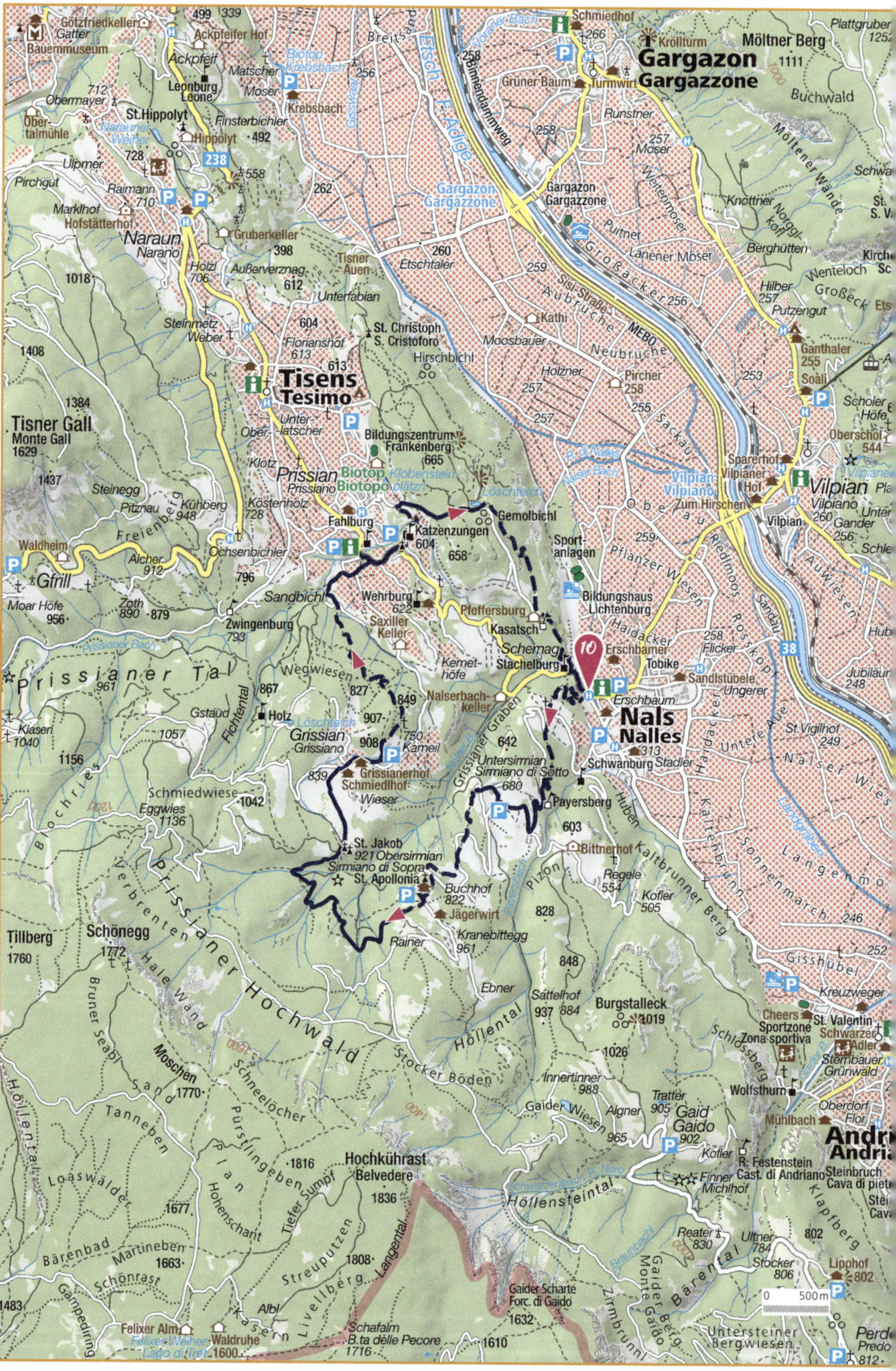

Götzfriedkeller
Gatter
Bauernmuseum
499 339
Ackpfeifer Hof
Ackpfeif
Breitsand
Schmiedhof
266
Plattgruber
Möltner Berg
1111
Krollturm
Gargazon
Gargazzone
Biotop Krebsbach
Matscher
256
Grüner Baum
Turmwirt
Buchwald
Leonburg
Leone
Moser
Krebsbach
Obermayer
712
St.Hippolyt
Hippolyt
492
Finsterbichler
Ober-talmühle
Naraune Weiher
728
Runstner
257 Moser
Möltener Wände
Ulpmer
238
558
258
Pirchgut
Raimann
710
262
Gargazon Gargazzone
Knottner
Marklhof
Hofstätterhof
Gruberkeller
Naraun
Narano
398
Tisner Auen
260
Etschtaler
Putner
Lanener Moser
Berghütten
1018
Holzl 706
Außerverznag
612
Unterfabian
259
Sisi-Straße
Aubruche
Großacker
256
Wenteloch
Großeck
Hilber 257
Putzengut
604
St. Christoph
S. Cristoforo
Kathi
Steinmetz
Weber
Floriansthof
613
Moosbauer
MEBO
Neubruche
Ganthaler 255
1408
613
Hirschbichl
Holzner
Pircher 258
253
Soali
Tisens
Tesimo
257
255
Scholer Höfe
1384
Tisner Gall
Monte Gall
1629
Unter-latscher
Ober-
Bildungszentrum Frankenberg
665
257
Sackau
Oberschol 544
Klotz
Prissian
Prissiano
Biotop
Biotopo
Klobenstein-plätzl
R. di Nalles
Nalser Bach
Sparerhof
Vilpianer Hof
Vilpian
Vilpiano
Vilpian
Vilpiano 260
1437
Steinegg
Pitznau
Kühberg 948
Köstenholz 728
Löschteich
Gemolbichl
Zum Hirschen
Unter Gander 256
Freienberg
Fahlburg
Katzenzungen
604
Sport-anlagen
Oberau
259
Waldheim
Aicher 912
Ochsenbichler
658
Pflanzer Wiesen
Riedlmoos
Sandau
Auwiesen
Gfrill
796
Sandbichl
Wehrburg
622
Pfeffersburg
Bildungshaus Lichtenburg
Moar Höfe
956
Zoth
890 879
Zwingenburg
793
Saxifler Keller
Kasatsch
Haidacker
258
Flicker
Prissianer Bach
Prissianer Tal
961
Wegwiesen
Kemet-höfe
Schemag
Stachelburg
10
Erschbamer
Tobike
Rosskopf
38
867
827
849
Nalserbach-keller
Sandstübele
Ungerer
Jubiläum 248
Klasen
1040
Gstaud
Holz
Fichtental
Löschteich
907
Erschbaum
Nals
Nalles
1057
Grissian
Grissiano
908
750
Kameil
642
313
St.Vigilhof
249
1156
Grissianerhof
Grissianer Graben
Untersirmian
Sirmiano di Sotto
Schwanburg
Stadler
Untere Aue
Nalser Wiesen
Schmiedwiese
1042
839
Schmiedhof
Wieser
680
Payersberg
Haidacker
Eggwies
1136
Bochries
603
Huben
Landgraben
St. Jakob
921 Obersirmian
Sirmiano di Sopra
St. Apollonia
Bittnerhof
Regele
554
Kaltbrunn
Sonnenmarch
Buchhof
822
Kofler
505
Kaltbrunner Berg
Langenmoos
Verbrenten
Jägerwirt
828
Pizon
Tillberg
1760
Schönegg
1772
Rainer
Kranebittegg
961
246
252
Prissianer Hochwald
Hale Wand
848
Gisshübel
Kreuzweger
Bruner Seabl
Ebner
Sattelhof
937 884
Burgstalleck
1019
Cheers
Sportzone
Zona sportiva
St. Valentin
Schwarzer Adler
Sternbauer
Grünwald
Moschen
1770
Höllental
1026
Schlossberg
Sand
Schneelöcher
Stocker Böden
Innertinner 988
Wolfsthurn
Tanneben
Tratter
905
Gaid
Gaido
902
Oberdorf
Flor
Mühlbach
Andri
Andria
Höllental
Pürstlingeben
Gaider Wiesen
Aigner
965
Kofler
Plan
1816
Hochkühtrast
Belvedere
R. Festenstein
Cast. di Andriano
Steinbruch
Cava di pietra
Loaswälder
Tiefer Sumpf
1836
Schwarzbach R. Nero
Finner
Michlhof
Höllensteintal
Klapfberg
1677
Hohenschartl
Reater 830
Ultner 784
802
Bärenbad
Martineben
1663
Streuputzen
1808
Langental
Braunbach
Stocker 806
Lipphof 802
Schönrast
Gaider Scharte
Forc. di Gaido
1632
Monte Gaido
Gaider Berg
Zirmbrunn
Bärental
0 500 m
1483
Gampedring
Felixer Alm
Felixer Weiher
Lago di Tret
Waldruhe
1600
Kasern
Albl
Livellberg
Schafalm
B.ta delle Pecore
1716
1610
Untersteiner Bergwiesen
Perd
Predo
812

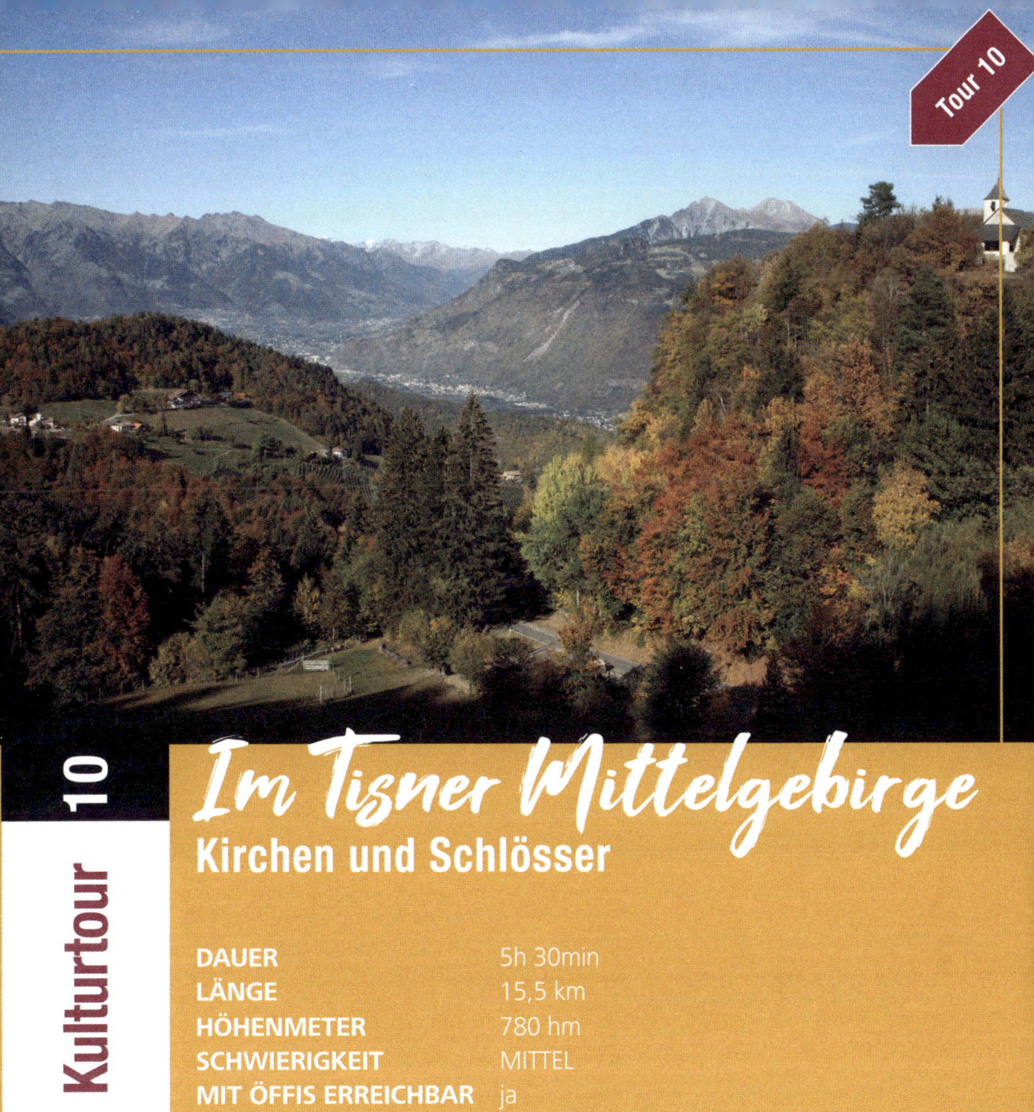

10 Kulturtour

Im Tisner Mittelgebirge

Kirchen und Schlösser

DAUER	5h 30min
LÄNGE	15,5 km
HÖHENMETER	780 hm
SCHWIERIGKEIT	MITTEL
MIT ÖFFIS ERREICHBAR	ja

Das erwartet dich ...

Die Rundwanderung ist zwar sehr lang, jedoch vollkommen unschwierig auf einfachen Waldwegen und -steigen. Stellenweise geht es ein wenig holprig zu, so ist an manchen Stellen Trittsicherheit von Vorteil. An anderen Abschnitten wiederum gehen wir dann bequem über Wirtschaftswege und kleinere Sträßchen. Dennoch sollte man ob der Länge bedenken, dass ein gewisses Maß an Ausdauer gefordert ist. Gerade zur Kirche St. Apollonia gibt es längere und teilweise auch etwas steilere Anstiege.

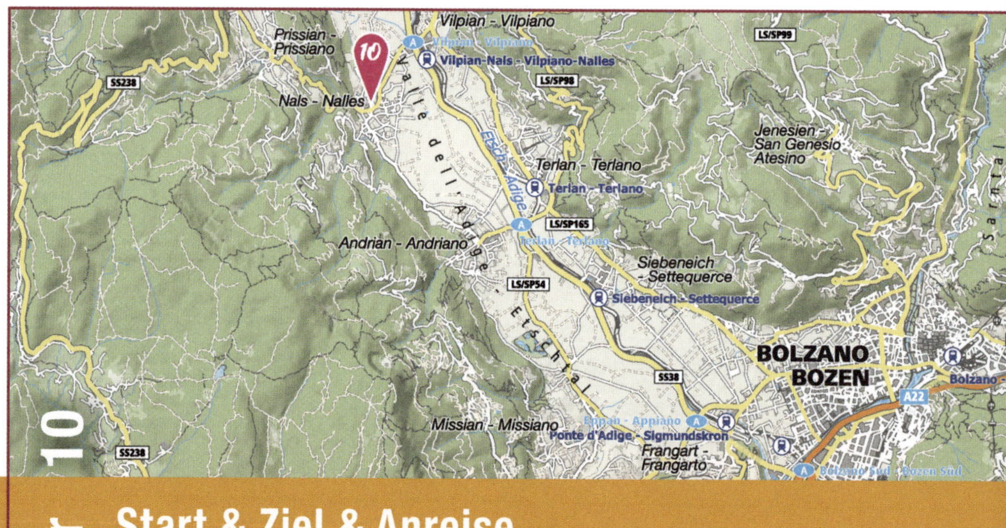

Kulturtour 10

Start & Ziel & Anreise

Die lange Rundtour beginnt in Nals. Dafür folgen wir von Meran aus der MeBo – der Schnellstraße Meran–Bozen Richtung Bozen. Wir verlassen sie über die Ausfahrt Richtung Nals/Vilpian. Parkmöglichkeiten finden sich bei der Feuerwehrhalle. Sowohl von Bozen als auch Meran fahren Busse Richtung Nals.

Tourenbeschreibung

Auf dieser Wanderung begegnen uns einige geschichtsträchtige Plätze, die über hügeliges Wald- und Bauernland oberhalb von Nals führt. Die Gegend ist auch bekannt als das Tisner Mittelgebirge. Hübsche Kircherln romanischen Ursprungs schauen von aussichtsreichen Höhen herab. In der Umgebung der alten Gemäuer kann man sich einer besonderen Atmosphäre und Stille widmen; ihre Lage beschert uns einen eindrucksvollen Blick über die weiten, flachen Talböden des Etschtals, nach Bozen hinüber und auf die imposante Felskulisse des Rosengartens. Auch schon seit Jahrhunderten standhaft und dem nagenden Zahn der Zeit zum Trotz erwartet uns Schloss Katzenzungen bei Prissian. Es war zu Renaissancezeiten ein bedeutender Adelssitz. Zu Füßen des stattlichen Anwesens gedeiht der größte und wahrscheinlich auch älteste Rebstock der Welt. Er soll gut 360 Jahre alt sein, mit einem Blätterdach, das über 300 m² bedeckt.

Jährlich bringen seine Früchte (von der autochthonen Rebsorte Versoaln) mehrere Dutzend Flaschen Weißwein hervor.

Im Zentrum von Nals beginnen wir unsere Wanderung bei der Touristinformation. Wir schlagen den Weg zum Hotel Kreuzwegerhof ein, an dem wir dann rechts abbiegen und gleich hinter dem Hotel zusammen mit dem Wegweiser „Nachtigallensteig" links in eine schmale Gasse kommen. Kurz darauf halten wir uns rechts und folgen einem Wanderweg, der uns in flachen Kehren den bewaldeten Hang hinaufführt. Am Wetterkreuz eröffnet sich uns der Blick ins weite Etschtal und nach Bozen. Dann umgehen wir einen als Privatbesitz gekennzeichneten Weinberg nach rechts. Kurz darauf erreichen wir die Straße nach Sirmian; wir begleiten sie ein paar Minuten bergan, an einer Rechtskurve verlassen wir sie jedoch wieder auf einem Waldweg, der Markierung Nr. 9 folgend. Dieser Weg steigt an und bringt uns wieder zur Straße. Ihr folgen wir nun an Schloss Payersberg vorbei nach Untersirmian.

Am Parkplatz halten wir uns rechts, an der Herz-Jesu-Kirche und auch an der Abzweigung nach Grissian vorbei. Wir lassen den Ortsteil auf einem Feldweg hinter uns zurück und steigen nun durch den Laubwald auf. Dabei kreuzen wir mehrmals die Straße nach Obersirmian. Beim zweiten Zusammentreffen mit der Straße folgen wir dem Wanderweg 50 Meter nach rechts versetzt weiter hinauf. Schließlich erreichen wir das Gasthaus Apollonia (Montag Ruhetag), das am Fuße des Kirchenhügels liegt. Die aussichtsreiche Terrasse lädt zu Südtiroler Speisen ein, die den Gaumen verwöhnen. Dann holen wir uns im Gasthof den Schlüssel zur Kirche St. Apollonia und machen uns an den kurzen Anstieg zum Kirchlein. Hier genießen wir den faszinierenden Blick auf das Häusermeer von Bozen, mächtig im Hintergrund der Rosengarten und das Massiv des Latemars.

Wir kehren zum Gasthaus zurück und überqueren beim Parkplatz die Zufahrtsstraße. Markierung Nr. 8 zeigt uns den steinigen Weg Richtung „St. Jakob" hinauf. Wir steigen zehn Minuten an, dann halten wir uns rechts und gehen bequem und ohne nennenswerte Höhenunterschiede an den Waldhägen entlang. Sie werden von tiefen Bachgräben durchzogen. An einer Wegkreuzung bleiben wir geradeaus und erreichen so das Kirchlein St. Jakob. Erbaut 1142 zählen seine Fresken zu den bedeutendsten romanischen Werken Südtirols. Man kann die Kirche von Ostern bis Allerheiligen täglich von 9 bis 18 Uhr besichtigen. Unterhalb des Kirchenhügels befindet sich eine Wegkreuzung: Hier folgen wir dem breiten Schotterweg nach rechts über Viehweiden zu den Höfen von Grissian und zum Gasthaus Schmiedlhof (Dienstag Ruhetag). Er lockt mit tollem Panoramablick auf Bozen und den Rosengarten. Zudem kann man sich mit leckeren Speisen nochmal stärken.

Fortsetzung Tour 10

Wir machen uns wieder auf den Weg und folgen nach der Kirche dem Wegweiser „Prissian Waldsteig" nach links. Er verläuft hinter dem Hotel-Gasthaus Grissianerhof (Montag Ruhetag) vorbei. Mal steiler, mal flacher führt er uns durch schönen Mischwald hinab. Eine halbe Stunde später erreichen wir die ersten Häuser von Prissian. Die Zufahrtsstraße bringt uns schließlich in den Ort hinein, beim Haus Weingartner biegen wir dann links in eine Gasse ein. Beim Brunnen wenden wir uns wieder nach links und gelangen so zu einer Kneippanlage. Sie ist eine willkommene Erfrischung an heißen Tagen im Sommer. Weiter geht es an der Hauptstraße nach links und über eine Brücke. So gelangen wir ins Zentrum von Prissian mit Kirche, Gasthäusern und Touristinformation. Wer die Wanderung abkürzen will kann mit dem Bus nach Nals zurückkehren.

Wir gehen allerdings weiter über die Brücke und Hauptstraße zurück zu einer Kirche mit auffälligem, grünem Dach. Hier biegen wir links zum Schloss Katzenzungen ab. Vor dem sehenswerten Bauwerk halten wir uns wiederum links und stehen kurz darauf unter dem weit verzweigten Blätterdach des alten Rebstockes. Der Steig zieht sich in ein Bachtal hinab und über eine Brücke. Kurz darauf erreichen wir nach rechts einen Parkplatz. Hier folgen wir einer Straße und dem Wegweiser „Nals" hinauf zu einem bewaldeten Sattel. Wir gelangen an einen Teich samt Infotafel, die uns über den Erlebnisweg Vorbichl informiert. Hier halten wir uns nun auf dem Fußweg mit der Markierung Nr. 2; kurz neben der Straße entlang quert er bald ein gutes Stück unterhalb des Fahrweges die bewaldeten Hänge. Der Abschnitt danach führt uns an Weinbergen entlang und in einem kurzen Anstieg zur Ruine Kasatsch-Pfeffersburg. Die verfallenen Mauern können frei besichtigt werden und laden zu einer kleinen Entdeckungstour ein. Das dort befindliche Gasthaus ist bei Drucklegung vorübergehend geschlossen. Dann richten wir uns nach dem Wanderweg 2: Er bringt uns unterhalb der Ruine vorbei hinab nach Nals. Am Ortsrand überqueren wir bei der Kellerei Stachelburg den Nalser Bach und wandern zurück ins Zentrum von Nals.

Anstieg nach Untersirmian mit Blick ins Etschtal

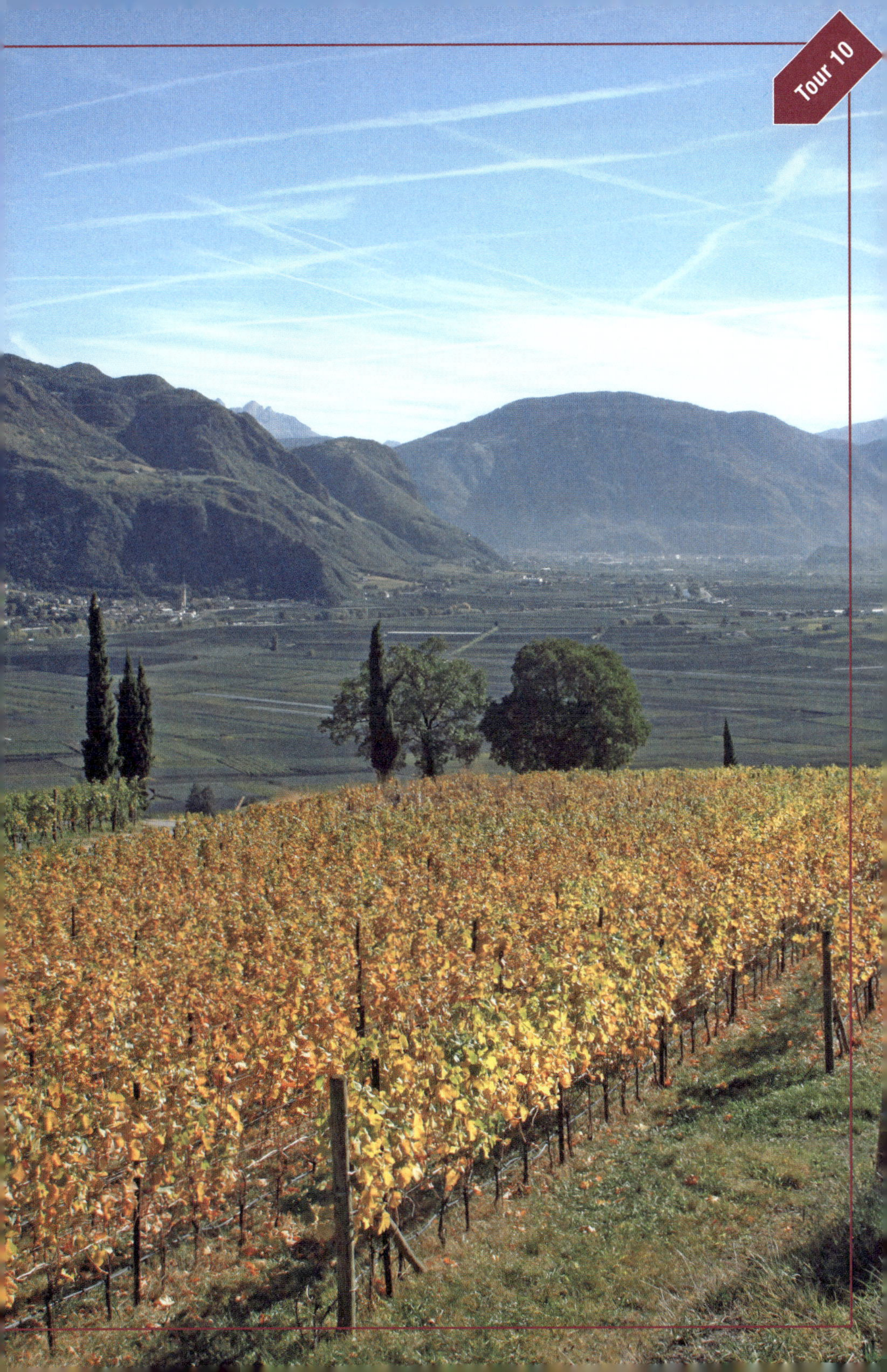

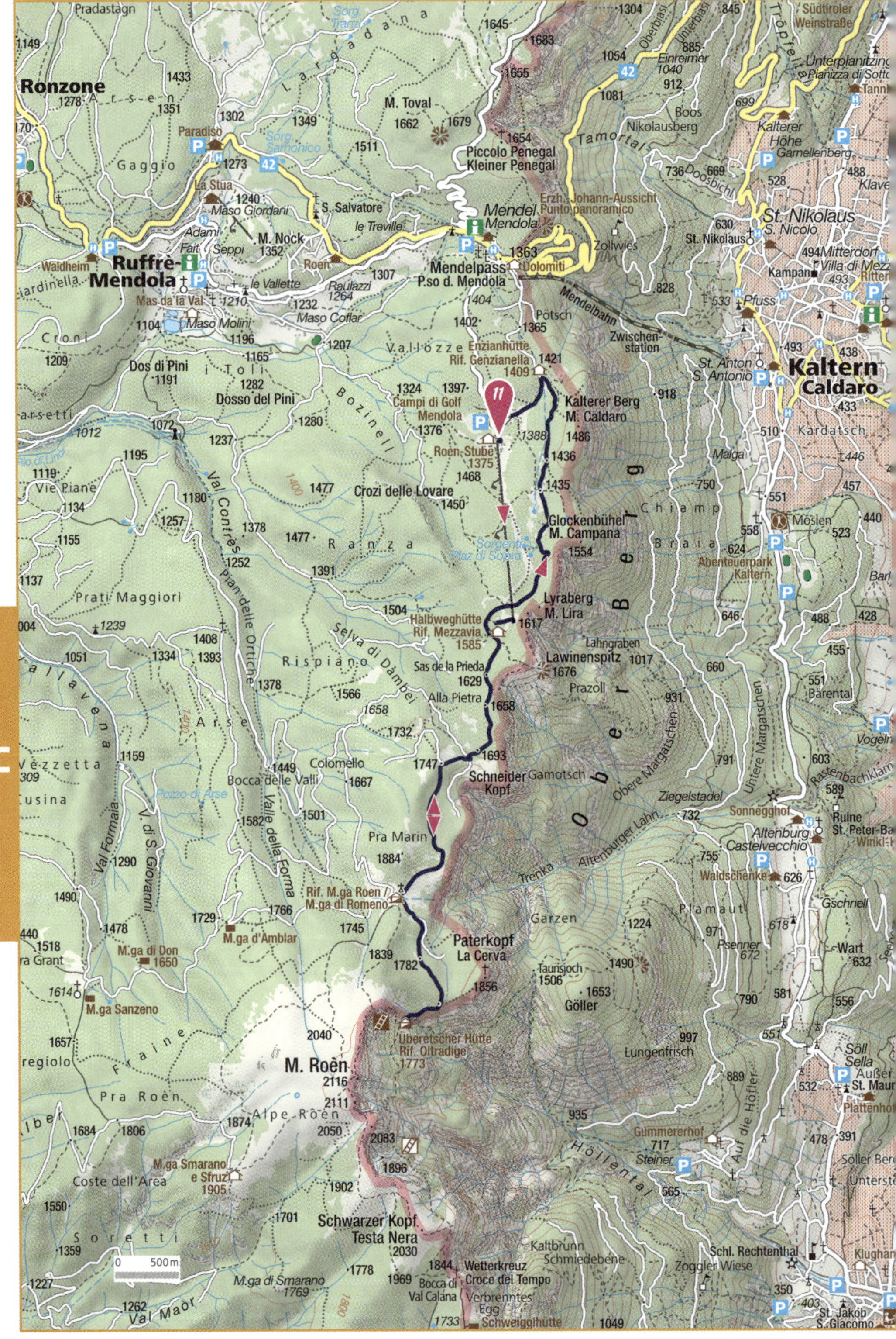
Ronzone
Ruffrè-Mendola
Mendelpass
P.so d. Mendola
Mendel
Mendola
Kaltern
Caldaro
St. Nikolaus
S. Nicolò
Kalterer Berg
M. Caldaro
Glockenbühel
M. Campana
Lyraberg
M. Lira
Halbweghütte
Rif. Mezzavia
Lawinenspitz
Schneider Kopf
Rif. M.ga Roen
M.ga di Romeno
Paterkopf
La Cerva
Überetscher Hütte
Rif. Oltradige
M. Roèn
Schwarzer Kopf
Testa Nera
Wetterkreuz
Croce del Tempo
Enzianhütte
Rif. Genzianella
Roen-Stube
Campi di Golf Mendola
Crozi delle Lovare
Pra Marin
Colomello
Bocca delle Valli
Oberberg
Mendelbahn
Zwischenstation
Piccolo Penegal
Kleiner Penegal
M. Toval
Erzh.-Johann-Aussicht
Punto panoramico
Altenburg
Castelvecchio
Höllental
Göller
Garzen
Gamotsch
Prazoll
Sorgenti Plaz di Sopra
Alpe Roèn
Fraine
Pra Roèn
M.ga Sanzeno
M.ga di Don
M.ga d'Amblar
M.ga Smarano e Sfruz
Coste dell'Area
Soretti
Val Maor
Prati Maggiori
Rispiano
Ranza
Selva di Dàmbel
Sas de la Prieda
Alla Pietra
Val Contrès
Pian delle Ortiche
Valle della Forma
Val Formaia
V. di S. Giovanni
Gaggio
Toli
Dosso del Pini
Dos di Pini
Croni
Vallozze
Bozinell
Mas da la Val
Maso Molini
Maso Coflar
Paradiso
La Stua
Maso Giordani
M. Nock
S. Salvatore
Roen
Raulazzi
le Vallette
Waldheim
Tamortal
Nikolausberg
Kalterer Höhe
Pfuss
St. Anton
S. Antonio
Kardatsch
Mitterdorf
Villa di Mezzo
Kampan
Unterplanitzing
Pianizza di Sotto
Südtiroler Weinstraße
Abenteuerpark Kaltern
Sonnegghof
Waldschenke
Gummererhof
Steiner
Schl. Rechtenthal
Zoggler Wiese
St. Jakob
S. Giacomo
Schweigglhütte
Kaltbrunn
Schwiedebene
Lungenfrisch
Taurisjoch
Verbrenntes Egg
Bocca di Val Calana
Ziegelstadel
Trenka
Altenburger Lahn
Obere Margatschen
Untere Margatschen
Ruine St. Peter-Ba
Gschnell
Psenner
Wart
Söll
Sella
St. Maur
Plattenhof
Mösler
Barental
Vogelr
Rastenbachklam
0 500m

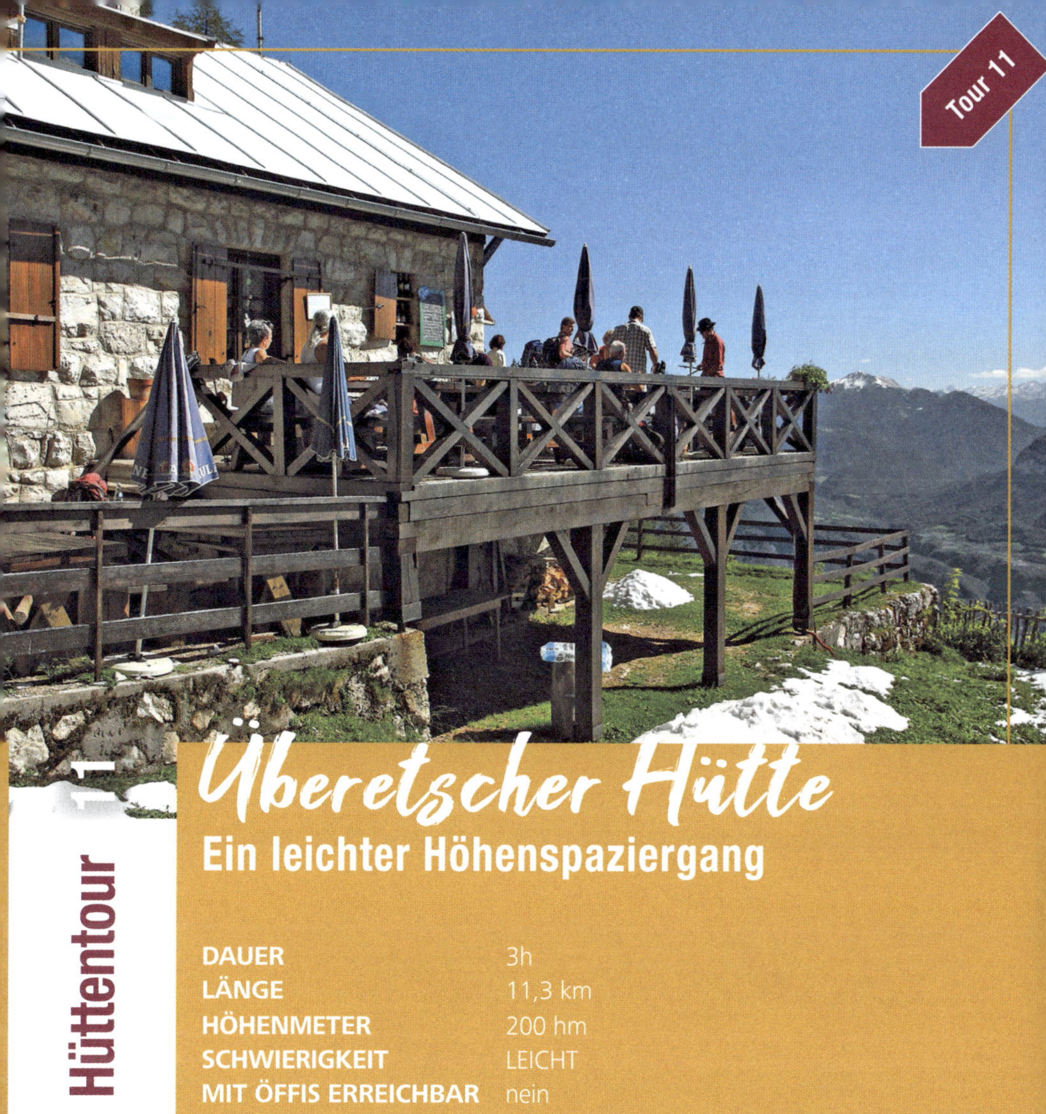

Überetscher Hütte

Ein leichter Höhenspaziergang

DAUER	3h
LÄNGE	11,3 km
HÖHENMETER	200 hm
SCHWIERIGKEIT	LEICHT
MIT ÖFFIS ERREICHBAR	nein

Das erwartet dich ...

Die Wanderung zur Überetscher Hütte ist sehr einfach. Hier müssen nur wenige Höhenmeter überwunden werden; der Weg führt auf breiten, viel begangenen Bergwegen. Die Hütte liegt am Mendelkamm direkt unter dem Monte Roèn und erwartet uns mit einer gemütlichen Einkehr und schönen Talblicken.

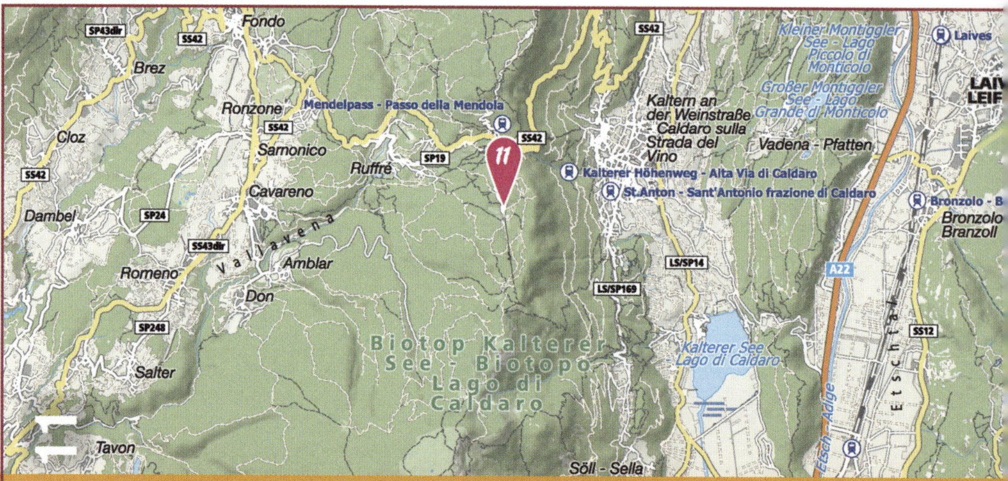

Start & Ziel & Anreise

Die Wanderung beginnt am Parkplatz des Roèn-Sesselliftes. Von der A22 wechselt man kurz auf die MeBo bei Bozen. Die SS42 Richtung Mendelpass bringt uns vom Mendelpass auf einer Stichstraße zur Station des Sesselliftes.

Tourenbeschreibung

Die Überetscher Hütte ist alt, aber noch sehr gut in Schuss. Sie blickt auf eine über 100-jährige Geschichte zurück. Ihre Einweihung fand am 27. Juli 1913 statt. Mit ihrer Errichtung wollte die Sektion Überetsch der D.u.Ö.A.V. die Überquerung des Mendelkamms attraktiver machen. Nach dem Ersten Weltkrieg wurde die Hütte vom italienischen Staat enteignet und 1924 der Sektion Bozen des CAI zugeteilt. Die Hütte liegt an einem der meistbegangenen Wege des Mendelkamms. Der Weg selbst ist eine gemäßigte Höhenpromenade im Wechsel von schattigen Wäldern und lieblichen Lichtungen. Wer es besonders bequem mag, der kann sich sogar noch eines Sesselliftes als Aufstiegshilfe bedienen.

Der Roèn-Sessellift bringt uns angenehm gut 200 Höhenmeter nahe an die Halbweghütte heran. Auf unserem Weg passieren wir diese und fädeln in den

Weg Nr. 500, den Hauptweg, ein. Er führt uns in südliche Richtung am Abzweig des Parzöllsteigs vorbei. In angenehmer Steigung wandern wir über ein paar Lichtungen und umrunden in einem stetigen Auf und Ab die Kuppe der Pra Marin, bis wir die Malga di Romeno – auch Malga Roèn – erreichen. Ein breiter Wirtschaftsweg führt uns zum Schluss am dicht bewaldeten Paterkopf vorbei zur Überetscher Hütte. Die freundliche Hütte erwartet uns mit sehr gutem Essen und einem schönen Panoramablick über die Etschtaler Berge. Von der Hütte aus kann man ohne größere Schwierigkeiten den Gipfel des Monte Roèn, den höchsten Gipfel der Mendelkette, besteigen: Ein gesicherter Steig führt nach einem kurzen, aber steilen Weg hinter der Hütte zum Gipfel. Am Ende des Klettersteigs führen Schilder durch Kiefernwälder auf den Gipfel mit atemberaubender Aussicht.

Der Rückweg führt uns an der gleichen Strecke entlang, die wir auch heraufgewandert sind. Mit mehr Zeit im Gepäck verzichten wir auf die Hilfe des Sesselliftes und wandern nordwärts bis zur Enzianhütte. Auch diese urige Hütte versorgt uns mit zünftigen Speisen und frisch gezapftem Bier vom Fass. Hier ist immer was los: Mehrmals im Jahr gibt es Livemusik mit verschiedenen regionalen Bands und Kapellen. Von Pop und Rock über Dixi-Jazz bis hin zur Blasmusik ist alles dabei. An der Hütte wenden wir uns scharf links und erreichen so in wenigen Minuten den Parkplatz.

Die Überetscher Hütte am Fuße der schroffen Felsen des Monte Roèn

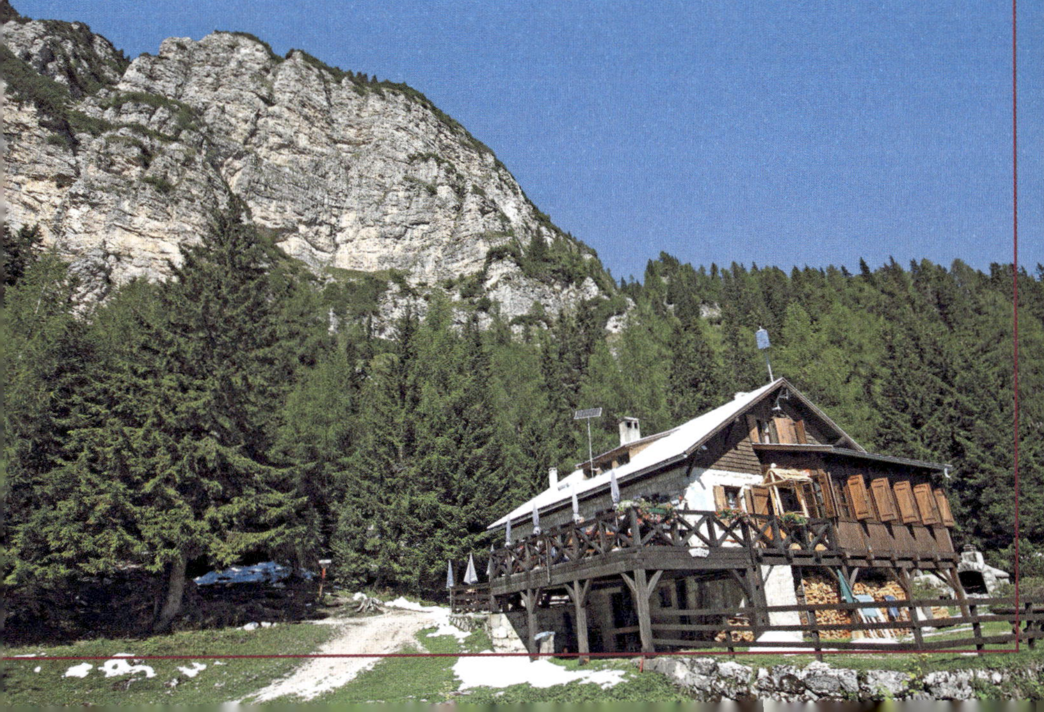

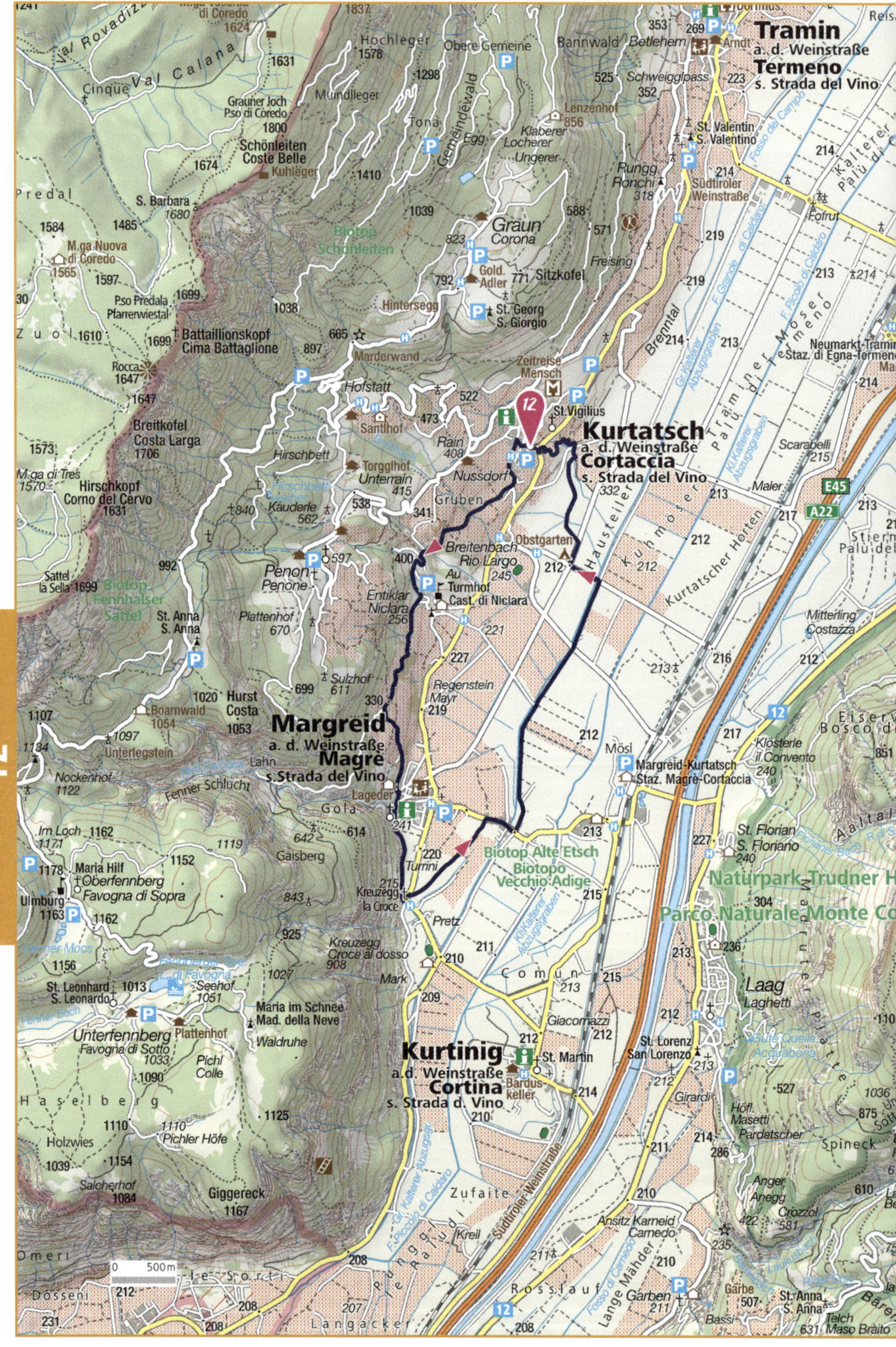

12
Tramin
a. d. Weinstraße
Termeno
s. Strada del Vino
Kurtatsch
a. d. Weinstraße
Cortaccia
s. Strada del Vino
Margreid
a. d. Weinstraße
Magrè
s. Strada del Vino
Kurtinig
a.d. Weinstraße
Cortina
s. Strada d. Vino
Graun
Corona
St. Georg
S. Giorgio
St. Vigilius
Zeitreise Mensch
Breitenbach
Rio Largo
Turmhof
Cast. di Niclara
Entiklar
Niclara
Penon
Penone
Hofstatt
Santlhof
Torgglhof
Unterrain
Nussdorf
Gruben
Obstgarten
Hausteiler
Kuhmoser
Kurtatscher Hörten
Margreid-Kurtatsch
Staz. Magrè-Cortaccia
Biotop Alte Etsch
Biotopo
Vecchio Adige
Kreuzegg
la Croce
Lageder
Gola
Pretz
Comun
Giacomazzi
St. Martin
Barduskeller
Zufaite
St. Florian
S. Floriano
Naturpark Trudner H
Parco Naturale Monte Co
Laag
Laghetti
St. Lorenz
San Lorenzo
Biotop Schönleiten
Biotop Fennhalser Sattel
Schönleiten
Coste Belle
Kuhleger
Grauner Joch
Pso di Coredo
Val Calana
Val Rovadizzo
Cinque
Predal
S. Barbara
M.ga Nuova di Coredo
P.so Predala
Pfarrerwiestal
Battaillonskopf
Cima Battaglione
Rocca
Breitkofel
Costa Larga
M.ga di Tres
Hirschkopf
Corno del Cervo
Sattel
la Sella
St. Anna
S. Anna
Boarnwald
Hurst
Costa
Unterlegstein
Nockenhof
Fenner Schlucht
Im Loch
Maria Hilf
Oberfennberg
Favogna di Sopra
Ulmburg
Gaisberg
Fenner Moos
St. Leonhard
S. Leonardo
Seehof
Unterfennberg
Favogna di Sotto
Plattenhof
Maria im Schnee
Mad. della Neve
Waldruhe
Pichl
Colle
Haselberg
Holzwies
Pichler Höfe
Salcherhof
Giggereck
Omeri
Dosseni
Le Sorti
Langacker
Rosslauf
Garben
Lange Mähder
Ansitz Karneid
Carnedo
Anger
Anegg
Crozzol
Garbe
Bassi
St. Anna
S. Anna
Telch
Maso Braito
Spineck
Höfl
Masetti
Pardatscher
Girardi
Gute Quelle
Acquabona
Klösterle
il Convento
Mösl
Mitterling
Costazza
Scarabelli
Maler
Neumarkt-Tramin
Staz. di Egna-Termeno
Fofrut
Brenntal
Traminer Moser
Palù di Termeno
Südtiroler Weinstraße
St. Valentin
S. Valentino
Rungg
Ronchi
Freising
Sitzkofel
Gold. Adler
Hintersegg
Marderwand
Klaberer
Locherer
Ungerer
Lenzenhof
Bannwald
Betlehem
Schweigglpass
Obere Gemeine
Hochleger
Muindlleger
Gemeindewald
Tona
Egg
Hirschbett
Kauderle
Plattenhof
Sulzhof
Regenstein
Mayr
Turmi
Kreuzegg
Croce al dosso
Mark
Krell
Südtiroler Weinstraße
Margreid-Kurtatsch
E45
A22
0 500m

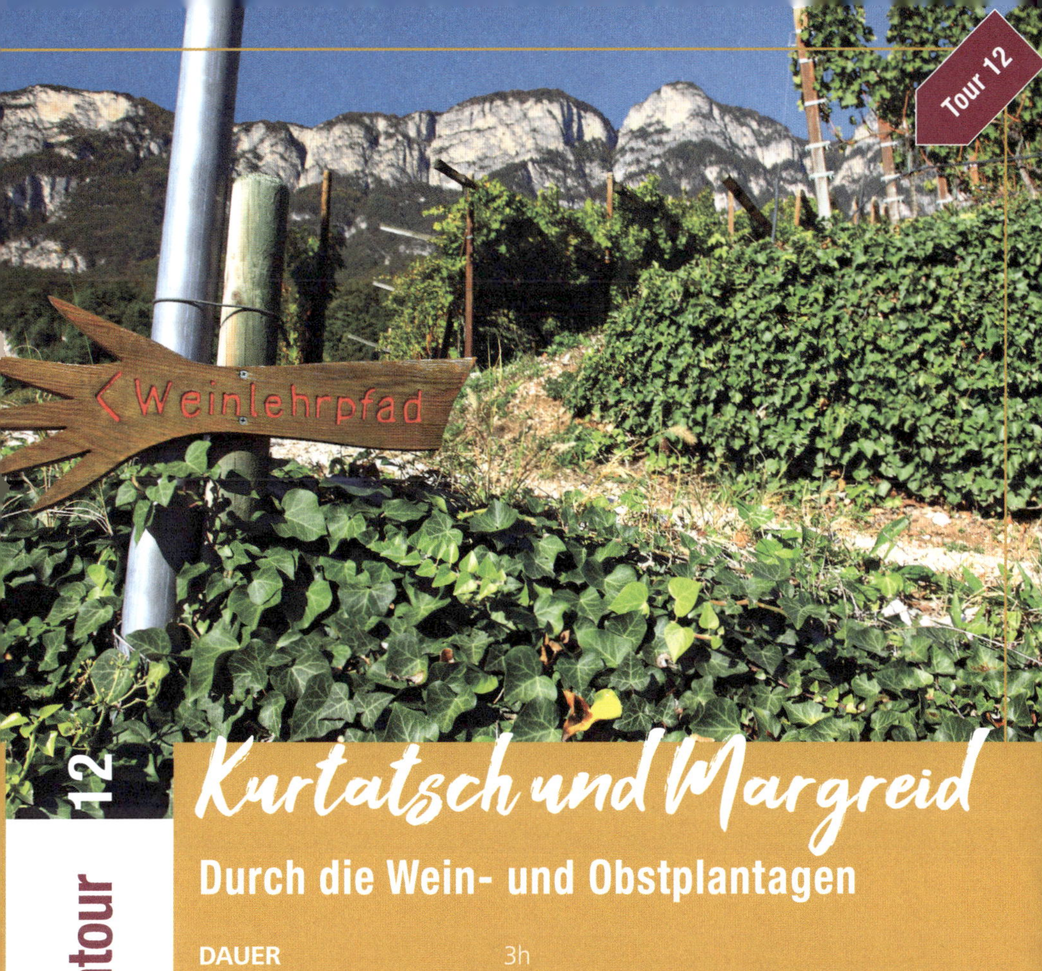

Kurtatsch und Margreid

Durch die Wein- und Obstplantagen

DAUER	3h
LÄNGE	9,3 km
HÖHENMETER	300 hm
SCHWIERIGKEIT	LEICHT
MIT ÖFFIS ERREICHBAR	ja

Das erwartet dich ...

Die Rundwanderung verläuft vornehmlich im Tal. Im ersten Abschnitt durchqueren wir die Weinberge, auf dem Weinlehrweg erfahren wir viel Interessantes über und rund um die Rebe, die Weinproduktion und das Weinbaugebiet. Der Rückweg empfängt uns mit ausgedehnten Apfelplantagen in der Talsohle. Am Ende, beim Millasteig, befindet sich ein kurzes, steileres Stück.

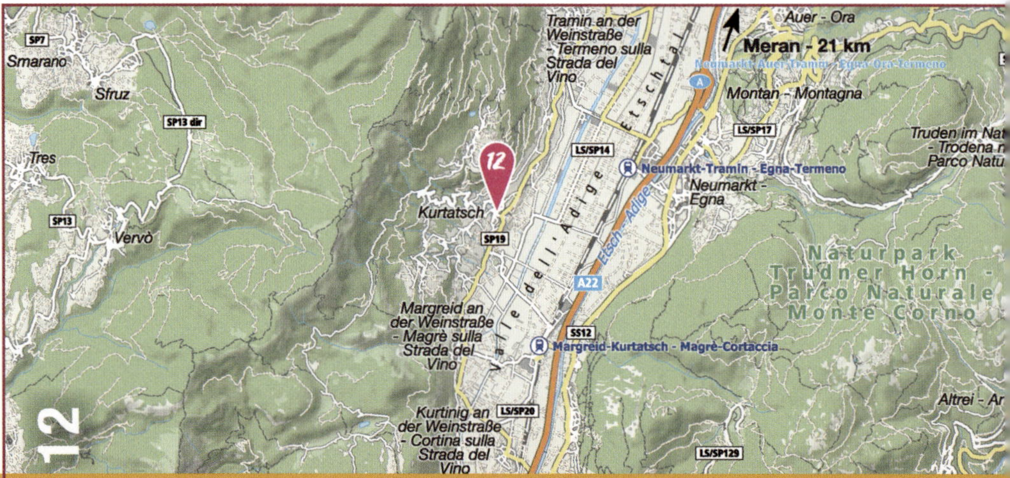

Start & Ziel & Anreise

Ausgangspunkt ist das Örtchen Kurtatsch an der Weinstraße. Von Bozen folgen wir der A22 Richtung Norden. An der Ausfahrt Tramin wechseln wir auf die SP16. Bei Tramin biegen wir dann links in die SP19, die direkt nach Kurtatsch führt, ein. Parkplätze befinden sich bei der Ortseinfahrt nahe der Hauptstraße.

Tourenbeschreibung

Kurtatsch an der Weinstraße thront auf einem Sonnenbalkon über dem Etschtal. Es schmiegt sich in einer der schönsten Lagen des Südtiroler Unterlandes: Die Streuweiler, die sich rundherum über terrassenartige Hänge verteilen und der Mendelkamm als Hintergrundkulisse verleihen dem Ort ein ganz besonderes Flair. Hier dreht sich alles um die süßen Früchte und den süffigen Wein – genau wie im Nachbarort Margreid. Der Weinlehrweg bringt uns allerlei Wissenswertes über die Kunst des Weinbaus und der Kelterei bei, sogar die Aromen der diversen Rebsorten können „erschnüffelt" werden. Der Rückweg führt uns durch riesige Obstplantagen im breiten Etschtal und die Millastiege rundet die abwechslungsreiche Genusstour ab.

In Kurtatsch halten wir uns links und folgen der Straße „Im Feld" und „Angela Nicoletti". Von ihr zweigt rechts der gut ausgeschilderte Weinlehrpfad ab: Verschachtelt, aber immer gut bezeichnet, geleitet er uns immer in leichtem Anstieg zur Verbindungsstraße zwischen Entiklar und Rain. Kurz hinter Entiklar geht es hinab. Der Weg mit der Nr. 3A führt uns nach rechts quer durch die Rebberge. In leichtem Anstieg erreichen wir Straßenkreuzung P.330. Hier treffen wir auf ein Sträßchen, das uns nach Margreid hinunterführt.

Wir gehen einmal quer durch das Dorf Richtung Süden bis zum Umkehrpunkt am Kreuzegg. Auf der gegenüberliegenden Straßenseite biegen wir in die Obstplantagen ab und wandern vorerst auf die Margreider Bahnhofsstraße zu; sie zieht vom Ortskern gen Osten. Hier biegen wir rechts ein, über den großen Kalterer Abzugsgraben und wandern kurz danach auf einen nach Norden abzweigenden Wirtschaftsweg. Gute zwei Kilometer wandern wir mit dem Graben inmitten der Obstwiesen. Die folgenden Brücken ignorieren wir, bis wir die Brücke mit Anschluss an den Millasteig erreichen. Hier wechseln wir auf die andere Seite. Wir treffen auf einen einzeln stehenden Edelansitz und ein Mäuerchen: Hier klettern wir hinüber und steigen darauf die steile, treppenartige Millastiege nach Kurtatsch hinauf. Der Weg endet unmittelbar am Parkplatz.

Romantisches Flair bei Entiklar

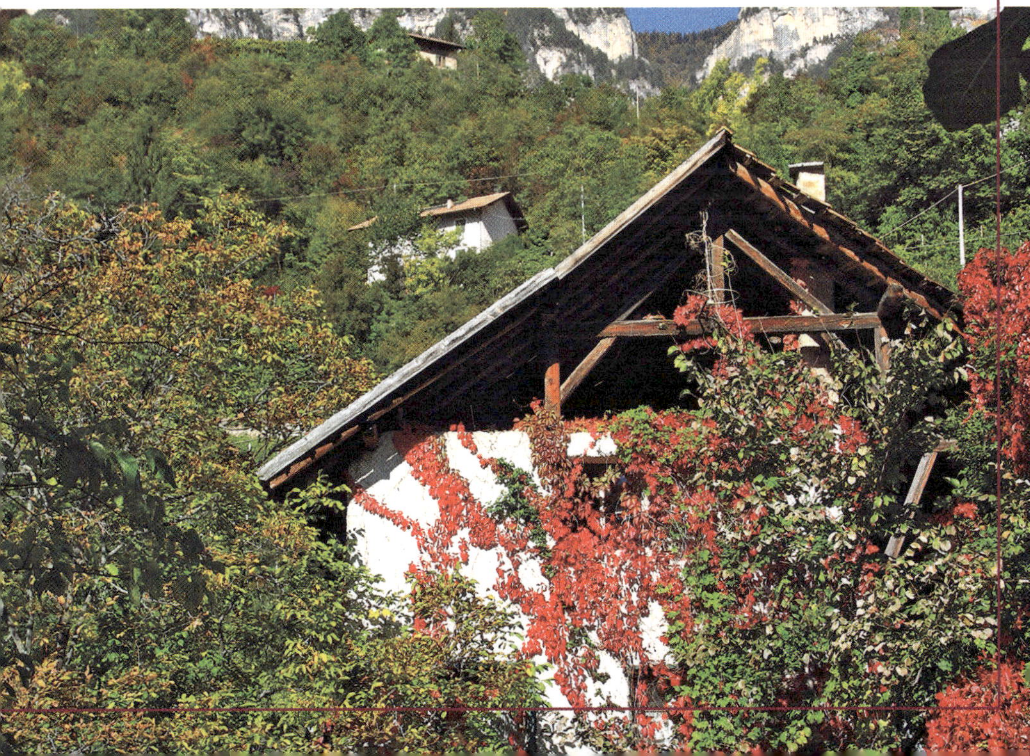

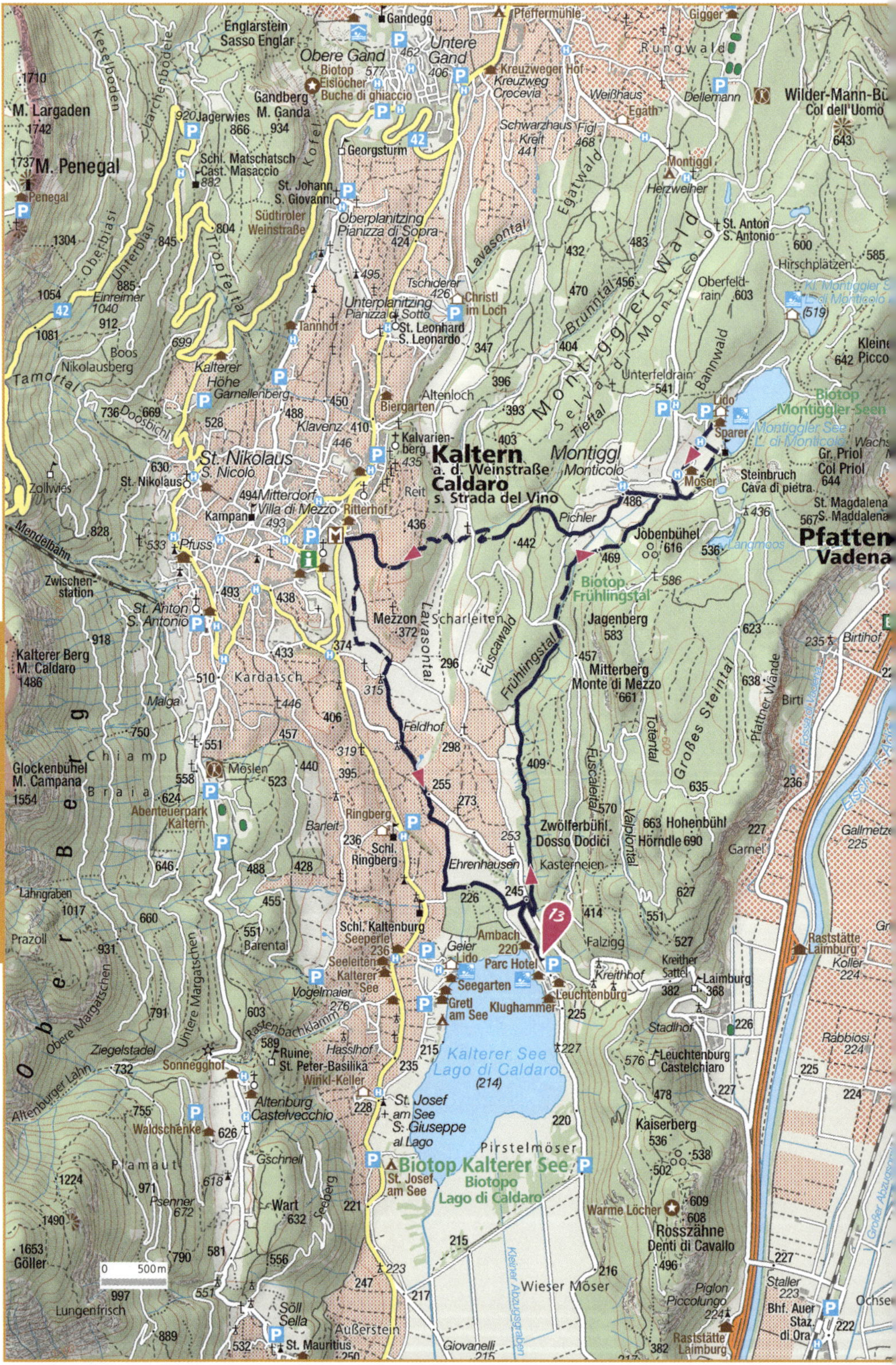

Englarstein
Sasso Englar
Gandegg
Pfeffermühle
Gigger
Rungwald
Obere Gand
Untere Gand
Biotop Eislöcher
Buche di ghiaccio
Kreuzweger Hof
Kreuzweg
Crocevia
Weißhaus
Egath
Dellemann
Wilder-Mann-Bühel
Col dell'Uomo
M. Largaden
M. Penegal
Penegal
Jagerwies
Gandberg
M. Ganda
Georgsturm
Schwarzhaus
Kreit
Figl
Egatwald
Montiggl
Herzweiher
Schl. Matschatsch
Cast. Masaccio
St. Johann
S. Giovanni
Südtiroler Weinstraße
Oberplanitzing
Pianizza di Sopra
Lavasontal
St. Anton
S. Antonio
Hirschplätzen
Kl. Montiggler See
L. di Monticolo
Oberbiasi
Unterbiasi
Einreiner
Tröpfeltal
Tschiderer
Christl im Loch
Unterplanitzing
Pianizza di Sotto
St. Leonhard
S. Leonardo
Brünntal
Montiggler Wald
Selva di Monticolo
Oberfeld-rain
Bannwald
Tannhof
Boos
Nikolausberg
Tamortal
Kalterer Höhe
Garnellenberg
Altenloch
Biergarten
Unterfeldrain
Tiefental
Lido
Sparer
Biotop Montiggler Seen
Montiggler See
L. di Monticolo
Wachs
Kleiner Piccolo
Gr. Priol
Col Priol
Doosbichl
Klavenz
Kalvarienberg
St. Nikolaus
S. Nicolò
Kaltern
a. d. Weinstraße
Caldaro
s. Strada del Vino
Montiggl
Monticolo
Moser
Steinbruch
Cava di pietra
St. Magdalena
S. Maddalena
Zollwies
Mitterdorf
Villa di Mezzo
Ritterhof
Reit
Pichler
Jobenbühel
Langmoos
Pfatten
Vadena
Mendelbahn
Kampan
Pfuss
Zwischenstation
St. Anton
S. Antonio
Biotop Frühlingstal
Mezzon
Scharleiten
Fuscawald
Frühlingstal
Jagenberg
Kalterer Berg
M. Caldaro
Kardatsch
Mitterberg
Monte di Mezzo
Großes Steintal
Pfattner Wände
Birti
Birtihof
Malga
Chiamp
Feldhof
Totental
Fuscaletal
Glockenbühel
M. Campana
Braia
Möslen
Abenteuerpark Kaltern
Ringberg
Barleit
Schl. Ringberg
Zwölferbühl
Dosso Dodici
Valpiontal
Hohenbühl
Hörndle
Garnel
Gallmetzer
Kasterneien
Ehrenhausen
Lahngraben
Barental
Prazoll
Schl. Kaltenburg
Seeperle
Seeleiten
Kalterer See
Geier
Lido
Ambach
Parc Hotel
Seegarten
Falzigg
Kreithof
Kreither Sattel
Laimburg
Raststätte Laimburg
Koller
Oberer Margatschen
Untere Margatschen
Vogelmaier
Rastenbachklamm
Gretl am See
Klughammer
Leuchtenburg
Stadlhof
Rabbiosi
Ziegelstadel
Ruine St. Peter-Basilika
Hasslhof
Winkl-Keller
Kalterer See
Lago di Caldaro
Leuchtenburg
Castelchiaro
Altenburger Lahn
Sonnegghof
Altenburg
Castelvecchio
St. Josef am See
S. Giuseppe al Lago
Kaiserberg
Waldschenke
Pirstelmöser
Gschnell
Plamaut
Biotop Kalterer See
Biotopo Lago di Caldaro
St. Josef am See
Psenner
Wart
Seeberg
Warme Löcher
Rosszähne
Denti di Cavallo
Göller
Lungenfrisch
Kleiner Abzugsgraben
Wieser Möser
Piglon
Piccolongo
Staller
Bhf. Auer
Staz. di Ora
Ochsen
Söll
Sella
St. Mauritius
Außerstein
Giovanelli
Raststätte Laimburg
Großer Abzugsgraben
Etsch
Fossa di Caldaro
500 m

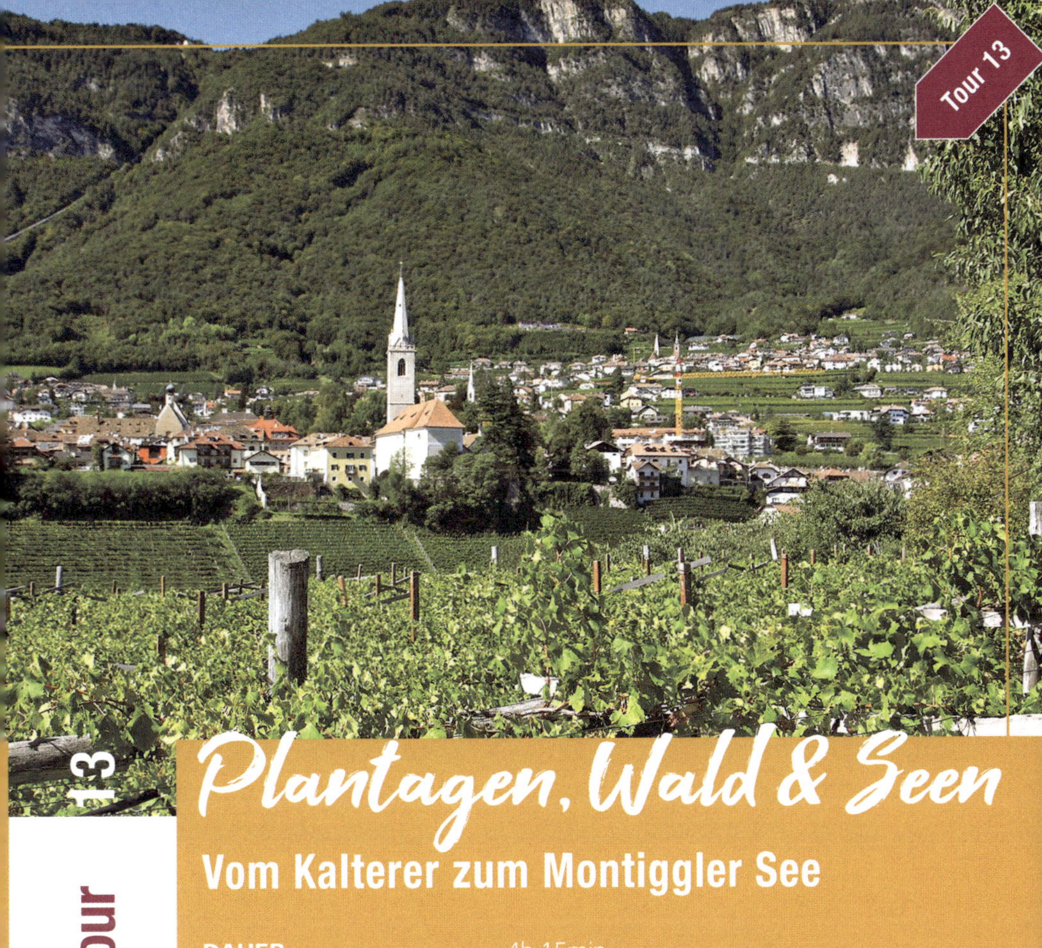

13 Seetour

Plantagen, Wald & Seen

Vom Kalterer zum Montiggler See

DAUER	4h 15min
LÄNGE	13,5 km
HÖHENMETER	400 hm
SCHWIERIGKEIT	MITTEL
MIT ÖFFIS ERREICHBAR	ja

Das erwartet dich ...

Die Runde zwischen den beiden Seen im Überetsch führt uns gemütlich und abwechslungsreich über sehr schöne Wanderwege. Zum Teil erwarten uns in geringem Auf und Ab auch Güterwege und kleinere Straßen. Die Obst- und Weinkulturen, die wir immer wieder dabei durchstreifen, bieten angenehme Kontraste zu den dichteren Mischwäldern. Das naturnahe Frühlingstal ist als Biotop sogar unter Schutz gestellt worden und erwartet uns mit einer besonderen Flora und Fauna. An heißen Tagen bieten die Seen eine tolle Erfrischung!

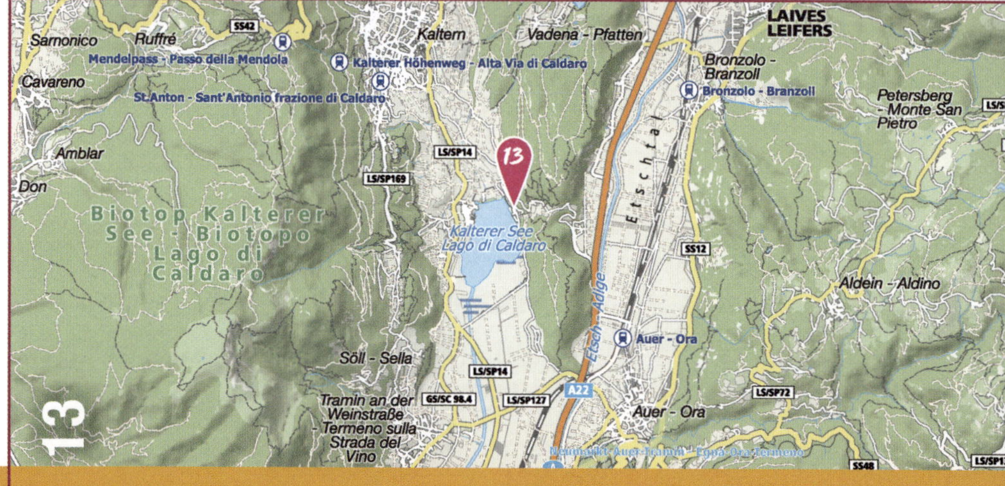

Seetour 13

Start & Ziel & Anreise

Wir beginnen die gemütliche Runde in der Fraktion Klughammer am Ostufer des Kalterer Sees. Von Bozen aus fahren wir über die SS 42 bis Strada del Vino/SP 14 über Eppan an der Weinstraße und Kaltern. Kurz hinter Kaltern biegen wir links auf die SP 162 ab und folgen ihr zur Fraktion Klughammer. Zwischen Kaltern und Tramin befindet sich beim Lido eine Bushaltestelle.

Tourenbeschreibung

Die Wanderung zwischen dem berühmten Kalterer See und dem um einiges kleineren, versteckten Montiggler See ist eine ideale Möglichkeit, sich einen Eindruck von den typischen Elementen im Überetsch zu verschaffen. Obst- und Weinbau prägen neben den teils dichten Mischwäldern das Landschaftsbild und gestalten die Runde als sehr abwechslungsreich.

Bei der Fraktion Klughammer wandern wir zunächst an der Straßenkreuzung P.245 nördlich des Kalterer Sees kurz hinauf Richtung Kreither Sattel. Dann folgen wir dem Wegzeichen „Frühlingstal" mit der Markierung Nr. 20. Gleich darauf gelangen wir an eine Gabelung, an der wir alternativ gemeinsam mit der Markierung Nr. 19 den Kasterneienweg einschlagen können. Die Wegverläufe führen später wieder zusammen. Die Variante auf der Forststraße führt uns am Waldsaum entlang, lässt uns vorerst nur sanft an Höhe gewinnen und bringt uns nach einer Weile ins urwüchsige Frühlingstal. Hier wird es kurz einmal steiler. Im Herbst nehmen uns hier die vollen Früchte der Obstkulturen mit ihren satten Farben in Empfang. Wir bleiben weiter auf dem Weg Nr. 20 am Waldrand, den Montiggler See im Visier. Am Südufer streifen wir auf einem künstlich angelegten Weg einen Schilfgürtel, dann biegen wir rechter Hand zum Lido ab, der uns mit dem mondänen Seehotel erwartet.

Weiter geht es nach Montiggl. Vom See wandern wir an der Straße entlang, dann geht es nach links und gleich darauf wieder nach rechts. Wir erreichen einen hübschen Weiler; von hier aus führt uns nun Wegnummer 5 über einen asphaltierten Wirtschaftsweg durch Apfelplantagen leicht hinab. Der darauffolgende, gut ausgeschilderte Mazzonerweg verliert im Wald weiter an Höhe. An einer Kreuzung mit einem Bildstock im Lavasontal bleiben wir geradeaus und gehen dahinter zum Gegenanstieg nach Kaltern. Durch ein paar Weinberge gelangen wir schließlich in den Ort; hier biegen wir noch vor der Hauptstraße links auf den Seewanderweg mit der Nr. 3 ein. In leichtem Gefälle durchwandern wir ausgedehnte Obst- und Weinareale auf dem Weg zurück zum Kalterer See. Alle Abzweigungen und Richtungswechsel sind nun ausreichend beschildert. Zu guter Letzt halten wir uns links entlang der Reitwiesen und schlendern zurück zu unserem Ausgangspunkt in der Fraktion Klughammer.

Am Montiggler See kann man eine Ruderpartie unternehmen

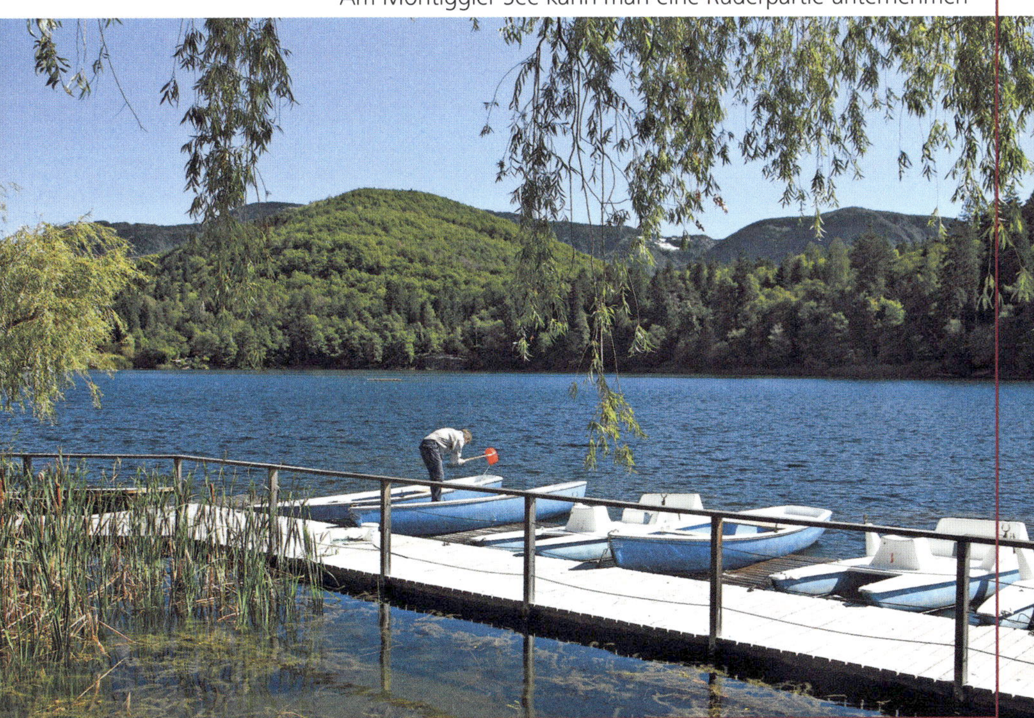

14

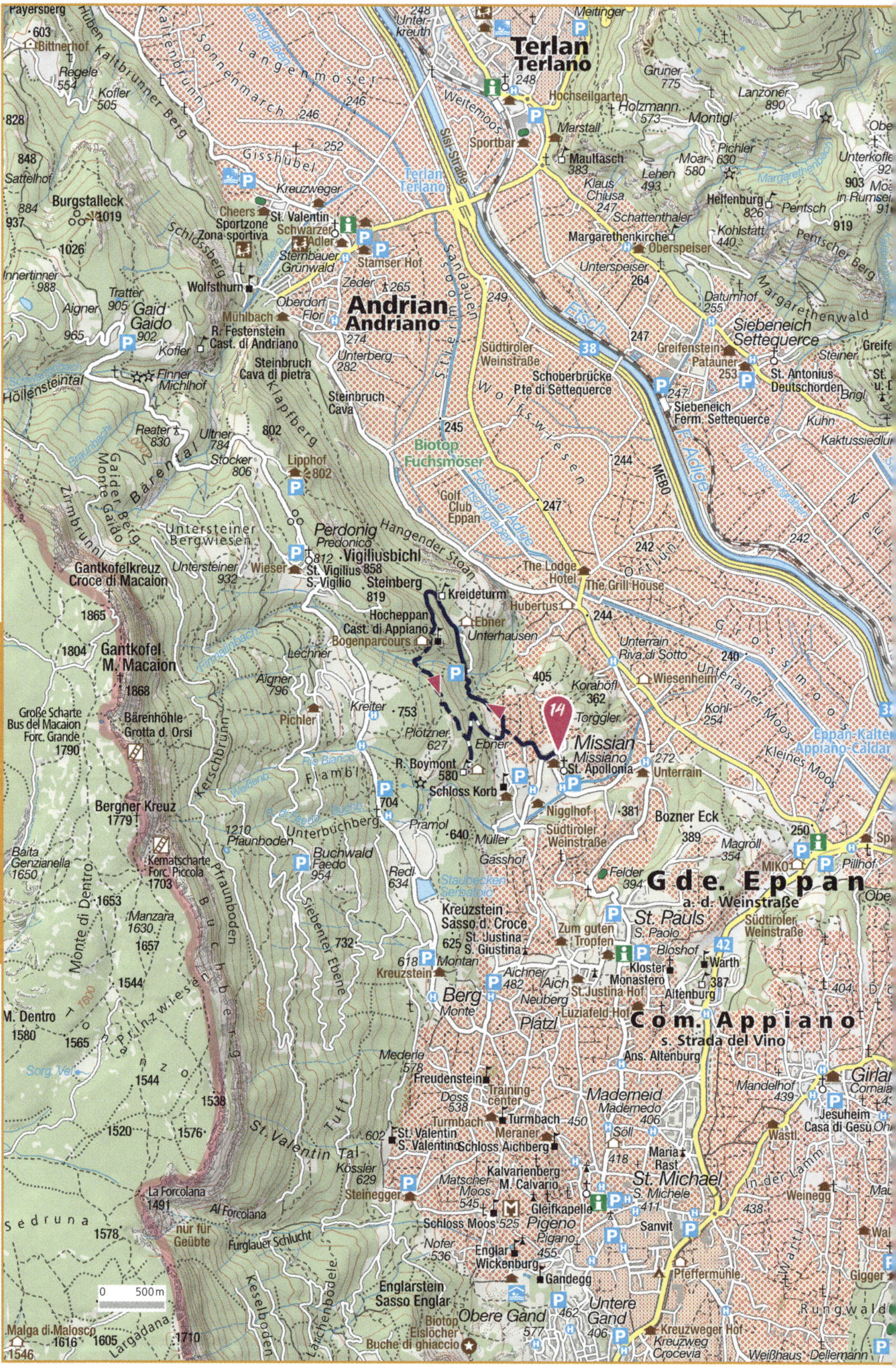

Terlan
Terlano
Andrian
Andriano
Siebeneich
Settequerce
Missian
Missiano
St. Apollonia
Gde. Eppan
a. d. Weinstraße
Com. Appiano
s. Strada del Vino
St. Pauls
S. Paolo
St. Michael
S. Michele
Berg
Monte
Girlan
Cornaiano
Gantkofel
M. Macaion
Gantkofelkreuz
Croce di Macaion
Perdonig
Predonico
Vigiliusbichl
St. Vigilius 858
S. Viglio
Steinberg
819
Hocheppan
Cast. di Appiano
Bogenparcours
Kreideturm
Ebner
Unterhausen
Boymont
Schloss Korb
Plötzner
627
Kreiter
753
Korahöfl
362
Torggler
Unterrain
Nigglhof
Südtiroler Weinstraße
Wolfsthurn
Mühlbach
R. Festenstein
Cast. di Andriano
Steinbruch
Cava di pietra
Gaid
Gaido
Lipphof
802
Biotop
Fuchsmöser
Golf Club Eppan
Hangender Stoan
Untersteiner Bergwiesen
Bärenhöhle
Grotta d. Orsi
Große Scharte
Bus del Macaion
Forc. Grande
1790
Bergner Kreuz
1779
Kematscharte
Forc. Piccola
1703
Buchwald
Faedo
Kreuzstein
Sasso d. Croce
St. Justina
S. Giustina
Freudenstein
Turmbach
St. Valentin
Schloss Aichberg
Kalvarienberg
M. Calvario
Gleifkapelle
Schloss Moos
Pigeno
Englarstein
Sasso Englar
Obere Gand
Untere Gand
Buche di ghiaccio
Eislöcher
Malga di Malosco
La Forcolana
1491
Furglauer Schlucht
nur für Geübte
St. Valentin Tal
Bozner Eck
Kleines Moos
Eppan-Kaltern
Appiano-Caldaro
Etsch
F. Adige
The Lodge Hotel
The Grill House
Hubertus
Wiesenheim
Pillhof
Warth
Kloster
Monastero
Altenburg
Mademeid
Mademedo
Jesuheim
Casa di Gesù
Pfeffermühle
Kreuzweger Hof
Kreuzweg
Crocevia

0 500 m

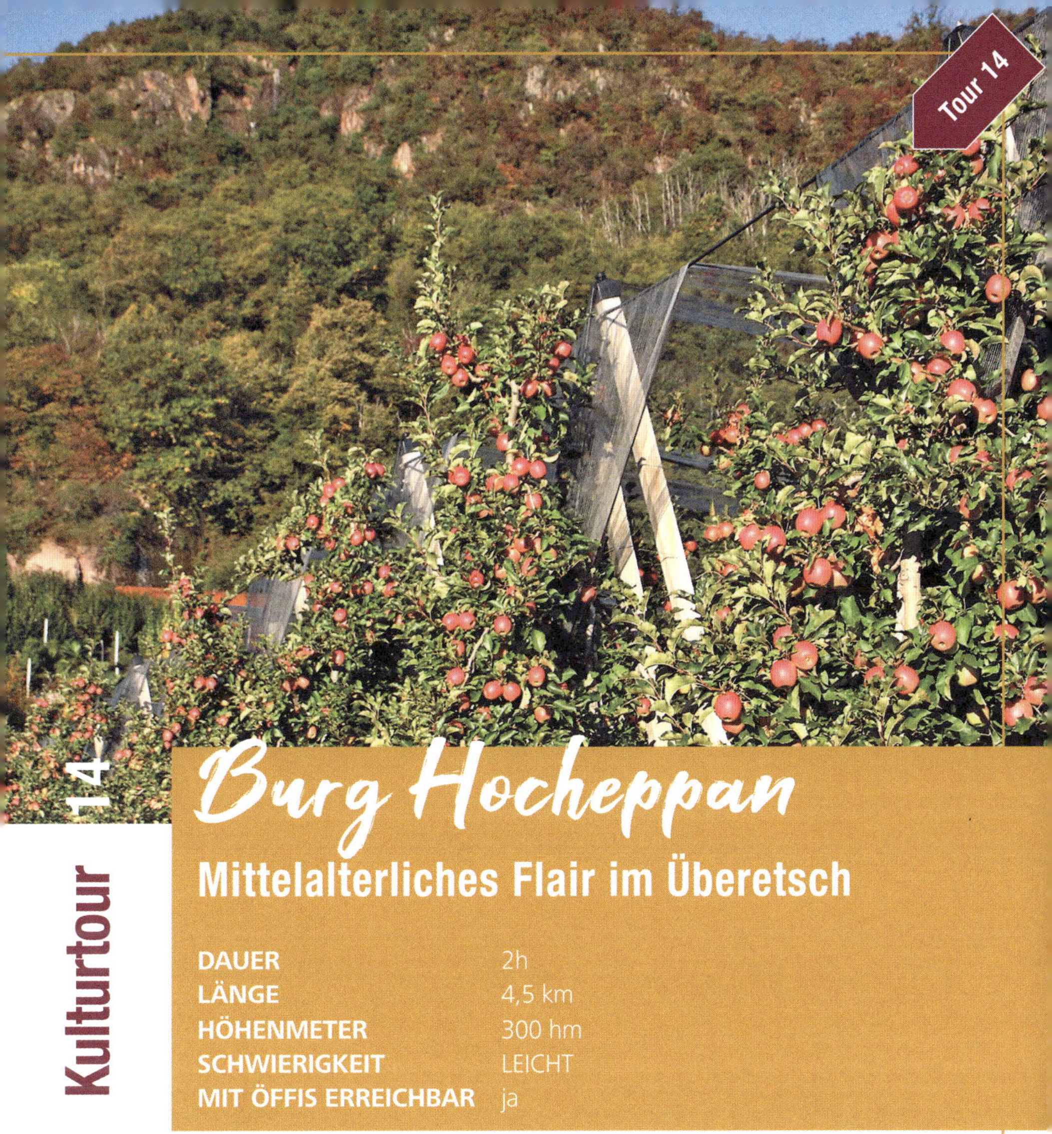

Tour 14

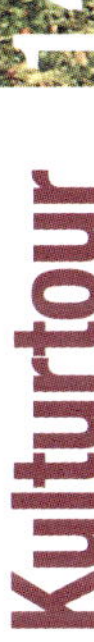

Burg Hocheppan

Mittelalterliches Flair im Überetsch

DAUER	2h
LÄNGE	4,5 km
HÖHENMETER	300 hm
SCHWIERIGKEIT	LEICHT
MIT ÖFFIS ERREICHBAR	ja

Das erwartet dich ...

Die Wanderung ist sehr kurz und bewegt sich recht nahe am Tal. Sie führt uns durch die Weinberge bei Missian und durch Wald. Zwischen der Burg Hocheppan und dem Schloss Boymont ist Trittsicherheit erforderlich. Mit den beiden Burganlagen erwartet uns eine schöne Mischung aus Kultur und Geschichte des Mittelalters sowie nicht zu verachtende Ausblicke ins gesamte Etschtal, auf Überetsch und das Bozner Becken.

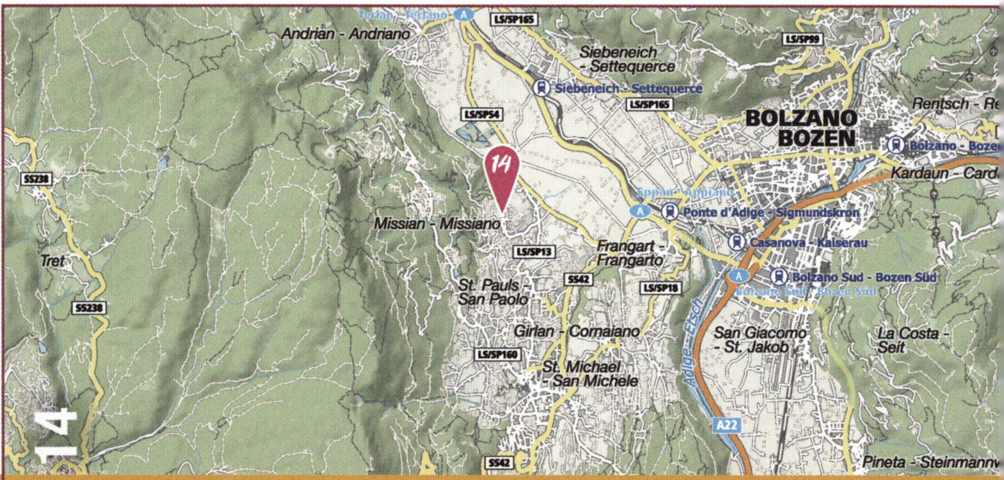

Kulturtour 14

Start & Ziel & Anreise

Wir beginnen die Runde in Missian. Von Bozen fahren wir auf die A22 und nehmen kurz darauf wieder die Ausfahrt Bozen Süd. Die SS38 bringt uns Richtung Sigmundskron, kurz darauf halten wir uns Richtung Eppan auf der SS42. Kurz darauf biegen wir rechts auf die Via Pilhof/SP54 ab. Sie bringt uns direkt nach Missian. Parkmöglichkeiten gibt es im Ort.

Tourenbeschreibung

Hocheppan und Boymont dienten im 12. und 13. Jahrhundert den Grafen von Eppan als Ansitz, Burg Hocheppan gehörte schon damals zu den bedeutendsten Wehranlagen Südtirols. Die beiden Anlagen liegen nur eine Viertelstunde Fußweg voneinander entfernt und erheben sich imposant über dem Überetsch. Hocheppan wurde dabei in erster Linie zur militärischen Kontrolle als Wehrburg konzipiert. Boymont dagegen stand für das feudale Wohnen: Der herrschaftliche Sitz war ganz dem angenehmen Wohlleben gewidmet. Hocheppan wurde restauriert und gehört heute zu den bedeutendsten Kulturgütern Südtirols.

Die zwei sehenswerten Burganlagen bieten uns nicht nur interessante Einblicke in die damalige Kultur und Geschichte des Hochmittelalters, sie gewähren auch herrliche Ausblicke oberhalb Eppans. Als erstes Ziel steuern wir auf der kleinen Runde Hocheppan an; mit ein wenig Zeit im Gepäck können wir uns einer Führung anschließen und später auf Schloss Boymont in der Burgschenke einkehren. Hier genießt man Köstlichkeiten und lässt sich „ayn Humpen Bihr" schmecken.

So steigen wir zunächst mit der Markierung Nr. 13 von Missian durch Obst- und Weinparzellen zur Hocheppaner Straße hinauf. Parallel zu jener wandern wir nordwärts weiter Richtung Parkplatz. Wir können auch auf dem Alternativweg dorthin kommen; dazu gehen wir zunächst nordwärts durch den Weiler, tauchen nach den letzten Häusern in ein Waldstück ein und steigen einen kleinen Pfad bergan. Auf dem letzten Stück, bei der Burgzufahrt, führt uns eine markante Linksschleife hinauf zur Burg Hocheppan. Rechts unter uns erblicken wir den Kreideturm.

Hinter der Burg wandern wir ein paar Meter eine bewaldete Schlucht hinab. Gegenüber bringen uns einige Treppen dann wieder hinauf. Dann queren wir den teils ein wenig steinigen Waldhang leicht im Abstieg, bevor wir nochmals mit einem kurzen Abstecher bergauf Schloss Boymont erreichen. Der breite asphaltierte Zuweg begleitet uns dann wieder hinab zum Hocheppaner Sträßchen. Nach rechts können wir einen kurzen Abstecher zum Nobelhotel Schloss Korb unternehmen, bevor wir nach links unseren Rundweg durch die Plantagen zurück nach Missian abschließen.

Burg Hocheppan vermittelt einen Anflug von Ritterromantik

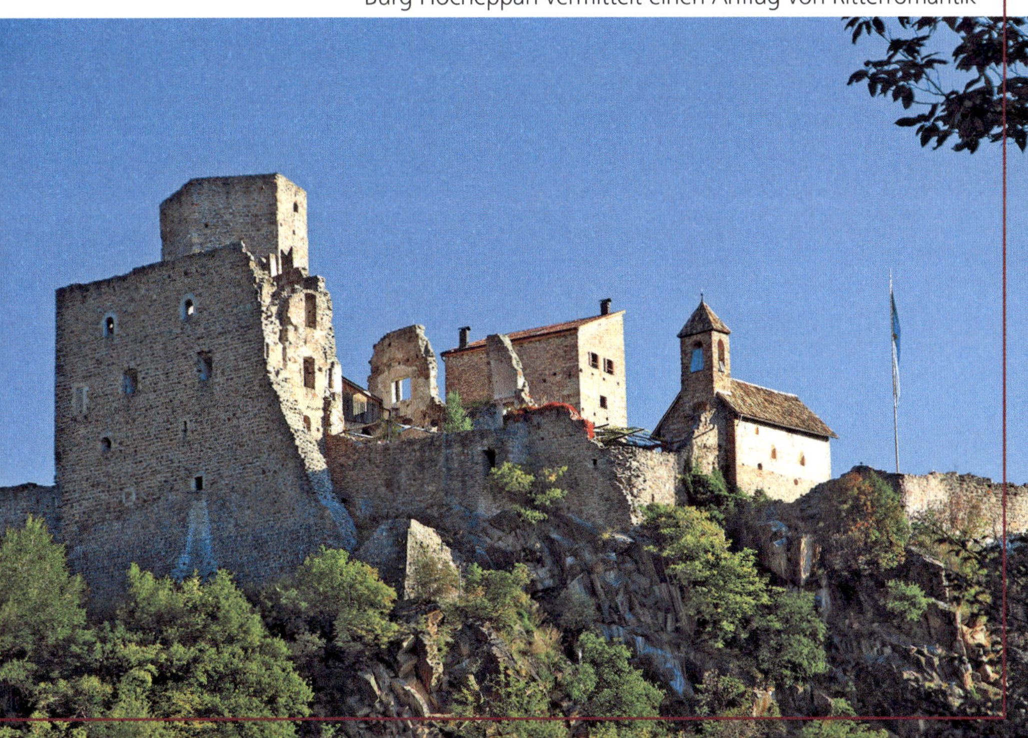

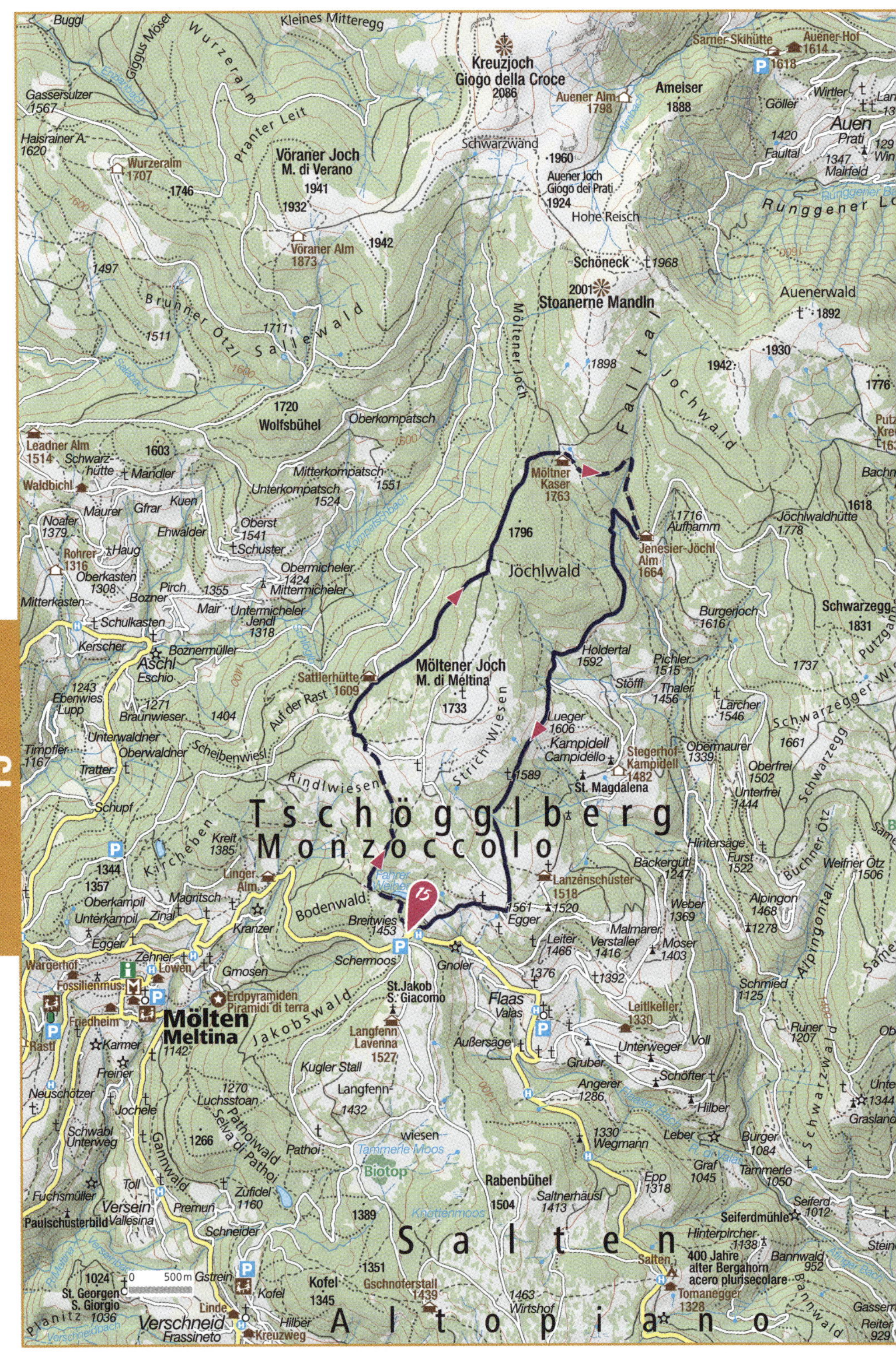

Buggl
Kleines Mitteregg
Giggus Möser
Wurzeralm
Kreuzjoch
Giogo della Croce
2086
Samer-Skihütte
Auener-Hof
1614
1618
Gassersulzer
1567
Auener Alm
1798
Ameiser
1888
Wirtler
Göller
Haisrainer A.
1620
Pranter Leit
Schwarzwand
Auen
Prati
Vöraner Joch
M. di Verano
1960
1420
Faultal
1347
Mairfeld
Wurzeralm
1707
1941
Auener Joch
Giogo dei Prati
1924
Runggener Bach
1746
1932
Hohe Reisch
Runggener
Vöraner Alm
1873
1942
Schöneck
1968
1497
2001
Stoaneren Mandln
Auenerwald
Brunner Ötzl
1892
1511
1711
Sallewald
Möltener Joch
Falltal
1898
1930
1942
Jochwald
1776
1720
Wolfsbühel
Oberkompatsch
1600
Leadner Alm
1514
Schwarz-
hütte
1603
Mandler
Möltner
Kaser
1763
Bach
Waldbichl
Mitterkompatsch
1551
Kuen
Unterkompatsch
1524
1618
Noafer
1379
Maurer
Gfrar
1716
Aufhamm
Jöchlwaldhütte
1778
Ehwalder
Oberst
1541
1796
Haug
Schuster
Jenesier-Jöchl
Alm
1664
Rohrer
1316
Obermicheler
1424
Jöchlwald
Oberkasten
1308
Mittermicheler
Pirch
1355
Mitterkasten
Bozner
Mair
Untermicheler
Burgerjoch
1616
Schwarzegg
Schulkasten
Jendl
1318
1831
Kerscher
Boznermüller
Holdertal
1592
Aschl
Eschio
Sattlerhütte
1609
Möltener Joch
M. di Meltina
Pichler
1515
1737
1243
Ebenwies
Lupp
1271
Braunwieser
Stöffl
Thaler
1456
Larcher
1546
1733
1404
Auf der Rast
Lueger
1606
Timpfler
1167
Unterwaldner
Oberwaldner
Scheibenwiesl
Strich-Wiesen
Kampidell
Campidello
Stegerhof-
Kampidell
1482
Obermaurer
1339
1661
Tratter
Oberfrei
1502
1589
St. Magdalena
Rindlwiesen
Unterfrei
1444
Schupf
Schwarzegg
Tschögglberg
Monzoccolo
Hintersäge
Kircheben
Kreit
1385
Furst
1522
Bäckergütl
1247
Weifner Ötz
1506
1344
Linger
Alm
Lanzenschuster
1518
Büchner Ötz
1357
Bodenwald
Oberkampil
Magritsch
Weber
1369
Alpingon
1468
1561
1520
Unterkampil
Zinal
Kranzer
Breitwies
1453
Egger
1278
Malmarer
Egger
Leiter
1466
Verstaller
1416
Moser
1403
Wargerhof
Zehner
Lowen
Gmosen
Schermoos
Gnoler
Alpingontal
1376
1392
Fossilienmus.
Erdpyramiden
Piramidi di terra
St. Jakob
S. Giacomo
Schmied
1125
Friedheim
Mölten
Meltina
Jakobswald
Flaas
Valas
Leitlkeller
1330
Rastl
Karmer
1142
Langfenn
Lavenna
1527
Runer
1207
Außersäge
Unterweger
Voll
Freiner
Kugler Stall
Gruber
Neuschötzer
1270
Luchsstoan
Langfenn
1432
Schöfter
Angerer
1286
Jochele
Hilber
Schwarzwald
Schwabl
Unterweg
1266
Patholwald
Selva di Pathoi
wiesen
1330
Wegmann
Leber
Burger
1084
Pathoi
Tammerle Moos
Graf
1045
Tammerle
1050
Gamwald
Biotop
Epp
1318
Fuchsmüller
Toll
Rabenbühel
Saltnerhäusl
1413
Seiferd
1012
Versein
Vallesina
Premun
Zufidel
1160
1504
Paulschusterbild
1389
Knottenmoos
Seiferdmühle
Schneider
Hinterpircher
1138
Salten
Salten
400 Jahre
alter Bergahorn
acero plurisecolare
Bannwald
952
1024
0
500m
Gstrein
1351
St. Georgen
S. Giorgio
Gschnoferstall
1439
Kofel
Kofel
1345
Tomanegger
1328
Planitz
1036
Linde
1463
Wirtshof
Altopiano
Verschneid
Frassineto
Hilber
Kreuzweg

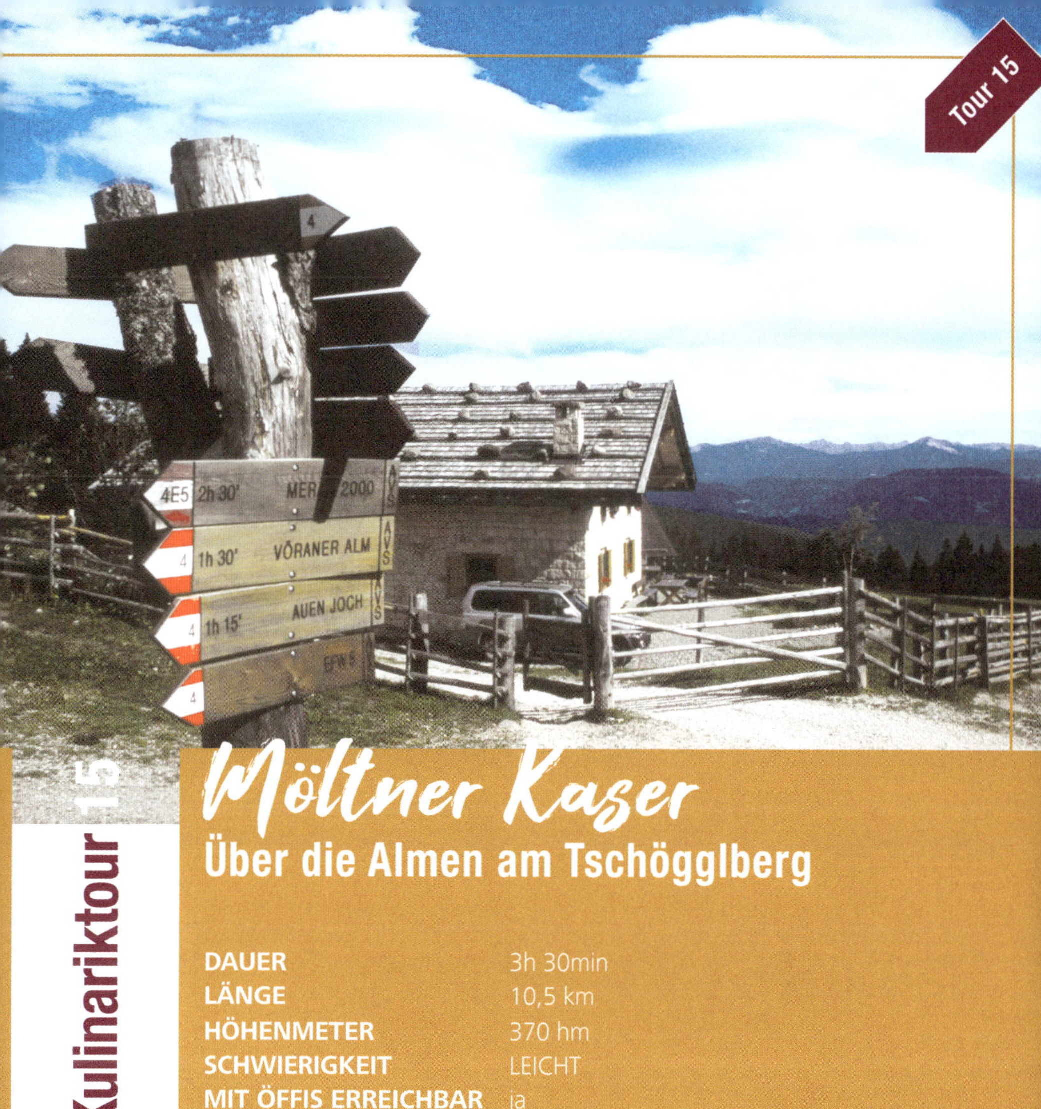

Kulinariktour 15

Möltner Kaser

Über die Almen am Tschögglberg

DAUER	3h 30min
LÄNGE	10,5 km
HÖHENMETER	370 hm
SCHWIERIGKEIT	LEICHT
MIT ÖFFIS ERREICHBAR	ja

Das erwartet dich ...

Diese recht gemütliche Wanderung verläuft größtenteils auf Forststraßen. Auf manchen Abschnitten auch auf gut begehbaren Wanderwegen, sodass sie auch gut für einen geländegängigen Buggy geeignet ist. Dabei erkunden wir das Hochplateau des Tschögglbergs, begleitet von herrlichem Dolomitenpanorama und mehreren Almen, die sich alle zu einer leckeren Einkehr anbieten.

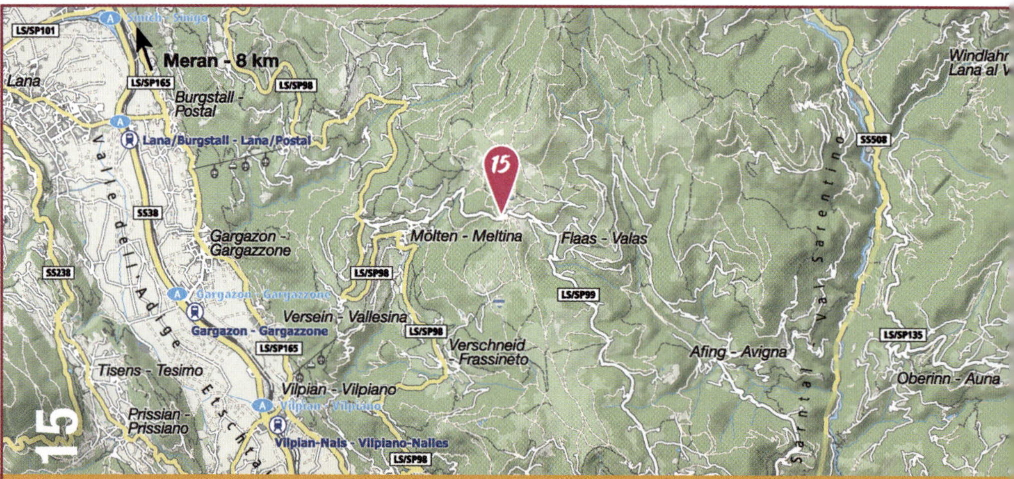

Start & Ziel & Anreise

Die Rundtour beginnt am Parkplatz Schermoos. Von Bozen gelangen wir über die SP99 über Jenesien Richtung Mölten nach Flaas. Ungefähr 1,2 Kilometer hinter dem Ort gibt es links von der Straße einen Parkplatz. Von Bozen fahren Busse nach Jenesien. Dort Umstieg in den Bus Nr. 157 in Richtung Meltina, Farmacia, Haltestelle Flaas.

Tourenbeschreibung

Der Tschögglberg gleicht mit seinem Hochplateau einer hügeligen Mittelgebirgslandschaft: Zwischen Bozen und Meran gelegen ist er bestens für genussreiches Wandern geeignet. Ein ganz besonderes Flair herrscht im Frühjahr, wenn die Wiesen nach der Schneeschmelze von Krokussen überzogen werden. Im Herbst dagegen bieten die „brennenden" Lärchen mit ihren Nuancen aus Gelb und Orange ein unvergessliches Farbenspiel. Das empfehlenswerte Gasthaus Langfenn (es liegt 15 Minuten zu Fuß vom Parkplatz Schermoos entfernt) thront mit dem Kirchlein St. Jakob aussichtsreich auf einem Hügel, umgeben von schönen Lärchen.

Wir wandern vom Parkplatz Schermoos kurz auf der Straße Richtung Flaas zurück. Einem steilen Asphaltsträßchen folgen wir nach links nur wenige Meter. Dann zweigt nochmals linker Hand ein Steig Richtung „Sattlerhütte, Möltner Kaser" ab. Zusammen mit der Markierung Nr. 17 steigen wir durch den Wald hinauf. Allmählich flacht der Weg über die Lärchenwiesen ab und trifft schließlich auf einen Wirtschaftsweg. Hier biegen wir links ein, an der folgenden Verzweigung halten wir uns jedoch rechts. An einem Gatter steht der Wegweiser „Sattlerhütte"; hier gehen wir halb links über die Rindlwiesen und ihren schönen Lärchen bergan. Wir gelangen zu einem Fahrweg, dem wir nach links hinab zu einer Schotterstraße folgen. Rechter Hand liegt die Sattlerhütte, unsere erste, gemütliche Einkehr.

Nach der Rast wandern wir wieder auf dem breiten Schotterweg weiter bergan und folgen der Markierung Nr. 15. Gut eine halbe Stunde später stoßen wir auf den Fernwanderweg E5. Nun haben wir die Anstiegshöhenmeter überwunden und wandern relativ eben hinüber zum Möltner Kaser. Hier erwarten uns Südtiroler Spezialitäten im Angesicht von Rosengarten und Latemar. Unser Weiterweg führt uns von der Almterrasse über einen Fußweg östlich am Stall vorbei. Wir schlüpfen durch den Weidezaun zum Waldrand und folgen dem Wegweiser „Jenesier Jöchl". Der steinige Waldweg bringt uns hinab zum Jöchlbach und zur Jenesier-Jöchl Alm.

Dann machen wir uns an den Abstieg: Wir halten uns links zur Zufahrtsstraße, die oberhalb der Alm verläuft. Daraufhin queren wir nochmals den Jöchlbach und wandern dann mit der Markierung Nr. 5 am Waldhang entlang. Nach dem Anwesen Holdertal halten wir uns bei einer Verzweigung rechts. Es geht nochmals kurz hinauf, am Stall „Lueger" vorbei und gemütlich über die Lärchenwiesen oberhalb des Weilers Kampidell. Wer nochmals einkehren möchte hat beim Lanzenschuster mit Spielplatz und Streichelzoo gute Gelegenheit dafür – dazu einfach dem Wegweiser nach links folgen. Geradeaus treffen wir unten auf ein Asphaltsträßchen. Dann führt der Weg nach rechts an einigen Höfen vorbei zurück zum Parkplatz Schermoos.

Autoren Tipp

Die romanische Kirche auf der Langfenn ist St. Jakob gewidmet, dem Beschützer der Reisenden und Wanderer. Sie liegt auf dem weithin sichtbaren und höchsten Punkt des Saltens (1.525 m) und steht damit auf prähistorischem Boden. So könnte sie aus vergangenen Jahren wohl viel Aufregendes erzählen. Auf dem Altar stehen dem hl. Jakob, dem Beschützer der Wanderer, die zwei Pestpatrone Rochus und Sebastian zur Seite. Der große, hölzerne Spielplatz am Gasthaus Langfenn lässt Kinderherzen höherschlagen.

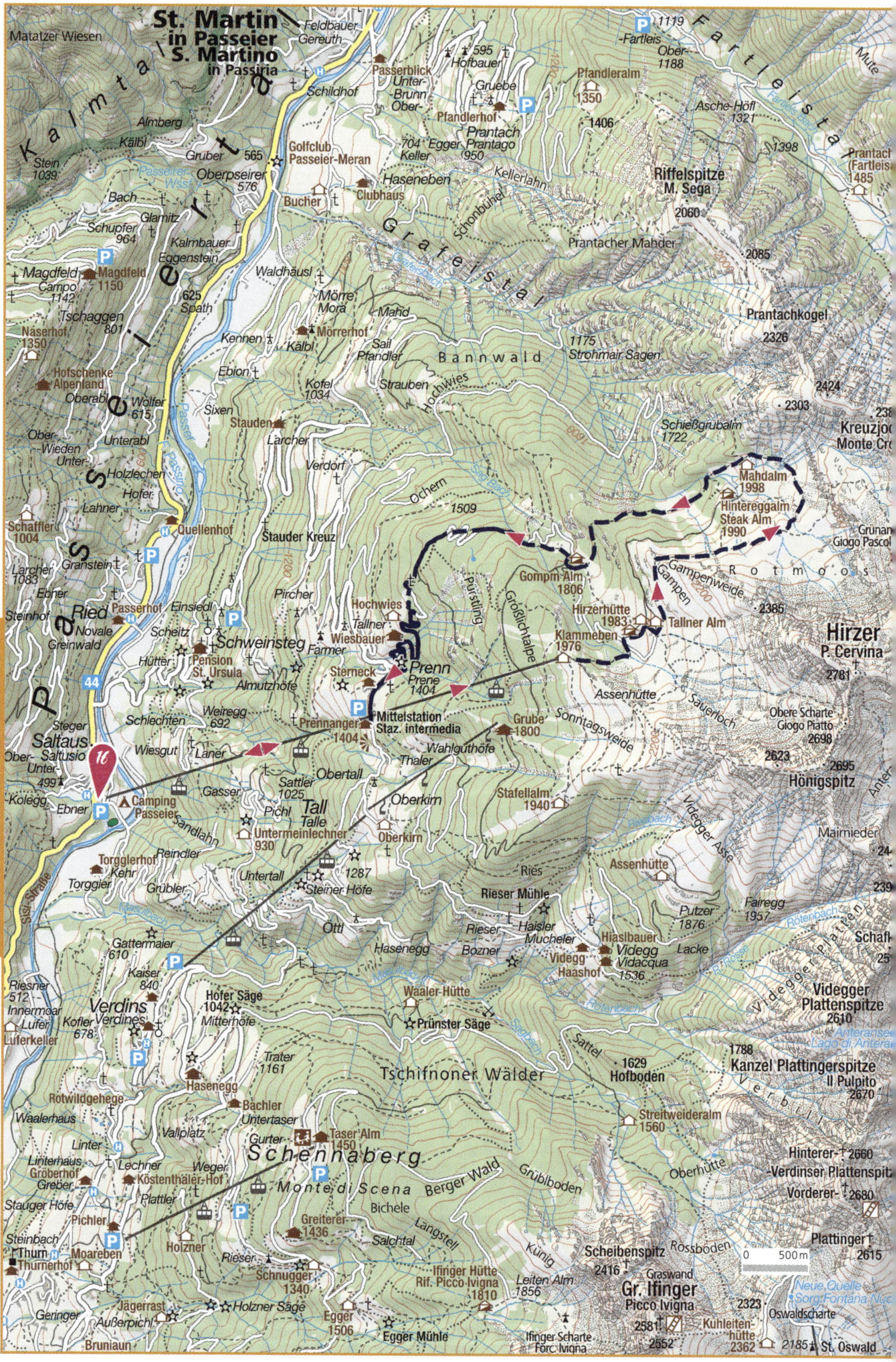

16

St. Martin in Passeier
S. Martino in Passiria
Matatzer Wiesen
Feldbauer
Gereuth
Passerblick
Unter-Brunn
Ober-
595 Hofbauer
Gruebe
Pfandleralm 1350
1119 Fartleis
Ober- 1188
Fartleistal
Mute
Kalmtal
Schildhof
Pfandlerhof
Prantach Prantago 950
1406
Asche-Höfl 1321
Almberg
Kälbl
Stein 1039
Gruber 565
Golfclub Passeier-Meran
704 Egger Keller
1398
Prantach (Fartleis) 1485
Oberpseirer 576
Haseneben
Kellerlahn
Riffelspitze M. Sega
Bach
Bucher
Clubhaus
Schönbühel
2060
Glamitz
Grafeistal
Schupfer 964
Kalmbauer
Eggenstein
Prantacher Mahder
2085
Passeiertal
Magdfeld Campo 1142
Magdfeld 1150
Waldhäusl
625 Spath
Mörre Morà
Mahd
Prantachkogel 2326
Tschaggen 801
Näserhof 1350
Kennen
Mörrerhof
Kälbl
Sail
Pfandler
Bannwald
1175 Strohmair Sagen
Hofschenke Alpenland
Ebion
Kofel 1034
Strauben
Hochwies
2424
Oberabl
Wolfer 615
Sixen
Stauden
2303
Kreuzjoch Monte Cr
Ober-
Wieden
Unter-
Unterabl
Lärcher
Schießgrubalm 1722
Holzlechen
Verdorf
Hofer
Ochern
1509
Mahdalm 1998
Lahner
Hintereggalm Steak Alm 1990
Schaffler 1004
Quellenhof
Stauder Kreuz
Grünan Giogo Pascol
Granstein
Lärcher 1083
Gompm-Alm 1806
Rotmoos
Gampenweide
Gampen
Ebner
Pircher
Hochwies
Pürstling
Großlichtalpe
Steinhof
Ried Novale
Passerhof
Einsiedl
Tallner
Hirzerhütte 1983
Tallner Alm
2385
Greinwald
Scheitz
Schweinsteg
Wiesbauer
Klammeben 1976
Hirzer P. Cervina
Hütter
Pension St. Ursula
Farmer
Prenn Prene 1404
2781
Almutzhöfe
Sterneck
Assenhütte
Sauerloch
Steger
Weiregg 692
Schlechten
Mittelstation Staz. intermedia
Prennanger 1404
Grube 1800
Sonntagsweide
Obere Scharte Giogo Piatto 2698
Saltaus Saltusio
Ober-
Unter-
499
Wiesgut
Laner
Wahlguthöfe
Thaler
2623
2695
Hönigspitz
Obertall
Sattler 1025
Kolegg
Ebner
Camping Passeier
Gasser
Oberkirn
Stafellalm 1940
Pichl
Tall Talle
Videgger Asse
Sandlahn
Untermeinlechner 930
Oberkirn
Mairnieder
Reindler
Torgglerhof
Kehr
Torggler
Grübler
Untertall
1287
Steiner Höfe
Ries
Assenhütte
Rieser Mühle
Sissi-Straße
Öttl
Rieser
Haisler
Mucheler
Putzer 1876
Fairegg 1957
Gattermaier 610
Hasenegg
Bozner
Hiaslbauer
Videgg Vidacqua 1536
Lacke
Kaiser 840
Videgg
Haashof
Riesner 512
Hofer Säge 1042
Mitterhöfe
Waaler-Hütte
Videgger Plattenspitze 2610
Innermoar
Lufer
Luferkeller
Verdins Verdines
Kofler 678
Prünster Säge
Sattel
Antersee Lago di Anterasee
Trater 1161
1629 Hofboden
1786 Kanzel Plattingerspitze Il Pulpito 2670
Hasenegg
Tschifnoner Wälder
Rotwildgehege
Bachler
Untertaser
Streitweideralm 1560
Waalerhaus
Vallplatz
Linter
Gurter
Taser Alm 1450
Schennaberg Monte di Scena
Hinterer- 2660
Verdinser Plattenspitze
Linterhaus
Gröberhof
Greber
Lechner
Weger
Köstenthaler-Hof
Grüblboden
Oberhütte
Vorderer- 2680
Stauger Höfe
Plattler
Berger Wald
Bichele
Pichler
Greiterer 1436
Langstell
Steinbach
Thurn
Thurnerhof
Moarebèn
Holzner
Salchtal
Künig
Scheibenspitz 2416
Rossboden
Plattinger 2615
Rieser
Schnugger 1340
Ifinger Hütte Rif. Picco Ivigna 1810
Leiten Alm 1856
Graswand
Gr. Ifinger Picco Ivigna
0 500 m
Neue Quelle Sorg. Fontana Nuova
Jägerrast
Außerpichl
Holzner Säge
Geringer
Egger 1506
2581
2323 Oswaldscharte
Kuhleitenhütte 2362
Bruniaun
Egger Mühle
Ifinger Scharte Forc. Ivigna
2552
2185 St. Oswald

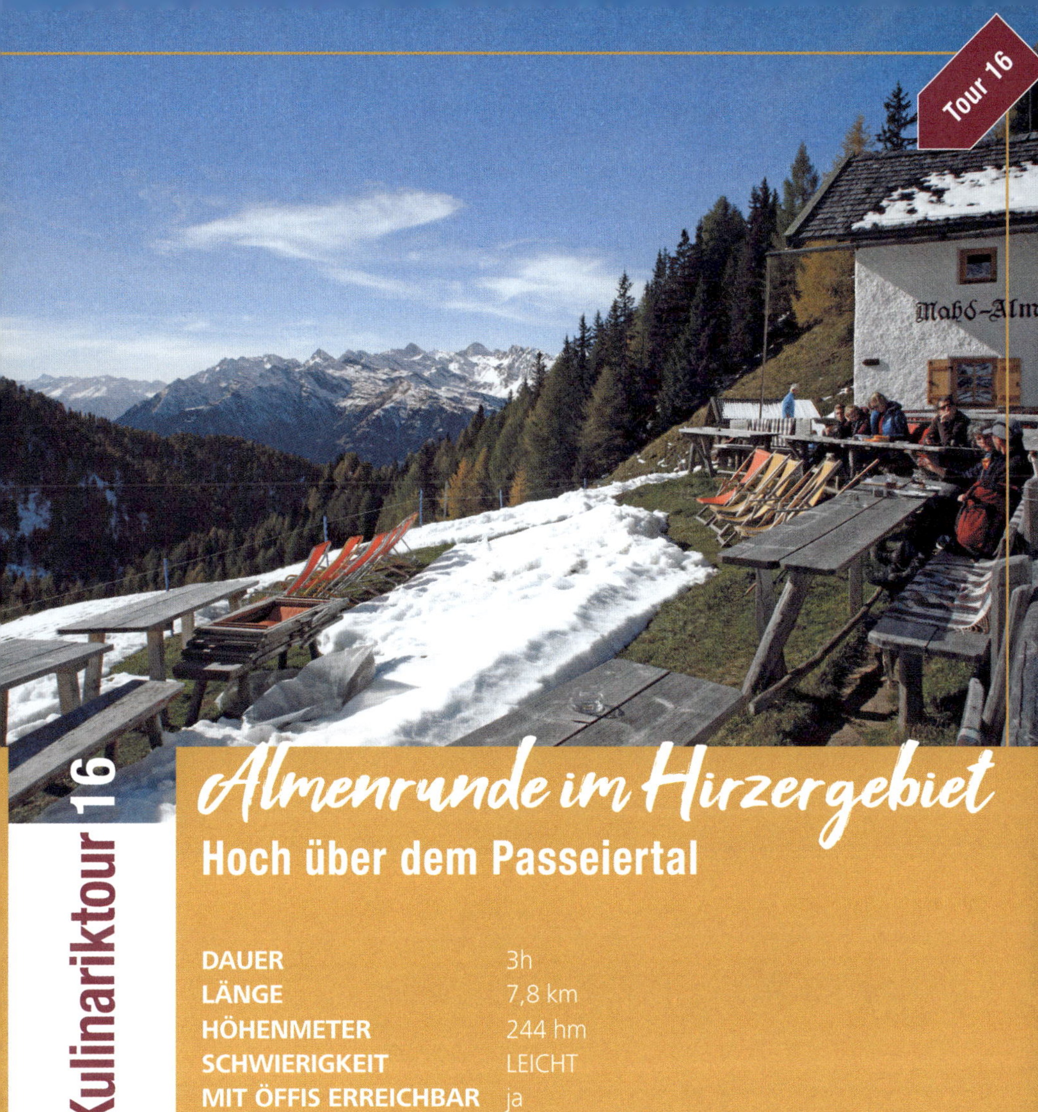

Kulinariktour 16

Almenrunde im Hirzergebiet

Hoch über dem Passeiertal

DAUER	3h
LÄNGE	7,8 km
HÖHENMETER	244 hm
SCHWIERIGKEIT	LEICHT
MIT ÖFFIS ERREICHBAR	ja

Das erwartet dich ...

Die Runde über dem Passeiertal ist aufgrund der kurzen Weglänge und der geringen Höhenunterschiede recht einfach und auch gut für etwas jüngere Kinder machbar. Sie verläuft auf schönen Almsteigen, bei der Gamenalm auch mal auf einem Fahrweg. Unterwegs genießen wir herrliche Weitblicke auf die Gipfelwelt vom Etschtal bis zum Jaufenpass. Der Aufstieg wird mit der Hirzer-Seilbahn erleichtert. Besonders schön gestaltet sich die Wanderung im Juni und Juli, wenn die Alpenrosen blühen.

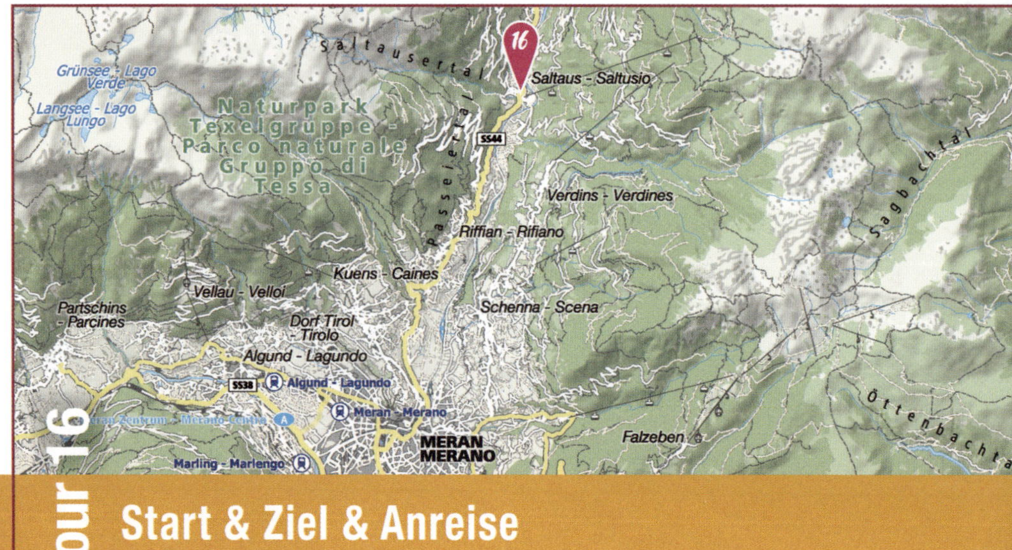

Start & Ziel & Anreise

Ausgangspunkt ist die Bergstation der Hirzer Seilbahn. Die Talstation erreichen wir von Meran aus über die SS44 bis Saltaus. An der Talstation gibt es ausreichend Parkmöglichkeiten. Von Meran fährt halbstündlich der Bus Nr. 240 Richtung Plan, Haltestelle Saltaus.

Tourenbeschreibung

Die Almen am Hirzer, der höchsten Erhebung der Sarntaler Alpen, sind ein beliebtes Ziel bei Wanderfreunden: Ohne großen Aufwand lassen sich die Wanderungen hier in hochalpiner Natur genießen. Die Gondel der Hirzer-Seilbahn hilft dabei, zunächst mühelos die gut 2.000 Höhenmeter zu überwinden. Oben angelangt weiß man nicht so recht, wohin man zuerst schauen soll: Die Gipfel türmen sich vom Etschtal im Süden bis zum Jaufenpass im Norden in die Höhe. Die gemütliche Runde über die blumenreichen Almwiesen unterhalb der steilen Flanken des Hirzers bietet eine wunderbare Möglichkeit, dieses schöne Panorama zu genießen. Ganz nebenbei kann man immer wieder toll einkehren und die Passeirer Spezialitäten auf den Almen kosten.

Wir starten an der Bergstation der Hirzer-Seilbahn. Etwas oberhalb der Station und des Gasthauses Klammeben folgen wir einem Wegweiser Richtung Hirzerhütte. Linker Hand führt ein breiter Weg an einem Bachgraben vorbei bis zu einem weiten Kessel unterhalb der Flanken des Hirzers. Schon hier erwarten uns einige Hütten mit herzhafter Küche und herrlichen Blicken auf die Texelgruppe. An der Hirzerhütte steigen wir über die Almwiesen und an der Resegger Alm vorbei hinauf zur obersten Hütte, der Tallner Alm Kaser. Hier treffen wir auf den Rootmoos-Almenweg, der uns mit der Markierung Nr. 2b nordwärts weiter hinaufführt. Wir wandern um einen Rücken, der vom Hirzer herabzieht, in den nächsten Bergkessel. Auf gleichbleibender Höhe durchqueren wir einen lichten Lärchenwald und hübsche Alpenrosenhänge. Unterwegs gibt es eine Abzweigung, an der wir in wenigen Minuten zur Hintereggalm absteigen können. Von dort aus führen die Wege dann weiter zur Mahd- und zur Gompm Alm.

Unser Weg jedoch setzt sich weiter bergauf fort zur Mulde des Rotmooses hinauf. Sie wird von der abweisenden Nordseite des Hirzers überragt. An der Abzweigung zur Pfandlspitz vorbei führt der Almenweg in einem großen Bogen zur Mahdalm hinab. Auf dem sonnigen Plätzchen laden bequeme Liegestühle zu einer Rast ein, von der man sich nur schwer wieder lösen kann. Wir folgen weiter einem Steig Richtung Gompm Alm, der uns unterhalb der Mahdalm über die Wiese hinab bringt, über einen Bach und schließlich in das flache Tal hinaus. Mittels eines kurzen Anstieges umgehen wir den Bergrücken und erreichen die Almwiesen der Gompm Alm. Wer jedoch lieber bergauf gehen möchte, kann auf den Steig 5b nach links abzweigen und über die Hirzerhütte zur Bergstation Klammeben zurückkehren.

Der Abstieg lässt uns zunächst die Gompm Alm passieren. Dann folgen wir dem Fahrweg nach rechts und gleich 150 Meter später biegen wir nach links auf einen Steig ein, über den wir die ersten Kehren abkürzen können. Nach zehn Minuten lassen wir den Weg Nr. 5 nach St. Martin hinter uns und wechseln auf die Markierung Nr. 4 und die Straße. Sie begleitet uns relativ flach über die steilen Waldhänge des Sagbachtals nach Westen. Noch einmal kürzen wir die Serpentinen auf einem Waldpfad ab, dann wendet sich der Fahrweg nach Süden. Wir passieren das Gasthaus Hochwies und wandern zur Fahrstraße nach Prenn hinab. In einem leichten Anstieg kehren wir zur Mittelstation der Hirzer-Seilbahn zurück.

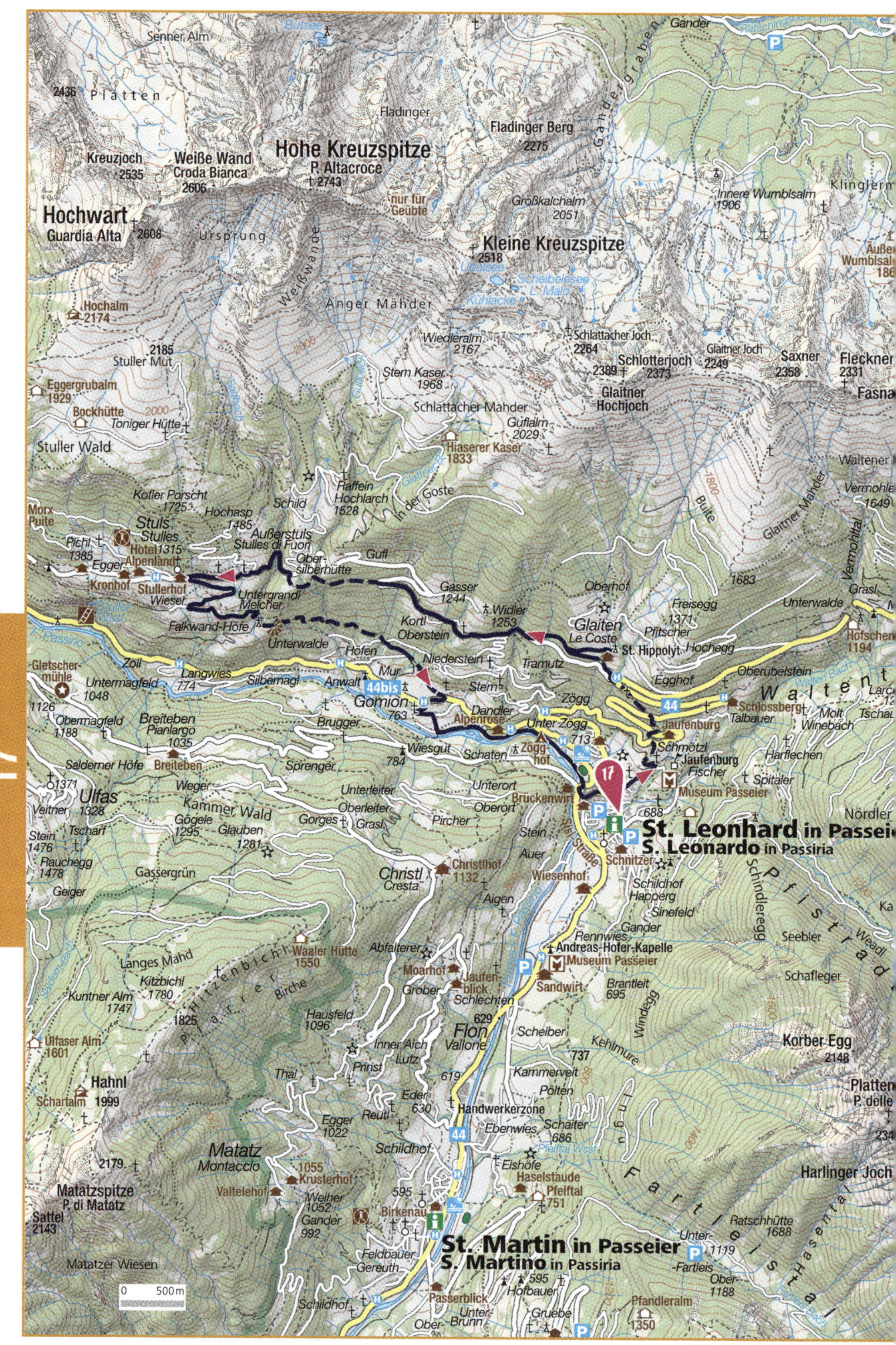
Senner Alm
Platten
2436
Fladinger
Fladinger Berg
2275
Gander
Kreuzjoch
2535
Weiße Wand
Croda Bianca
2606
Hohe Kreuzspitze
P. Altacroce
2743
nur für Geübte
Großkalchalm
2051
Innere Wumblsalm
1906
Klinglerm
Hochwart
Guardia Alta
2608
Ursprung
Weißwände
Kleine Kreuzspitze
2518
Außere Wumblsalm
Scheibelesee
L. Malo
Kühlacke
Anger Mähder
Hochalm
2174
Wiedleralm
2167
Schlattacher Joch
2264
Glaitner Joch
2249
Saxner
2358
Fleckner
2331
Fasna
2185
Stuller Mut
Stern Kaser
1968
2389
Schlotterjoch
2373
Glaitner Hochjoch
Eggergrubalm
1929
Bockhütte
Toniger Hütte
Schlattacher Mahder
Guflalm
2029
Stuller Wald
Hiaserer Kaser
1833
Waltener
Vermohle
1649
Raffein
Hochlarch
1528
In der Goste
Glaitner Mahder
Morx
Puite
Kofler Porscht
1725
Hochasp
1485
Schild
Stuls
Stulles
1315
Außerstuls
Stulles di Fuori
Pichl
1385
Hotel
Alpenland
Egger
Kronhof
Stullerhof
Wieser
Ober-silberhütte
Gufl
Untergrandl
Melcher
Gasser
1244
Widler
1253
Oberhof
1683
Freisegg
1371
Pfitscher
Unterwalde
Grasl
Falkwand-Höfe
Unterwalde
Kortl
Oberstein
Glaiten
Le Coste
St. Hippolyt
Hochegg
Hofschen
1194
Gletscher-mühle
Zoll
Langwies
774
Silbernagl
Höfen
Mur
Anwalt
Niederstein
Tramutz
Egghof
Oberübelstein
Untermagfeld
1048
44bis
Gomion
763
Stern
Zögg
Dandler
Alpenrose
Unter Zögg
713
Walten
44
Schlossberg
Talbauer
Jaufenburg
Molt
Winebach
Larc
Tschau
1126
Obermagfeld
1188
Breiteben
Pianlargo
1035
Brugger
Wiesgut
784
Schaten
Zögghof
Schmötzl
Jaufenburg
Fischer
Harflechen
Salderner Höfe
Breiteben
Sprenger
Unterort
Oberort
Museum Passeier
Spitaler
1371
Ulfas
1328
Weger
Kammer Wald
Unterleiter
Oberleiter
Brückenwirt
Nördler
Veitner
Tscharf
Gögele
1295
Glauben
1281
Gorges
Grasl
Pircher
Stein
St. Leonhard in Passeier
S. Leonardo in Passiria
688
Stein
1476
Rauchegg
1478
Auer
Schnitzer
Schindlereg
Pfistrad
Gassergrün
Christl
Cresta
Christlhof
1132
Wiesenhof
Schildhof
Happerg
Sinefeld
Geiger
Aigen
Gander
Rennwies
Seebler
Andreas-Hofer-Kapelle
Museum Passeier
Abfalterer
Waaler Hütte
1550
Langes Mahd
Kitzbichl
1780
Moarhof
Jaufenblick
Grober
Schlechten
Sandwirt
Brantleit
695
Schafleger
Kuntner Alm
1747
Pfarrer
Birche
Hitzenbichl
1825
Hausfeld
1096
629
Flon
Vallone
Scheiber
Windegg
Kehlmure
Korber Egg
2148
Ulfaser Alm
1601
737
Inner Aich
Lutz
Prinst
Thal
619
Kammerveit
Pölten
Platten
P. delle
Hahnl
Schartalm
1999
Eder
630
Handwerkerzone
Egger
1022
Reutl
Ebenwies
Schaiter
686
Schildhof
Pfeiftal Wssf.
Matatz
Montaccio
2179
Elshöfe
Haselstaude
Harlinger Joch
Matatzspitze
P. di Matatz
1055
Krusterhof
Valtelehof
595
Pfeiftal
751
Ratschhütte
1688
Sattel
2143
Weiher
1052
Gander
992
Birkenau
St. Martin in Passeier
S. Martino in Passiria
Unter-Fartleis
1119
Matatzer Wiesen
Feldbauer
Gereuth
595
Hofbauer
Ober-1188
Fartleistal
Hasental
0
500m
Schildhof
Passerblick
Pfandleralm
1350
Ober-
Unter-Brunn
Gruebe

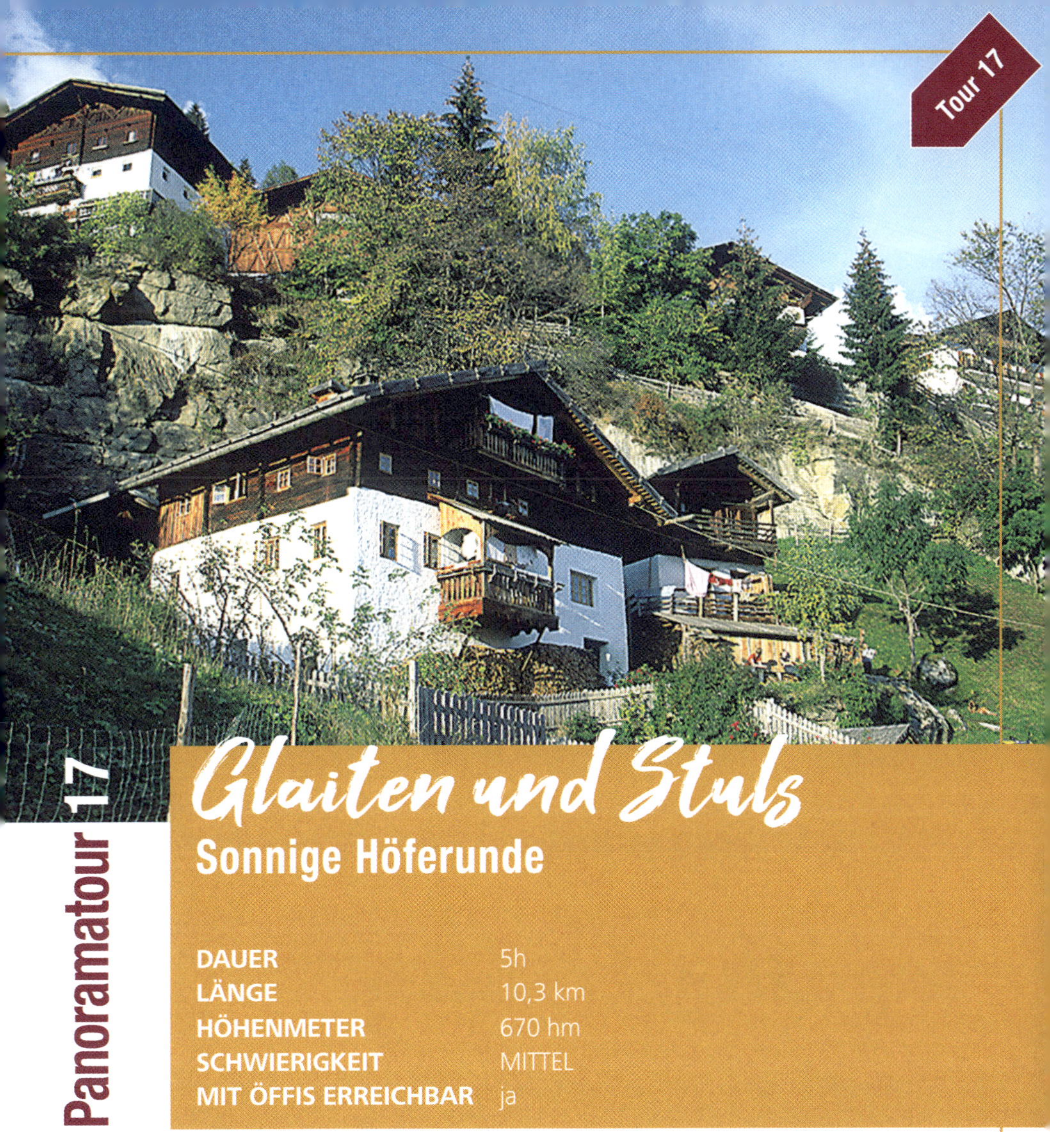

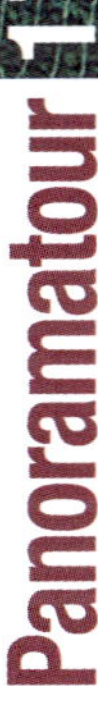

Glaiten und Stuls

Sonnige Höferunde

DAUER	5h
LÄNGE	10,3 km
HÖHENMETER	670 hm
SCHWIERIGKEIT	MITTEL
MIT ÖFFIS ERREICHBAR	ja

Das erwartet dich ...

Die schöne Rundwanderung verläuft vornehmlich auf verkehrsarmen Straßen und guten Waldwegen. Nach Glaiten hinauf geht es mal ein bisschen steiler zu, danach gibt es aber nur noch wenige Steigungen. Von den hochgelegenen, sonnenverwöhnten Dörfern Glaiten und Stuls haben wir prächtige Ausblicke. Landschaftlich zeigt sich die nahe Umgebung als ein wahres Paradies mit der üppigen Alpenrosenblüte im Sommer.

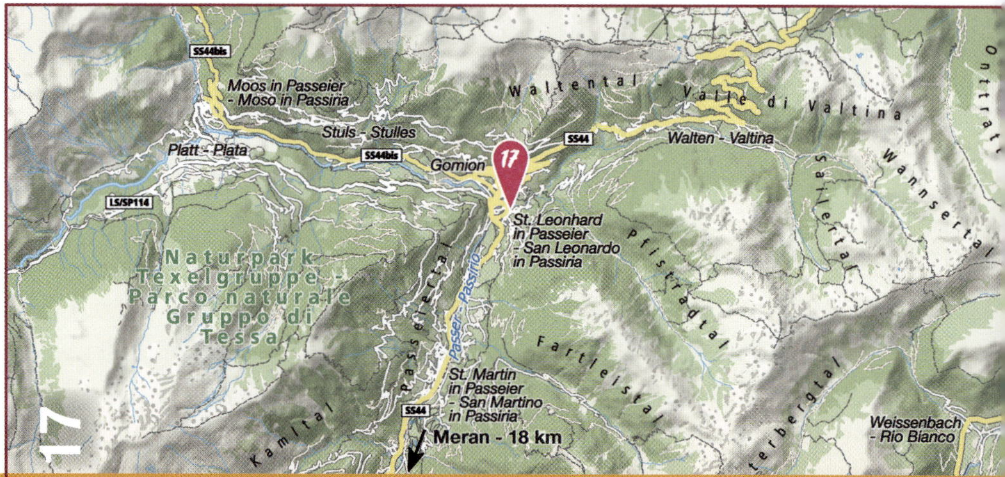

Start & Ziel & Anreise

Ausgangspunkt ist St. Leonhard im Passeier. Von Meran bringt uns die Strada statale 44 durchs Passeiertal direkt nach St. Leonhard. Parkmöglichkeiten gibt es im kostenfreien Parkhaus P2 bei der Touristeninformation. Hier befindet sich auch die Bushaltestelle. Halbstündlich fährt der Bus Nr. 240 von Meran nach St. Leonhard.

Tourenbeschreibung

Die beiden Ortschaften Stuls und Glaiten liegen im hinteren Passeiertal hoch über der Passer, die sich weiter unten vor langer Zeit ihr Bett in die steilen Hänge gegraben hat. Die Höfe der beiden Dörfer liegen auf aussichtsreichen und sonnenverwöhnten Wiesenterrassen. Stuls hat sogar den Ruf, das sonnigste Dorf Südtirols zu sein. Gleichzeitig stellt der Ausflug eine Reise in die Geschichte des Passeiertales dar. Die Silberhütthöhe ist dabei wohl die bedeutendste vorgeschichtliche Siedlungsstätte des Tals. Aber auch der Hügel in Glaiten, auf dem heute das Kirchlein St. Hippolyt steht, war bereits in der Bronzezeit besiedelt. Die Jaufenburg hoch über St. Leonhard stammt aus dem 13. Jh. und war einst Sitz der Herren von Passeier.

Wir beginnen die Runde beim Parkhaus und Bushaltestelle in St. Leonhard. Die Hauptstraße leitet und ins Ortszentrum. Nach der Brücke beim Café Theis gehen wir den Gerichtsweg hinauf. An der folgenden Gabelung halten wir uns rechts und stoßen auf eine Straße. Auch hier biegen wir rechts ab und folgen ihr hinauf bis zur Heilig-Kreuz-Kapelle. Hier zweigen wir rechts auf einen Fußweg ab und folgen dem Schild „Glaitner Joch, Sonnenrundgang" durch ein Waldstück. Dann verlassen wir den „Sonnenrundgang" und folgen der Markierung Nr. 17 nach rechts. Steil geht es nun den Wald hinauf, dabei überqueren wir immer wieder die Jaufenpassstraße. 15 Minuten später bringt uns die Markierung Nr. 11 zum Glaitner Joch. Wir kreuzen noch einmal die Passstraße, folgen ihr anschließend kurz nach links und biegen dann an der Rechtskehre mit Bushaltestelle in das Sträßchen nach Schlattach ein.

Kurz darauf wandern wir auf dem Fahrweg nach rechts zwei Kehren hinauf. Vor einem Haus leitet uns Markierung Nr. 9b dann nach links auf einen breiten Waldweg, der wiederum auf eine schmale Asphaltstraße stößt. Rechts erreicht man den Bichlhof und das St. Hippolyt-Kirchlein.

Wieder an der Straße gehen wir nun geradeaus mit der Markierung Nr. 9 Richtung Stuls. Wir passieren ein paar Höfe und wechseln an der scharfen Rechtskehre auf einen Wanderweg. Über steile Waldhänge steigen wir zur Silberhütthöhe auf. Weiter geht es aufwärts zur Straße, dann links über den Sagbach und kurz darauf nochmals links nach Stuls hinein.

Nun kann man entweder mit dem Bus nach St. Leonhard zurückfahren (seltene Busverbindungen!) oder zu Fuß nach Gomion absteigen. Dazu folgen wir der Straße und dem Schild „Moos" gegenüber vom Stuller Hof zu den Höfen am Hang hinab. An der zweiten Kehre links und über die Serpentinen des Hofsträßchens kommen wir hinab zur Kapelle. Hier richten wir uns nach der Markierung Nr. 10 nach links. Wir wandern über steile Waldhänge hinab, überqueren eine Hofzufahrt und gelangen an ein Sträßchen, dann links hinab nach Gomion. Dann biegen wir rechts in die Talstraße ein, 150 Meter später biegen wir vor Schildhof und Kapelle auf ein Teersträßchen zur Passer hinab ein. Wir spazieren links am Ufer entlang zum Sportzentrum von St. Leonhard, dann weiter zu einem Kreisverkehr. Es geht geradeaus hinüber, am Recyclinghof vorbei und schließlich nach links in die Andreas-Hofer-Straße. Ein wenig ansteigend gehen wir das letzte Stück ins Zentrum von St. Leonhard zurück.

18

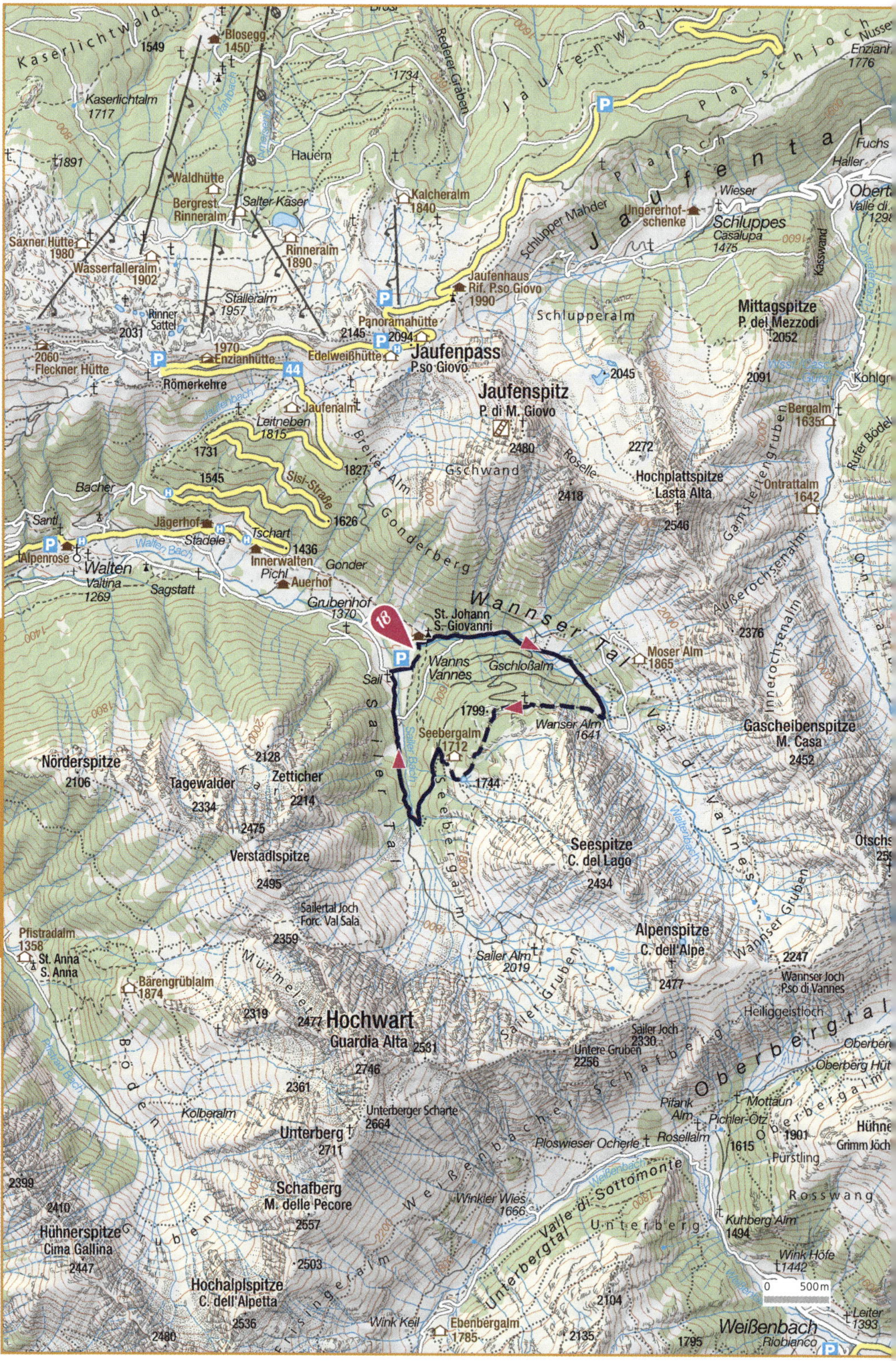

Kaserlichtwald
1549
Blosegg
1450
Kaserlichtalm
1717
1734
Rederer Graben
Jaufenwald
Platschjoch
Enzian
1776
Hauern
1891
Waldhütte
Bergrest.
Rinneralm
Salter Kaser
Kalcheralm
1840
Jaufental
Fuchs
Haller
Platsch
Wieser
Oberta
Valle di
Saxner Hütte
1980
Wasserfalleralm
1902
Rinneralm
1890
Schlupper Mahder
Ungererhof-
schenke
Schluppes
Casalupa
1475
Jaufenhaus
Rif. P.so Giovo
1990
Stalleralm
1957
Rinner Sattel
2031
Schlupperalm
Mittagspitze
P. del Mezzodi
2052
Panoramahütte
2145
2094
Jaufenpass
P.so Giovo
2060
Fleckner Hütte
1970
Enzianhütte
Edelweißhütte
44
Römerkehre
2045
2091
Kohlgr
Jaufenspitz
P. di M. Giovo
Jaufenalm
Leitneben
1815
Bergalm
1635
1731
1827
Breiter Alm
2480
2272
Gschwand
Roselle
Sisi-Straße
1545
Hochplattspitze
Lasta Alta
2418
Ontrattalm
1642
Bacher
Gamsleitengruben
Santi
1626
2546
Jägerhof
Tschart
Stadele
Alpenrose
Walten Bach
1436
Walten
Valtina
1269
Innerwalten
Pichl
Gonder
Sagstatt
Auerhof
Gonderberg
Außerochsenalm
Grubenhof
1370
Wannser Tal
St. Johann
S. Giovanni
2376
Moser Alm
1865
Wanns
Vannes
Gschloßalm
Sall
1799
Innerochsenalm
Wanser Alm
1641
Seebergalm
1712
Gascheibenspitze
M. Casa
2452
Nörderspitze
2106
2128
Zetticher
Tagewalder
2214
2334
1744
Sailer Tal
2475
Seespitze
C. del Lago
Verstadlspitze
2434
2495
Val di Vannes
Seebergalm
Sailertal Joch
Forc. Val Sala
2359
Alpenspitze
C. dell'Alpe
Pfistradalm
1358
St. Anna
S. Anna
Sailer Alm
2019
Sailer Gruben
2247
Wannser Gruben
Bärengrüblalm
1874
Murmeler
2477
Wannser Joch
P.so di Vannes
Heiliggeistloch
2319
2477
Hochwart
Guardia Alta
2531
Sailer Joch
2330
Obergbergtal
Oberberg
Untere Gruben
2256
Oberberg Hüt
2746
Schafberg
2361
Pitank
Alm
Mottaun
Pichler-Ötz
Oberbergalm
Kolberalm
Unterberger Scharte
2664
Unterberg
2711
Ploswieser Ocherle
Rosellalm
1615
1901
Hühne
Grimm Jöch
Böden
Purstling
2399
Schafberg
M. delle Pecore
2557
Winkler Wies
1666
Weißenbach
Valle di Sottomonte
Rosswang
2410
Unterberg
Kuhberg Alm
1494
Hühnerspitze
Cima Gallina
2447
Gruben
2503
Unterbergtal
Wink Höfe
1442
Hochalplspitze
C. dell'Alpetta
0 500 m
2104
Leiter
1393
2536
Wink Keil
Ebenbergalm
1785
2480
2135
1795
Weißenbach
Riobianco

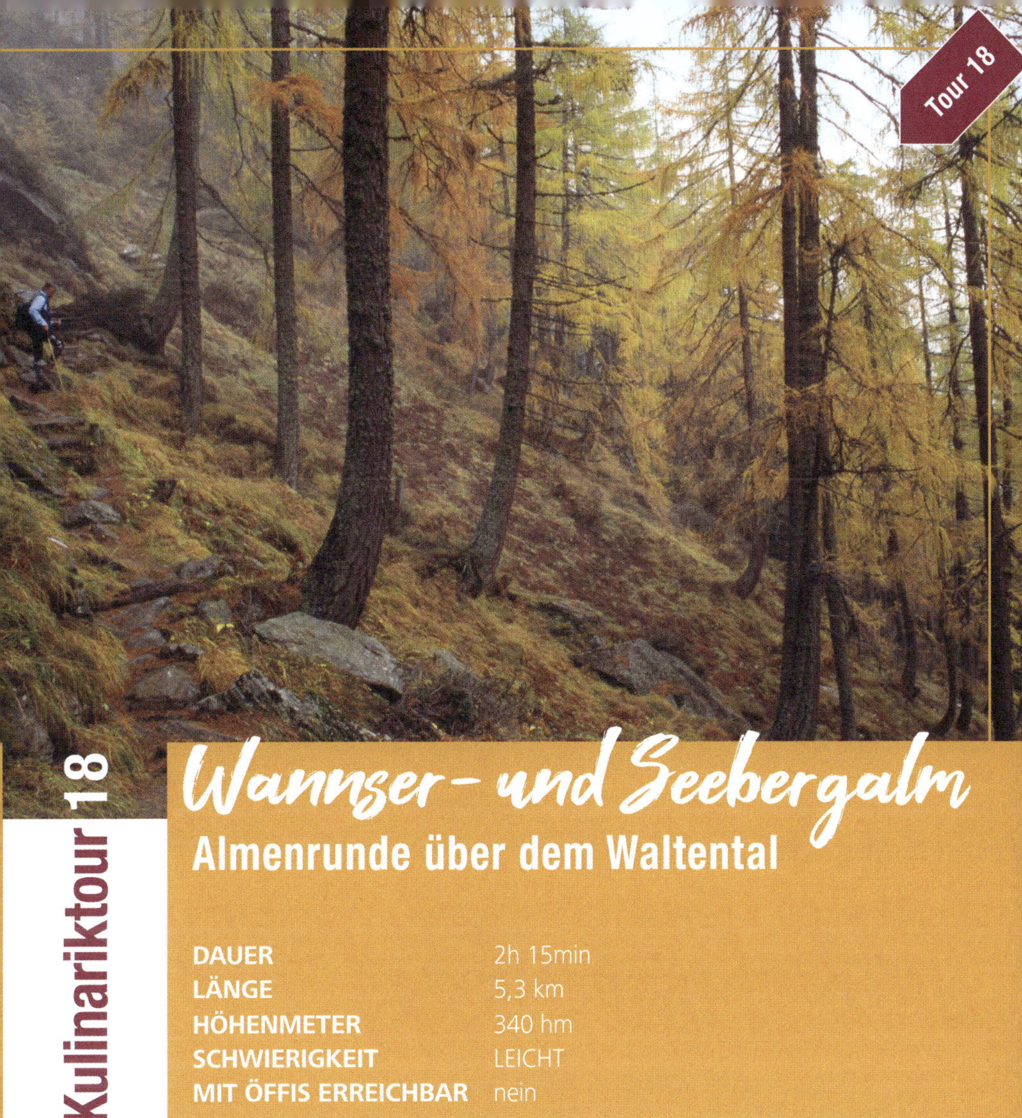

Kulinariktour 18

Wannser- und Seebergalm

Almenrunde über dem Waltental

DAUER	2h 15min
LÄNGE	5,3 km
HÖHENMETER	340 hm
SCHWIERIGKEIT	LEICHT
MIT ÖFFIS ERREICHBAR	nein

Das erwartet dich ...

Die gemütliche Genusswanderung führt uns durch eine ursprüngliche Almlandschaft. Unschwierige Pfade und Almwege machen die Runde noch angenehmer und so bietet sie sich auch hervorragend für Kinder an. Die Almen laden dazu ein, in den Genuss einer feinen Südtiroler Brotzeit zu kommen und die Füße in die Sonne zu strecken. Sogar ein kleiner, romantischer See erwartet uns.

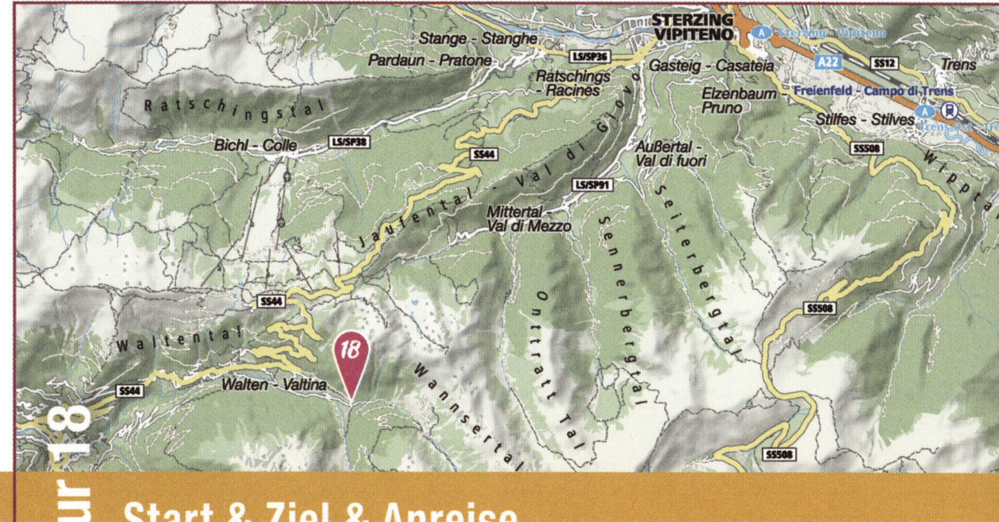

Kulinariktour 18

Start & Ziel & Anreise

Ausgangsort ist Wanns. Von St. Leonhard fahren wir Richtung Jaufenpass nach Walten. Ungefähr 800 Meter nach dem Gasthof Alpenrose geht es nach rechts ins hinterste Waltental zum Weiler Wanns. Parkmöglichkeiten gibt es beim Gasthaus Wannser Hof. Von St. Leonhard fährt ein Bus nach Walten. Dann ist jedoch nochmal ein 50-minütiger Fußmarsch zum Ausgangspunkt notwendig.

Tourenbeschreibung

Die kleine Runde führt am Fuße der Seespitze zu zwei einsamen, noch weitgehend unberührten Hochtälern. Die beiden urigen Almen bieten dabei eine schöne Rastmöglichkeit. Am Ufer des kleinen, idyllisch gelegenen Seebergsees lässt sich ein erholsames Mittagsschläfchen im weichen Wiesenbett halten. Sehr lohnenswert ist die Tour im Frühsommer oder Herbst, denn dann blühen am Jägersteig entweder die Alpenrosen oder die Lärchenwälder fangen zu „brennen" an. Dann dürfen wir aber die Brotzeit nicht vergessen, denn im Herbst haben die Almen bereits geschlossen.

Vom kleinen Weiler Wanns folgen wir zunächst einem asphaltierten Fahrweg Richtung Osten. Er bringt uns ins Wannser Tal (Mark. 14). Bald gehen wir auf einer Schotterstraße, dann etwas steiler bergauf und zum Schluss hin mit nur noch geringer Steigung erreichen wir durch herrliche Lärchenwälder die Wannser Alm.

Von hier aus können wir noch der Moser Alm am Hang über dem Wannser Tal einen Besuch abstatten. Dafür folgen wir dem Fahrweg um den Linksbogen weiter hinauf und biegen an einem Steig mit der Markierung Nr. 14b nach links ab (40 Minuten von der Wannser zur Moser Alm). Für den Weiterweg von der Wannser Alm folgen wir der Markierung Nr. 14a: Der Jägersteig zieht sich in Kehren über den steilen, bewaldeten Hang hinauf. Oben angelangt steht man auch schon am „Kreuz am Jägersteig". Hier bleiben wir auf dem Pfad, der uns mit geringem Höhenverlust nach links südwestlich durch den Wald führt. Am Seebergsee gehen wir rechts vorbei und steigen in 5 Minuten zur Seebergalm hinab.

Nach einer gemütlichen Rast wandern wir auf dem breiten Almweg zurück. Es geht taleinwärts zum Sailerbach hinab. Wir überqueren ihn und spazieren auf der linken Seite des Baches zum Talausgang. Vor dem Sailer Hof überqueren wir nochmals den Bach und gehen dann oberhalb der großen Wiese einen steinigen Pfad hinab. Der Wald begleitet uns zurück nach Wanns. Hier können wir noch das kleine Kirchlein von St. Johannes von Nepomuk besichtigen. Jedes Jahr findet hier am 24. Juni die Johannes-Prozession statt. Eine lebensgroße Statue des hl. Johannes wird dabei in den Waltenbach getaucht. Der Brauch soll vor Unwettern und Hochwasser schützen.

Nicht weit entfernt bietet der Jaufenpass ein herrliches Panorama

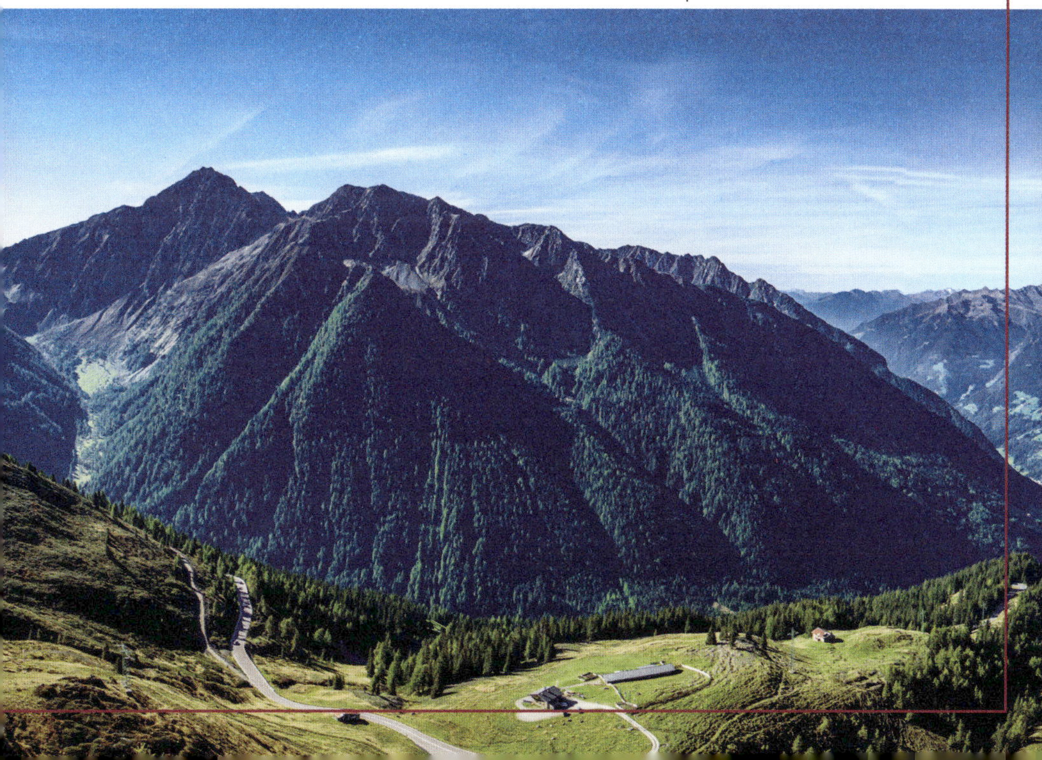

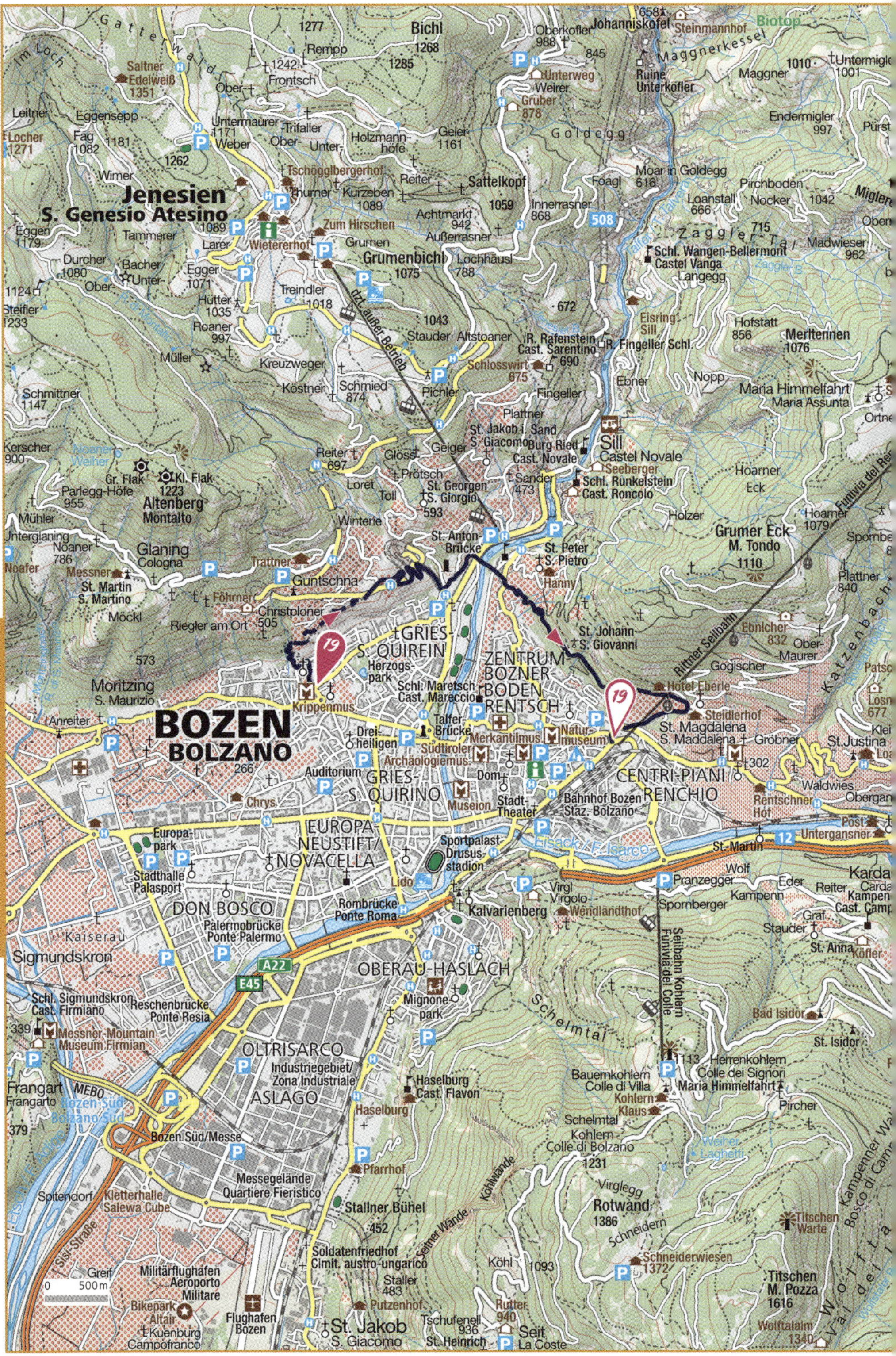

19

BOZEN
BOLZANO

Jenesien
S. Genesio Atesino

Gatterwald
Im Loch
Saltner Edelweiß 1351
Locher 1271
Leitner
Eggensepp
Fag 1082
1181
Wimer
1262
Eggen 1179
Tammerer
Durcher 1080
Bacher
Unter-
Ober
1124
Steifler 1233
Müller
Schmittner 1147
Kerscher 900
Noaner Weiher
Gr. Flak
Kl. Flak 1223
Parlegg-Höfe 955
Altenberg Montalto
Mühler
Unterglaning
Noaner 786
Noafer
Glaning Cologna
Messner
St. Martin S. Martino
Möckl
Moritzing S. Maurizio
573
Anreiter
Rieglar am Ort
Föhrner
Christplonerhof 505
Trattner
Guntschna
1277
Rempp
1242
Frontsch
Ober
Untermaurer 1171
Weber
Trifaller
Ober-
Unter-
Tschögglbergerhof
Thurner
Zum Hirschen
Wieterer hof
Larer
Egger 1071
Hütter 1035
Roaner 997
Treindler 1018
Kreuzwenger
Köstner
Schmied 874
Reiter 697
Glöss
Prötsch
Loret
Toll
Winterle
Bichl 1268
1285
Holzmann-höfe
Geier 1161
Reiter
Kurzeben 1089
Achtmarkt 942
Außerrasner
Grumen
Grumenbichl 1075
Lochhäusl 788
Sattelkopf
1059
Innerrasner 868
dzt. außer Betrieb
1043
Stauder
Altstoaner
Schlosswirt 675
Pichler
Geiger
Plattner
St. Jakob i. Sand S. Giacomo
Burg Ried
Cast. Novale
Sander 473
St. Georgen S. Giorgio
593
St. Anton-Brücke
St. Peter S. Pietro
Hanny
Oberkofler 988
845
Unterweg
Weirer
Gruber 878
Goldegg
Johanniskofel
658
Steinmannhof
Maggnerkessel
Ruine Unterkofler
Biotop
Maggner
1010
Untermigler 1001
Endermigler 997
Moar in Goldegg 616
Foagl
508
Loanstall 666
Pirchboden
Nocker
1042
Migler
Zaggler-Tal
715
Madwieser 962
Schl. Wangen-Bellermont Castel Vanga
Langegg
Talfer
Zaggler B.
672
R. Rafenstein Cast. Sarentino 690
R. Fingeller Schl.
Eisring-Sill
Hofstatt 856
Merltennen 1076
Ebner
Nopp
Fingeller
Maria Himmelfahrt Maria Assunta
Ortner
Sill
Castel Novale
Seeberger
Schl. Runkelstein Cast. Roncolo
Hoarner Eck
Holzer
Grumer Eck M. Tondo
1110
Hoarner 1079
Funivia del Renon
Plattner 840
Katzenbach
Ebnicher 832
Ober-Maurer
Rittner Seilbahn
Gogischer
St. Johann S. Giovanni
Hotel Eberle
Steidlerhof
St. Magdalena S. Maddalena
Gröbner
St. Justina
302
Waldwies
Obergand
Rentschner Hof
Post
Untergansner
St. Martin
12
GRIES-S. QUIREIN
Herzogs-park
Krippenmus.
Schl. Maretsch Cast. Mareccio
ZENTRUM BOZNER BODEN RENTSCH
Talfer-Brücke
Dreiheiligen
Südtiroler Archäologiemus.
Merkantilmus.
Naturmuseum
CENTRI-PIANI RENCHIO
Auditorium
GRIES-S. QUIRINO
Dom
Museion
Stadt-Theater
Bahnhof Bozen Staz. Bolzano
266
Chrys
EUROPA-NEUSTIFT NOVACELLA
Europa-park
Stadthalle Palasport
Sportpalast Drusus-stadion
Lido
Eisack F. Isarco
DON BOSCO
Palermobrücke Ponte Palermo
Rombrücke Ponte Roma
Kalvarienberg
Virgl Virgolo
Wendlandthof
Pranzegger
Wolf
Spornberger
Kampenn
Eder
Reiter
Karda Cardano
Kampenn Cast. Campo
Graf
Stauder
St. Anna
Kofler
Kaiserau
Sigmundskron
A22
E45
OBERAU-HASLACH
Mignone park
Schelmtal
Seilbahn Kohlern Funivia del Colle
Schl. Sigmundskron Cast. Firmiano
Reschenbrücke Ponte Resia
339
Messner-Mountain Museum Firmian
OLTRISARCO ASLAGO
Industriegebiet/Zona Industriale
Frangart Frangarto
MEBO
Bozen-Süd Bolzano Sud
379
Bozen Süd/Messe
Haselburg Cast. Flavon
Haselburg
Pfarrhof
Bad Isidor
St. Isidor
1113
Herrenkohlern Colle dei Signori
Maria Himmelfahrt
Bauernkohlern Colle di Villa
Kohlern
Klaus
Pircher
Schelmtal
Kohlern Colle di Bolzano 1231
Weiher Laghetti
Spitendorf
Kletterhalle Salewa Cube
Messegelände Quartiere Fieristico
Stallner Bühel 452
Köhlwände
Virglegg
Rotwand 1386
Titschen Warte
Kampenner Wald Bosco di Campegno
Schneidern
Schneiderwiesen 1372
Sisi-Straße
Greif
Militärflughafen Aeroporto Militare
Soldatenfriedhof Cimit. austro-ungarico
Seiner Wände
Köhl
1093
Titschen M. Pozza 1616
483
Staller 936
Rutter 940
Wolfftal Val del Lupo
Wolftalalm 1340
0 500 m
Bikepark Altair
Kuenburg Campofranco
Flughafen Bozen
St. Jakob S. Giacomo
Tschufenell
St. Heinrich
Seit La Coste

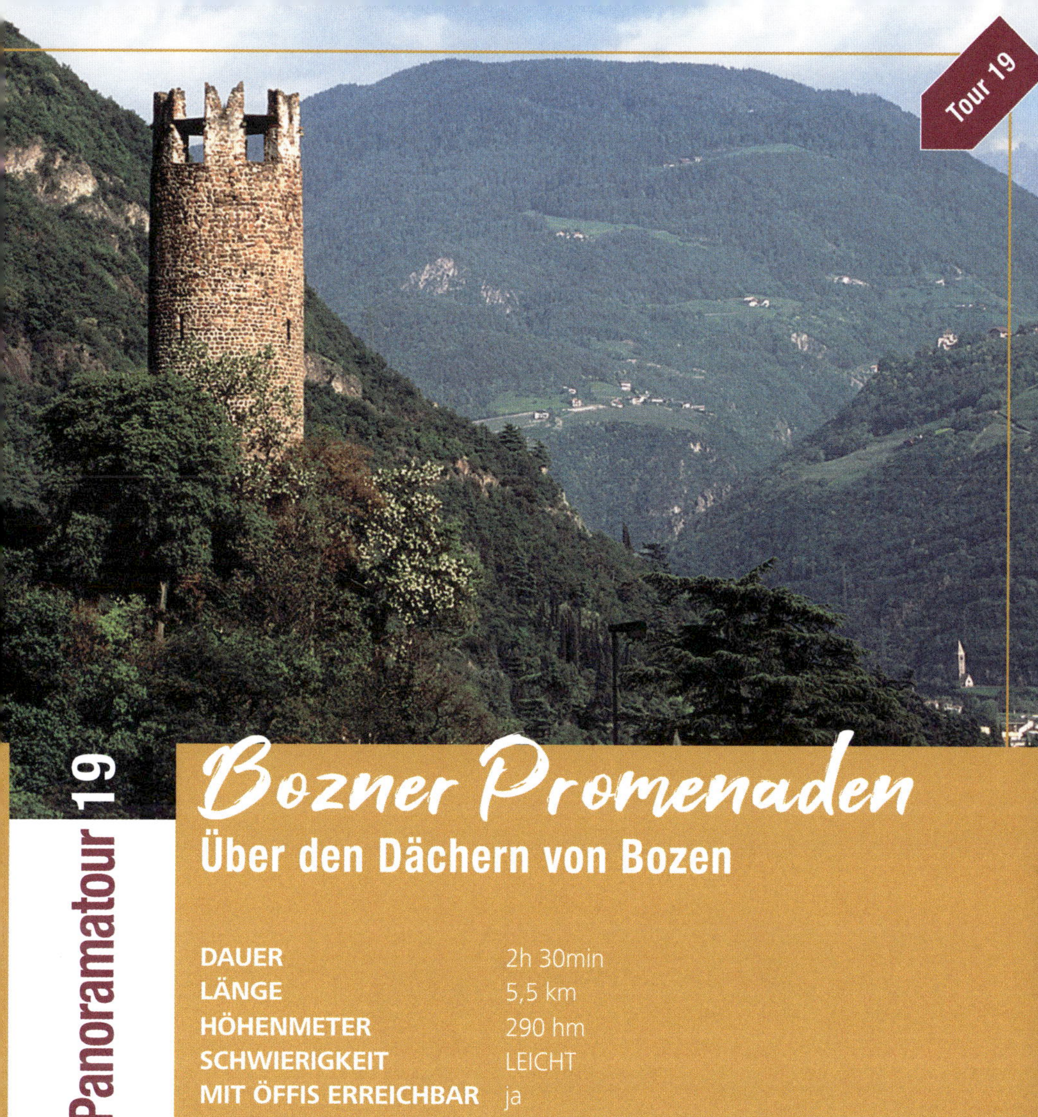

Panoramatour 19

Bozner Promenaden

Über den Dächern von Bozen

DAUER	2h 30min
LÄNGE	5,5 km
HÖHENMETER	290 hm
SCHWIERIGKEIT	LEICHT
MIT ÖFFIS ERREICHBAR	ja

Das erwartet dich ...

Diese einfache Wanderung lässt uns Bozen einmal von einer ganz anderen Seite betrachten: Auf traditionellen Spazierwegen hoch über Bozen blicken wir auf die hübsche Stadt hinunter. Die An- und Abstiege sind relativ kurz, im Sommer kann es jedoch sehr heiß werden. Los geht's am Grieser Platz in Gries, einem ehemaligen Kurort und heute Stadtteil von Bozen.

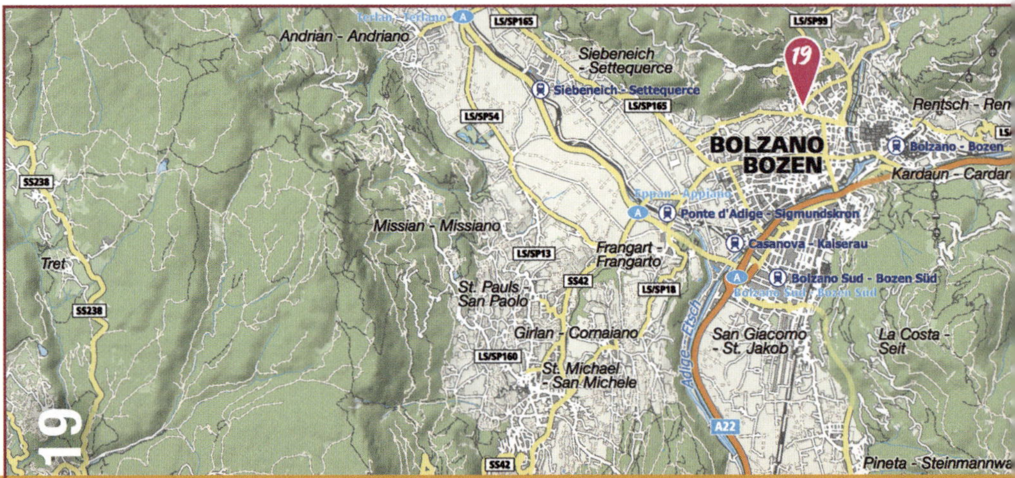

Start & Ziel & Anreise

Ausgangspunkt ist Gries in Bozen. Am Grieser Platz gibt es Parkmöglichkeiten, alternativ kann man im Zentrum parken und mit dem Stadtbus nach Gries fahren. Von der A22 nehmen wir die Ausfahrt Bozen-Nord/Eggental und folgen dann der SST12 nach Gries.

Tourenbeschreibung

Schon gegen Ende des 19. Jahrhunderts genossen die Bozner Bürger und auch die Kurgäste das mediterrane Flair der Stadt und die herrliche Aussicht auf den traditionellen Spazierwegen oberhalb Bozens. Ungewöhnlich und vielfältig ist hier die Vegetation, die sich auf dem wärmespeichernden Porphyrfels entfaltet. Zypressen, Feigenkakteen, Palmen und Agaven begleiten den Wanderer. Im Weindorf St. Magdalena schließlich findet die Wanderung ein genussreiches Ende.

Wir starten am Grieser Platz und folgen nördlich der Knollenstraße, dann rechts an der Alten Grieser Pfarrkirche vorbei. Linker Hand treffen wir auf die Guntschnapromenade – sie zieht sich in weiten Kehren steil den Hang hinauf. Die südseitigen Hänge erwarten uns mit mediterraner Vegetation und dem schönen Blick hinab auf Bozen. Schließlich überqueren wir einen steilen Pflasterweg, bleiben jedoch auf der sanft ansteigenden Promenade, die uns mal durch Schatten spendendes Buschwerk lotst, dann wieder durch die Weinberge spazieren lässt.

Nach einiger Zeit überqueren wir die Straße nach Jenesien. Stufen führen uns hinauf zu einem kleinen Asphaltsträßchen, das uns rechts bergab führt. Auf der Straße gehen wir vor dem Tunnel auf einen Fußweg, über den wir sie unterqueren. Kehren bringen uns in die Schlucht des Fagenbaches und seinem eindrucksvollen Wasserfall hinunter. Ab hier haben wir nur noch die Möglichkeit, auf der Jenesienstraße bergabzuwandern, vorbei an alten Villen und dem sogenannten „Gscheibten Turm". Hinter der Brücke biegen wir links in den Rafensteiner Weg ab. An einem Weinberg wechseln wir auf eine Straße und überqueren gleich darauf die Sarntaler Straße sowie die St.-Anton-Brücke.

Hier können wir uns nun entscheiden: Gehen wir an der Wassermauer an der Talfer entlang, kehren wir ins Zentrum nach Bozen zurück. Die Straße bergwärts bringt uns zur Oswald-Promenade, an der wir genussreich entlangspazieren können. Sie führt uns nach wenigen Minuten nach links und beginnt ab hier mit einem Serpentinenreigen, bis wir auf einer Höhe zu den „Schwarzen Mandern" (markanten Porphyrfelsen) gelangen. Etwas später können wir dann rechts Richtung Bozen zurückkehren. Aufgrund eines Felssturzes ist der Abschnitt beim Hotel Eberle derzeit gesperrt. Falls der Wegabschnitt wieder geöffnet ist, halten wir uns weiter geradeaus und genießen die aussichtsreichen Blicke über die Stadt. Am Hotel Eberle folgen wir der Zufahrtsstraße hinab und halten uns unterhalb des Buschenschankes Steidlerhof rechts. So erreichen wir den Ortskern von St. Magdalena. Gleich darauf geht es nochmals rechts auf ein steiles Sträßchen. Es bringt uns an Weinbauern-Höfen (mit gutem Tropfenverkauf!) vorbei hinunter nach Bozen. Nun wandern wir entweder zu Fuß nach Bozen zurück oder lassen uns vom Stadtbus zum Waltherplatz ins Zentrum zurückbringen.

Autoren Tipp

Im Stadtteil Gries befindet sich das Kloster Muri-Gries. Die Alte Grieser Pfarrkirche ist vor allem wegen des Flügelaltares von Michael Pacher (1435–1498) sehenswert. Kirche und Kloster sind für Besichtigungen und Führungen vom 1. April bis 31. Oktober geöffnet. Im Kloster befindet sich eine von vier beeindruckenden Krippensammlungen in Südtirol. Und nicht zu vergessen die Klosterkellerei mit ganz vorzüglichen Weinen.

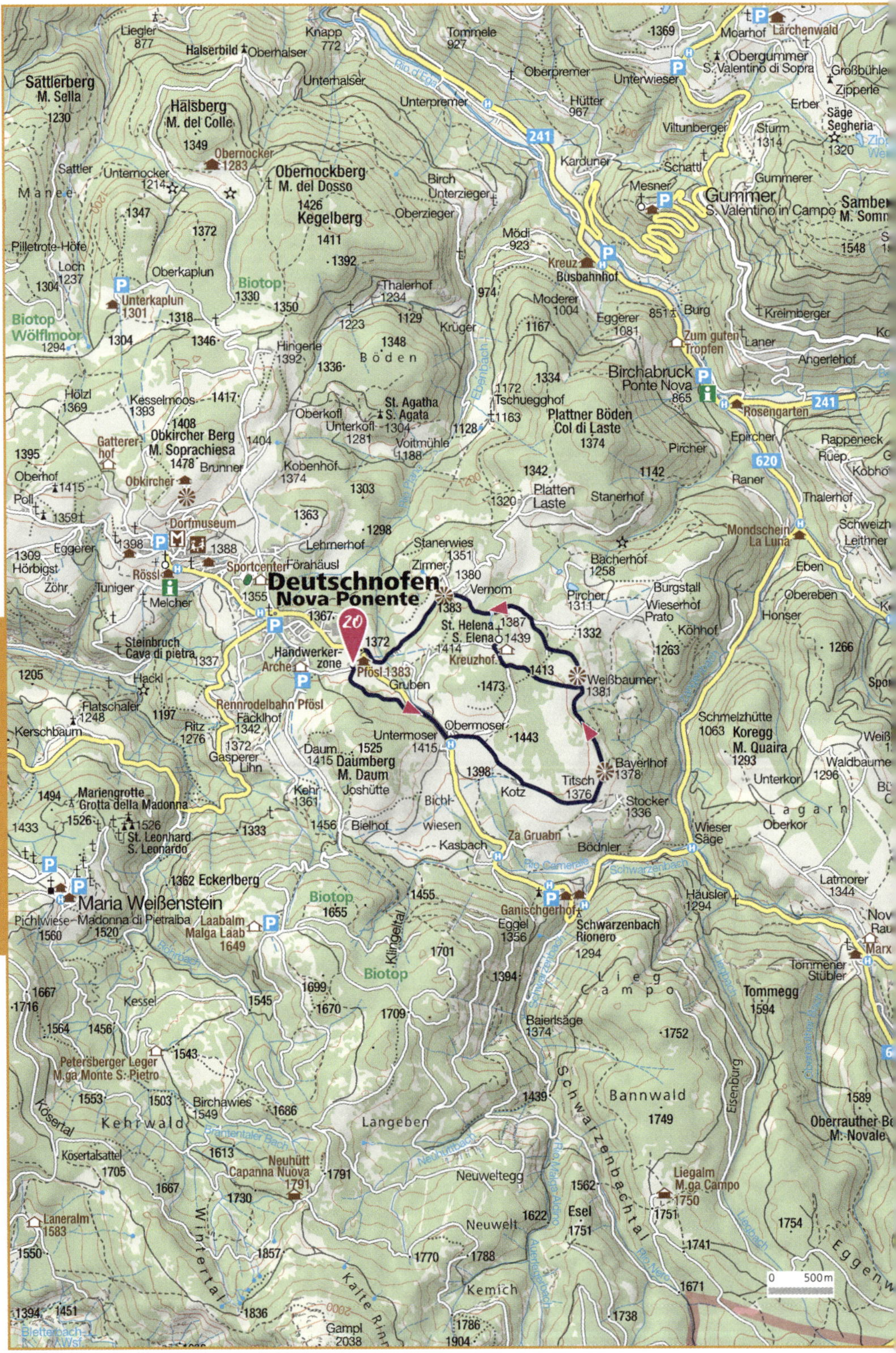

20

Liegler 877
Halserbild
Oberhalser
Knapp 772
Tommele 927
Oberpremer
Unterwieser
Moarhof
Lärchenwald
Obergummer S. Valentino di Sopra
Großbühler
Zipperle
Sättlerberg M. Sella 1230
Halsberg M. del Colle 1349
Unterhalser
Rio d'Ega
Unterpremer
Hütter 967
241
Erber
Säge Segheria 1320
Viltunberger
Sturm 1314
Karduner
Schattl
Gummerer
Obernocker 1283
Obernockberg M. del Dosso
Birch Unterziegler
Oberziegler
Mesner
Gummer S. Valentino in Campo
Samber M. Somm
Sattler
Unternocker 1214
Manee
1347
1426 Kegelberg
1411
1372
Mödi 923
Pilletrote-Höfe
Loch 1237
1304
1392
Kreuz Busbahnhof
1548
Oberkaplun
Biotop 1330
Thalerhof 1234
974
Moderer 1004
Eggerer 1081
851 Burg
Kreimberger
Unterkaplun 1301
1318
1350
1223
1129
Krüger
1167
Zum guten Tropfen
Laner
Biotop Wölflmoor 1294
1304
1346
Hingerle 1392
1348 Böden
Angerlehof
1336
1334
Birchabruck Ponte Nova 865
Hölzl 1369
Kesselmoos 1393
1417
Ebenbach
1172 Tschuegghof 1163
Rosengarten
241
Oberkofl
St. Agatha S. Agata
Unterkofl 1281
1304
1128
Plattner Böden Col di Laste 1374
Epircher
Rappeneck
Ruep.
1395
1408 Obkircher Berg M. Soprachiesa 1478
1404
Voitmühle 1188
Pircher
620
Kobho
Gatterer-hof
Brunner
Kobenhof 1374
1342
1142
Raner
Oberhof
Obkircher
1303
1320
Platten Laste
Stanerhof
Thalerhof
Poll 1415
1359
1363
1298
Mondschein La Luna
Schweizh
Leithner
Dorfmuseum
Lehmerhof
Stanerwies 1351
1309 Hörbigst
Eggerer
1398
1388
Sportcenter
Förahäusl
Zirmer
1380
Bacherhof 1258
Eben
Rössl
Deutschnofen Nova Ponente
1383
Vernom
Burgstall
Zöhr
Tuniger
Melcher
1355
Pircher 1311
Wieserhof Prato
Obereben
1367
St. Helena S. Elena
1387
1439
Honser
20
1372
1414
Köhhof
1332
Steinbruch Cava di pietra
Handwerker-zone
Kreuzhof
1263
1266
Arche
1337
Pösl 1383
1413
Weißbaurner 1381
Gruben
1473
1205
Hackl
Spo
Rennrodelbahn Pösl
Flatschaler 1248
1197
Fäcklhof 1342
Schmelzhütte 1063
Koregg M. Quaira 1293
Obermoser
Kerschbaum
Ritz 1276
Untermoser 1415
1443
Weiß
1372
Gasperer
Lihn
Daum 1415
1525 Daumberg M. Daum
Bayerlhof 1378
Waldbaume 1296
Unterkor
Joshütte
1398
Kotz
Titsch 1376
1494
Mariengrotte Grotta della Madonna
Kehr 1361
Bichl-wiesen
Stocker 1336
Lagarn
1433
1526
1526
St. Leonhard S. Leonardo
1333
1456
Bielhof
Wieser Säge
Oberkor
Kasbach
Za Gruabn
Bödnler
Rio Camerale
Schwarzenbach
Latmorer 1344
1362 Eckerlberg
Häusler 1294
Nov Rau
Maria Weißenstein
Biotop 1655
1455
Ganischgerhof
Pichlwiese 1560
Madonna di Pietralba 1520
Laabalm Malga Laab 1649
Eggel 1356
Schwarzenbach Rionero 1294
Marx
Klingeltal
1701
Tommener Stübler
Biotop
1394
Lieg Campo
Tommegg 1594
1667
1716
Kessel
1545
1699
1670
1709
1564
1456
Baierlsäge 1374
1752
1543
Petersberger Leger M.ga Monte S. Pietro
Eisenburg
1553
1503
1439
Bannwald 1749
1589
Birchawies 1549
1686
Oberrauther Be M. Novale
Kösertal
Kehrwald
Langeben
Schwarzenbachtal
Kösertalsattel 1705
1613
Neuhütt Capanna Nuova 1791
1791
Neuweltegg
1562
Liegalm M.ga Campo 1750
1667
1730
Laneralm 1583
Neuwelt
1622
Esel 1751
1751
1754
1550
1857
1770
1788
1741
Wintertal
Kalte Rinn
Kemich
1671
0 500 m
Eggenw
1394
1451
1836
Gampl 2038
1786
1904
1738

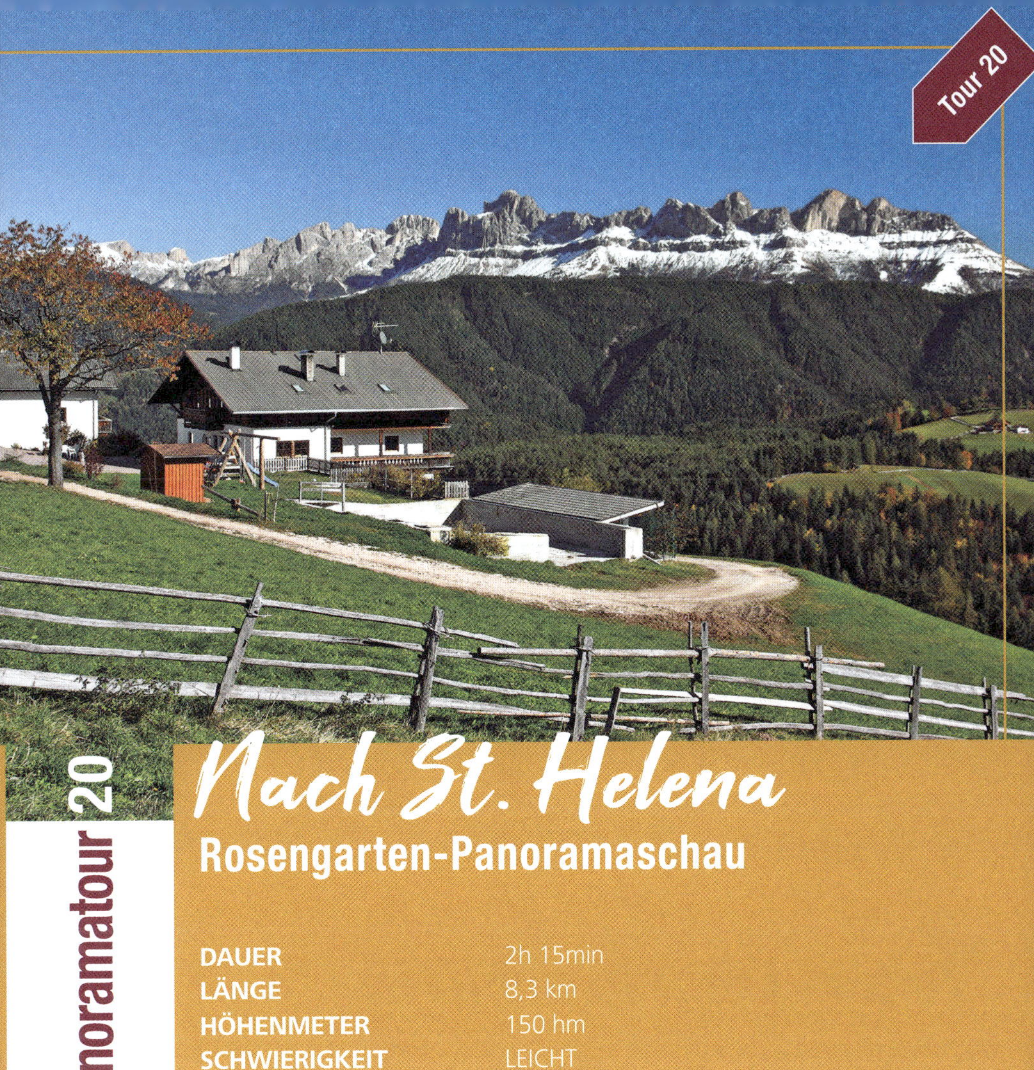

Panoramatour 20

Nach St. Helena

Rosengarten-Panoramaschau

DAUER	2h 15min
LÄNGE	8,3 km
HÖHENMETER	150 hm
SCHWIERIGKEIT	LEICHT
MIT ÖFFIS ERREICHBAR	ja

Das erwartet dich ...

Die relativ kurze und einfache Wanderung führt uns auf verkehrsarmen Straßen und Forstwegen ohne große Höhenunterschiede. Dabei wandern wir oft über freies Gelände und erfreuen uns nicht nur an herrlichen Blicken auf den Rosengarten, sondern auch auf den Latemar. Doch auch das Drumherum mit den weiten Almwiesen und den verstreuten Bergbauernhöfen kann sich sehen lassen. Zu Beginn der Runde und bei St. Helena ist auch fürs leibliche Wohl gesorgt.

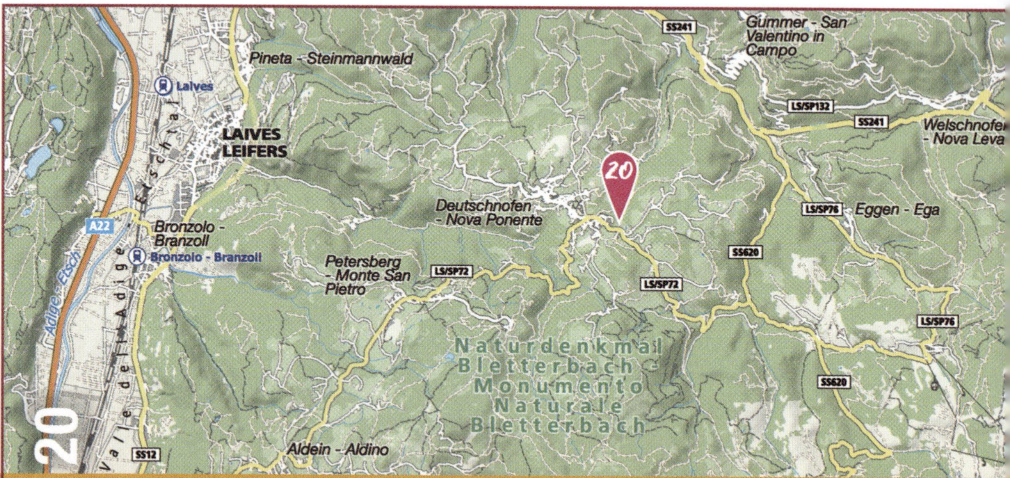

Start & Ziel & Anreise

Wir starten am Hotel Pfösl, knapp einen Kilometer südöstlich vom Kreisverkehr Deutschnofen, an der Zufahrtsstraße vom Eggental. Von Bozen aus bringt uns die SP22, dann die SS241 ins Tal. Bei Birchabruck wechseln wir auf die SS620. Nach ca. 3 Kilometer fahren wir weiter über die SP72 nach Deutschnofen.

Tourenbeschreibung

Unsere Rundwanderung kann fast schon mit einem Panoramaweg verglichen werden: Der Blick auf die stolzen Felskulissen von Latemar und Rosengarten am Westrand der Dolomiten kann sich durchaus sehen lassen. Rau und ungezähmt zeigen die Felskulissen ihre Zacken. Darunter erstreckt sich eine anmutige und sanfte Wald- und Wiesenlandschaft, durchsetzt mit den typischen Südtiroler Streuhöfen – ein Bild, das man sonst nur auf Postkarten vermuten würde. Um all diese Naturherrlichkeiten zu genießen, muss man noch nicht einmal ein ausgewiesener Bergwanderer sein. Fast eben verläuft die Route, selbst der kleine Abstecher zur Kuppe von St. Helena fällt nicht besonders schwer, sodass der Genuss bei dieser Tour ganz im Vordergrund steht.

Wir folgen vom Hotel Pfösl aus zunächst dem Waldrand Richtung Untermoser. Hier kreuzen wir die Hauptstraße und wechseln gegenüber auf ein Anliegersträßchen.

Über den offenen Südhang am Hof Kotz vorbei erreichen wir Titsch bzw. den Bayerlhof. Hier schlagen wir die östliche Richtung ein – der Rosengarten rückt nun direkt in unser Blickfeld und erreicht hier seinen Höhepunkt.

Wir erreichen den Weißbaumer und ergreifen hier die Gelegenheit, einen Abstecher hinauf nach St. Helena zu unternehmen. Das Kirchlein thront hoch oben auf einem weitläufigen Hügel gemeinsam mit der Jausenstation Kreuzhof und ist für seinen besonderen Freskenschmuck bekannt: Die Fresken im Inneren zählen zu den wertvollsten Zeugnissen der Hochgotik aus dem frühen 15. Jahrhundert. Der reiche Freskenschmuck zählt zu den Hauptwerken der Bozner Malerschule um 1400. Bei einer Restaurierung im Jahre 1938 wurden einzelne Fresken wieder aufgefrischt. In romanischer Architektur des 12. Jahrhunderts erbaut stammen die breiten Spitzbogenfenster um 1500 herum, der Altaraufbau aus der ersten Hälfte des 17. Jahrhunderts.

Zurück beim Weißbaumer wandern wir weiter, erreichen allmählich den schattigen Nordbogen und gelangen über angenehme Fahrwege wieder zum Hotel Pfösl.

St. Helena birgt wertvolle Fresken

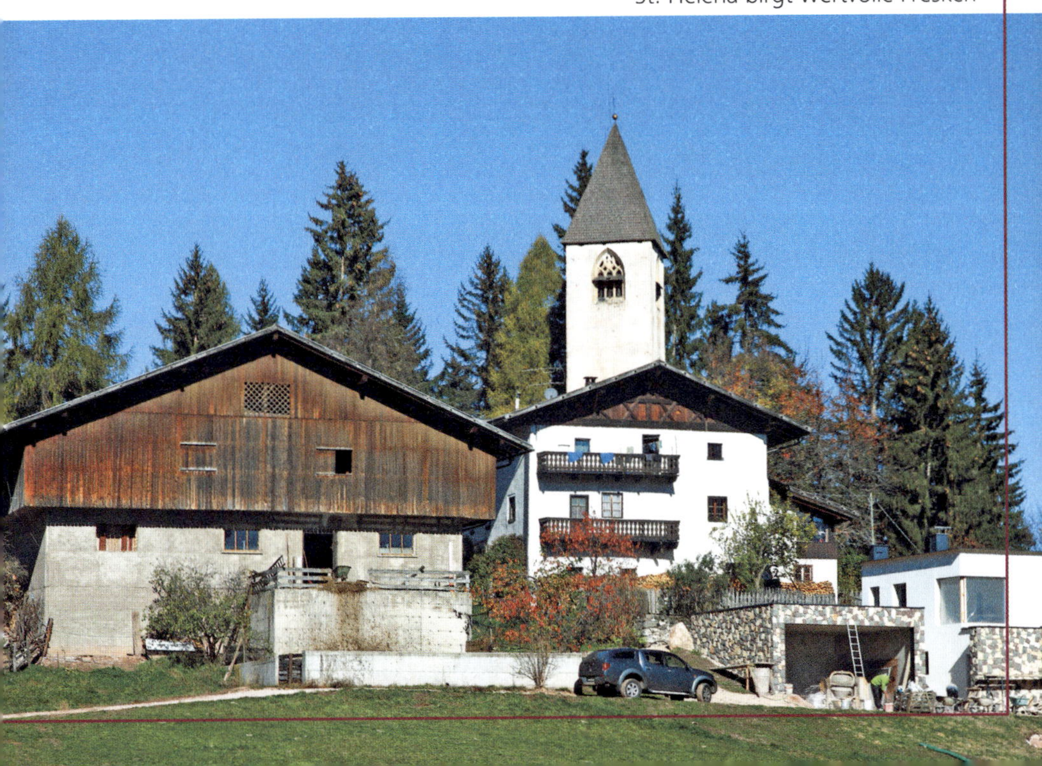

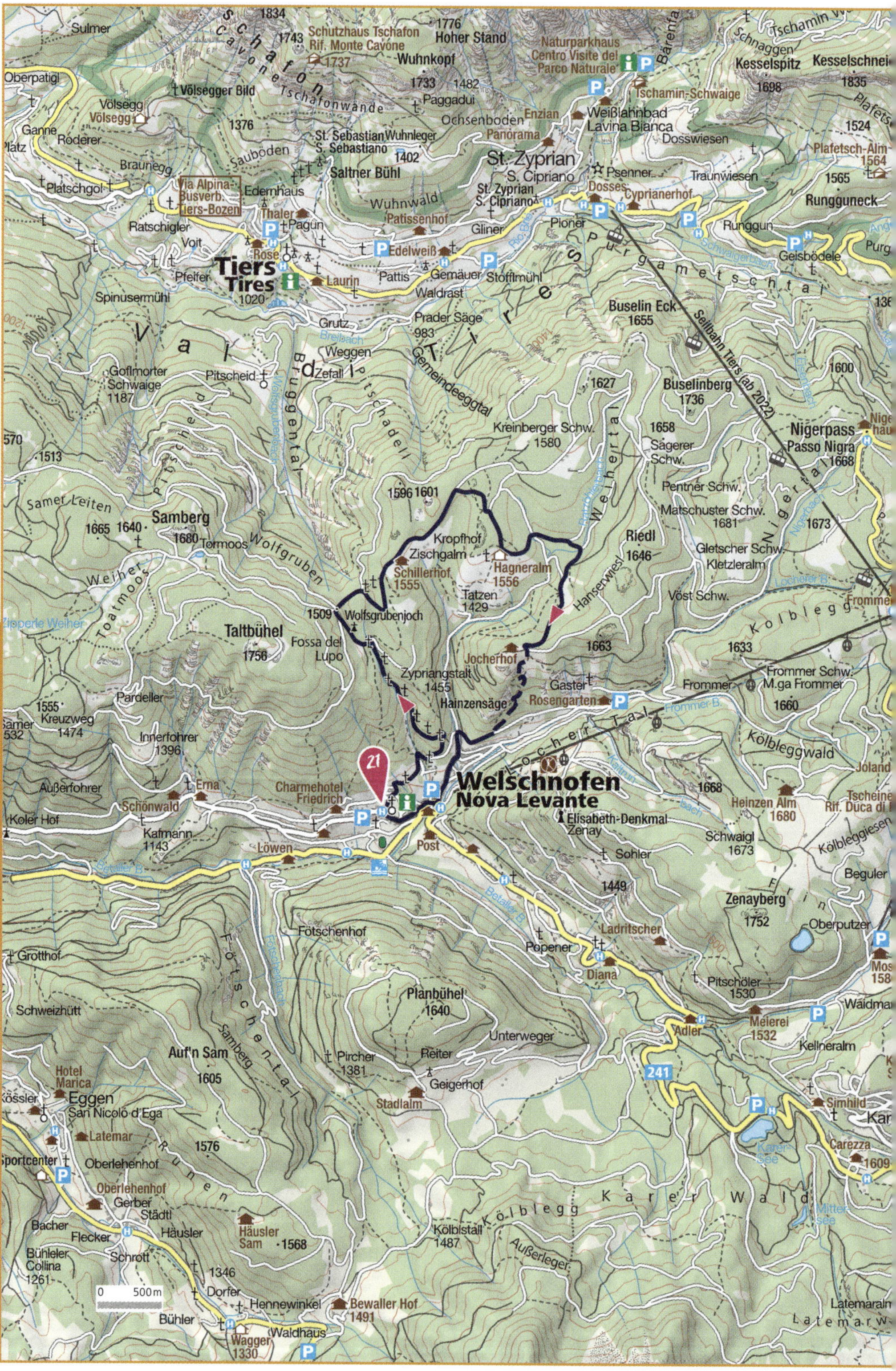

21

Sulmer
1834
Schafon
Cavone
1743
Schutzhaus Tschafon
Rif. Monte Cavone
1737
1776
Hoher Stand
Wuhnkopf
Naturparkhaus
Centro Visite del
Parco Naturale
Barenta
Tschamin
Schnaggen
Kesselspitz
Kesselschneid
Oberpatigl
Völsegger Bild
Tschafonwände
1733
1482
Paggadui
Tschamin-Schwaige
1698
1835
Plafetsch
Völsegg
Völsegg
1376
Ochsenboden
Enzian
Panorama
Weißlahnbad
Lavina Bianca
1524
Ganne
Roderer
St. Sebastian
S. Sebastiano
Wuhnleger
Dosswiesen
Platz
Sauboden
1402
St. Zyprian
S. Cipriano
Plafetsch-Alm
1564
Braunegg
Saltner Bühl
Psenner
Traunwiesen
1565
Platschgol
Via Alpina-Busverb.
Tiers-Bozen
Edernhaus
Wuhnwald
Dosses
Cyprianerhof
Runggun
Rungguneck
Thaler
Patissenhof
St. Zyprian
S. Cipriano
Ratschigler
Pagun
Pioner
Runggun
Angl
Voit
Edelweiß
Gliner
Rio Bria
Schwaigerbach
Purg
Rose
Geisbödele
Tiers
Tires
Pfelfer
Laurin
Pattis
Gemäuer
Stofflmühl
Purgametschtal
1020
Spinusermühl
Waldrast
Buselin Eck
1655
136
Grutz
Prader Säge
983
Brei bach
Val di Tires
Weggen
Sesselbahn Tiers (ab 2022)
Zefall
Goflmorter Schwaige
1187
Pitscheid
Bruggental
Pitschadell
Gemeindeeggtal
1627
Buselinberg
1736
1600
Nige
hau
Wolfgrubenbach
Kreinberger Schw.
1580
1658
Nigerpass
Passo Nigra
1668
570
1513
Pitscheid
Sagerer Schw.
Weihertal
Samer Leiten
1596
1601
Pentner Schw.
Samberg
Matschuster Schw.
1681
1673
1665
1640
1680
Tormoos
Wolfgruben
Kropfhof
Riedl
1646
Zischgalm
Hagneralm
1556
Gletscher Schw.
Kletzleralm
Nigertal
Weiher
Schillerhof
1555
Tatzen
1429
Hanserwiesl
Vöst Schw.
Locherer B.
Toatmoos
1509
Wolfsgrubenjoch
Kölblegg
Frommer
Moserle Weiher
Taltbühel
Fossa del Lupo
1756
Jocherhof
1663
1633
Zypriangstall
1455
Gaster
Frommer Schw.
M.ga Frommer
Pardeller
Frommer
Hainzensäge
Rosengarten
Frommer B.
1660
1555
Kreuzweg
1474
Samer
532
Locher Tal
Kölbleggwald
Innerfohrer
1396
Joland
Erna
Welschnofen
Nova Levante
1668
Außerfohrer
Charmehotel
Friedrich
Tscheine
Rif. Duca di
Schönwald
Elisabeth-Denkmal
Zenay
Heinzen Alm
1680
Koler Hof
Kafmann
1143
Schwaigl
1673
Kölbleggiesen
Löwen
Post
Sohler
Beguler
Bataller B.
1449
Zenayberg
1752
Fötschenhof
Oberputzer
Grotthof
Ladritscher
Popener
Fötschental
Diana
Pitschöler
1530
Mos
158
Schweizhütt
Planbühel
1640
Meierei
1532
Waidma
Auf'n Sam
1605
Samberg
Unterweger
Adler
Kellneralm
Pircher
1381
Reiter
241
Hotel Marica
Eggen
San Nicolò d'Ega
Geigerhof
Kössler
Stadlalm
Simhild
Kar
Latemar
Carezza
1576
Runen
Karer-See
1609
Sportcenter
Oberlehenhof
Oberlehenhof
Gerber
Städtl
Kölblegg
Karer Wald
Mitter-See
Bacher
Flecker
Häusler
Häusler Sam
1568
Kölblstall
1487
Bühleler
Collina
1261
Schrott
Außerleger
1346
0 500 m
Dorfer
Hennewinkel
Bewaller Hof
1491
Latemaralm
Bühler
Latemarw
Wagger
1330
Waldhaus

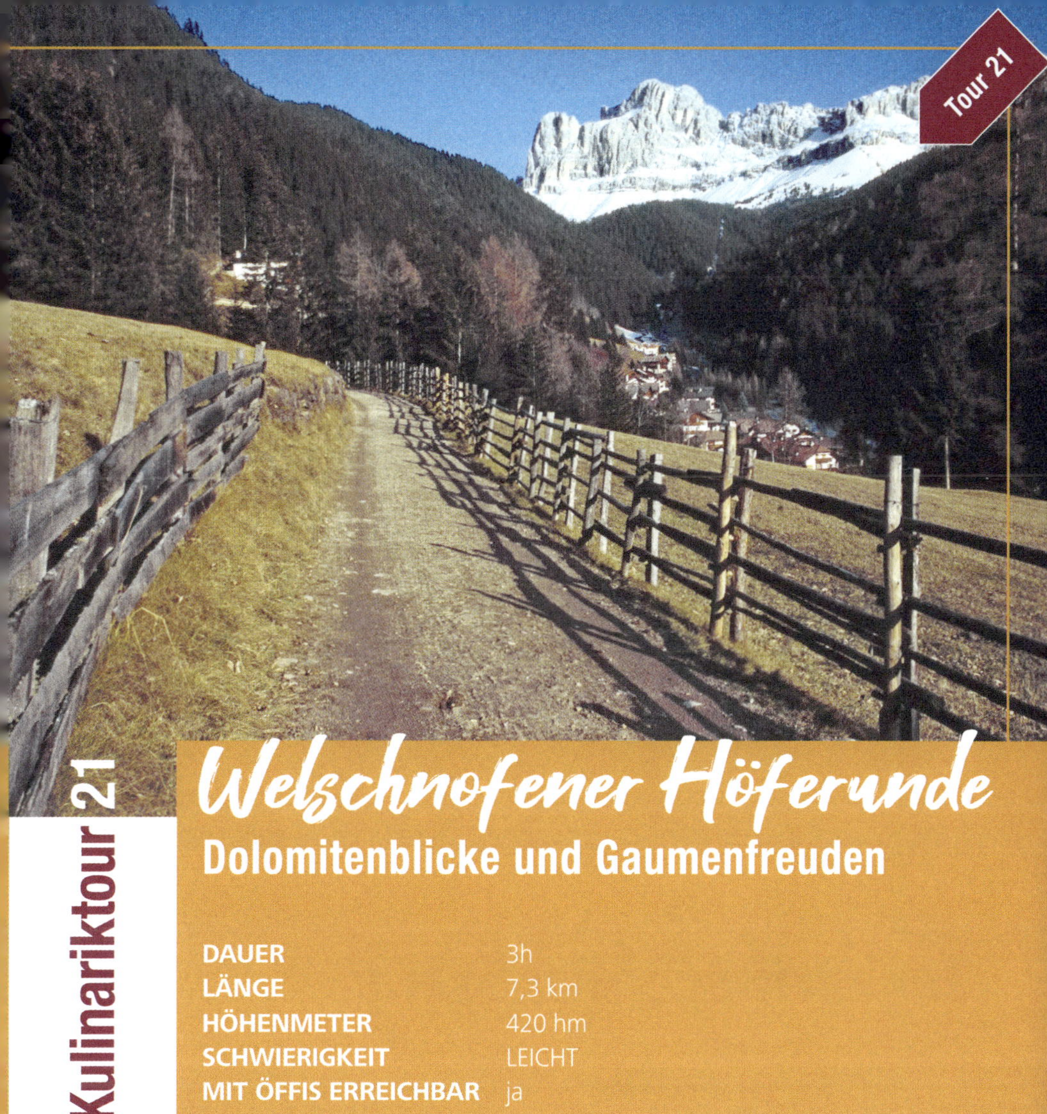

Welschnofener Höferunde

Dolomitenblicke und Gaumenfreuden

DAUER	3h
LÄNGE	7,3 km
HÖHENMETER	420 hm
SCHWIERIGKEIT	LEICHT
MIT ÖFFIS ERREICHBAR	ja

Das erwartet dich …

Die Welschnofener Höferunde im Eggental ist eine einfache Wanderung auf Waldwegen und Forststraßen und eignet sich daher gut für die ganze Familie. Dabei lockt sie mit sagenhaften Ausblicken auf Rosengarten und Latemar. Unterwegs gibt es viele Einkehrmöglichkeiten, die zu hausgemachten Gerichten einladen. Vom Jocherhof ist der Abstieg ein wenig steiler, er kann aber umgangen werden.

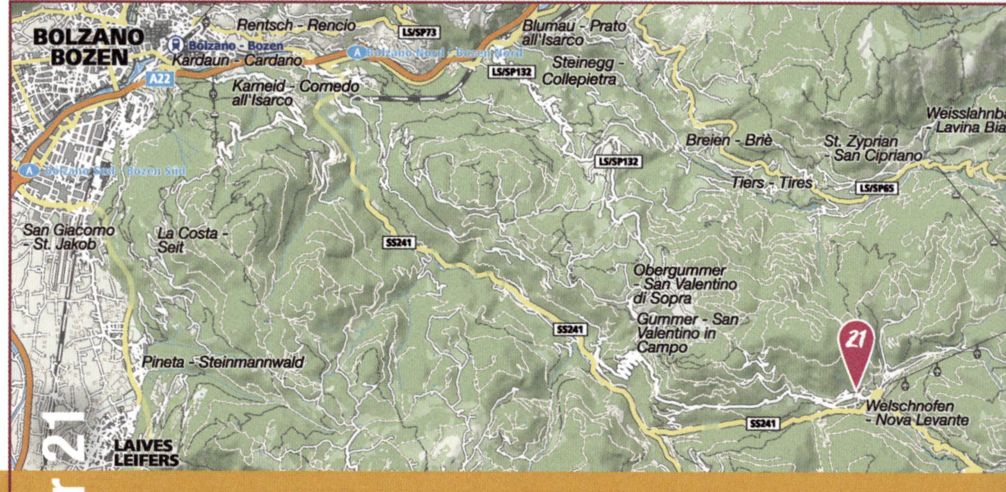

Kulinariktour 21

Start & Ziel & Anreise

Ausgangspunkt der Wanderung ist Welschnofen. Von Bozen aus nehmen wir zuerst die SP 22, dann die Strada statale 241. Sie führt uns direkt in den Ort. Parkmöglichkeiten gibt es im Ortszentrum. Von Bozen aus fährt stündlich der Bus Nr. 180 in Richtung Pera di Fassa, Vajolet. Haltestelle ist Welschnofen-Zentrum.

Tourenbeschreibung

Auf der beschaulichen Wanderung erwarten uns gleich drei Berggasthäuser; sie liegen oberhalb von Welschnofen und bieten Genuss sowohl für das Auge als auch für den Gaumen. Auf der schönen Sonnenterrasse sehen wir uns Angesicht zu Angesicht dem Rosengarten und Latemar gegenüber, die uns ihre zerfurchten Felsen, Zacken und Zähne zeigen. Dabei genießen wir den selbst gemachten Speck und Käse. Auf weichem Wiesenpolster können wir uns dann zu einem Verdauungsschläfchen niederlegen und ins Reich der Bergträume entschwinden.

Wir beginnen unsere Wanderung bei der Pfarrkirche in Welschnofen. Zunächst einmal führt uns der Zischglweg bergauf. Dabei passieren wir den Vöstl- und den Zyprianhof und erreichen im Anschluss ein Schottersträßchen. Mit der Markierung Nr. 5 geht es nach rechts über Wiesen in den Wald hinein. An einer Verzweigung halten wir uns an dem Forstweg nach links und wandern Richtung „Schillerhof,

Wolfsgrube" bergauf. In einer Linkskehre wechseln wir auf einen alten und steilen Pflasterweg; er führt uns direkt zum Schillerhof hinauf. Die Forststraße garantiert uns einen bequemen Anstieg. Sie verläuft rechts eines bewaldeten Grabens bergauf, noch immer der Markierung Nr. 5 folgend. Wir passieren einen Brunnen, dann lenkt uns der Forstweg nach links an einer Kapelle vorbei. Der Weg wird flacher und bringt uns schließlich zur Wolfsgrube am gleichnamigen Joch. Ein vier Meter tiefes, gemauertes Loch soll im 18. Jahrhundert als Wolfsfalle gedient haben.

An eben jener Grube wenden wir uns mit der Markierung Nr. 1 nach rechts. An der folgenden Weggabelung halten wir uns erneut rechts und erreichen so den Schillerhof auf einer schönen Lichtung (Dienstag Ruhetag). Wir können hier kaum den Blick abwenden vom schönen Panorama von Latemar und Rosengarten. Nach einer gemütlichen Rast steigen wir über die Treppen hinter dem Berggasthaus zurück zum Fahrweg. Flach geht es durch den Wald dahin, bis uns die Markierung Nr. 4 nach rechts zur Hagneralm führt. Bis auf den Monat August ist hier mittwochs immer Ruhetag. Die Käsespezialitäten sind aus eigener Herstellung und sollten nicht verpasst werden! Von der Alm aus führt links nach Osten ein Fahrweg hinunter in einen bewaldeten Graben. Von hier aus wandern wir geradeaus auf dem Weg weiter mit der Markierung Nr. 4b Richtung Jocherhof. Nur kurze Zeit später biegen wir rechts ein und gehen auf einer Forststraße am unteren Rand der Wiese entlang. In einem kurzen Anstieg erreichen wir den schönen Jocherhof. Er liegt eingebettet in einen Wiesensattel; Donnerstag ist hier Ruhetag.

Für den Rückweg meiden wir den etwas steileren Abstieg und folgen dem Weg Nr. 15b nach rechts. Er bringt uns in flachen Kehren den Waldhang hinunter. Der etwas steile Abstieg führt vom Hof kurz nach Süden bis an eine Verzweigung. Hier halten wir uns dann rechts und steigen über eine Wiese mit der Markierung Nr. 15a ziemlich steil in den Wald hinab. Dann folgen wir einem schmalen Steig weiter über den Hang hinunter und kommen schließlich zu einer Forststraße. Wir folgen ihr nach rechts in ein Bachtal. Dort wenden wir uns nach links und wandern nach Welschnofen zurück.

22

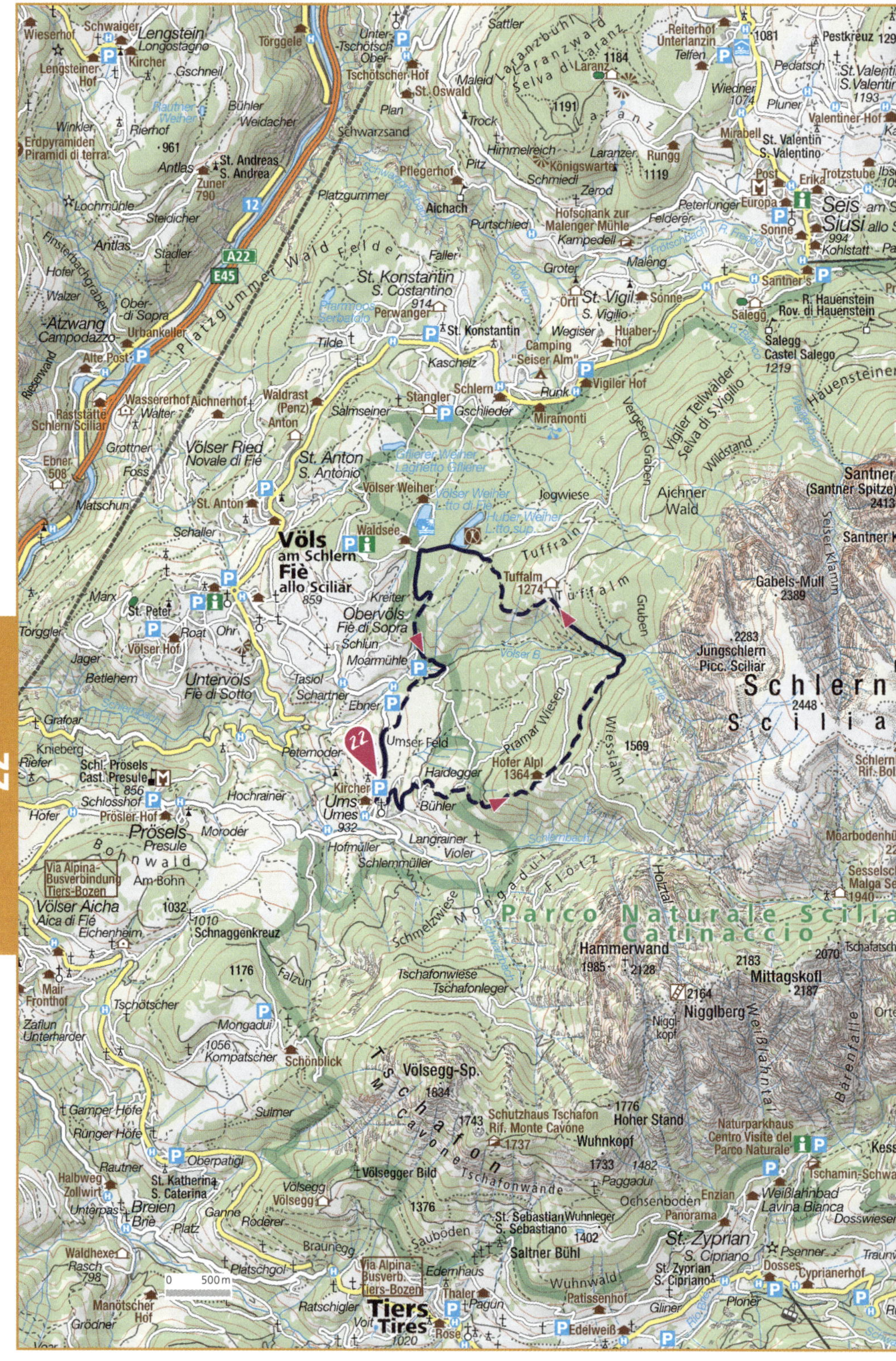

Völs
am Schlern
Fiè
allo Sciliar
859
Obervöls
Fiè di Sopra
Untervöls
Fiè di Sotto
Völser Weiher
Völser Weiher
L.tto di Fiè
Huber Weiher
L.tto sup.
Waldsee
Tuffalm
1274
Tuffrain
Tuffalm
Hofer Alpl
1364
Prämar Wiesen
Umser Feld
Ums
Umes
932
Kircher
Haidegger
Bühler
Moarmühle
Schlun
Kreiter
Tasiol
Schartner
Ebner
Petermoder
Wiesslahn
1569
Gruben
Jungschlern
Picc. Sciliar
2283
Schlern
Sciliar
2448
Gabels-Mull
2389
Santner
(Santner Spitze)
2413
Seiser Klamm
Aichner
Wald
Jogwiese
Vigiler Teilwälder
Selva di S.Vigilio
Wildstand
Vergeser Graben
Parco Naturale Sciliar
Catinaccio
Hammerwand
1985
2128
Mittagskofl
2187
2183
2070
Tschafatsch
Nigglberg
2164
Weißlahntal
Bärenfalle
Naturparkhaus
Centro Visite del
Parco Naturale
Tschafon
M. Cavone
Schutzhaus Tschafon
Rif. Monte Cavone
1737
1743
Völsegg-Sp.
1834
Hoher Stand
1776
Wuhnkopf
1733
1482
Paggadui
Ochsenboden
Tschafonwände
Tschafonwiese
Tschafonleger
Schmelzwiese
Mongadui Flötz
Schönblick
Kompatscher
1056
Mongadui
Sulmer
Völsegger Bild
Völsegg
Völsegg
1376
Sauböden
St. Sebastian
S. Sebastiano
Wuhnleger
1402
Saltner Bühl
Wuhnwald
Patissenhof
Edernhaus
Thaler
Pagün
Tiers
Tires
1020
Voit
Rose
Edelweiß
Gliner
Ploner
St. Zyprian
S. Cipriano
St. Zyprian
S. Cipriano
Enzian
Panorama
Weißlahnbad
Lavina Bianca
Dosswiesen
Psenner
Dosses
Cyprianerhof
Tschamin-Schwaige
Kess
Via Alpina-
Busverb.
Tiers-Bozen
Ratschigler
Braunegg
Röderer
Platschgol
Ganne
Platz
Breien
Briè
Unterpas
Halbweg
Zollwirt
Waldhexe
Rasch
798
Manötscher
Hof
Grödner
St. Katherina
S. Caterina
Oberpatigl
Rautner
Gamper Höfe
Runger Höfe
Zaflun
Unterharder
Mair
Fronthof
Tschötscher
Schnaggenkreuz
1010
1032
1176
Falzun
Völser Aicha
Aica di Fiè
Eichenheim
Via Alpina-
Busverbindung
Tiers-Bozen
Am Bohn
Bohnwald
Prösels
Presule
Schl. Prösels
Cast. Presule
856
Schlosshof
Prösler Hof
Hofer
Knieberg
Riefer
Grafoar
Hochrainer
Moroder
Hofmüller
Schlemmüller
Langrainer
Violer
Schlernbach
Holztal
Moarbodenhütte
Sesselschwaige
Malga Sessel
1940
Schlernhaus
Rif. Bolzano
St. Peter
Völser Hof
Roat
Ohr
Marx
Torggler
Jager
Betlehem
Schaller
St. Anton
S. Antonio
St. Anton
Völser Ried
Novale di Fiè
Foss
Grottner
Matschun
Ebner
508
Raststätte
Schlern/Sciliar
Wassererhof
Walter
Aichnerhof
Waldrast
(Penz)
Anton
Salmseiner
Stangler
Gschlieder
Glierer Weiher
Laghetto Glierer
Schlern
Miramonti
Kaschelz
Tilde
St. Konstantin
S. Costantino
914
Perwanger
St. Konstantin
Pfarrmoos
Serbatoio
Camping
"Seiser Alm"
Runk
Vigiler Hof
St. Vigil
S. Vigilio
Orti
Sonne
Huaber-
hof
Wegiser
Groter
Maleng
Frötschbach
Hofschank zur
Malenger Mühle
Kampedell
Felderer
Peterlunger
Atzwang
Campodazzo
Urbankeller
Alte Post
Riesenwand
Ober-
di Sopra
Walzer
Hofer
Finsterbachgraben
Antlas
Stadler
Lochmühle
Steidicher
Platzgummer Wald
Felder
Platzgummer
Faller
Aichach
Purtschieder
Pflegerhof
Schwarzsand
Plan
Zuner
790
St. Andreas
S. Andrea
Antlas
961
Rierhof
Weidacher
Bühler
Rautner Weiher
Gschneil
Kircher
Lengstein
Longostagno
Schwaiger
Wieserhof
Lengsteiner
Hof
Winkler
Erdpyramiden
Piramidi di terra
Törggele
Unter-
-Tschötsch
Ober-
Tschötscher Hof
St. Oswald
Maleid
Trock
Himmelreich
Pitz
Schmiedl
Königswarte
Laranzer
Zerod
Rungg
1119
Laranzbühl
Laranzwald
Selva di Laranz
Laranz
1184
1191
Sattler
Reiterhof
Unterlanzin
Telfen
1081
Wiedner
1074
Pluner
Pedatsch
Pestkreuz
St. Valentin
S. Valentino
1193
Valentiner-Hof
Mirabell
St. Valentin
S. Valentino
Post
Erika
Trotzstube
Europa
Sonne
Seis am Schlern
Siusi allo Sciliar
994
Kohlstatt
Santner's
Salegg
R. Hauenstein
Rov. di Hauenstein
Salegg
Castel Salegg
1219
Hauensteiner
A22
E45
12
0
500 m

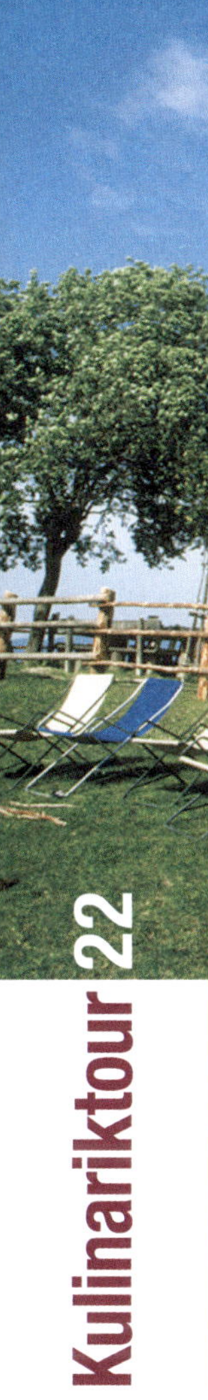

Tour 22

Kulinariktour 22

Hoferalpl und Tuffalm

Genießen am Fuße des Schlern

DAUER	3h
LÄNGE	7,3 km
HÖHENMETER	460 hm
SCHWIERIGKEIT	LEICHT
MIT ÖFFIS ERREICHBAR	ja

Das erwartet dich ...

Die abwechslungsreiche Rundwanderung zum Hoferalpl und der Tuffalm führt größtenteils über gute Bergwege. Lediglich der Anstieg zum Hoferalpl gestaltet sich als etwas steiler. Unterwegs kommt man nicht nur in den kulinarischen Genuss der Köstlichkeiten auf dem Alpl und der Alm, sondern kann sich auch an den imposanten Felswänden von Schlern und Hammerwand erfreuen. Im letzten Drittel lockt der Völser Weiher, also an warmen Sommertagen Badesachen nicht vergessen.

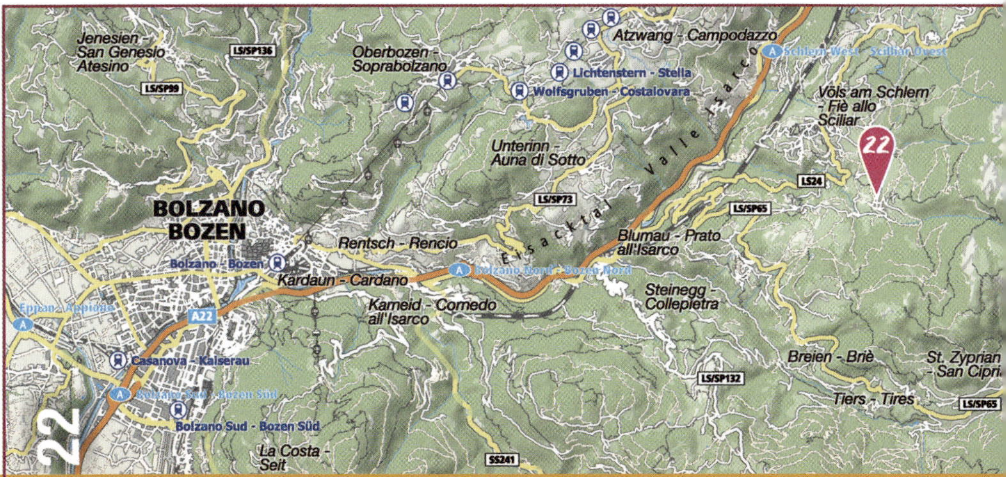

Start & Ziel & Anreise

Ausgangsort ist Ums. Von Bozen folgen wir der A 22 Richtung Norden. Bei Bozen-Nord wechseln wir auf die SS 12, bei Blumau fahren wir auf der Landesstraße 24 weiter. Sie bringt uns über Prösels direkt nach Ums. Parkmöglichkeiten gibt es bei der Kirche.

Tourenbeschreibung

Ruhe, Entspannung und einfach mal die Zeit vergessen – dafür bieten sich die beiden Almen über der Hochfläche von Völs an. Zum Greifen nah erscheinen hier plötzlich die imposanten Felsenmauern von Hammerwand und Schlern; die herrlichen Fernblicke bis zum Felsmassiv der Brenta und den Firngipfeln der Ötztaler und der Ortler-Alpen werden lange im Gedächtnis bleiben. Mit dieser Augenweide im Blick schmeckt die Südtiroler Küche gleich doppelt so gut. Am Völser Weiher ist Badespass im Sommer garantiert.

In Ums an der Kirche beginnt unsere kleine Wanderung. Wir folgen erst einmal dem Sträßchen Richtung „Hoferalpl, Tuffalm". Kurz darauf halten wir uns links und folgen den Kehren bergauf, bis uns auf der rechten Seite ein schmaler Pfad und die Markierung Nr. 3 Richtung „Hoferalpl, Schlern" weist. Noch einmal die Fahrstraße überquert, erreichen wir oberhalb eines Hofs eine Verzweigung: Wir halten uns rechts, dem Waldrand entgegen und steigen dann gut eine halbe Stunde recht steil durch den Wald hinauf. Auf der Terrasse des Hofer Alpls dürfen wir dann erst einmal unsere müden Beine ausruhen und das großartige Panorama auf uns wirken lassen. Nach der wohlverdienten Rast wandern wir den breiten Weg hinauf zu einer Forststraße, der wir nach links folgen. Nach ungefähr 50 Metern führt ein Fußweg nach rechts Richtung „Tuffalm, Völser Weiher". Er endet am breiten Anstiegsweg zum Schlern.

Unterhalb der imposanten Felskulisse des Schlernmassivs wandern wir nordwärts. Wir überqueren den Völser Bach und erreichen schließlich über ein aussichtsreiches Wiesenplateau die Tuffalm. Vor der Almhütte weist ein Wegschild mit der Markierung Nr. 1 nach links zum Völser Weiher. Der teils gepflasterte Wanderweg schlängelt sich durch den Wald hinunter und mündet in die Schotterstraße zur Tuffalm. Wir passieren den Huberweiher und biegen nach ca. 300 Metern vor einer Schranke links ab Richtung „Ums", nun der Markierung Nr. 2 folgend.

Nun sind es nur noch wenige Minuten bis zum Völser Weiher. Wir passieren die Schranke, dann halten wir uns rechts. Um nach Ums zu gelangen, wandern wir auf einem Fitness-Parcours erst flach dahin. Nach zehn Minuten biegt rechter Hand ein Fußweg ab und führt uns durch ein waldiges Bachtälchen bergab. Wir gelangen an eine Rastbank, an der sich der Weg nach links wendet und in das Tal des Völser Baches hineinführt. Nach einer Brücke wenden wir uns nach rechts auf einen Forstweg, jedoch nur gut einhundert Meter, dann verlassen wir ihn nach links auf einen Fußweg. Etwas später erreichen wir freie Wiesen mit herrlichen Ausblicken auf das umliegende Panorama. Bei einem Hof kommen wir zur Straße. Wir folgen ihr nach links und stehen zehn Minuten später wieder in Ums.

Autoren Tipp

Schloss Prösels in Völs wurde als Burg erstmals im 13. Jh. erwähnt und diente den Herren Völs-Colonna als Stammsitz. Seit 1981 im Besitz des „Kuratorium Schloss Prösels GmbH" wurde es restauriert und für Besucher zugänglich gemacht: Eine Attraktion ist die Waffensammlung mit Material aus dem 19. Jh., das in der Schlacht von Solferino zum Einsatz kam. Die „Batzenhäusl-Sammlung" erwartet den Besucher mit Bildern und Zeichnungen des 19. und 20. Jahrhunderts.

23

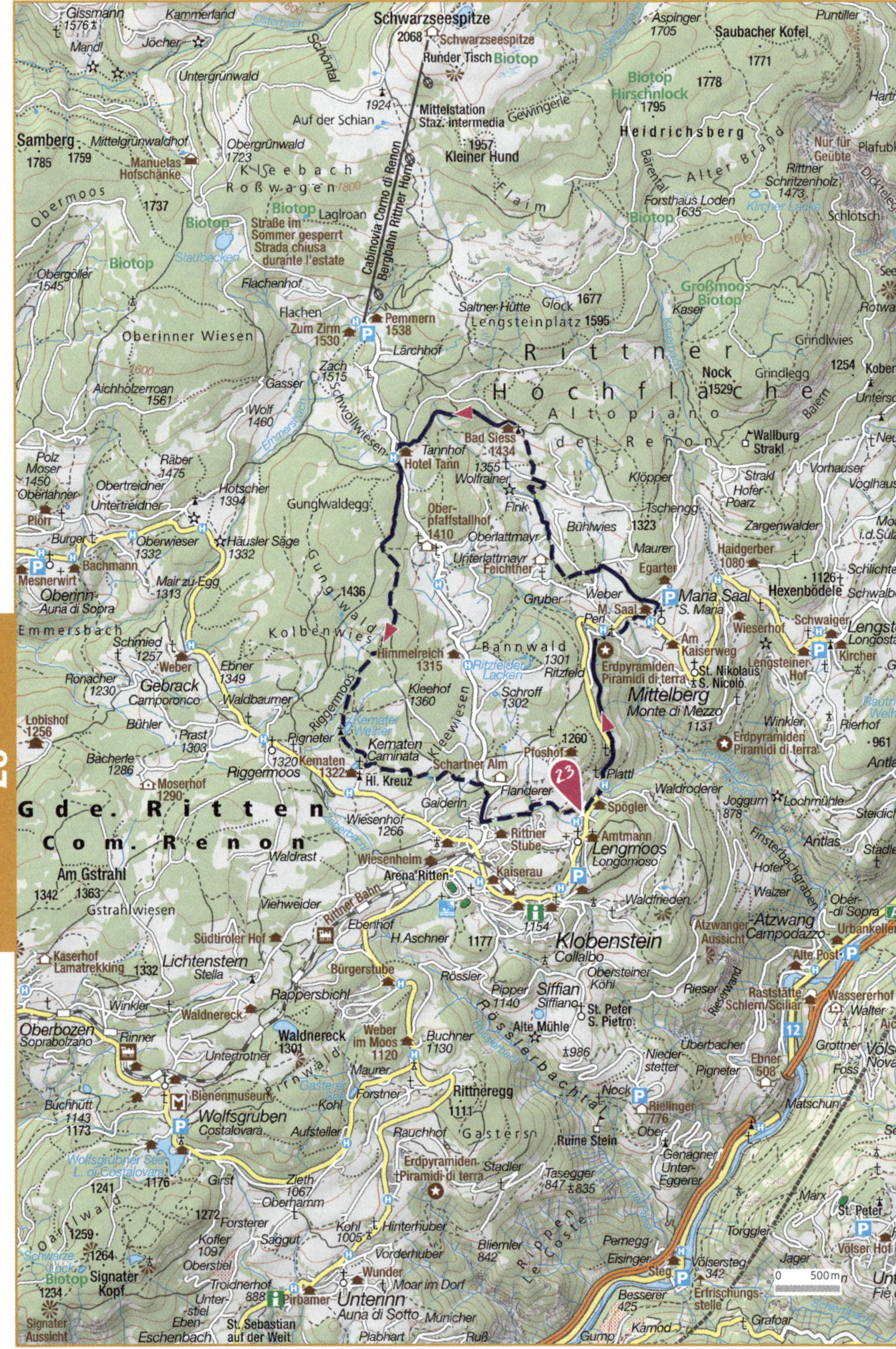
Schwarzseespitze
2068 Schwarzseespitze
Runder Tisch
Biotop
Mittelstation
Staz. intermedia
Gewingerle
1957
Kleiner Hund
Cabinovia Corno di Renon
Bergbahn Rittner Horn
Gissmann
1576
Kammerland
Mandl
Jöcher
Schöntal
Untergrünwald
1924
Auf der Schian
Samberg
1785
Mittelgrünwaldhof
1759
Obergrünwald
1723
Manuelas Hofschänke
Kleebach
Roßwagen
1800
1737
Obermoos
Biotop
Laglroan
Straße im Sömmer gesperrt
Strada chiusa durante l'estate
Staubecken
Obergöller
1545
Flachenhof
Flachen
Zum Zirm
1530
Pemmern
1538
Lärchhof
Oberinner Wiesen
Zach
1515
Schwollwiesen
Gasser
Aichholzerroan
1561
1600
Wolf
1460
Emmersbach
Aspinger
1705
Saubacher Kofel
1771
1778
Biotop
Hirschnlock
1795
Heidrichsberg
Bärental
Alter Brand
Nur für Geübte
Rittner Schritzenholz
1473
Forsthaus Loden
1635
Biotop
Kircher Lacke
Schlötsch
Flaim
Großmoos Biotop
Kaser
Saltner Hütte
Glöck
1677
Lengsteinplatz
1595
Rittner Hochfläche
Altopiano del Renon
Nock
1529
Grindlegg
Grindlwies
1254
Bad Siess
1434
Tannhof
Hotel Tann
1355
Wolfrainer
Fink
Klöpper
Wallburg
Strakl
Hofer
Poarz
Vorhauser
Voglhaus
Zargenwalder
Tschengg
Bühlwies
1323
Ober-pfaffstallhof
1410
Oberlattmayr
Unterlattmayr
Feichtner
Maurer
Egarter
Haidgerber
1080
Polz
Moser
1450
Oberlahner
Räber
1475
Obertreidner
Untertreidner
Hotscher
1394
Gunglwaldegg
Plörr
Burger
Oberwieser
1332
Häusler Säge
1332
Bachmann
Mesnerwirt
Oberinn
Auna di Sopra
Mair zu Egg
1313
1436
Gunglwald
Gruber
Weber
Maria Saal
S. Maria
M. Saal
Perl
Hexenbödele
1126
Schwalbe
Schwaiger
Lengstein
Longostagno
Wieserhof
Am Kaiserweg
Lengsteiner Hof
Kircher
Emmersbach
Kolbenwies
Himmelreich
1315
Bannwald
Ritzfelder Lacken
1301
Ritzfeld
Erdpyramiden
Piramidi di terra
St. Nikolaus
S. Nicolò
Mittelberg
Monte di Mezzo
1131
Schmied
1257
Weber
Ebner
1349
Ronacher
1230
Gebrack
Camporonco
Waldbaumer
Kleehof
1360
Schroff
1302
Keewiesen
Riggermoos
Kemater Weiher
Lobishof
1256
Bühler
Prast
1303
Pigneter
Kematen
Caminata
Schartner Alm
Pfoshof
1260
Winkler
Rierhof
961
Erdpyramiden
Piramidi di terra
Bacherle
1286
Moserhof
1290
1320
Kematen
1322
Riggermoos
Hl. Kreuz
Flanderer
Plattl
Waldroderer
Joggum
878
Lochmühle
Gde. Ritten
Com. Renon
Gaiderin
Spögler
Wiesenhof
1266
Rittner Stube
Amtmann
Lengmoos
Longomoso
Finsterbachgraben
Antlas
Waldrast
Wiesenheim
Arena Ritten
Kaiserau
Hofer
Am Gstrahl
1342
1363
Gstrahlwiesen
Viehweider
Rittner Bahn
Waldfrieden
Walzer
Atzwang
Campodazzo
Atzwanger Aussicht
Ober-di Sopra
Urbankeller
1154
Klobenstein
Collalbo
Ebenhof
H.Aschner
1177
Südtiroler Hof
Kaserhof
Lamatrekking
1332
Lichtenstern
Stella
Alte Post
Bürgerstube
Rössler
Obersteiner
Kohl
Pipper
1140
Siffian
Siffiano
St. Peter
S. Pietro
Rieser
Riesenwand
Raststätte Schlern/Sciliar
Wassererhof
Walter
Rappersbichl
Winkler
Waldnereck
Oberbozen
Soprabolzano
Rinner
Waldnereck
1301
Untertrotner
Weber im Moos
1120
Buchner
1130
Alte Mühle
Rösslerbach
986
Nieder-stetter
Überbacher
Pigneter
Ebner
508
Grottner
Völser
Fass
Bienenmuseum
Pirnwald
Maurer
Forstner
Rittneregg
1111
Rösslerbachtal
Nock
Rielinger
776
Matschun
Buchhütt
1143
1173
Wolfsgruben
Costalovara
Gasterer See
Kohl
Aufsteller
Rauchhof
Gasters
Ruine Stein
Ober-
Wolfsgrübner See
L. di Costalovara
1176
1241
Erdpyramiden
Piramidi di terra
Stadler
Tasegger
847
835
Genagner
Unter-
Eggerer
Girst
Zieth
1067
Oberhamm
Marx
St. Peter
Oberwald
1272
Forsterer
Kofler
1097
Saggut
Kohl
1005
Hinterhuber
Rippen
Le Coste
Torggler
Völser Hof
1259
1264
Oberstiel
Vorderhuber
Biemler
842
Pernegg
Eisinger
Völsersteg
342
Jager
Schwarze Lacke
Biotop
1234
Signater Kopf
Troidnerhof
888
Pirbamer
Unterinn
Auna di Sotto
Wunder
Moar im Dorf
Steg
Besserer
425
Erfrischungs-stelle
0
500 m
Signater Aussicht
Unter-stiel
Eben-
Eschenbach
St. Sebastian auf der Weit
Plabhart
Münicher
Ruß
Kamod
Gump
Grafoar
Schlerngebiet
12
23

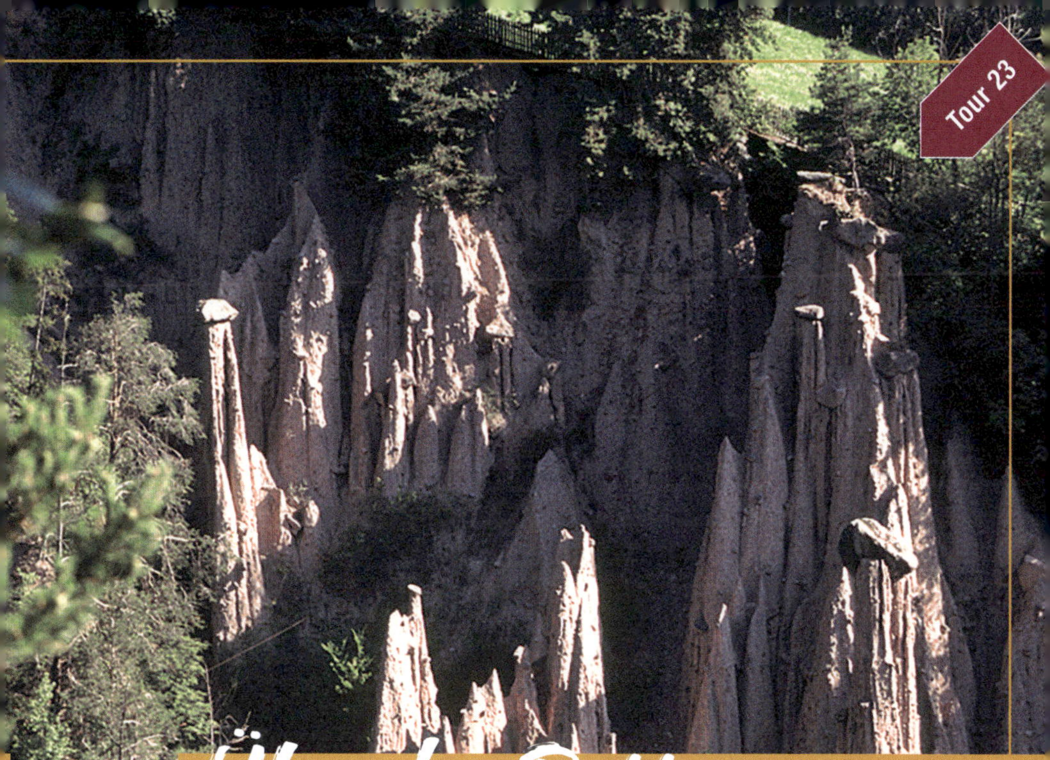

Tour 23

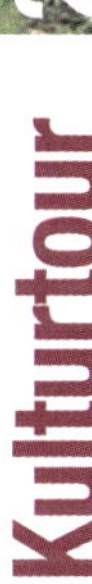

Über den Ritten

Erdpyramiden und Panoramablicke

DAUER	3h 15min
LÄNGE	9,5 km
HÖHENMETER	340 hm
SCHWIERIGKEIT	LEICHT
MIT ÖFFIS ERREICHBAR	ja

Das erwartet dich ...

Die Rundwanderung führt uns vornehmlich über bequeme Wanderwege. Dabei gestaltet sie sich als äußerst abwechslungsreich: Unterwegs entdecken wir die höchsten und formschönsten Erdpyramiden Europas, die malerische Wallfahrtskirche Maria Saal und ein altes Bauernbad. Hier kann man auch gemütlich einkehren und die Seele baumeln lassen.

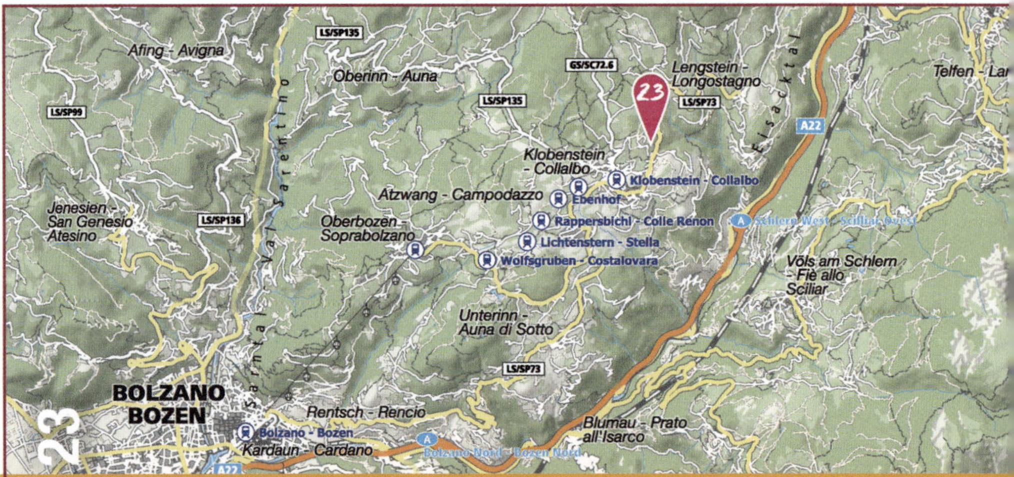

Kulturtour 23

Start & Ziel & Anreise

Die Wanderung beginnt bei Lengmoos. Von Bozen führt uns die SP22 über Klobenstein direkt nach Lengmoos. Parkmöglichkeiten gibt es beim Sporthotel Spoegler nördlich des Ortes. Von Bozen fährt der Bus Nr. 165 über Klobenstein nach Lengmoos.

Tourenbeschreibung

Die gemütliche Runde lässt tatsächlich keine Wünsche offen: Ob naturkundliche Entdeckungen an den bizarren Formen der Erdpyramiden, das kulturhistorisch interessante Kirchlein Maria Saal aus dem 17. Jahrhundert oder das alte Bauernbad Bad Siess. Seine Heilwasser soll vor allem beim Rheumatismus geholfen haben. Das Wasser hat einen leicht süßlichen Geschmack und hat ihm wohl so zu seinem Namen verholfen. Heute befindet sich hier ein traditionell geführtes Gasthaus, das zu feiner Südtiroler Küche einlädt.

In Lengmoos folgen wir vom Hotel Spoegler zunächst der Fahrstraße Richtung Norden. Kurz nach dem Café Erdpyramiden zweigt rechts ein breiter Fußweg ab. Die Markierung Nr. 24 bringt uns in nur wenigen Minuten an das eigenartige Gebilde aus Lehm. Wir überqueren den Finsterbach und steigen zur Fahrstraße hinauf. Dann halten wir uns rechts zum Gasthaus und zur Wallfahrtskirche Maria Saal.

Vom Asphaltsträßchen zwischen Gasthaus und Kirche geht links ein Wiesenweg ab (Mark. Nr. 8). Wir gelangen wieder auf Asphalt und am Oberpichlerhof gehen wir links vorbei zu einer Gabelung. Hier verlassen wir unsere Markierung und halten uns links, kurz darauf biegen wir rechts ein. Der Markierung 33 folgen wir darauf nach links geradeaus. Dann steigen wir mit Markierung 24a nach rechts bergauf. Am Bach entlang erreichen wir eine Straße. Hier folgen wir Richtung „Finkhof" und zweigen vor dem Wald rechts über eine Brücke ab. Mit der Markierung Nr. 24 wandern wir durch ein Waldstück und über Wiesen, bis wir ziemlich steil zum Gasthaus Bad Siess aufsteigen.

Nach einer Rast wenden wir uns nach Westen auf einen breiten Waldweg. Angenehm steigen wir der Markierung Nr. 8 folgend zum Gasthaus Tann hinauf. Hier halten wir uns links zur Fahrstraße hinab, 50 Meter später biegen wir rechts auf einen Schotterweg Richtung „Klobenstein, Kematen" ab. Vor einer Wiese folgen wir der Beschilderung nach links, durch Kiefernwald hinab bis an eine Gabelung. Links gelangen wir mit der Markierung Nr. 1 direkt nach Klobenstein. Rechts können wir auf der Markierung Nr. 28 einen kurzen Abstecher am Kemater Weiher vorbei zum Gutshof Kematen machen. Von dort aus folgen wir dann der Markierung Nr. 29 ostwärts in den Wald. Am Zaun biegt der Pfad nach rechts zu einer Weide. Am unteren Ende treffen wir auf die Markierung Nr. 1. Über Schotter wandern wir dann nach ein paar Häusern einige Stufen hinab auf eine Wiese. Wir überqueren sie geradeaus. Nach dem Drehkreuz folgen wir dem Waldweg nach links, an der Straße biegen wir rechts ab nach Klobenstein. Von dort aus folgen wir nach dem Kreisverkehr links dem Wanderweg nach Lengmoos (Mark. Nr. 35a).

Autoren Tipp

Einen Besuch lohnt das Imkereimuseum Plattner Bienenhof in der Nähe des Wolfsgrubener Sees. Es erzählt die Geschichte der Südtiroler Imkerei. Dabei können alte Bienenkörbe, Bienenkästen, Honigschleudern und -pressen und Imkerwerkzeug besichtigt werden. Ein Freigelände mit Lehrpfad informiert über den bienenkundlichen Teil. Eine Honigverkostung rundet den Besuch ab. Imkereimuseum – Plattner Bienenhof, Oberbozen, Wolfsgruben 15, Ritten, Tel. +39 0471 345350. www.museo-plattner.it

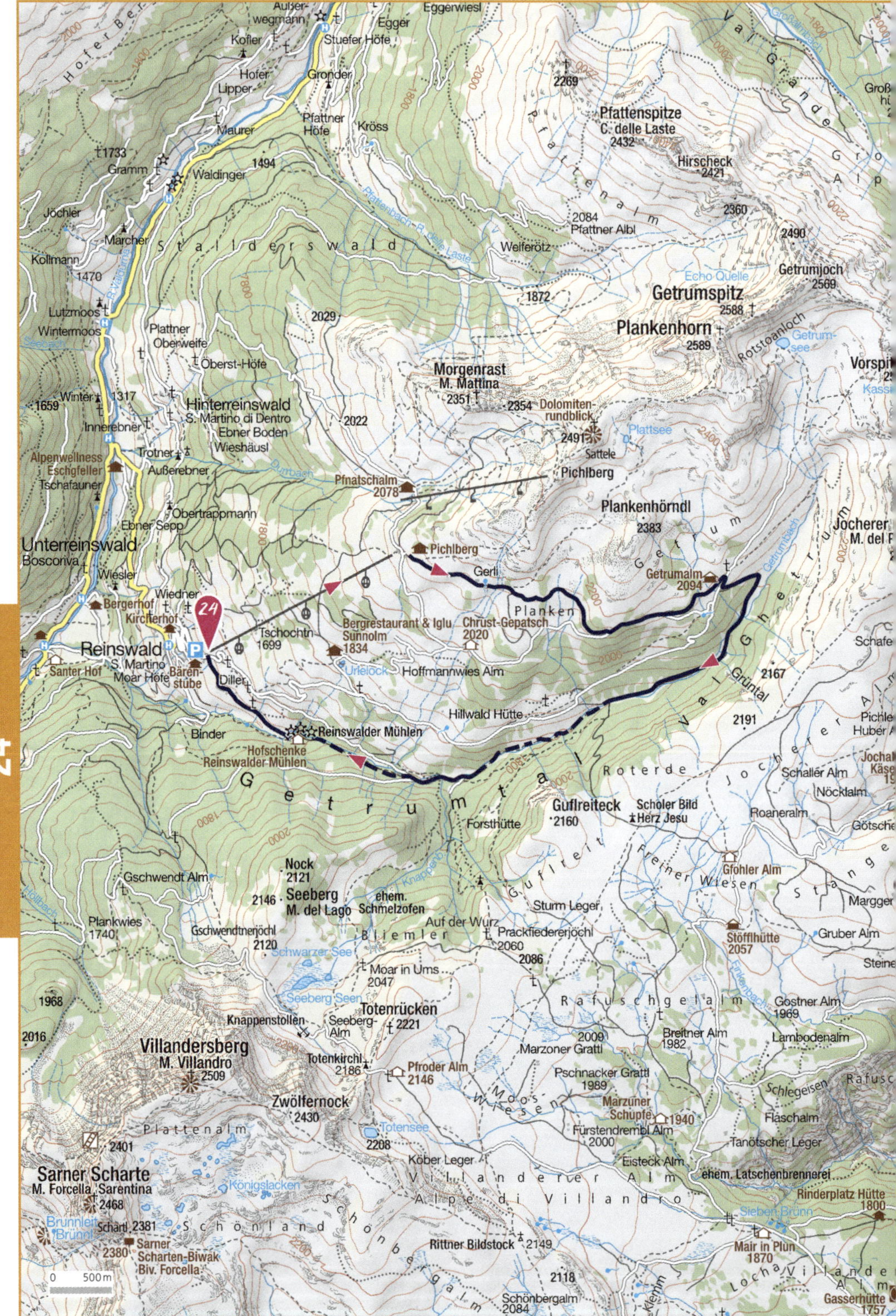

Außer-wegmann
Eggerwiesl
Egger
Stuefer Höfe
Kofler
Hofer Berg
Hofer
Gronder
Lipper
Pfattner Höfe
Kröss
Maurer
2269
Pfattenspitze
C. delle Laste
2432
Hirscheck
2421
Val Grande
Groß Alp
1733
Gramm
Waldinger
1494
Pfattenalm
2360
Jöchler
Marcher
Stalldersswald
Pfattenbach R. delle Laste
2084
Pfattner Albl
2490
Kollmann
1470
Weiferötz
Echo Quelle
Getrumjoch
2569
Lutzmoos
Wintermoos
Seebach
Plattner
Oberweife
2029
1872
Getrumspitz
2588
Plankenhorn
2589
Rotstoanloch
Getrum-see
Vorspitz
Öberst-Höfe
Morgenrast
M. Mattina
2351
2354
Dolomiten-rundblick
2491
Winter
1317
1659
Hinterreinswald
S. Martino di Dentro
Ebner Boden
Wieshäusl
2022
Innerebner
Plattsee
Sattele
Alpenwellness
Eschgfeller
Tschafauner
Trotner
Außerebner
Durbach
Pfnatschalm
2078
Pichlberg
Obertrappmann
Plankenhörndl
2383
Ebner Sepp
Unterreinswald
Boscoriva
Pichlberg
Jocherer
M. del P
Wiesler
Gerli
Getrum
Getrumalm
2094
Wiedner
Bergerhof
Kirchlerhof
Planken
24
Tschochtn
1699
Bergrestaurant & Iglu
Sunnolm
1834
Chrust-Gepatsch
2020
Reinswald
S. Martino
Moar Höfe
Bären-stube
Santer Hof
Urlelock
Hoffmannwies Alm
Diller
Grüntal
2167
Val Ghetrum
Schafe
Hillwald Hütte
2191
Binder
Reinswalder Mühlen
Hofschenke
Reinswalder Mühlen
Pichle
Huber A
Getrumtal
Roterde
Jocherer
Schaller Alm
Nöcklalm
Gufreiteck
2160
Scholer Bild
Herz Jesu
Forsthütte
Roaneralm
Gotsche
Nock
2121
Gschwendt Alm
Seeberg
M. del Lago
2146
ehem. Schmelzofen
Gufreit
Freiner Wiesen
Gfohler Alm
Stange
Sturm Leger
Margger
Plankwies
1740
Gschwendtnerjöchl
2120
Bliemler
Auf der Wurz
Prackfiedererjöchl
2060
Stöfflhütte
2057
Gruber Alm
Schwarzer See
2086
Steine
Moar in Ums
2047
1968
Seeberg Seen
Totenrücken
Rafuschgelalm
Gostner Alm
1969
Knappenstollen
Seeberg-Alm
2221
2016
Breitner Alm
1982
Lambodenalm
Villandersberg
M. Villandro
2509
Totenkirchl
2186
Pfroder Alm
2146
2009
Marzoner Grattl
Pschnacker Grattl
1989
Schlegeisen
Moos Wiesen
Zwölfernock
2430
Marzuner Schupfe
1940
Fläschalm
Plattenalm
Totensee
2208
Fürstendrembl Alm
2000
Tanötscher Leger
2401
Köber Leger
Eisteck Alm
Sarner Scharte
M. Forcella Sarentina
2468
Villanderer Alm
Alpe di Villandro
ehem. Latschenbrennerei
Rinderplatz Hütte
1800
Königslacken
Sieben Brünn
Brunnleit Brünnl
Scharti 2381
Schönland
Schönbergalm
Rittner Bildstock
2149
Mair in Plun
1870
2380
Sarner Scharten-Biwak
Biv. Forcella
Villander Alm
Locha
0
500 m
2118
Schönbergalm
2084
Klemm
Gasserhütte
1757

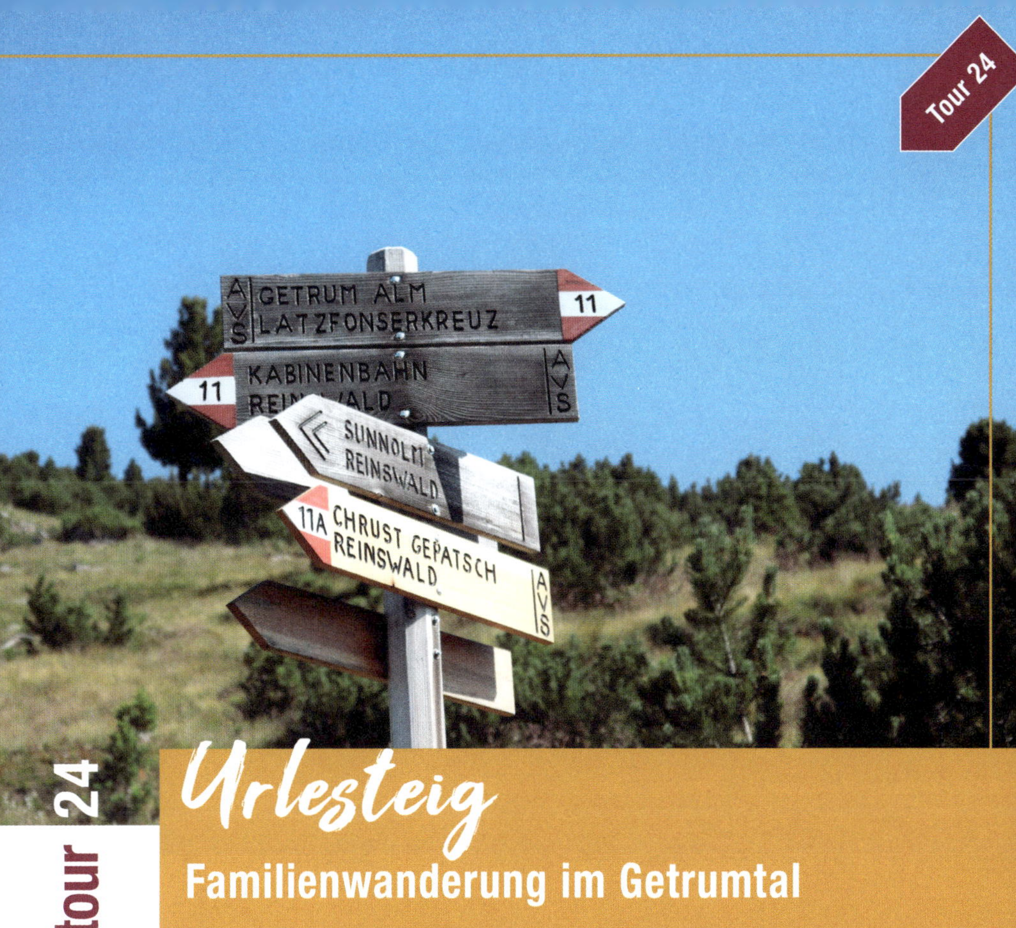

Erlebnistour 24

Urlesteig

Familienwanderung im Getrumtal

DAUER	2h 45min
LÄNGE	8,8 km
HÖHENMETER	50 hm
SCHWIERIGKEIT	LEICHT
MIT ÖFFIS ERREICHBAR	ja

Das erwartet dich ...

Die Runde führt uns über bequeme Wander- und Fahrwege und stellt alles in allem eine sehr leichte Wanderung dar, die für die ganze Familie geeignet ist. Dank der Aufstiegshilfe der Reinswald-Seilbahn haben wir nur wenige Höhenmeter im Anstieg zu überwinden. Auf dem Urlesteig können die Kinder klettern, erforschen, auf die Riesenlibelle kraxeln, mit dem Floß den Teich erkunden und im Latschenlabyrinth den richtigen Weg finden.

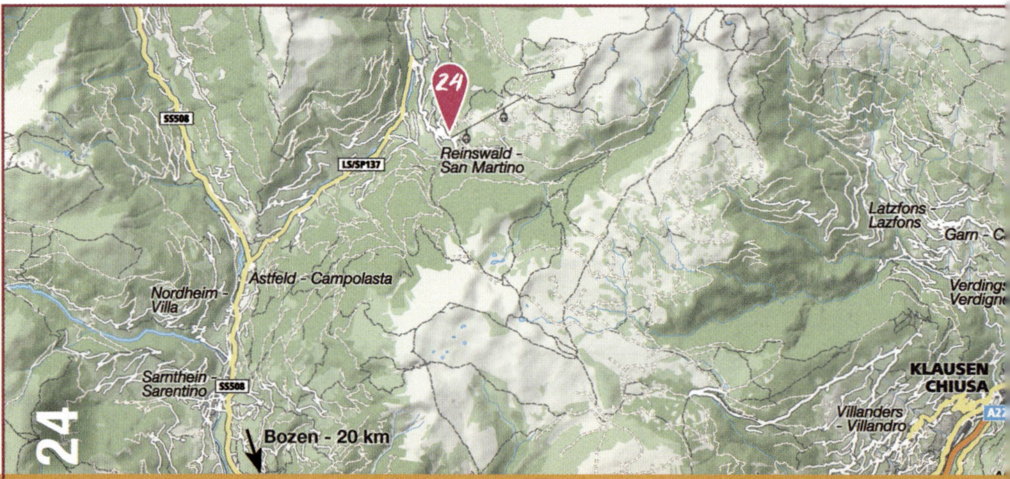

Start & Ziel & Anreise

Die Talstation der Reinswald-Seilbahn erreichen wir von Bozen aus über die Sarntaler Straße/SS 508. Parkmöglichkeiten befinden sich bei der Talstation in Reinswald. Stündlich fährt von Bozen aus der Bus Nr. 150 nach Astfeld. Hier Umstieg in den Bus Nr. 152 Richtung Valdurna, Haltestelle Reinswald.

Tourenbeschreibung

Benannt nach den „Urlelockn", zwei kleinen, sagenumwobenen Weihern in der Nähe von Reinswald, unterteilt sich dieser Naturerlebnispfad in sechs Etappen und informiert zu unterschiedlichen Themen. Die Weiher sollen sich in der Mitte Südtirols befinden. Der Steig ist schnell von der Bergstation der Reinswald-Seilbahn erreichbar. Hier ist Abenteuer und Spaß garantiert: Ob im Latschenlabyrinth, bei den Balanciermöglichkeiten oder im Baumhaus. Dabei erfahren wir viel Wissenswertes über die heimische Tier- und Pflanzenwelt, über Bergbäche und Almeinkehr.

Bei der Bergstation der Kabinenbahn Reinswald folgen wir zunächst einem Fahrweg nach links; er führt uns an der großen Pichlberghütte vorbei. Mit der Markierung Nr. 11 steigen wir nicht besonders steil über die Wiesenhänge an. Zwanzig Minuten später stehen wir auf dem höchsten Punkt und kommen zur ersten

Station des Urlesteiges mit Einblicken in die Almwirtschaft. Gemütlich queren wir danach die Latschenhänge, erfrischen uns an einer Kneippanlange und erreichen schließlich die Getrumalm. Nach einer wohlschmeckenden Einkehr gehen wir kurz die Almzufahrt entlang bis zum Urlesteig, der nun mit der Markierung Nr. 7a nach links ins Getrumtal hinabführt.

Eine Variante des Urlesteiges führt von der Bergstation zur Pfnatschalm. Die Wasserräder laden zum Spielen und Planschen ein, auf einem Holzfloß kann ein Teich überquert werden. Über die Hänge des Pichlbergs gelangt man dann zur Sunnolm hinab. Die heimische Tierwelt steht hier im Vordergrund. Hinter dem Gasthaus und den Urlelacken steigt man auf dem Weg Nr. 8 und 7 zur Talstation der Seilbahn ab.

Wir wandern talauswärts, begleitet vom rauschenden Bach. Dabei wechseln wir mehrmals die Bachseite. Dann mündet der Weg in die Kehre einer Forststraße, der wir weiter aus dem Tal hinaus folgen, noch immer am Bach entlang. Kleine Wanderer haben die Möglichkeit, bei einem „U-Boot" über dem Bach dem Gurgeln des Wassers zu lauschen und beim Balancieren ihr Gleichgewicht zu testen. Bei den Reinswalder Mühlen haben wir dann nochmals die Gelegenheit zu einer gemütlichen Einkehr. Dann überqueren wir den Bach und kehren leicht ansteigend zur Talstation der Reinswald-Seilbahn zurück.

Ein U-Boot lädt zur Bacherkundung ein

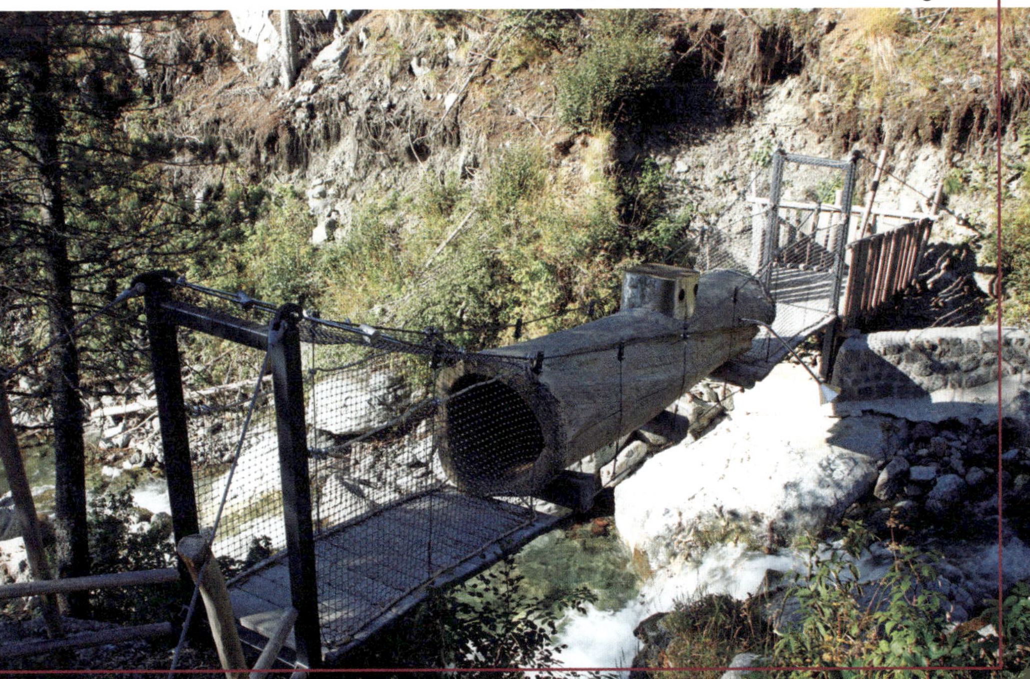

Unser Highlight

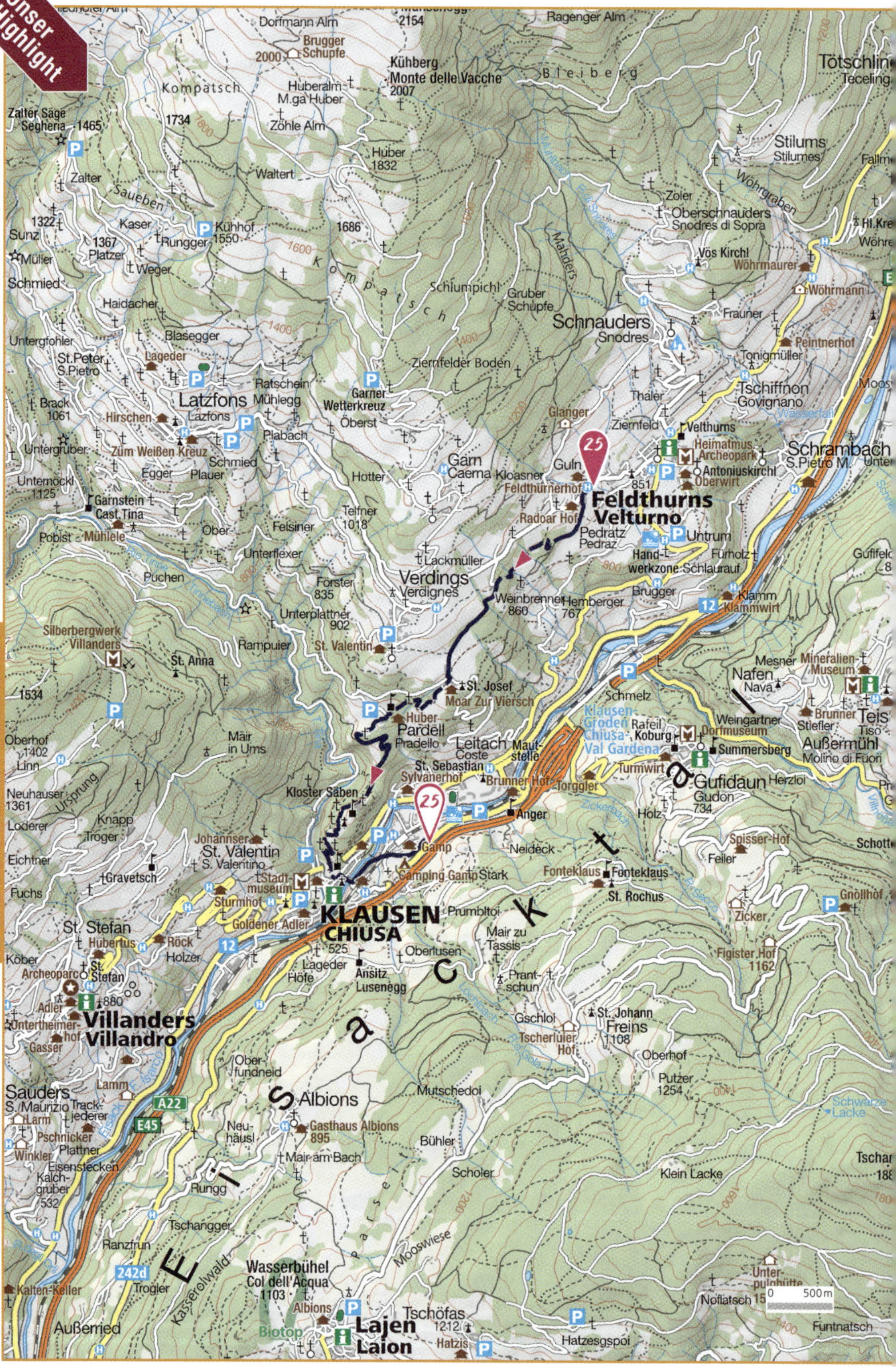

25

Feldthurns
Velturno
Klausen
Chiusa
Latzfons
Lazfons
Verdings
Verdignes
Pardell
Pradello
Schnauders
Snodres
Tschiffnon
Govignano
Schrambach
S.Pietro M.
Gufidaun
Gudon
Villanders
Villandro
Albions
Lajen
Laion
St. Valentin
S. Valentino
St. Stefan
Kloster Säben
Leitach
Coste
Nafen
Nava
Teis
Tiso
Außermühl
Molino di Fuori
Kühberg
Monte delle Vacche
2007
Kompatsch
Bleiberg
Stilums
Stilumes
Tötschling
Teceling
Oberschnauders
Snodres di Sopra
Garn
Caerna
Wasserbühel
Col dell'Acqua
1103
Tschöfas
1212
St. Johann
Freins
1108
Sauders
S. Maurizio
Eisack
Dorfmann Alm
Brugger Schupfe
2000
Huberalm
M.ga Huber
Zöhle Alm
Zalter Säge
Seghena
1465
Rungger
Kühhof
1550
Garnstein
Cast. Tina
Silberbergwerk
Villanders
Camping Gamp
Gamp
Neideck
Fonteklaus
St. Rochus
Klausen-Gröden
Chiusa-Val Gardena
A22
E45
12
242d
0 500 m

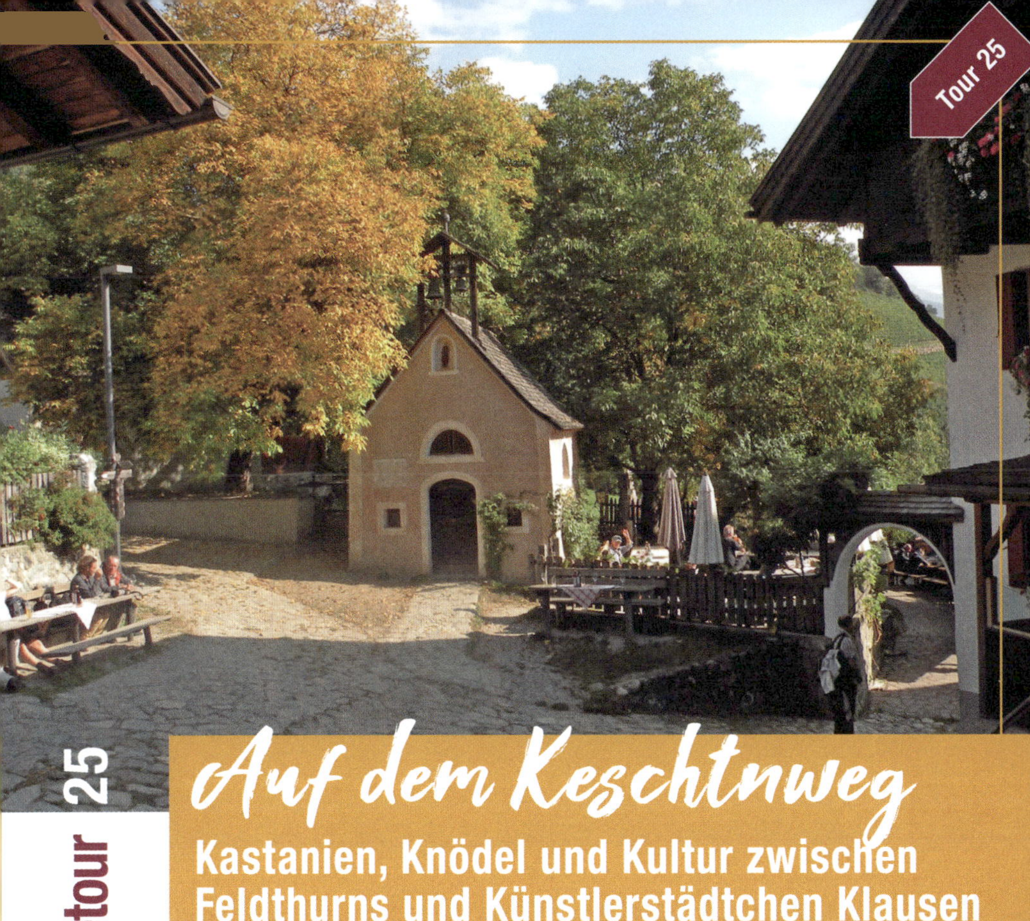

Törggeletour 25

Auf dem Keschtnweg

Kastanien, Knödel und Kultur zwischen Feldthurns und Künstlerstädtchen Klausen

DAUER	2h 15min
LÄNGE	6 km
HÖHENMETER	95 hm
SCHWIERIGKEIT	LEICHT
MIT ÖFFIS ERREICHBAR	ja

Das erwartet dich ...

Der Eisacktaler Kastanienweg ist einheitlich mit einem grünbraunen Kastaniensymbol markiert. Ein besonders schöner Abschnitt des insgesamt 60 Kilometer langen Keschtnweges erwartet dich hoch über dem Eisacktal. Die kurze, äußerst abwechslungsreiche Wanderung lässt genügend Zeit für die kulturellen Höhepunkte zu Beginn und Ende der Tour. Für leibliche Genüsse wird zur Törggelezeit unterwegs im Radoarhof, im Ansitz Moar zu Viersch und beim Huber in Pardell gesorgt.

Unser Highlight

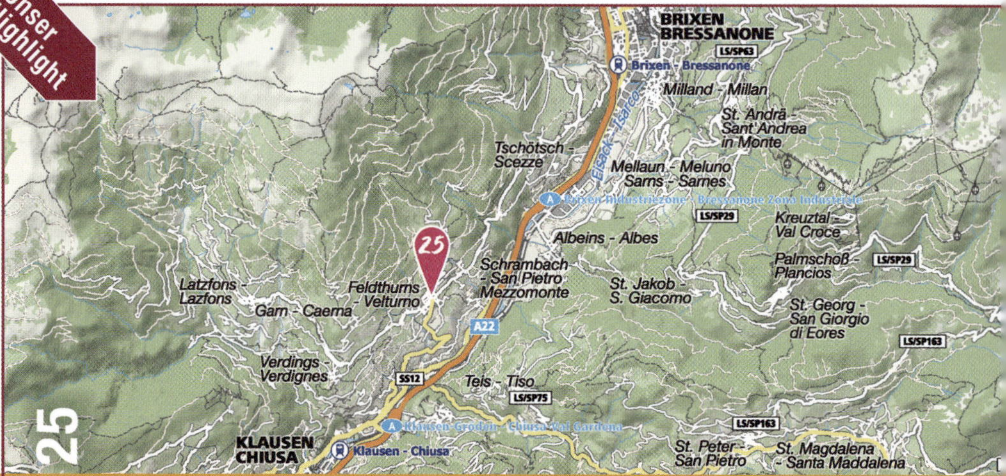

Törggeletour 25

Start & Ziel & Anreise

Ausgangspunkt der Wanderung ist Feldthurns (kostenfreier Parkplatz am Ortseingang). Mit dem Auto auf der A22 Ausfahrt Klausen/Gröden. Aus Richtung Bozen kommend von der SS 12 kurz hinter Klausen links bzw. von Brixen kommend kurz vor Klausen rechts abbiegen. Nach 4 Kilometern ist Feldthurns erreicht. Mit dem Bus ab Bahnhof Klausen oder ab Bahnhof Brixen nach Feldthurns. Vom Endpunkt der Wanderung ab Bahnhof Klausen mit dem Bus Linie 343 (13:32 h, 15:32 h, 17.32 h) zurück zum Ausgangspunkt.

Tourenbeschreibung

Zu Beginn wartet ein Kunstgenuss. Leicht könnte man das von außen unscheinbare Schloss Velthurns links liegen lassen und würde so die prächtigste Renaissance-Residenz in Südtirol verpassen. „Man sieht nur was man weiß", das berühmte Goethe Zitat bewahrheitet sich einmal mehr. In der ehemaligen Sommerresidenz der Brixner Bischöfe beeindrucken geschnitzte Portale, Öfen, allegorische Wandmalereien, Intarsienarbeiten und eine Sammlung Südtiroler Kunstwerke.

Nach dem ersten Kunstgenuss geht man zum südlichen Dorfausgang beim Antoniuskirchlein vorbei aus dem Ort hinaus. Direkt am Weg folgt bald der Radoarhof mit Weingut, Brennerei, Hofladele und Buschenschank.

Von hier steigt man einen kurzen steilen Hang hinauf und folgt dem breiten Hauptweg nach links. Mit dem Kastaniensymbol als Markierung werden wir in südliche

Richtung geleitet, durchwandern einen schönen Kastanienhain und erreichen den alten Ansitz Moar zur Viersch mit schöner Wiesenkapelle, uraltem Kastanienbaum und Blick auf die Geislergruppe der Dolomiten. Typische Törggelegerichte werden hier an Wochenenden von Ende September bis Anfang Dezember angeboten.

Weiter in der abwechslungsreichen Kulturlandschaft über einen Hügel mit Mischwald und Kastanienbäumen, danach durch Obstanlagen ist es zum Gasthof Huber in Pardell nicht mehr weit. Gemütliche Gaststuben und ein aussichtsreicher weitläufiger Gastgarten laden zum Verweilen ein. Noch ein Blick auf die Tafel an der Kapellenwand, die an die Schlacht von Pardell 1797 und die napoleonischen Befreiungskriege erinnert, dann wird es Zeit bei allem Kultur- und Geschichtsinteresse die leiblichen Genüsse nicht zu vergessen. Legendär sind die Rohnenknödel schon fast zu nennen; mit Rote Bete zubereitete Knödel in Gorgonzolasauce oder als Tris mit Spinat- und Käseknödel.

Nach ausgiebiger Rast geht es auf asphaltiertem Sträßchen und breitem Feldweg in Kehren bergab bis auf einen Sattel. Ab hier führt ein steiler Aufstieg direkt in den Innenhof von Kloster Säben. Das Benediktinerinnen-Kloster entstand 1685 mit vier Kirchen. Im September 2021 zogen die letzten Benediktinerinnen aus.

Von der Klosterburg Säben wandern wir auf dem alten Wallfahrtsweg abwärts, passieren einen Felsentunnel und folgen ab der Liebfrauenkirche einem gepflasterten Stationenweg zur efeuberankten Burg Branzoll aus dem 13. Jahrhundert (Privatbesitz). Schließlich gelangen wir über einen schmalen Stiegenaufgang direkt ins Zentrum des Künstlerstädtchens Klausen. Die malerische Altstadt ist geprägt von schönen Häuserfassaden mit Erkern und wurde früher gerne von Malern besucht. Das Flair des Städtchens lässt man gerne auf sich wirken, um dann mit dem Bus zurück nach Feldthurns zu fahren.

Autoren Tipp

Die Edelkastanie (castanea sativa) wurde von den Römern nach Südtirol gebracht. Die äußerst gesunde Frucht diente in früheren Zeiten als Nahrungsgrundlage der bäuerlichen Bevölkerung und ist heute eine hoch geschätzte Spezialität. Besondere Wertschätzung findet die Frucht in den „Eisacktaler Kastanienwochen" und am „Keschtnweg" von Kloster Neustift bei Brixen bis zur Bilderburg Runkelstein bei Bozen. Ein Weg für alle Sinne mit Kulturdenkmälern und Traumblicken auf die gegenüberliegenden Dolomiten. Und natürlich mit Buschenschänken am Weg, wo man im Herbst gebratene Kastanien und einen Eisacktaler Wein dazu genießt.

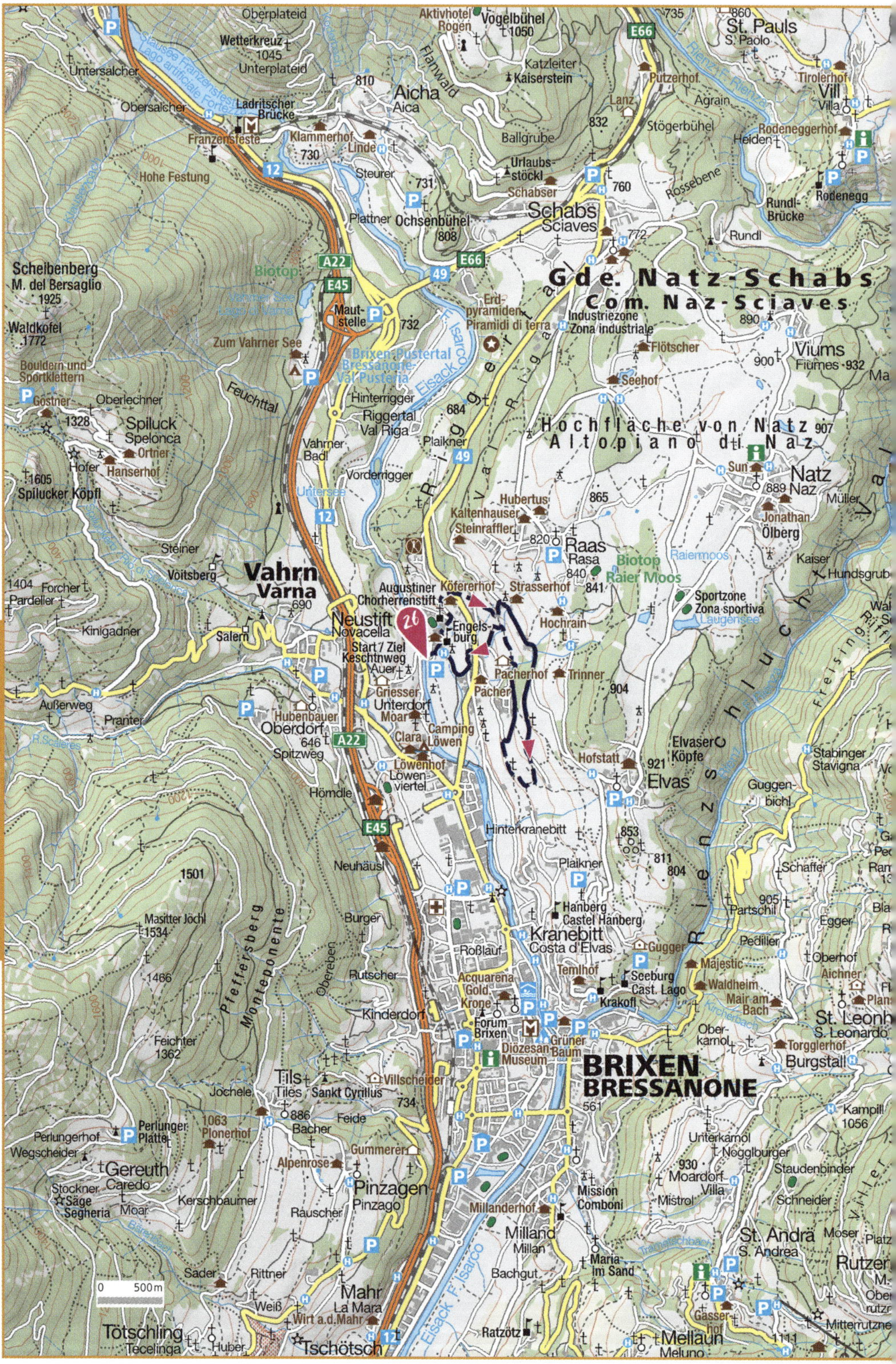

26

Oberplateid
Wetterkreuz 1045
Unterplateid
Untersalcher
Obersalcher
Stausee Franzensfeste / Lago artificiale Fortezza
Ladritscher Brücke
Franzensfeste
Klammerhof
Linde
730
810
Aicha / Aica
Aktivhotel Rogen
Vogelbühel 1050
Flanwald
Katzleiter
Kaiserstein
Ballgrube
832
Lanz
Putzerhof
735
E66
860
St. Pauls / S. Paolo
Tirolerhof
Vill / Villa
Agrain
Stögerbühel
Rodeneggerhof
Heiden
Rodenegg
Rundl-Brücke
Rundl
Rossebene
Hohe Festung
12
Steurer
731
Urlaubs-stöckl
Schabser
760
Plattner
Ochsenbühel 808
Schabs / Sciaves
772
Scheibenberg / M. del Bersaglio 1925
Biotop
A22
E45
E66
49
Vahrner See / Lago di Varna
Maut-stelle
732
Erdpyramiden / Piramidi di terra
Industriezone / Zona industriale
Gde. Natz-Schabs / Com. Naz-Sciaves
890
Waldkofel 1772
Zum Vahrner See
Brixen-Pustertal / Bressanone-Val Pusteria
Eisack
Flötscher
Vikumss 900
Vigums / Fiumes 932
Bouldern und Sportklettern
Seehof
Feuchttal
Gostner
Oberlechner
1328
Spiluck / Spelonca
Ortner
Hofer
Hanserhof
1605
Spilucker Köpfl
Hinterrigger
Riggertal / Val Riga
684
Plaikner
Vahrner Bad
Vorderrigger
49
Riggertal
Val Riga
Hochfläche von Natz / Altopiano di Naz
907
Sun
Natz / Naz
889
Müller
Jonathan
Ölberg
Untersee
12
Hubertus
Kaltenhauser
Steinraffler
865
820
Raas / Rasa
840
841
Biotop Raier Moos
Raiermoos
Kaiser
Hundsgrube
Steiner
Voitsberg
Vahrn / Varna
690
1404
Forcher
Pardeller
Augustiner Chorherrenstift
Neustift / Novacella
Köfererhof
Strasserhof
Sportzone / Zona sportiva
Laugensee
Kinigadner
Salern
Start / Ziel Keschtnweg
Engelsburg
Hochrain
Auer
Pacherhof
Trinner
Pacher
904
Außerweg
Pranter
Hubenbauer
Oberdorf
646
Spitzweg
Griesser
Unterdorf
Moar
Camping
Clara
Löwen
A22
Elvaser Köpfe
921
Elvas
Hofstatt
Guggenbichl
Stabinger / Stavigna
Rienzschlucht
Freising
Löwenhof
Löwenviertel
Hömdle
E45
Hinterkranebitt
853
811
804
Neuhäusl
Plaikner
1501
Mastter Jöchl 1534
Pfeffersberg / Monteponente
Obereben
Burger
Hanberg / Castel Hanberg
Kranebitt / Costa d'Elvas
905
Partschil
Schaffer
Egger
Pediller
1486
Rutscher
Roßlauf
Acquarena
Gold. Krone
Forum Brixen
Temlhof
Gugger
Seeburg / Cast. Lago
Krakofl
Majestic
Waldheim
Mair am Bach
Oberhof
Aichner
St. Leonhard / S. Leonardo
Kinderdorf
Diözesanmuseum
Grüner Baum
Oberkarnol
Torgglerhof
Burgstall
Feichter 1362
BRIXEN / BRESSANONE
561
Tils / Tiles
Sankt Cyrillus
Villscheider
734
Jochele
886
Bacher
Feide
Perlunger Platte
Perlungerhof
1063
Plonerhof
Wegscheider
Unterkarnol
Kampill 1056
Nogglburger
Staudenbinder
Gummerer
Alpenrose
930
Moardorf / Villa
Gereuth / Caredo
Stockner
Säge / Segheria
Moar
Kerschbaumer
Pinzagen / Pinzago
Rauscher
Mistrol
Schneider
Mission Comboni
Millanderhof
Milland / Millan
St. Andrä / S. Andrea
Moser
Rutzer
Tramerbach
Maria im Sand
Sader
Rittner
Bachgut
Mahr / La Mara
Weiß
Wirt a.d.Mahr
Gasser
Mitterrutzner
1111
Ratzötz
Eisack / F. Isarco
12
Tötschling / Tecelinga
Huber
Tschötsch
Mellaun / Meluno
0 500 m

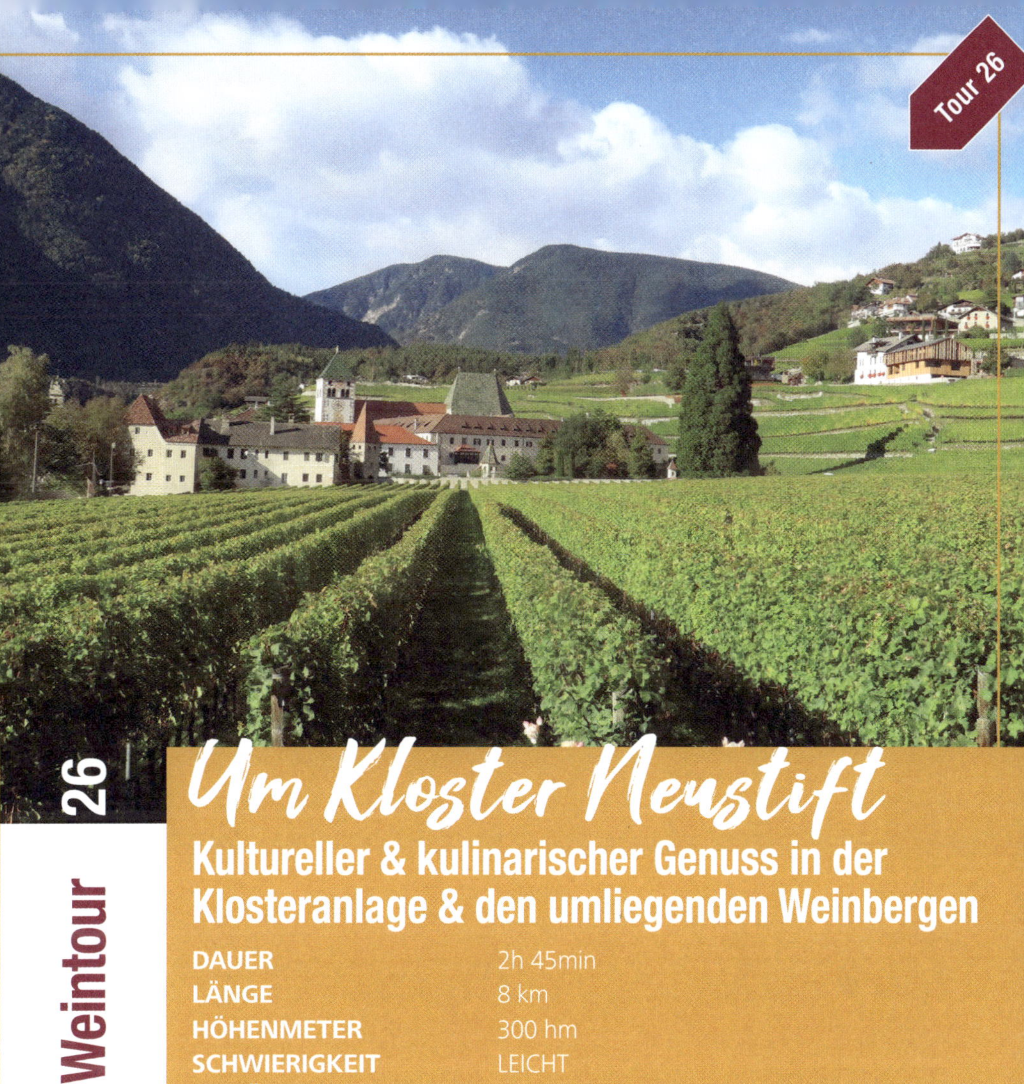

Weintour 26

Um Kloster Neustift

Kultureller & kulinarischer Genuss in der Klosteranlage & den umliegenden Weinbergen

DAUER	2h 45min
LÄNGE	8 km
HÖHENMETER	300 hm
SCHWIERIGKEIT	LEICHT
MIT ÖFFIS ERREICHBAR	ja

Das erwartet dich ...

Im oberen Eisacktal befindet sich das nördlichste Weinanbaugebiet Italiens. Die uralte Weintradition wird hier gepflegt mit hoch angesehenen Ergebnissen. Der Wanderweg führt über Feldwege und wenig befahrene Straßen, ist leicht zu begehen und verbindet kulturelle Highlights mit historischen Weinhöfen. „Nichts macht mit der Landschaft vertrauter als der Genuss der Weine, die auf ihrer Erde gewachsen und von ihrer Sonne durchleuchtet sind." (Ernst Jünger, Schriftsteller und Philosoph, 1895–1998).

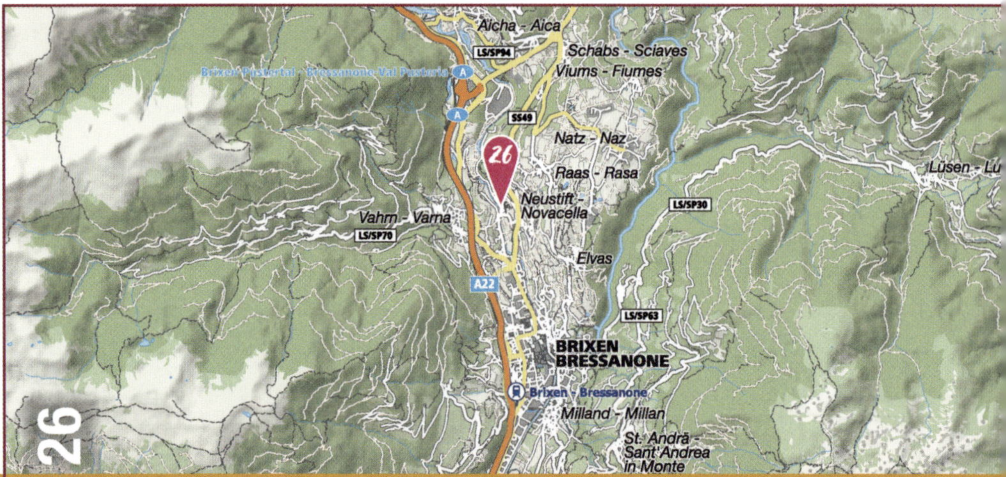

Weintour 26

Start & Ziel & Anreise

Ausgangspunkt der Wanderung ist die Klosteranlage Neustift. Vor dem Eingang befindet sich ein großer kostenfreier Parkplatz. Mit dem PKW fährt man von Süden kommend hinter Brixen bis zur Pustertaler Kreuzung (Kreisverkehr) und biegt danach rechts ab. Von der Brennerstraße von Norden kommend ist die Abzweigung zum Kloster nach links beschildert. Busverbindung ab Brixen (Bahnstation) Citybus 320 und Linie 4.

Tourenbeschreibung

Ob vor oder nach der Wanderung – ein Besuch der Klosteranlage Neustift ist obligatorisch. So kommt zum Genuss der Bewegung in schöner Landschaft auch die Bildung nicht zu kurz. Auf kleinstem Raum haben Kunstinteressierte so viel mehr Schätze zu bewundern als hier aufgezählt werden können. Nicht nur eine Barockkirche mit einem Himmel von 300 Engeln, eine Rokokobibliothek für 92.000 Bücher und einen Wunderbrunnen mit der Klosteransicht als achtem Weltwunder, daneben werden auch exzellente Weine gekeltert, die im Stiftskeller verkostet und im Klosterladen erworben werden können.

Hier beginnt unsere Weinwanderung zwischen Engelsburg und Stiftsgarten beim Türkenturm über die Weinhänge steil hinauf und beim Ölackerer Hof nach links. Am Ende des Hofes geht es auf kleinem Steig nach rechts. Orientierung gibt das Zeichen „T" für Törggelesteig. Wir erreichen die Alte Pustertaler Straße und den

Köfererhof. Der Hof bestand bereits im 12. Jh., heute ist der Köferer aufgrund der produzierten Weißweine in der Fachwelt ein bekannter Name. Vor allem der Sylvaner wurde bereits mehrfach ausgezeichnet. Im angeschlossenen Restaurant werden Südtiroler Spezialitäten angeboten.

Beim Köfererhof wird die Alte Pustertaler Straße überquert und weiter dem „T"-Symbol nach rechts ansteigend gefolgt. Wir erreichen den geschichtsträchtigen Strasserhof, der bereits im 11. Jahrhundert, also vor der Gründung des Klosters Neustift entstand. Heute werden im Buschenschank in der sehenswerten getäfelten Stube oder im Freien überwiegend hofeigene Produkte aufgetischt und von Einheimischen und Gästen im Herbst als Törggelemenüs mit den hervorragenden Eigenbauweinen genossen.

Wir verlassen den Hof mit kleiner Hauskapelle nach genussvoller Einkehr auf dem nach rechts führenden Fahrsträßchen bis zum Haus Winkler. Kurz danach wird der Weg Nr. 6a ignoriert und dem Waldweg geradeaus gefolgt. Bald geht es mit Wein- und Obstanlagen zur Linken und einem aussichtsreichen Rastplatz zur Rechten bei der nahen Kreuzung geradeaus weiter. Das „T"-Zeichen weist die Richtung auf schönem Wiesenpfad abwärts. Dieser stößt am Ende auf Weg Nr. 15. Diesem folgen wir nach rechts Richtung Neustift immer geradeaus durch Rebhänge.

Erst bei einer Weggabelung mit Kruzifix wenden wir uns nach rechts Richtung Elvas (Weg Nr. 3 und 10) bis zu einem großen Parkplatz. Hier geradeaus hinunter (Seiserleite) erreichen wir den Pacherhof. In dem stattlichen Erbhof aus dem 11. Jahrhundert wurde 1440 der Gotikmaler Friedrich Pacher geboren. In den historischen Stuben oder im Freien munden auch hier die typischen Törggelegerichte und ausgezeichneten Weißweine.

Auf der Rückseite des Pacherhofes setzt sich der Törggeleweg (T) über herrliche Weinterrassen mit Blick auf die Klosteranlage Neustift fort. Eine kleine Brücke wird überquert und am rechten Bachufer entlang geht es talwärts. An der Alten Pustertaler Straße angekommen können wir diese komfortabel unterqueren und gleichzeitig die Bachseite wechseln. Schließlich erreichen wir den Ausgangspunkt über das Zufahrtssträßchen zum Kloster.

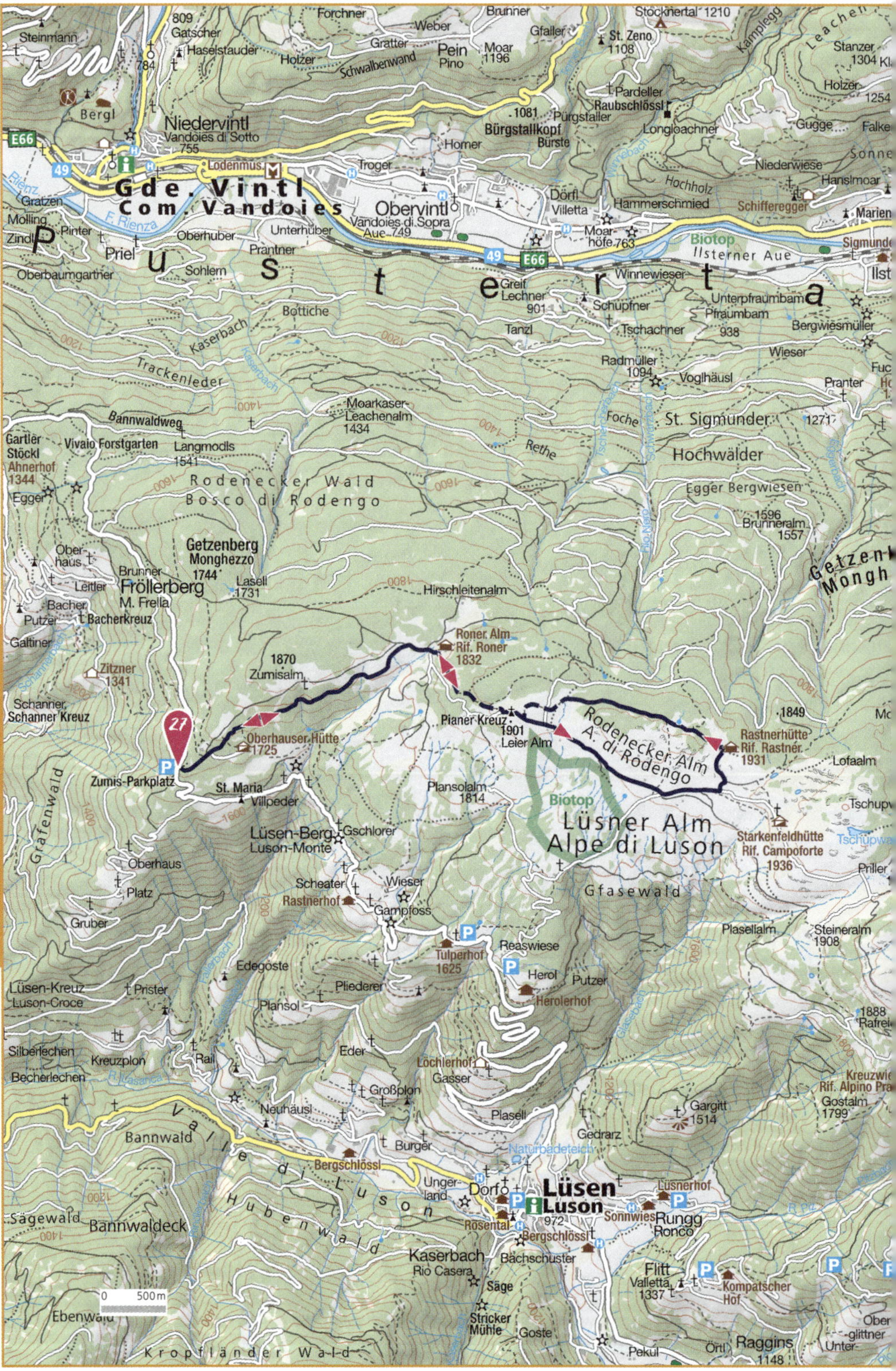

27

Niedervintl
Vandoies di Sotto
Gde. Vintl
Com. Vandoies
Obervintl
Vandoies di Sopra
Pein
Pino
Bürgstallkopf
Bürste
St. Zeno
Raubschlössl
Pustertal
Rodenecker Wald
Bosco di Rodengo
Getzenberg
Monghezzo
1744
Fröllerberg
M. Frella
Hirschleitenalm
Roner Alm
Rif. Roner
1832
1870
Zumisalm
Oberhauser Hütte
1725
Zumis-Parkplatz
St. Maria
Pianer Kreuz
1901
Leier Alm
Rodenecker Alm
A. di Rodengo
Rastnerhütte
Rif. Rastner
1931
Biotop
Lüsner Alm
Alpe di Luson
Starkenfeldhütte
Rif. Campoforte
1936
Lüsen-Berg
Luson-Monte
Plansolalm
1814
Tulperhof
1625
Herolerhof
Lüsen-Kreuz
Luson-Croce
Valle di Luson
Lüsen
Luson
972
Kaserbach
Rio Casera
Kropfländer Wald
0 500 m

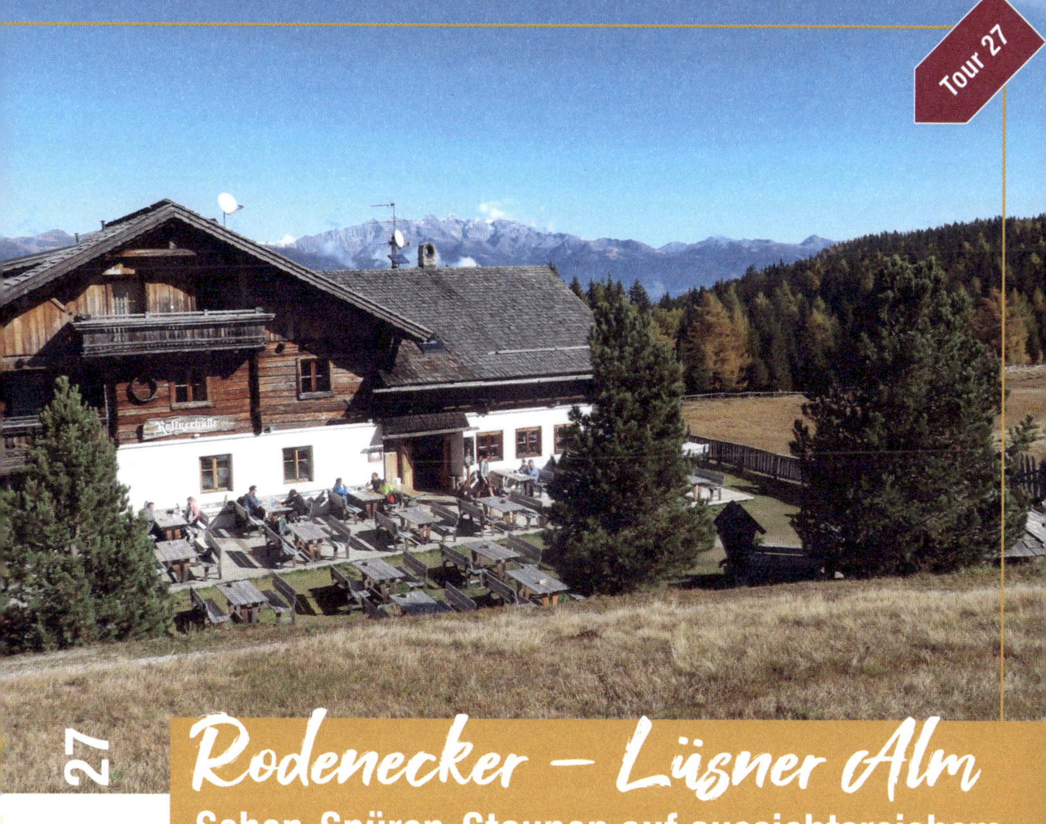

27 Almtour

Rodenecker – Lüsner Alm

Sehen-Spüren-Staunen auf aussichtsreichem Hochplateau und dem Schöpfungsweg

DAUER	3h 30min
LÄNGE	11,3 km
HÖHENMETER	250 hm
SCHWIERIGKEIT	LEICHT
MIT ÖFFIS ERREICHBAR	ja

Das erwartet dich ...

Es muss nicht immer eine schweißtreibende Bergtour sein. Das zeigt die hier vorgestellte Wanderung auf bequemen Wegen ohne große Höhendifferenzen. Dazu ein Hochplateau gespickt mit zahlreichen Almhütten, von denen einige zur Einkehr einladen. In dem weitläufigen Almgebiet erfreuen sanfte Landschaftsformen mit Zirben-, Fichten- und Lärchenbeständen, im Frühsommer bunten Bergwiesen und schönen Hochmooren. Wechselnde Ausblicke vom Alpenhauptkamm im Norden bis zum Peitlerkofel im Süden garantieren zusätzlichen Genuss.

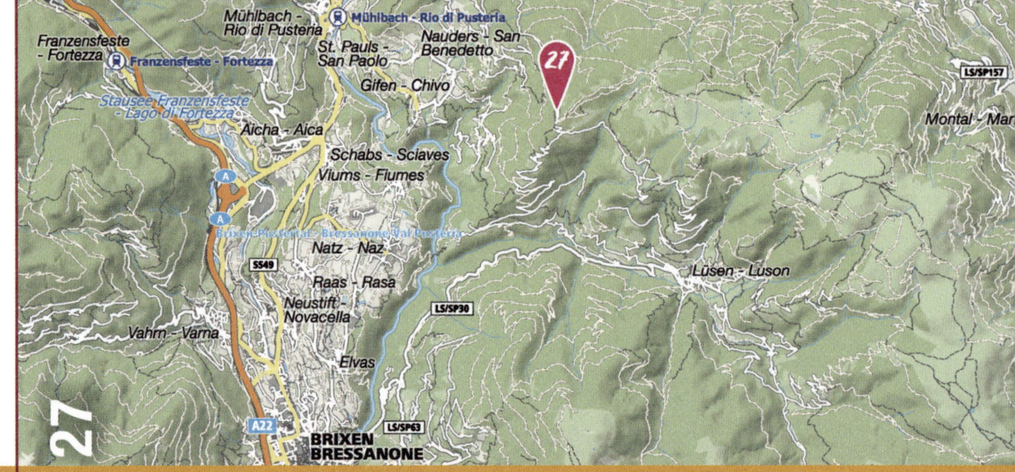

Start & Ziel & Anreise

Ausgangspunkt ist der gebührenpflichtige große Parkplatz Zumis. Mit dem PKW von der Brennerautobahn A22 bis zur Ausfahrt Brixen und in das Pustertal bis Mühlbach. Im Ortszentrum rechts bergab über eine Brücke und bergauf nach Rodeneck/Nauders. Hier der Beschilderung Lüsner Alm folgend auf schmaler Bergstraße zum Parkplatz Zumis. Von Bruneck kommend in Mühlbach links abbiegend nach Rodeneck und zum Parkplatz Zumis. Oder mit der Bahn nach Mühlbach und dem Wanderbus über Rodeneck zum Parkplatz Zumis.

Tourenbeschreibung

Vor unserer Hochlandwanderung sei ein Blick auf Schloss Rodenegg gestattet.

Die eindrucksvolle Wehrburg aus dem 12. Jh. auf einem Felsvorsprung oberhalb der Rienzschlucht ist noch heute im Besitz der Familien Wolkenstein und Thurn und Taxis und kann im Rahmen von Führungen besichtigt werden. Vielleicht ist man zur rechten Zeit am rechten Ort und kann die sehenswerten Iwein-Fresken aus dem 13. Jh. bestaunen, bevor endgültig der „Berg ruft".

Mehr als 800 Höhenmeter über der Gemeinde Rodeneck beginnt die Wanderung auf einer der größten Hochflächen Südtirols. Bis zum Start am großen Parkplatz Zumis zieht sich die Straße durch Wald empor, dann geht es endlich los auf Weg Nr. 4, auch als Confinweg bezeichnet. Der Forstweg durch den Nadelwald ist bestückt mit Kunstwerken, die mit dem Thema der sieben Schöpfungstage zur Besinnung anregen. Nach gut einer halben Stunde Gehzeit kommen wir in offenes Gelände, das den Blick Richtung Süden auf Peitlerkofel, Plose und Schlern freigibt. Durch Almgebiete mit schönem Lärchenbestand kommt man an der Roner Alm vorbei, seit 2019 mit neuem modernen, aber traditionellem Ambiente. Nach der Roner Alm wandern wir, jetzt mit Weg Nr. 2 bezeichnet, kurz bergauf. An den Stationen des fünften und sechsten Schöpfungstages vorbei kommen wir auf bequemem Almweg zum Pianer Kreuz mit Kapelle. Diese wurde 2008 von Papst Benedikt XVI. von einem Hubschrauber aus gesegnet. Während am Pianer Kreuz der Schöpfungsweg mit der Vollendung endet, geht es für uns geradeaus weiter an urigen Almhütten vorbei durch große Weidegebiete. Die Aussicht wird immer großartiger, eine Panoramatafel am Weg bringt die umliegende Bergwelt näher.

Etwa 500 Meter später gabelt sich der Wanderweg. Geradeaus könnte die bereits sichtbare Starkenfeldhütte besucht werden. Wir nehmen jedoch die Abzweigung nach links und erreichen wenig später die Rastnerhütte mit großer Sonnenterrasse.

Am Horizont erheben sich schneebedeckte Gipfel des Alpenhauptkamms im Norden.

Nach genussvoller Stärkung geht es auf kleinem Waldweg Nr.68B gemütlich dahin, über freie Weideflächen und eine schöne Moorlandschaft wieder zur Kapelle am Pianer Kreuz. Ab hier ist die nächste Etappe identisch mit dem Hinweg und zum zweiten Mal lockt die familienfreundliche Roner Alm zur Einkehr. Danach bietet sich bei der nächsten Abzweigung als Variante zum Hinweg das Almzufahrtssträßchen an, das allerdings zu Almzeiten sehr betriebsam sein kann (alternativ Rückweg wie Hinweg). Auf der Almstraße geht es bequem durch lichten Rotfichten- und Lärchenwald leicht abwärts. Die Abzweigung zur Oberhauser Hütte nach links nehmend kommen wir an dem komfortablen Hotel/Restaurant/Bar vorbei, wenden uns hier nach rechts und erreichen wie von selbst den Ausgangspunkt am Parkplatz Zumis.

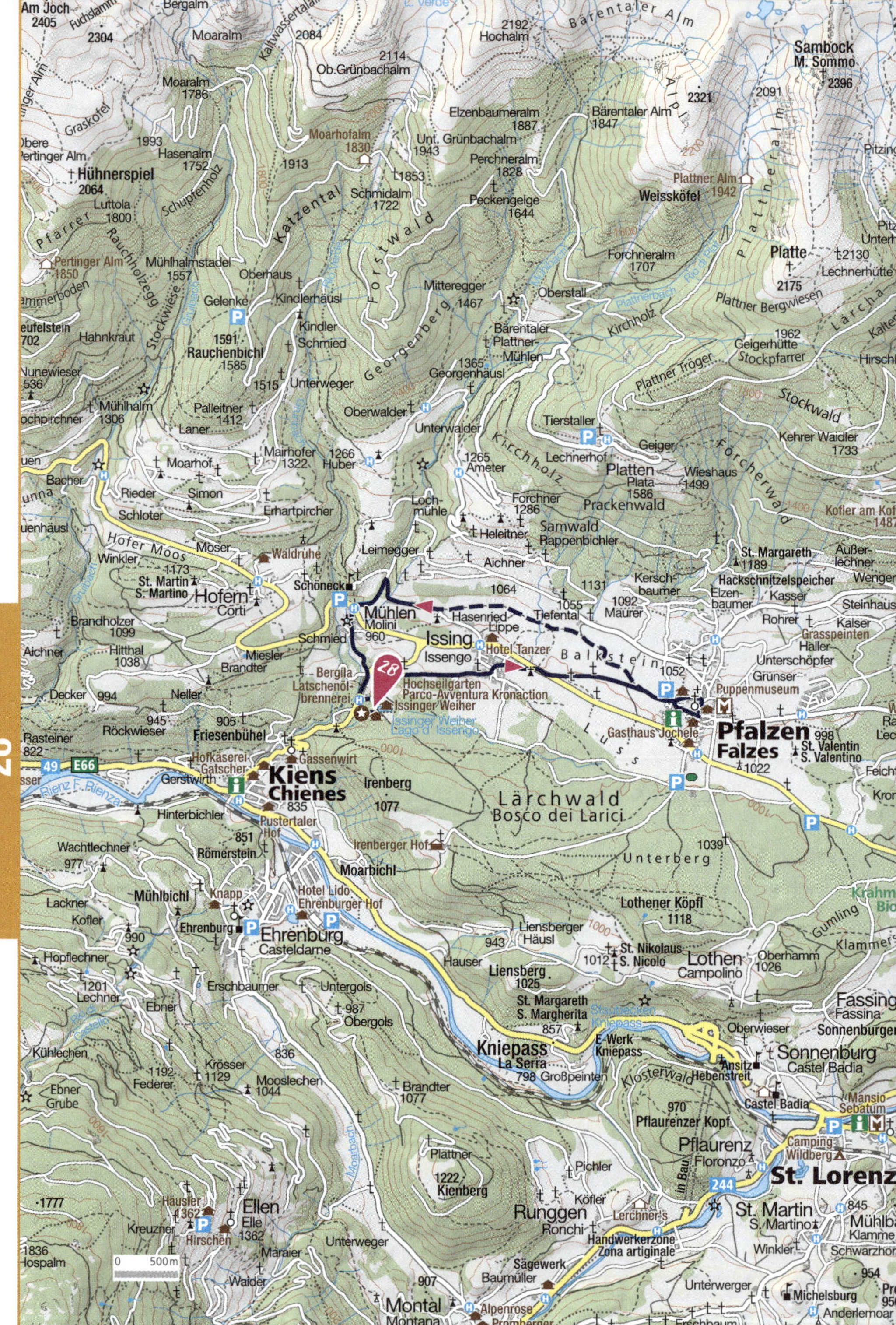
28
Am Joch 2405
Bergalm
Moaralm
2304
2084
2114
Ob.Grünbachalm
2192 Hochalm
Bärentaler Alm
Sambock M. Sommo 2396
2321
2091
Moaralm 1786
Graskofel
1993
Hasenalm 1752
Moarhofalm 1830
Unt. Grünbachalm 1943
Elzenbaumeralm 1887
Bärentaler Alm 1847
Obere Pertinger Alm
Hühnerspiel 2064
1913
1853
Perchneralm 1828
Plattner Alm 1942
Weisskofel
Pitzing
Luttola 1800
Schmidalm 1722
Peckengeige 1644
Katzental
Forstwald
Pfarrer
Rauchholzegg
Pertinger Alm 1850
Mühlhalmstadel 1557
Oberhaus
Mitteregger 1467
Oberstall
Forchneralm 1707
Platte 2175
2130
Lechnerhütte
Gelenke
Kindlerhäusl
Kindler
Schmied
Bärentaler
Plattner-Mühlen
Plattner Bergwiesen
Lärcha
Hahnkraut
1591
Rauchenbichl 1585
Georgenberg
1365 Georgenhäusl
Kirchholz
1962 Geigerhütte Stockpfarrer
Plattner Tröger
1515
Unterweger
Nunewieser 536
Mühlhalm 1306
Palleitner 1412
Oberwalder
Unterwalder
Stockwald
Laner
Tiersteller
Lechnerhof
Geiger
Kehrer Waidler 1733
Mairhofer 1322
1266 Huber
1265 Ameter
Platten Plata 1586
Wieshaus 1499
Moarhof
Simon
Rieder
Bacher
Schloter
Erhartpircher
Lochmühle
Forchner 1286
Prackenwald
Samwald
Rappenbichler
Heleitner
Kofler am Kofl 1487
Förcherwald
Hofer Moos
Moser
Waldruhe
Leimegger
Aichner
St. Margareth 1189
Außerlechner
Winkler
1173
St. Martin S. Martino
Hofern Corti
Schöneck
1064
1131
Kerschbaumer
Hackschnitzelspeicher
Wenger
Elzenbaumer
Kasser
Mühlen Molini 960
Hasenried Lippe
1055 Tiefental
1092 Maurer
Steinhaus
Rohrer
Kaiser
Grasspeinten
Brandholzer 1099
Schmied
Issing Issengo
Hotel Tanzer
Balkstein
Haller
Unterschöpfer
Aichner
Hitthal 1038
Miesler
Brandter
Bergila
Latschenölbrennerei
Hochseilgarten Parco-Avventura Kronaction
1052
Grünser
Puppenmuseum
Decker
994
Neller
Issinger Weiher
Issinger Weiher Lago d' Issengo
Luss
945
905
Röckwieser
Friesenbühel
Gasthaus Jochele
Pfalzen Falzes
998
St. Valentin S. Valentino
Rasteiner 822
Hofkäserei Gatscher
Gassenwirt
1022
49
E66
Gerstwirth
Kiens Chienes 835
Irenberg 1077
Lärchwald Bosco dei Larici
Rienz F. Rienza
Hinterbichler
Pustertaler Hof
851
Römerstein
Irenberger Hof
1039
Wachtlechner 977
Moarbichl
Unterberg
Mühlbichl
Knapp
Hotel Lido
Ehrenburger Hof
Lackner
Kofler
Lothener Köpfl 1118
990
Ehrenburg
Ehrenburg Casteldarne
Liensberger Häusl
943
St. Nikolaus S. Nicolò 1012
Lothen Campolino
Oberhamm 1026
Gumling
Klammers
Hopflechner
Hauser
Liensberg 1025
1201 Lechner
Erschbaumer
Untergols
Ebner
987 Obergols
St. Margareth S. Margherita 857
Staubecken Kniepass
Fassing Fassina
Sonnenburger
Oberwieser
Kühlechen
836
Kniepass La Serra
E-Werk Kniepass
Sonnenburg Castel Badia
Krösser 1129
1192 Federer
Mooslechen 1044
798 Großpeinten
Klosterwald
Ansitz Hebenstreit
Ebner Grube
Brandter 1077
Castel Badia
970 Pflaurenzer Kopf
Mansio Sebatum
Camping Wildberg
Plattner
Pflaurenz Floronzo
St. Lorenzen
1222 Kienberg
Pichler
Köfler
244
1777
Häusler 1362
Hirschen
Ellen Elle 1362
Kreuzner
Runggen Ronchi
Lerchner's
St. Martin S. Martino
845
Mühlbach Klamme
1836 Hospalm
Unterweger
Handwerkerzone Zona artigianale
Winkler
Schwarzhof
0 500 m
Maraier
Waider
Sägewerk Baumüller
954
907
Montal Montana
Alpenrose
Promberger
Unterwerger
Michelsburg
Erschbaum
Anderlemoar

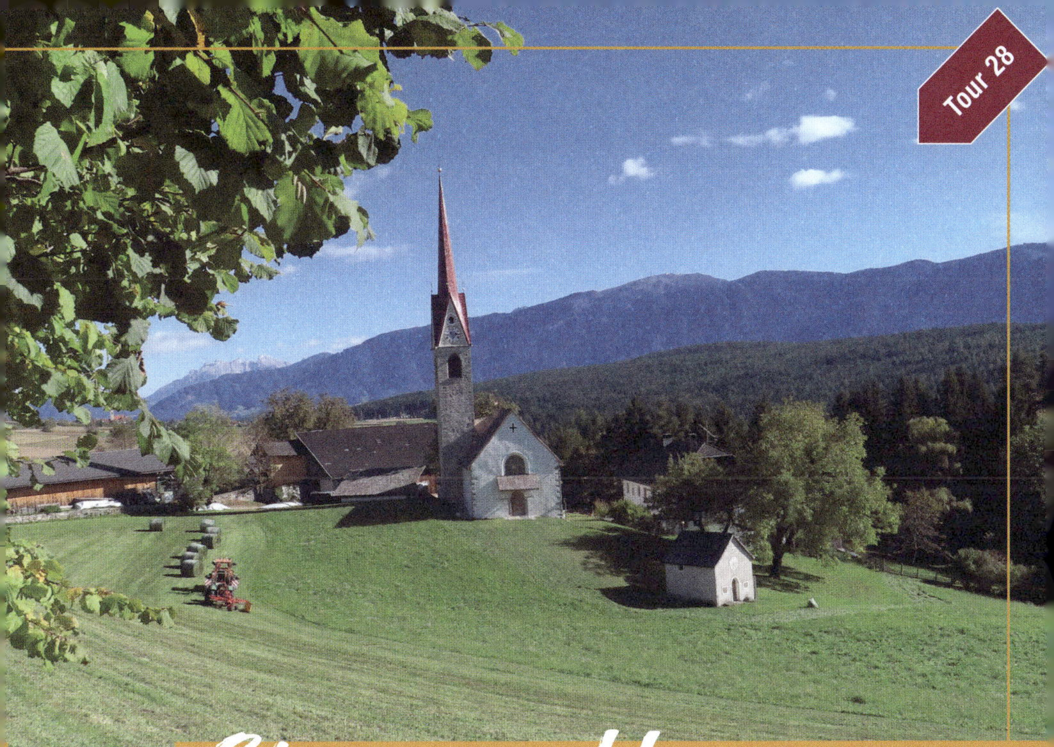

Tour 28

Kulturtour 28

Steine erzählen

Überraschendes zwischen Issing und Pfalzen auf der Pustertaler Sonnenterrasse

DAUER	2h 30min
LÄNGE	7,8 km
HÖHENMETER	180 hm
SCHWIERIGKEIT	LEICHT
MIT ÖFFIS ERREICHBAR	ja

Das erwartet dich ...

Oberhalb des verkehrsintensiven Pustertals erwartet dich eine bäuerlich geprägte Landschaft. In frischer Luft, durch Feld und Wald wandern wir in einer Höhenlage von etwa 1.000 Meter ohne nennenswerte Steigungen. Das schont die Gelenke und bedeutet für Körper, Geist und Seele positives Erleben. Der Themenweg „Steine erzählen" gibt zusätzlich interessante Einsichten. Mit Infotafeln geht es auf eine Reise in die Geologie und Kultur der Umgebung. Durch weitere Besonderheiten am Weg bleibt es spannend bis zum Schluss.

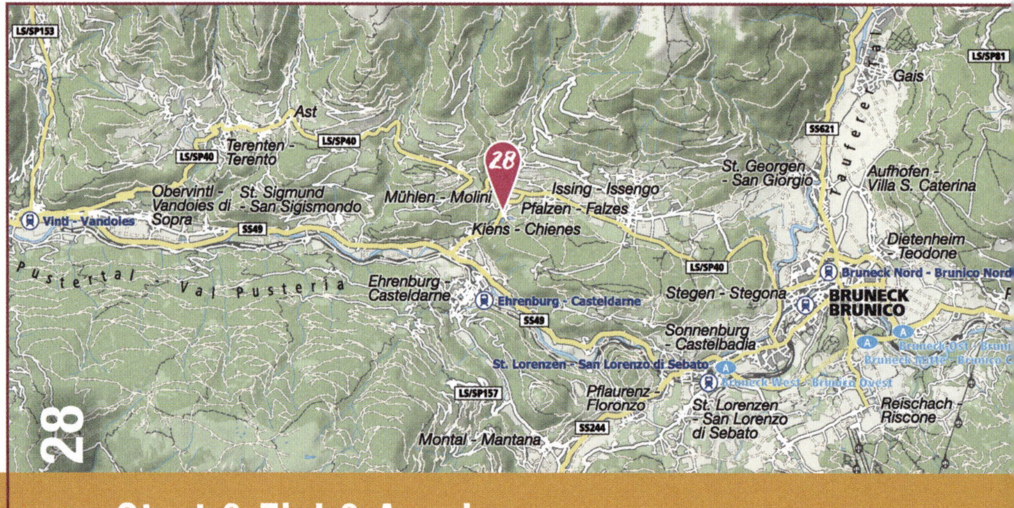

Start & Ziel & Anreise

Ausgangspunkt der kleinen Wanderung ist der Issinger Weiher. Hier gibt es große kostenfreie Parkplätze. Von der Brennerautobahn nimmt man die Ausfahrt Brixen/Pustertal und fährt weiter Richtung Bruneck auf der Pustertaler Staatsstraße bis nach Kiens, biegt im Ort links ab und fährt der Beschilderung folgend bis zum Issinger Weiher. Mit dem Bus ist der Issinger Weiher ebenfalls gut zu erreichen.

Tourenbeschreibung

Ein erstes Highlight erwartet uns gleich zu Beginn der Wanderung mit dem Naturbadeteich Issinger Weiher. Idyllisch im Wald gelegen mit Liegewiese, Wasserfontäne, Restaurant und dem benachbarten Hochseilgarten KRONaction kann man sich hier bewegen, aber auch entspannen und genießen.

Wir entscheiden uns zunächst für die Bewegung und entfernen uns vom Teichbiotop auf markiertem Weg 5 Richtung Issing. Der kleine Ort auf sonnigem Mittelgebirgsplateau ist bei Feinschmeckern und Weinliebhabern bekannt. Ihr Ziel ist der „Tanzerwirt", wie man in Issing das Gourmet- und Boutique Hotel Tanzer gerne nennt und das zu den erfolgreichsten Haubenrestaurants in Südtirol gehört.

Wir überqueren am Ortsende die Landstraße und spazieren auf Weg Nr. 7 an Felder und Wiesen vorbei Richtung Pfalzen. In Gehrichtung erblickt man mit dem Kronplatz den Hausberg von Bruneck, in der Ferne recken sich die Dolomitengipfel in den Himmel. Kurz vor dem Ort Pfalzen beginnt linker Hand der Themenweg, den wir uns für den Rückweg aufheben. Zunächst kann man dem intakten Bauerndorf einen Besuch abstatten. Neben alten Bauernhäusern und der mächtigen Pfarrkirche zum hl. Cyriak ist mit dem „Jochele" ein Südtiroler Gasthaus hier zu Hause.

Zurück aus dem Ort und am Schulhaus vorbei gelangen wir am Rastplatz mit Infotafel durch das steinerne Tor auf den Themenweg „Steine erzählen", anfangs noch in Gesellschaft mit Pfaffensteig, Panoramasteig und Honigbergweg. Bei der ersten Wegteilung folgen wir dem Wegweiser „Pfaffensteig/Hasenried" weiter geradeaus in westliche Richtung. Unterwegs an Trockenmauern entlang, in die Bänke integriert sind, erfahren wir ganz nebenbei Wissenswertes über Geologie, Entstehung und Nutzung der Landschaft und die vielseitige Verwendung der Steine.

Nächster fotogener Stopp bietet sich beim Kirchlein St. Johann mit Brunnenkapelle in Hasenried an. In der kleinen Kapelle fließt heilkräftiges Wasser, das den Ort zum Wallfahrtsziel machte. Wieder auf dem Wanderweg kommt man zu einem Bachbett mit Blick auf die Burg Schöneck aus dem 13. Jahrhundert (Privatbesitz). Nicht wenige Historiker halten sie für den wahrscheinlichsten Geburtsort des Ritters und Minnesängers Oswald von Wolkenstein.

Schließlich gehen wir Richtung Mühlen in einem Linksbogen hinunter zum Endpunkt der Wanderung am Issinger Weiher. Hier bietet sich zum Abschluss noch der Besuch des Kräutergartens Bergila mit Verkaufsladen und der nahen Latschenölbrennerei an.

Auf dem Themenweg zwischen Pfalzen und Issing

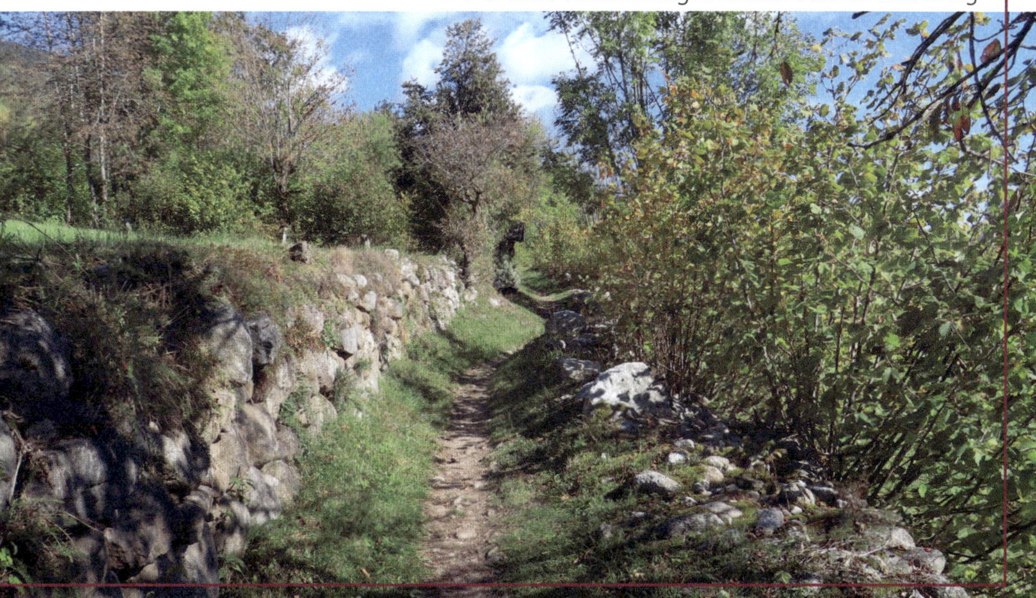

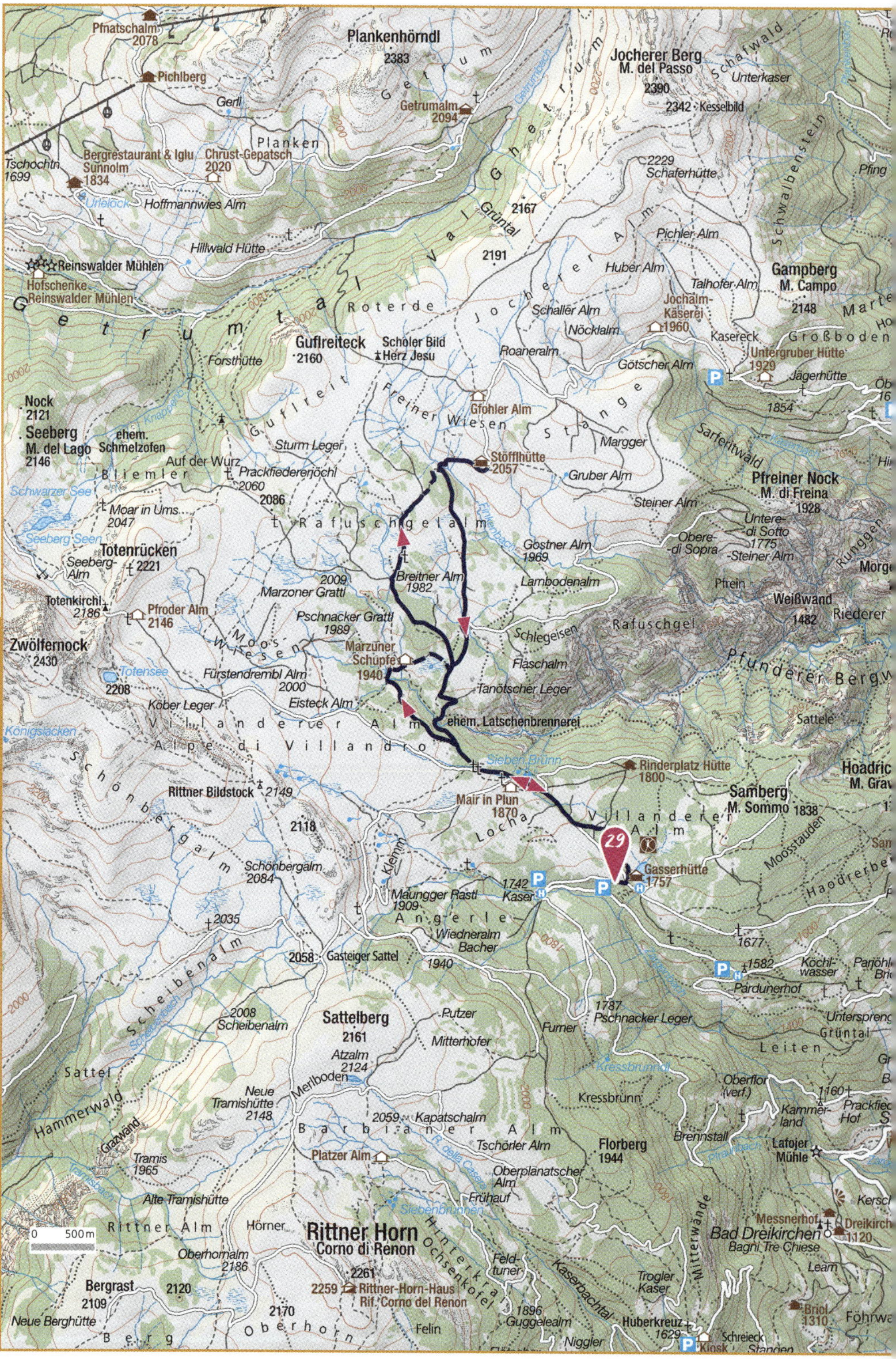

29

Pfnatschalm 2078
Pichlberg
Plankenhörndl 2383
Getrum
Jocherer Berg M. del Passo 2390
2342 · Kesselbild
Schafwald
Unterkaser
Gerli
Getrumalm 2094
Planken
Bergrestaurant & Iglu Sunnolm 1834
Chrust-Gepatsch 2020
Tschochtn 1699
Schwalbenstein
Pfing
2229 Schaferhütte
Urlelock
Hoffmannwies Alm
Grüntal
2167
Val Ghetrum
2191
Hillwald Hütte
Pichler Alm
Reinswalder Mühlen
Hofschenke Reinswalder Mühlen
Huber Alm
Gampberg M. Campo 2148
Talhofer Alm
Getrumtal
Roterde
Jocherer Alm
Schaller Alm
Jochalm-Käserei 1960
Nöcklalm
Kaserock
Großboden
Gufireiteck 2160
Scholer Bild Herz Jesu
Roaneralm
Untergruber Hütte 1929
Forsthütte
Götscher Alm
Jägerhütte
Gufireit
Freiner Wiesen
1854
Nock 2121
Gfohler Alm
Seeberg M. del Lago 2146
ehem. Schmelzofen
Stange
Sarfenwald
Knappen
Sturm Leger
Maager
Auf der Wurz
Prackfiedererjöchl 2060
Stöfflhütte 2057
Gruber Alm
Pfreiner Nock M. di Freina 1928
Bliemler
Schwarzer See
2086
Steiner Alm
Moar in Ums 2047
Rafuschgelalm
Untere-di Sotto 1775
Seeberg-Seen
Obere-di Sopra
Steiner Alm
Totenrücken 2221
Seeberg-Alm
Gostner Alm 1969
Breitner Alm 1982
Lambodenalm
2009
Marzoner Grattl
Pfrein
Weißwand 1482
Totenkirchl 2186
Pfroder Alm 2146
Riederer
Pschnacker Grattl 1989
Rafuschgel
Zwölfernock 2430
Moos-Wiesen
Marzuner Schupfe 1940
Schlegeisen
Flaschalm
Pfunderer Bergw
Totensee
Fürstendrembl Alm 2000
2208
Tanotscher Leger
Köber Leger
Eisteck Alm
ehem. Latschenbrennerei
Sattele
Königslacken
Villanderer Alm
Alpe di Villandro
Sieben Brünn
Rinderplatz Hütte 1800
Hoadric M. Grav
Schönbergalm
Rittner Bildstock 2149
Mair in Plun 1870
Samberg M. Sommo 1838
Locha
Villanderer Alm
2118
Moosstauden
Klemm
Schönbergalm 2084
Gasserhütte 1757
Haodrerbe
1742 Kaser
Maungger Rastl 1909
2035
Angerle
Wiedneralm Bacher
1677
2058
Gasteiger Sattel
1940
1582
Kochl-wasser
Scheibenalm
Pardunerhof
2008 Scheibenalm
Sattelberg 2161
Putzer
1787 Pschnacker Leger
Mitterhofer
Furner
Untersprenc
Grüntal
Atzalm 2124
Leiten
Sattel
Merlboden
Neue Tramishütte 2148
Kressbrunn
Kressbrünn
Oberflor (verf.)
Hammerwald
Grazwand
2059
Kapatschalm
1160
Kammer-land
Prackfiec Hof
Barbianer Alm
Tschörler Alm
Florberg 1944
Brennstall
Tramis 1965
Platzer Alm
Lafojer Mühle
Oberplanatscher Alm
Tramisbach
Frühauf
Alte Tramishütte
Siebenbrunnen
Messnerhof
Kersch
Rittner Alm
Hörner
Rittner Horn Corno di Renon
Hinterkratzenkofel
Mitterwände
Bad Dreikirchen Bagni Tre Chiese
Dreikirch 1120
0 500 m
Oberhornalm 2186
Feld-tuner
Leam
2261
Kaserbachtal
Trogler Kaser
Bergrast 2109
2120
2259 Rittner-Horn-Haus Rif. Corno del Renon
Ochsenkofel
Briol 1310
Neue Berghütte
2170
1896 Guggelealm
Huberkreuz 1629
Föhrwa
Berg
Oberhorn
Felin
Niggler
Schreieck
Kiosk
Standen

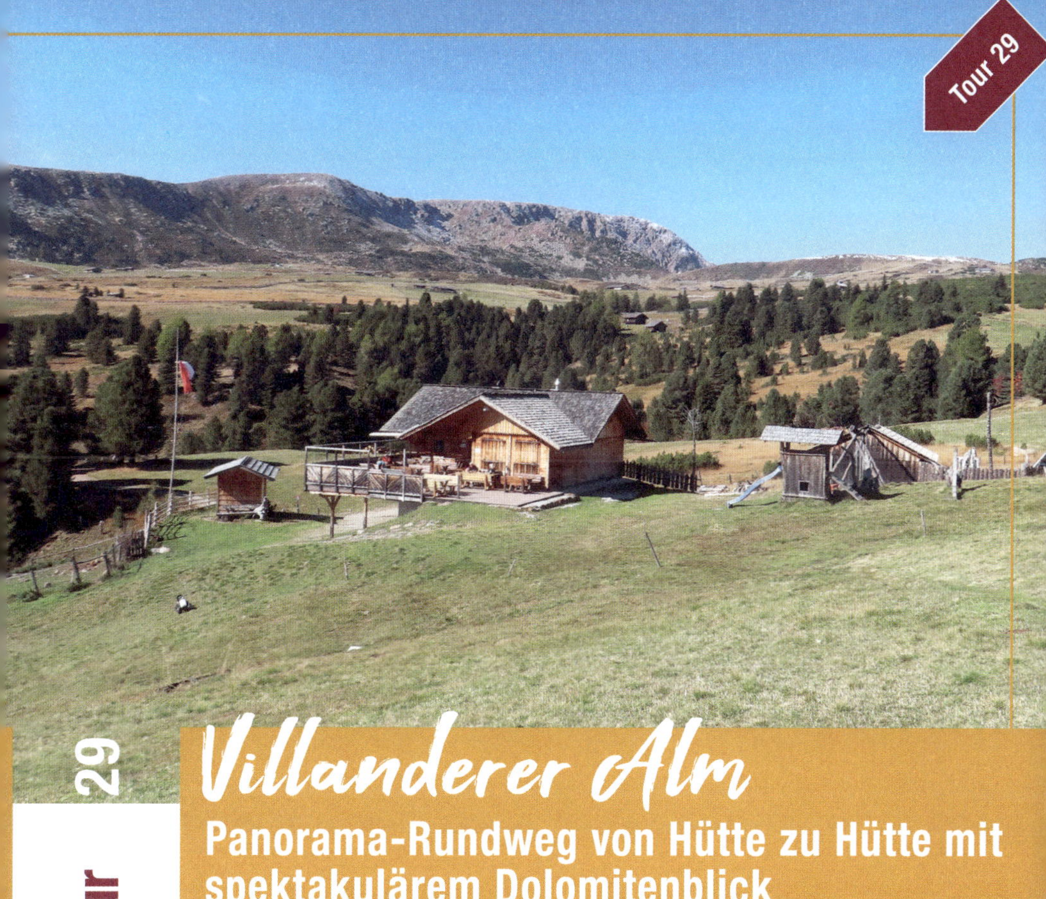

Tour 29

29 Almtour

Villanderer Alm

Panorama-Rundweg von Hütte zu Hütte mit spektakulärem Dolomitenblick

DAUER	3h 30min
LÄNGE	10,5 km
HÖHENMETER	360 hm
SCHWIERIGKEIT	MITTEL
MIT ÖFFIS ERREICHBAR	ja

Das erwartet dich ...

Das mehr als 20 Quadratkilometer große Almgebiet ist ein Paradies für Wanderer. Auf einer Meereshöhe zwischen 1.700 und 2.500 Meter hat man die Wahl zwischen zahlreichen gut markierten Wegen. Die ausgedehnte Hochalm ist geprägt von grasbewachsenen Kuppen, Almwiesen, Mooren sowie Latschen- und Zirbelkieferbeständen. Von den vielen verstreuten Almhütten sind etliche bewirtschaftet und bieten Südtiroler Köstlichkeiten. Im weitläufigen Gelände faszinieren Ausblicke auf die gegenüberliegenden Dolomiten.

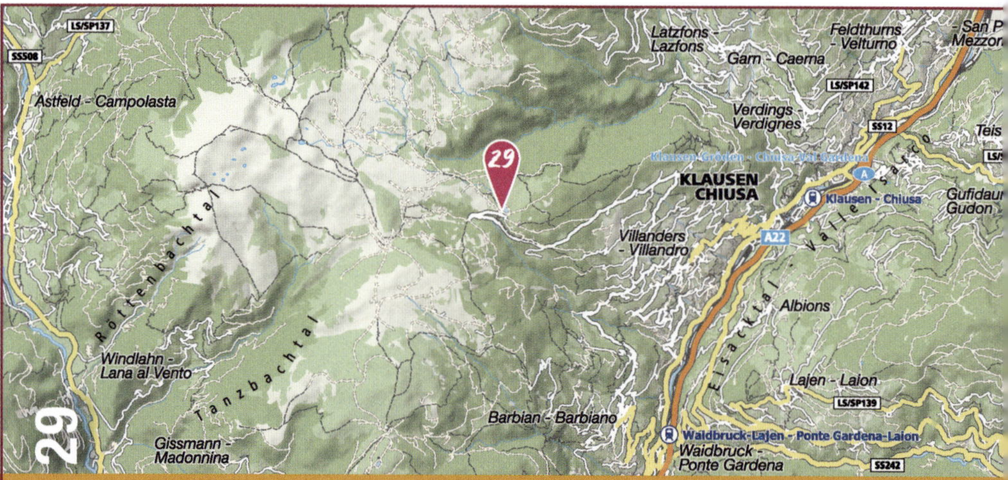

Almtour 29

Start & Ziel & Anreise

Ausgangspunkt der Wanderung ist der große kostenpflichtige Parkplatz bei der Gasserhütte oberhalb von Villanders. Diesen erreicht man mit dem PKW von der Autobahn A22 Ausfahrt Klausen/Gröden und über die SS 12 ausgeschildert nach Villanders. Ab hier beschilderte Auffahrt zur Gasserhütte. Oder mit dem Bus ab Klausen-Busbahnhof (direkt neben dem Zugbahnhof) mit Bus Linie 345 über Villanders nach Samberg. Entweder in Villanders oder in Samberg Umstieg und mit Shuttle zur Gasserhütte.

Tourenbeschreibung

Heute erkunden wir eine der größten Hochalmen Europas. Schon am Startpunkt an der Gasserhütte auf einer Höhe von 1.756 Meter und herrlicher Sonnenterrasse begeistert das Dolomitenpanorama. Das angebotene Südtiroler Kulinarium muss allerdings noch verdient werden. Los geht es über den Wandersteig parallel zum Fahrsträßchen. Bereichert mit Informationen über die Zirbe, eine weit verbreitete Zwergkiefer, ist die Almhütte Mair in Plun bald erreicht. Auch diese verlockende Einkehr könnte für den Rückweg eine Option sein.

Wir folgen zunächst dem Wanderweg Nr. 6 Richtung Totenkirchl und nehmen die erste Abzweigung nach rechts Richtung Marzuner Schupfe. Bald senkt sich der Pfad zu einem Bachbett ab und führt wieder ansteigend zur Marzuner Schupfe. Bei Interesse kann man hier an bestimmten Tagen eine Latschen-Schaubrennerei besichtigen, bei der ätherische Öle gewonnen werden. Auch für das leibliche Wohl ist gesorgt, je nach Wetterlage auf der Panoramaterrasse oder in der Stube.

Wir verlassen die von den Hauptwanderströmen etwas abseits gelegene Hütte auf einem Wiesensteig und schmalem Latschenweg in östliche Richtung. Der Pfad mündet nach 10 Gehminuten in den breiten Weg Nr. 15. Wenige Schritte auf diesem nach links, dann erneut nach links abbiegend kommen wir zum weg mit der Nr. 16 a. Etwa 20 Gehminuten später biegen wir nach rechts auf einen schmalen latschenbewachsenen Steig, der auf den breiten Hauptweg Nr. 15 leitet. Hier nach links erreichen wir die bereits sichtbare Stöfflhütte in herrlicher Aussichtslage.

Nach einem kulinarischen Stopp geht man ein Stück zurück, ignoriert die Abzweigung vom Hinweg und bleibt durchgehend auf dem Hauptwanderweg Nr.15 bis zur Almhütte Mair in Plun. An der Aussichtsterrasse kommen wir nicht vorbei, ohne noch einmal die Dolomitenkette zu bewundern. Rosengarten und Schlern, Seiser Alm, Langkofel und Plattkofel, Sellastock und Geislerspitzen, Plose und Peitlerkofel grüßen. Auf dem vom Hinweg bekannten Weg geht es zurück zur Gasserhütte.

Genuss beim Mair in Plun

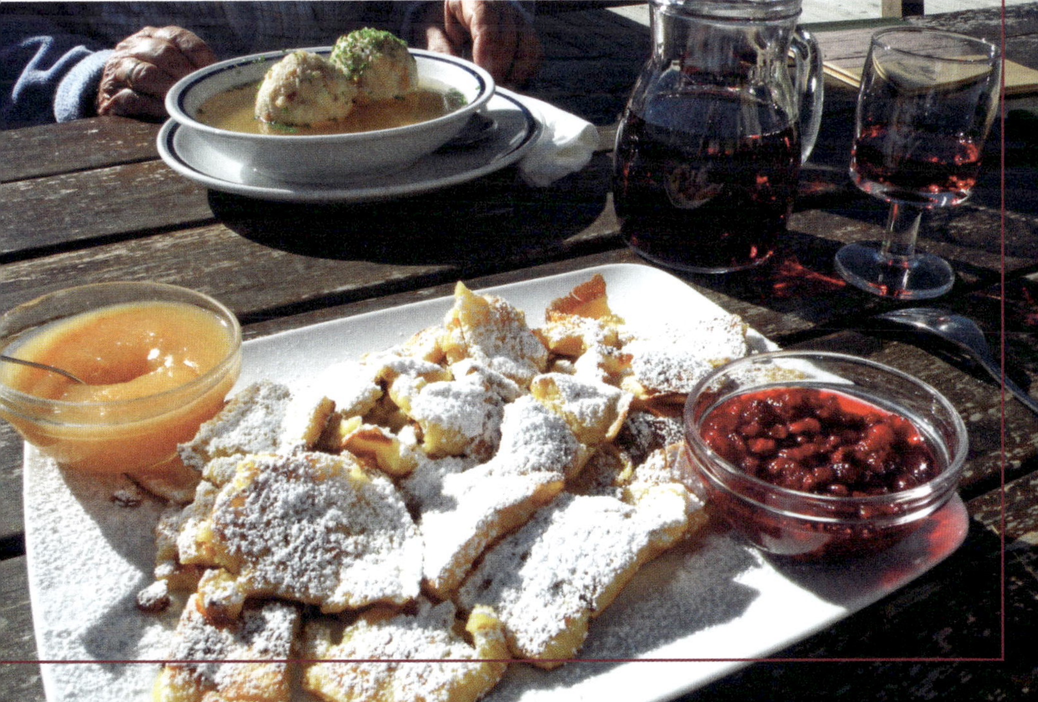

30

Kasereck
Großboden
Untergruber Hütte 1929
Jägerhütte
1854
Oberst 1686
Obergruber
Hintl
Schmied
Obergfohler
Untergfohler
Hofstätter
St. Peter
S. Pietro
Brack 1061
Haidacher
Blasegger
Lageder
Latzfons
Lazfons
Hirschen
Zum Weißen Kreuz
Schmied
Egger
Plauer
Ratschein
Mühlegg
Plabach
Kompatsch
Ziernfelder Boden
Garner
Wetterkreuz
Oberst
Feldthu
Veltu
Garn
Caerna
Kloasner
Hotter
Telfner 1018
Gamp
Lackmüller
Pfreiner Nock
M. di Freina
1928
Untere di Sotto
1775
Steiner Alm
Nockl
Leadn
Runggen
Runggallen
1197
Runggallen
Untergruber
Unternockl 1125
Garnstein
Cast. Tina
Pobist
Mühlele
Ober
Felsiner
Unterflexer
Morgennock 1570
Mittagsnock 1370
Pfrein
Weißwand 1482
Riederer Wald
Puchen
Förster 835
Weinbrenner 860
Unterplattner 902
Verdings
Verdignes
St. Valentin
Pfunderer Bergwald
Sattele
Silberbergwerk Villanders
Pfunderer Berg
M. Fondoli
1534
St. Anna
Rampuier
St. Josef
Ladestatt
Oberhof 1402
Linn
Huber
Pardell
Pradello
Hoadrichberg
M. Graveccio
1723
Samberg
M. Sommo 1838
Moosstauden
Foser
Neuhauser 1361
Ursprung
Mair in Ums
Leitach
Coste
St. Sebastian
Sylvanerhof
Mautstelle
Samberger Hof
Neuhaus Parndle
Loderer
Haoderberg
Radhof
Knapp
Troger
St. Valentin
S. Valentino
Johannser
Bischof Hof
Kloster Säben
Gamp
Camping Gamp
Eichtner
Ötzer
Krein
Gravetsch
Stadtmuseum
Branzoll
Stark
Fuchs
Pfroder
Sturmhof
Goldener Adler
KLAUSEN
CHIUSA
525
Prümbltoi
1677
1582
Köchlwasser
Parjöhler Briol
Pardunerhof
St. Stefan
Röck
Holzer
Lageder Höfe
Ansitz Lusenegg
Oberlusen
Mair zu Tassis
Prantschun
Waldheim
Roan
Köber
St. Stefan
Unterspreng
Grüntal
Leiten
Marson
Falser
Villanders
Villandro
880
Greit
Bastiol
Pardell
Gasser
Oberflor (verl.)
1160
Kammerland
Prackfied Hof
Stofels
Winterle
Lafojer Mühle
Lamm
Oberfundneid
Albions
Gasthaus Albions 895
Mutschedoi
Eisacktal
Atz
Sauders
S. Maurizio
Torggler
Torggl
Larm
Pschnicker
Winkler
Plattner
Trackjederer
Eisenstecken
Kalchgruber 532
A22
E45
Neuhäusl
Mair am Bach
Bühler
Scholer
Kerschbaum
Messnerhof
Dreikirchen 1120
Bad Dreikirchen
Bagni Tre Chiese
Learn
Ötti
St. Gertraud
884
Planatscher
Kalten Keller
Rungg
Tschangger
Ranzfrun
242d
Trogler
Kasserolwald
Wasserbühel
Col dell' Acqua
1103
Albions
Biotop
Mooswiese
Parsel
Tschöfas 1212
Lajen
Laion
1102
Hatzis
Briol 1310
Föhrwald
Kircher Sepp
Schreieck
Stangen
1635
Trogler
Stangenwies
Außerried
St. Jakob
S. Giacomo
Barbian
Barbiano
830
Lamm
Schneeflucht
Rösslwirt
Gostner Hof
12
Tenner 693
Vogelweider
Ried
Plattner
Buchner
Hubertusstube
Oberried
Novale di Sopra
Ganderer
Sprafol
Matroner 840
Starzer
Unterried
Novale di Sotto
Kratzer
Innerried
Novale di Dentro
Plieger
Gasser
Weingart
St. Maria
S. Maria
Waidbruck
Ponte Gardena
470
Villnöd
Torggler
Pradlwart
Walcher
Grödner Bach
Grödental
Marxhof
Baumann
Hilm
Trostburg
Castelforte
630
Burgenmuseum
Burgfrieden
St. Magdalena
S. Maddalena
932
242
Pradermüller
0 500 m
Hartner Hütte 1457
Partiller
Kreuzwirt
Kollmann
Colma
Saubach
Paulrain
Tagusens
Tagusa
Schulmuseum
Neuhaus
Marzun 918
Hofschenke Tamines
Tamines

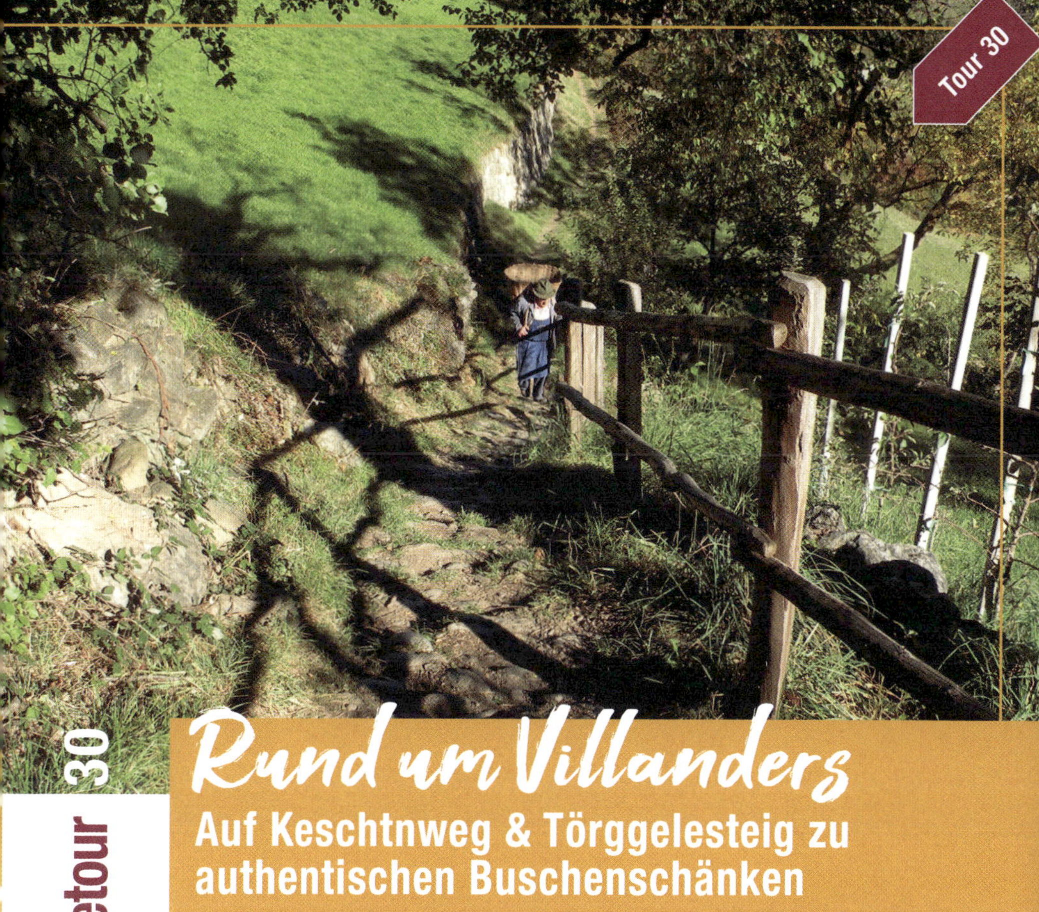

Tour 30

Törggeletour 30

Rund um Villanders

Auf Keschtnweg & Törggelesteig zu authentischen Buschenschänken

DAUER	3h
LÄNGE	8,5 km
HÖHENMETER	350 hm
SCHWIERIGKEIT	LEICHT
MIT ÖFFIS ERREICHBAR	ja

Das erwartet dich ...

Von Villanders ausgehend führen schöne Mittelgebirgswanderungen in mehrere Richtungen. Die hier vorgeschlagene Runde verbindet zwei bequeme Wege zu einer etwas ausgedehnteren Tour. Man kann auch jede separat begehen, indem man die erste Runde in Villanders enden lässt bzw. die zweite erst dort beginnt. In jedem Fall erwarten dich bequeme Wiesen-, Feld- und Hohlwege. Die Ausblicke auf den Klosterberg Säben und die Dolomiten bezaubern, und jeweils am entferntesten Punkt wartet eine besondere Einkehr oder sogar zwei.

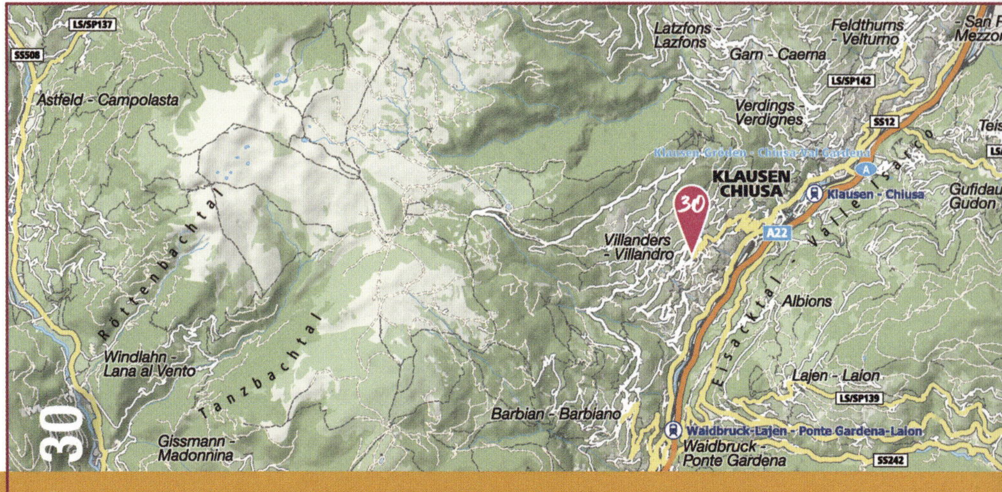

Start & Ziel & Anreise

Den Ort Villanders erreicht man mit dem PKW von der Autobahn A22 Ausfahrt Klausen/Gröden und über die SS 12 ausgeschildert nach Villanders. Ein gekennzeichneter kostenfreier Parkplatz befindet sich etwas unterhalb des Ortes beim Sportplatz und Feuerwehrhaus. Busverbindung ab Klausen-Busbahnhof (direkt neben dem Zugbahnhof) mit Bus Linie 345 nach Villanders.

Tourenbeschreibung

Ein wenig Zeit muss zunächst sein für einen Streifzug durch den Dorfkern von Villanders mit verwinkelten Gassen und alten Ansitzen. Die Dorfgasse diente dem bekannten Maler Franz von Defregger 1874 als Kulisse für sein Gemälde „Das letzte Aufgebot" mit einer Szene aus den Tiroler Freiheitskämpfen von 1809. Daraufhin benannten die Dorfbewohner die Gasse nach dem Maler. Hier fällt der trutzige etwa 500 Jahre alte „Ansitz zum Steinbock" ins Auge (heute Hotel und Restaurant mit historischen Stuben). Weiter die Franz-von-Defregger-Gasse hinauf kommt man zur spätgotischen Pfarrkirche St. Stephan und dem sehenswerten Friedhof mit einem Meer von schmiedeeisernen Kreuzen. Auffallend ist, dass die Toten mit Blick nach Osten bestattet wurden, während die Kreuze zum Besucher hin ausgerichtet sind.

Unterhalb des Friedhofs beginnt unser Ausflug in nördliche Richtung. Nach den letzten Häusern von Villanders ist man in der typischen ländlichen Kulturlandschaft des Unteren Eisacktals unterwegs. Wiesen, Bauernhöfe und Kastanienbäume prägen das Bild, gepaart mit prachtvollen Ausblicken auf den Kloster- und Burgenkomplex von Säben und die gegenüberliegenden Dolomitenzacken der Villnößer Geislerspitzen. Bereits nach einer Gehstunde wird zum Schluss in einem Rechtsbogen leicht abwärts der Johannserhof erreicht. Ob im Hof hinter wehrhafter Mauer oder in der holzgetäfelten Stube mit prachtvollem Erker, Produkte aus eigener Landwirtschaft garantieren köstlichen Genuss.

Gestärkt geht es weiter auf dem blau-weiß markierten Törggelesteig, der im Villanderer Ortsteil St. Valentin auf die Staatsstraße führt und dieser bis zum Gasthof Sturmhof folgt. Hier nach links wieder auf dem Törggelesteig wandert man oberhalb des Talbodens durch Rebhänge weiter. Zur Zeit der Recherche (2021) war eine Umleitung ausgeschildert. Geplant ist eine Neuausrichtung des Törggelesteigs unterhalb des bisherigen. In jedem Fall wird dieser, wie auch die Umleitung, auf den von Villanders kommenden Keschtnweg stoßen. Auf diesem erreicht man über einen schönen Wiesensteig St. Moritz, auch unter dem Namen Sauders bekannt. Neben der kleinen Kirche und einigen Höfen finden sich hier zwei bekannte Buschenschänke. Der Winklerhof lädt ein mit dem Wahlspruch „Genuss am Ursprung". Das Versprechen authentischer Törggelegerichte und eigener Weine wird eingehalten. Schlutzer, Knödel, Gerstensuppe und vieles mehr verführen zum länger Sitzenbleiben.

Gleich nebenan wartet der Larmhof. Die heutige Törggelestube besteht seit 1797, wurde aber bereits 1344 erstmals urkundlich erwähnt. Der ursprüngliche Name Laureinhof erscheint in der Sage des Zwergenkönigs Laurin als Sommerresidenz. Zum Hof gehören Wein- und Obstanbau sowie Viehwirtschaft, sodass auch hier die angebotenen Köstlichkeiten fast alle aus dem eigenen Betrieb kommen.

Nach genussvoller Rast ist der Rückweg glücklicherweise nicht allzu lang. Nur noch rechts des Winklerhofes vorbei, über die Hofzufahrt des „Obergasser" und auf dem Asphaltsträßchen wenige Schritte nach rechts hinauf. Hier erneut nach rechts abbiegend gelangen wir über den Kirchsteig mal mehr mal weniger steil über Wiesensteige und Waldstücke nach Villanders zurück.

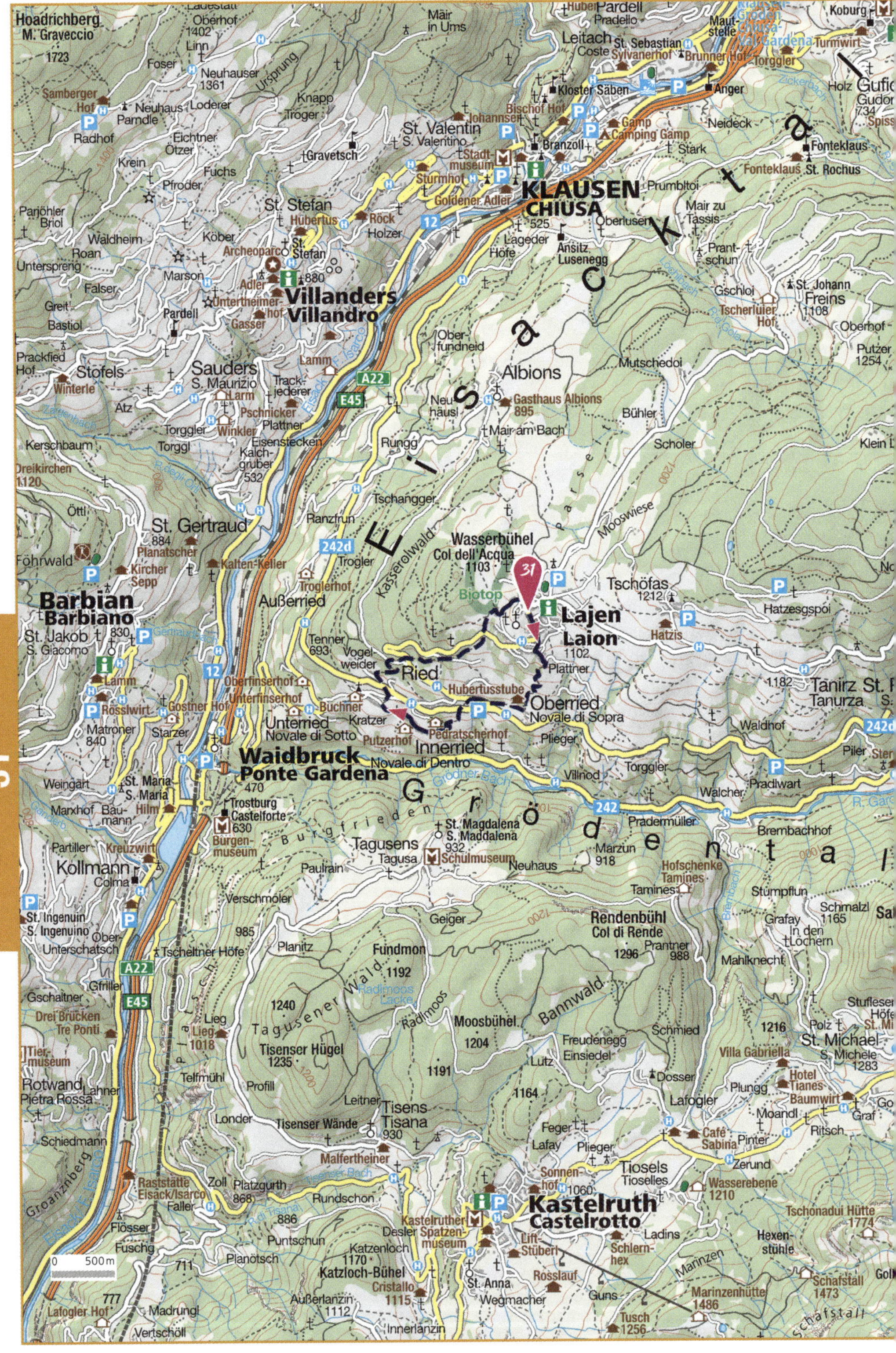

31
Hoadrichberg
M. Graveccio
1723
Samberger Hof
Neuhaus
Parndle
Radhof
Krein
Pfroder
Fuchs
Eichtner
Ötzer
Loderer
Oberhof
1402
Linn
Foser
Neuhauser
1361
Ursprung
Knapp
Troger
Gravetsch
Mair in Ums
St. Valentin
S. Valentino
Johannser
Bischof Hof
Stadt-museum
Sturmhof
Goldener Adler
KLAUSEN
CHIUSA
525
Kloster Säben
Branzoll
Pardell
Pradello
Leitach
Coste
St. Sebastian
Sylvanerhof
Brunner Hof
Torggler
Anger
Mautstelle
Koburg
Turmwirt
Holz
Gufid
Gudon
Spiss
Neideck
Gamp
Camping Gamp
Stark
Fonteklaus
Fonteklaus St. Rochus
Prumbltoi
Mair zu Tassis
Oberlusen
Lageder
Höfe
Ansitz Lusenegg
Prantschun
Gschloi
St. Johann
Freins
1108
Tscherlüler Hof
Oberhof
Putzer
1254
Parjöhler
Briol
Waldheim
Roan
Unterspreng
Marson
Falser
Greit
Bastiol
Prackfied Hof
Stofels
Winterle
Atz
Kerschbaum
Dreikirchen
1120
Öttl
Föhrwald
St. Stefan
Hubertus
Röck
Holzer
Köber
Archeopark
St. Stefan
Adler
880
Unterthelmer-hof
Gasser
Villanders
Villandro
Pardell
Sauders
S. Maurizio
Lamm
Larm
Track-jederer
Pschnicker
Winkler
Plattner
Torggler
Torggl
Eisenstecken
Kalch-gruber
532
A22
E45
12
Ober-fundneid
Albions
Neuhäus
Gasthaus Albions
895
Mair am Bach
Mutschedoi
Bühler
Scholer
Klein L
Rungg
Tschangger
Ranzfrun
Kasserolwald
Mooswiese
Wasserbühel
Col dell'Acqua
1103
Biotop
Tschöfas
1212
Hatzesgspoi
Lajen
Laion
1102
Hatzis
Plattner
1182
Tanirz
Tanurza
St. Gertraud
884
Planatscher
Kalten-Keller
242d
Trogler
Troglerhof
Außerried
Tenner
693
Vogelweider
Ried
Hubertusstube
Oberried
Novale di Sopra
Waldhof
Barbian
Barbiano
St. Jakob
S. Giacomo
830
Kircher
Sepp
Lamm
Rösslwirt
Gostner Hof
Oberfinserhof
Unterfinserhof
Buchner
Kratzer
Putzerhof
Pedratscherhof
Unterried
Novale di Sotto
Innerried
Novale di Dentro
Plieger
Villnod
Torggler
Piler
Walcher
Pradlwart
Matroner
840
Starzer
Waidbruck
Ponte Gardena
470
Weingart
St. Maria
S. Maria
Hilm
Marxhof
Baumann
Trostburg
Castelforte
630
Burgenmuseum
Grödner Bach
G r ö d e n t a l
E i s a c k t a l
Burgfrieden
St. Magdalena
S. Maddalena
932
Schulmuseum
Tagusens
Tagusa
Neuhaus
Pradermüller
242
Brembachhof
Marzun
918
Hofschenke Tamines
Tamines
Partiller
Kreuzwirt
Kollmann
Colma
St. Ingenuin
S. Ingenuino
Ober-Unterschatsch
Paulrain
Verschmoler
985
Tscheltner Höfe
Geiger
Rendenbühl
Col di Rende
1296
Prantner
988
Stumpflun
Grafay
Schmalzl
1165
In den Löchern
Mahlknecht
Planitz
Fundmon
1192
Radlmoos Lacke
Radlmoos
Bannwald
Tagusener Wald
Gfriller
Gschaltner
Drei Brücken
Tre Ponti
Tiermuseum
Rotwand
Pietra Rossa
Lahner
Lieg
1018
1240
Tisenser Hügel
1235
Moosbühel
1204
Freudenegg
Einsiedel
Schmied
1216
Polz
Stuflesen Höfe
St. Michael
S. Michele
1283
Villa Gabriella
Hotel Tianes
Baumwirt
Telfmühl
Profill
1191
Lutz
Dosser
Plungg
Lafogler
Leitner
1164
Tisens
Tisana
930
Londer
Tisenser Wände
Malfertheiner
Feger
Lafay
Plieger
Café Sabina
Pinter
Moandl
Ritsch
Graf
Zerund
Schiedmann
Groanznberg
Raststätte Eisack/Isarco
Zoll
Faller
Platzgurth
868
Rundschon
Sonnenhof
1060
Tiosels
Tioselles
Wasserebene
1210
Kastelruth
Castelrotto
Kastelruther Spatzenmuseum
Desler
886
Puntschun
Planötsch
711
Flösser
Fuschg
Ladins
Tschonadui Hütte
1774
Hexenstühle
Lift-Stüberl
Schlernhex
Katzenloch
1170
Katzloch-Bühel
Cristallo
1115
St. Anna
Wegmacher
Rosslauf
Guns
Marinzen
Marinzenhütte
1486
Schafstall
1473
Schafstall
777
Lafogler Hof
Madrungl
Vertschöll
Außerlanzin
1112
Innerlanzin
Tusch
1256
0
500m

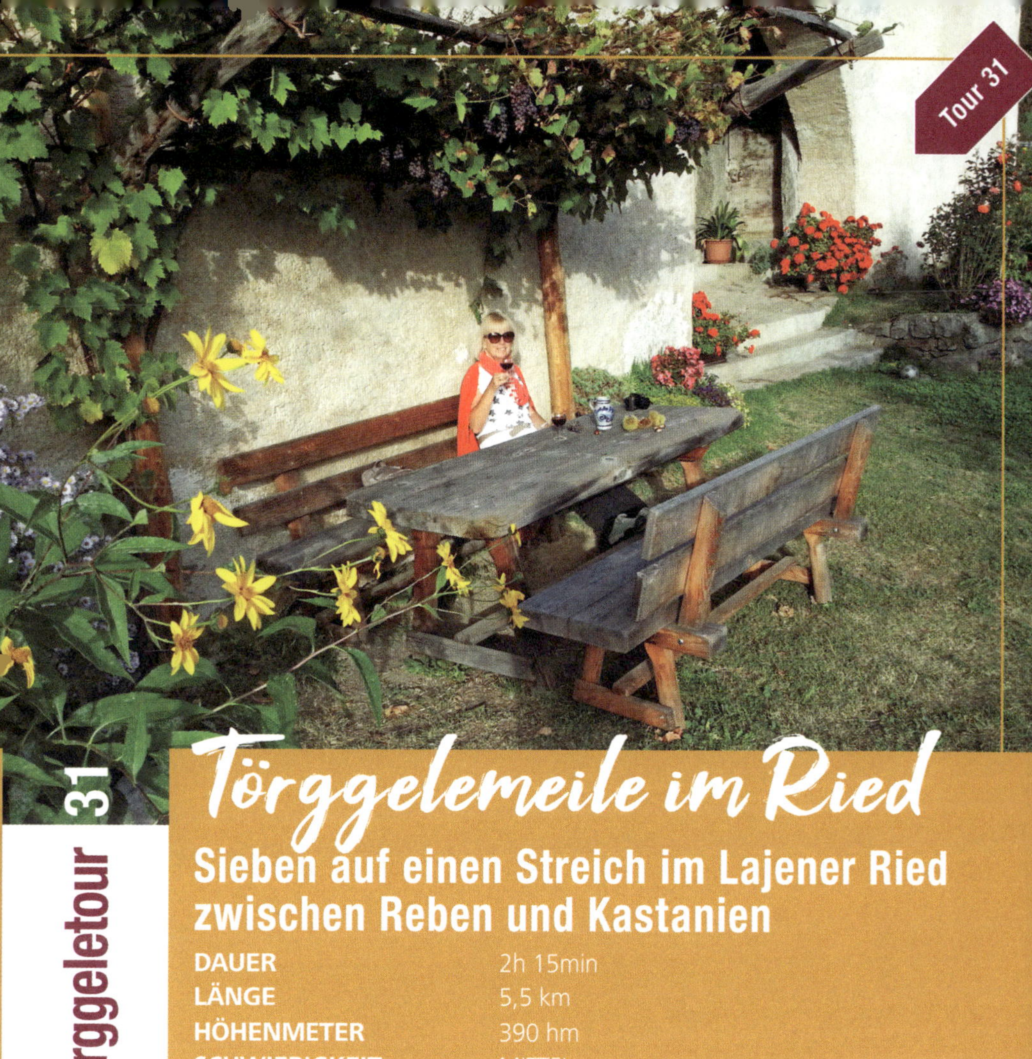

Törggeletour 31

Törggelemeile im Ried

Sieben auf einen Streich im Lajener Ried zwischen Reben und Kastanien

DAUER	2h 15min
LÄNGE	5,5 km
HÖHENMETER	390 hm
SCHWIERIGKEIT	MITTEL
MIT ÖFFIS ERREICHBAR	ja

Das erwartet dich ...

Auf diesen Weg sollte man sich im Herbst begeben. Dann ist Törggelezeit – die fünfte Jahreszeit im Eisacktal, und Lajen-Ried gilt als Wiege der Törggele-Kultur. Am Weg liegen gleich vier Verführungen, drei weitere zum Ried gehörende sollen nicht unerwähnt bleiben. Die Wanderrunde verläuft größtenteils auf steilen Naturpfaden über Wiesen und durch Wald, berührt aber auch kurz die Fahrstraße nach Lajen. In den Rucksack gehört unbedingt Zeit zum Genießen der typischen Gerichte in uralten historischen Stuben.

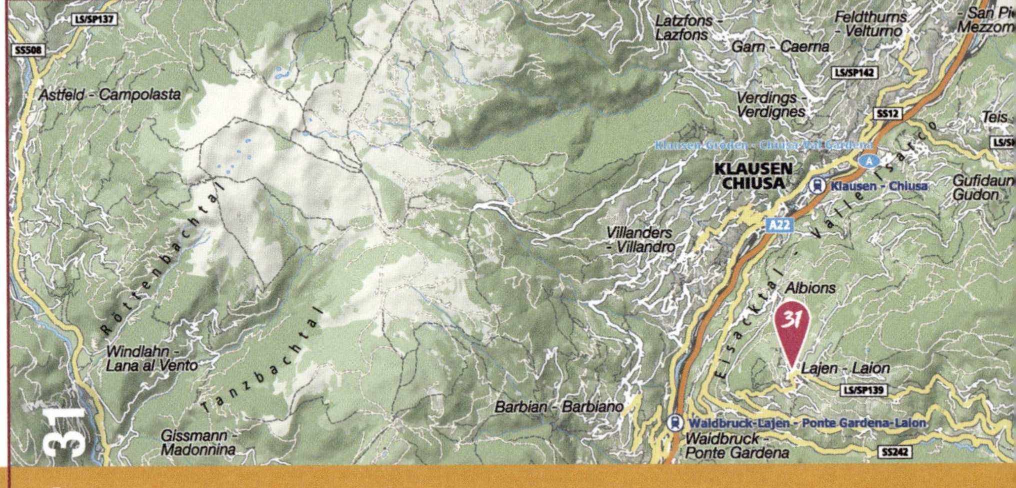

Törggeletour 31

Start & Ziel & Anreise

Mit dem PKW von der Autobahn A22 Ausfahrt Klausen/Gröden und über die SS 12 von Waidbruck oder Klausen ausgeschildert nach Lajen. Mehrere kostenfreie Parkplätze im Ort. Zugverbindung bis Waidbruck oder Klausen und von hier weiter mit dem Bus Linie 350 ab Waidbruck und Linie 351 ab Klausen nach Lajen.

Tourenbeschreibung

Wir beginnen die Wanderung am Dorfplatz von Lajen, wenden uns dem historischen Gasthof zur Krone von 1570 zu und gehen nach Durchquerung des Torbogens nach links auf gepflastertem Fußweg zur Walther-von-der-Vogelweide-Straße. Bergab stoßen wir wenige Minuten später auf den bezeichneten Gorneggweg und gehen nach links noch kurz durch Wohngebiet. Nach den letzten Häusern folgt ein schöner Wiesenweg nach rechts. Teilweise steil und mit Steinplatten durchsetzt führt dieser üppig bewachsen an Feldern und Wiesen vorbei abwärts bis zum Hotel/Restaurant Hubertusstube und auf die Fahrstraße nach Lajen.

Der Beschilderung „Törggelehöfe" folgend wird die Fahrstraße überquert und auf einem Wiesenpfad die nächste Straßenkehre abgekürzt. Danach muss noch einmal die Fahrstraße gequert werden. Auf der anderen Seite nur ein paar Schritte nach rechts und schon nimmt uns ein Wiesensteig auf. Etwas unscheinbar markiert führt dieser mit Handläufen gesichert steil abwärts hinunter ins Ried und zu den

Törggelehöfen.Hier hast du die Qual der Wahl. Was nicht einfach ist, zumal alle Buschenschänke authentisch sind mit uralten Stuben und einer ehrlichen Küche. Von Oktober bis zu Beginn der Vorweihnachtszeit öffnen die Bauern ihre Stuben und bieten ihren Gästen die Produkte ihrer Ernte an.

Als erstes stößt man auf den bereits im 13. Jahrhundert erwähnten Pedratscherhof. Es folgen der geschichtsträchtige Putzerhof, der Buchnerhof, der 1360 noch den Namen „Puntay" trug mit getäfelter Stube und eingebrannter Jahreszahl 1641 und der im Jahre 1316 als „Bouchfeller" genannte heutige Buchfelderhof. Ein Miniabstecher führt zur kleinen Kirche von Ried, die der hl. Katharina gewidmet ist und aus dem 15. Jahrhundert stammt. In den verschiedenen Reb- und Traubenmotiven zeigt sich, dass hier seit jeher Weinbau betrieben wurde.Nach genussvollen Unterbrechungen kann der Aufstieg nach Lajen beflügelt starten. Direkt beim Buchnerhof folgen wir dem Weg Nr. 35 und kommen am Vogelweiderhof (Informationstafel) vorbei. Dieser gilt als einer der möglichen Geburtsorte des Minnesängers Walther von der Vogelweide (1168–1230). Weiter am Sonnenhang bergauf bleibt man auf Weg Nr. 35 bis zurück nach Lajen.

Nicht direkt an der vorgestellten Wanderung liegen zwei stattliche historische Höfe, die ebenfalls zu den Törggelehöfen des Ried gehören: Der geschichtsträchtige Erbhof Unterfins mit alten getäfelten Stuben und der unter Denkmalschutz stehende Oberfinserhof, bei dem außer in der alten Stube auch unter Kastanienbäumen mit Blick auf die Trostburg oder unter einer Weinlaube gerne eingekehrt wird. Diese beiden Höfe liegen an der Verbindungsstaße von Lajen nach Waidbruck. Siebter im Bunde ist der Troglerhof in Außerried.

Autoren Tipp

Törggelen kommt nicht von torkeln, wie man meinen könnte, sondern vom lateinischen „torculum" = Kelter, Presse. Ursprünglich gehörte der Brauch der Bauersfamilie, die nach dem Erntejahr zusammensaß, um den „Nuien" (neuen Wein) zu verkosten. Inzwischen öffnen die Einheimischen im Herbst ihre Stuben für Gäste und bieten ihre Eigenprodukte an. Was kann schöner sein, als nach einer Wanderung durch herbstlich gefärbte Weinberge, Mischwälder oder Kastanienhaine in einem sonnigen Gastgarten oder einer historischen Stube wie in früheren Zeiten geröstete Kastanien, Krapfen, Speck und Käse zu kosten. Inzwischen gehören zum Törggelemenü noch Gerstensuppe, Hauswürste, Rippelen, Surfleisch, Knödel und die unverzichtbaren Schlutzkrapfen. Wie der Eigenbauwein möglichst alles aus eigener Erzeugung. Nur da, wo auch Wein und Kastanien wachsen, lässt sich noch der ursprüngliche Brauch des Törggelens erleben.

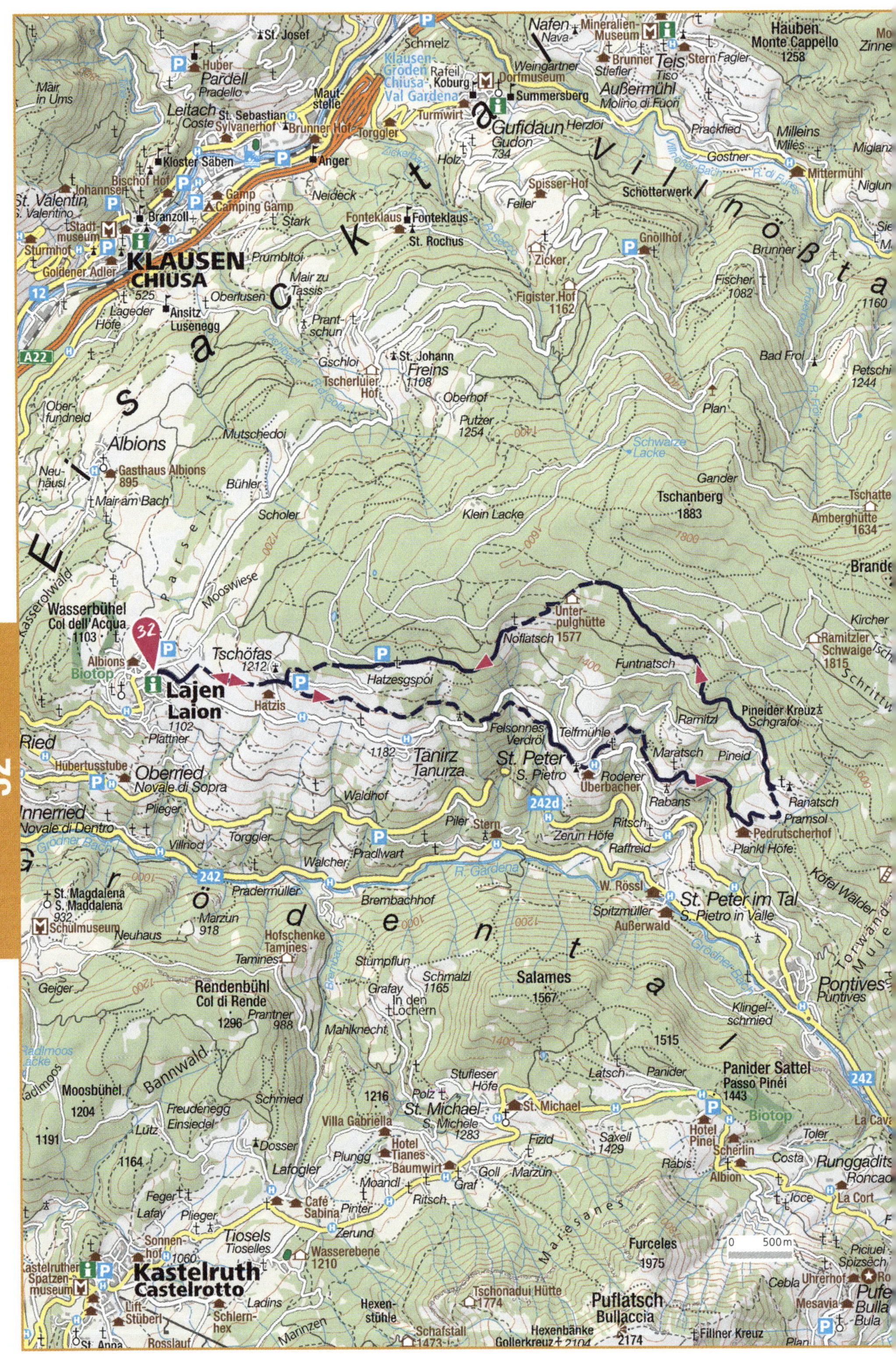

32
St. Josef
Huber
Pardell
Pradello
Leitach
Coste
St. Sebastian
Sylvanerhof
Mäir in Ums
Maut-stelle
Brunner Hof
Torggler
Klausen-Gröden
Chiusa-Val Gardena
Rafeil
Koburg
Dorfmuseum
Schmelz
Turmwirt
Summersberg
Nafen
Nava
Mineralien-Museum
Weingartner
Brunner
Stiefler
Teis
Tiso
Stern
Fagler
Hauben
Monte Cappello
1258
Außermühl
Molino di Fuori
Gufidaun
Gudon
734
Herzlöl
Prackfied
Milleins
Miles
Miglanz
Gostner
R. di Funes
Mittermühl
Niglun
Kloster Säben
Anger
Holz
Bischof Hof
Johannser
St. Valentin
S. Valentino
Gamp
Camping Gamp
Neideck
Spisser-Hof
Feiler
Schotterwerk
Stadt-museum
Branzoll
Stark
Fonteklaus
St. Rochus
Sturmhof
Goldener Adler
KLAUSEN
CHIUSA
Prumbltoi
Zicker
Gnollhof
Brunner
Villnößtal
Mair zu Tassis
Oberlusen
Lageder
Höfe
525
Ansitz Lusenegg
Prant-schun
Figister Hof
1162
Fischer
1082
1160
Eisacktal
A22
Gschloi
Tscherlüier Hof
St. Johann
Freins
1108
Oberhof
Bad Frol
Petschi
1244
Plan
Ober-fundneid
Putzer
1254
Albions
Mutschedoi
Schwarze Lacke
Neu-häusl
Gasthaus Albions
895
Bühler
Gander
Tschanberg
1883
Tschatte
Amberghütte
1634
Mair am Bach
Scholer
Klein Lacke
Brande
Mooswiese
Kasserolwald
Wasserbühel
Col dell'Acqua
1103
Albions
Biotop
Unter-pulghütte
1577
Noflatsch
Kircher
Ramitzler Schwaige
1815
Tschöfas
1212
Hatzesgspöi
Funtnatsch
Lajen
Laion
1102
Plattner
Hatzis
Ramitzl
Pineider Kreuz
Schgrafoi
Ried
Felsonnes
Verdröl
Telfmühle
Tanirz
Tanurza
1182
St. Peter
S. Pietro
Maratsch
Pineid
Hubertusstube
Oberried
Novale di Sopra
Roderer
Überbacher
Rabans
Ranatsch
Innerried
Novale di Dentro
Plieger
Waldhof
242d
Piler
Stern
Ritsch
Pramsol
Pedrutscherhof
Plankl Höfe
Villnod
Torggler
Pradlwart
Walcher
Zerun Höfe
Raffreid
R. Gardena
Grödner Bach
242
St. Magdalena
S. Maddalena
932
Pradermüller
W. Rössl
St. Peter im Tal
S. Pietro in Valle
Spitzmüller
Außerwald
Kofel Wälder
Torwand
Schulmuseum
Neuhaus
Marzun
918
Brembachhof
Hofschenke Tamines
Tamines
Grödental
Geiger
Stumpflun
Schmalzl
1165
Salames
1567
Pontives
Puntives
Rendenbühl
Col di Rende
1296
Prantner
988
Grafay
In den Löchern
Klingel-schmied
Mahlknecht
1515
Moosbühel
1204
Bannwald
Schmied
Stufleser Höfe
Latsch
Panider
Panider Sattel
Passo Pinéi
1443
242
1191
Freudenegg
Einsiedel
Lütz
1216
Polz
St. Michael
S. Michele
1283
St. Michael
Villa Gabriella
Biotop
La Cava
Dosser
Fizid
Saxell
1429
Hotel Pinei
Toler
1164
Hotel Tianes
Plungg
Baumwirt
Scherlin
Rabis
Costa
Runggaditsch
Roncadizza
Lafogler
Goll
Marzun
Albion
Moandl
Graf
Feger
Lafay
Plieger
Café Sabina
Pinter
Ritsch
Joce
La Cort
Maresanes
Tiosels
Tioselles
Zerund
Sonnen-hof
1060
Wasserebene
1210
Furceles
1975
0
500 m
Piciuel
Spizsëch
Kastelruther Spatzen-museum
Kastelruth
Castelrotto
Ladins
Tschonadui Hütte
1774
Uhrerhof
Cebla
Pufels
Bulla
Lift-Stüberl
Schlern-hex
Hexen-stühle
Puflatsch
Bullaccia
Mesavia
St. Anna
Rosslauf
Marinzen
Schafstall
1473
Hexenbänke
Gollerkreuz
2104
2174
Fillner Kreuz
Plan

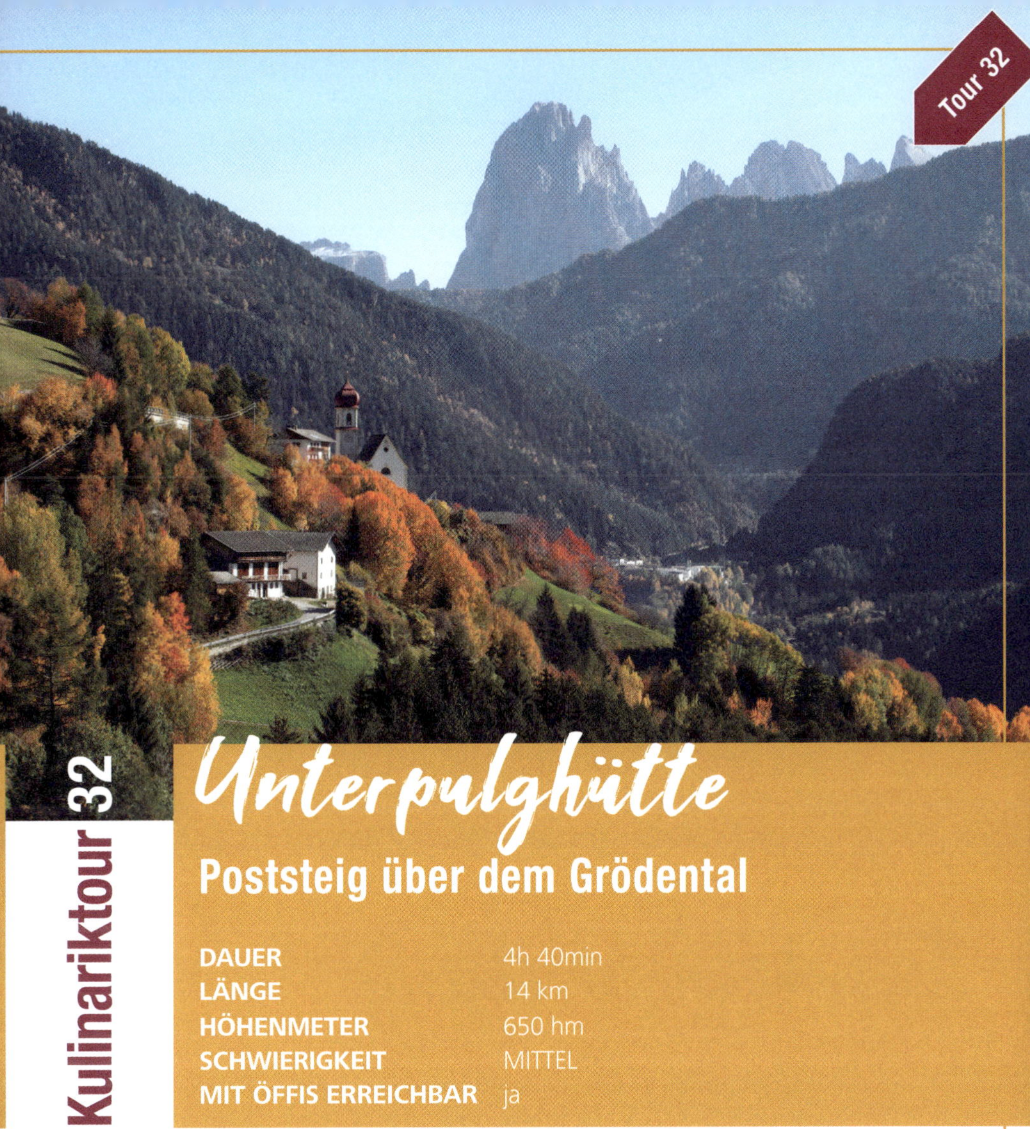

Tour 32

Kulinariktour 32

Unterpulghütte

Poststeig über dem Grödental

DAUER	4h 40min
LÄNGE	14 km
HÖHENMETER	650 hm
SCHWIERIGKEIT	MITTEL
MIT ÖFFIS ERREICHBAR	ja

Das erwartet dich ...

Auf dieser Runde wandern wir über den Poststeig auf gut zu gehenden Wald- und Wiesenpfaden und auf Feldwegen. Zur Unterpulghütte führen Forststraßen, die mitunter sehr steil ansteigen. Der Abstieg erfordert auf einem steilen und steinigen Waldweg ein wenig Aufmerksamkeit und Trittsicherheit. Mit Blick auf die imposanten Wände des Schlern, Langkofel und Sellastock begleiten uns auf dem Weg großartige Eindrücke.

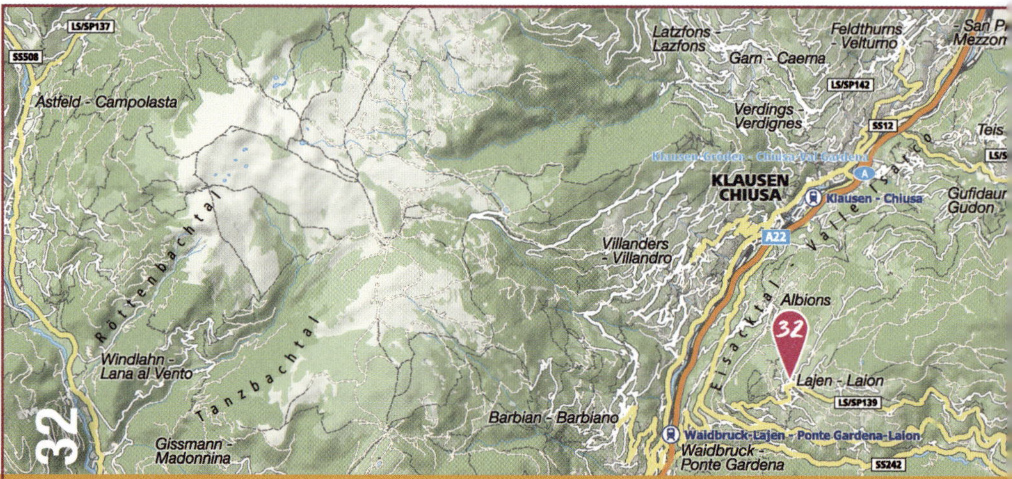

Start & Ziel & Anreise

Ausgangspunkt ist Lajen im Eisacktal. An der Straße nach Gröden befindet sich eine beschilderte Abzweigung. Am Sportplatz gibt es Parkmöglichkeiten. Von Brixen aus erreicht man Lajen mit dem Bus 350. In Unterspiss dann Umstieg in den Bus Nr. 153.

Tourenbeschreibung

In längst vergangenen Zeiten vom Postillion genutzt, der die Post von Klausen über Laien nach St. Ulrich brachte, ist der Poststeig heute den Wanderern vorbehalten. Zeit sollte man für den Höhenweg über dem Grödental mitbringen, denn vieles gibt es hier zu entdecken und zu sehen: Abgesehen von den tollen Panoramablicken erregt auch mal ein geschmückter Bildstock unsere Aufmerksamkeit. Großartige Eindrücke wie der Blick auf die steinernen Bastionen von Schlern, Langkofel und Sellastock ziehen unsere Blicke auf sich. Aber auch die Natur im Detail erfreut uns an jeder Ecke – wie eine Eidechse auf der sonnenwarmen Mauer oder die üppige Flora am Wegesrand. Im schönen Wirtsgarten des Pedrutscherhofes lässt es sich gut einkehren, an der sympathischen und schön gelegenen Unterpulghütte rasten wir dann ein zweites Mal.

In Lajen starten wir oberhalb vom Rathaus bei der Touristeninformation. Die Straße nach St. Peter und Gröden führt uns aus dem Ort hinaus. Am Ortsende wechseln wir nach links auf den Tschöfaser Weg, der uns über die Wiesen ins Örtchen Tschöfas bringt. Bereits hier tun sich wunderbare Blicke auf das Eisacktal und das Schlernmasssiv auf. In Tschöfas biegen wir an der Wandertafel nach rechts hinauf ab und gehen geradewegs aus dem Dorf hinaus. Nun sind wir auf einem landschaftlich besonders reizvollen Abschnitt des Poststeiges unterwegs. Er steigt sanft über sonnige Wiesen und von Laubwald gesäumt an. Dabei rücken der massige Sellastock und das zackige Massiv des Langkofels immer mehr ins Blickfeld. Eine Viertelstunde später führt uns der Poststeig rechts auf einem Wiesenpfad hinab. An einer Gabelung halten wir uns links hinauf durch den Wald, dann ignorieren wir eine Abzweigung zur Unterpulghütte und steigen noch steiler zur Straße nach St. Peter hinab. 50 Meter nach links versetzt wandern wir auf unserer Route weiter bis an ein Sträßchen, das an ein paar Höfen vorbei nach St. Peter führt.

Hier passieren wir Kirche und Hauptplatz und wenden uns am Supermarkt links. Am Ortsende halten wir uns nochmals links auf einen Pfad, der uns hinauf zum Waldrand bringt. Wir queren zwei Bachgräben mit einer Kneippanlage, in der wir sogleich unsere müden Füße erfrischen. Dann bringen uns zwei Kehren hinab zu einer Straße, die wiederum nach links in zwanzig Minuten zum Gasthof Pedrutscherhof führt (Donnerstag Ruhetag). Nach einer Stärkung gehen wir zur Straße zurück und wenden uns rechter Hand einem unbeschilderten Weg zu, der steil zu Höfen hinaufführt. Beim obersten Hof wandern wir weiter steil auf einem Wirtschaftsweg hinauf. An der Gabelung halten wir uns rechts und erreichen erneut eine Straße. Ein Wegschild schickt uns hier nach links zur Unterpulghütte.

Autoren Tipp

Wenn man die Runde verkürzen möchte, kann man von Lajen kommend vor der Kirche von St. Peter links abbiegen. Die Straße bringt uns dann in einer weiten Linkskehre mit der Markierung Nr. 8 und 36 den Hang hinauf. Die Schilder Richtung Tschöfas weisen uns den Weg. Dann steigen wir den Forstweg mit der Markierung Nr. 36 bergan. Hinter dem Jos-Hof halten wir uns links, wandern über Weidegelände weiter bergauf und gelangen an den Weg, der von der Unterpulghütte heraufführt (Markierung Nr. 34).Wie bereits beschrieben kehren wir dann nach Tschöfas und Lajen zurück.

Fortsetzung Tour 32

Kurz geht es hinab, dann folgen wir der Markierung 8a auf einem Forstweg nach rechts durch den Wald hinauf. An der Schotterstraße biegen wir rechts ein und wandern zehn Minuten bis zur nächsten Gabelung. Bei der Markierung 36 biegen wir rechts zur Unterpulghütte ab. An der darauffolgenden Kreuzung halten wir uns links. Gleich darauf bringt uns ein weiterer Linksabzweig zur gemütlichen Unterpulghütte. Die schöne Sonnenterrasse lädt zum Verweilen ein, die Tiere auf der Hütte – Hasen, Pferde und Kühe – sind besonders für die Kinder interessant.

Westlich von der Hütte wandern wir auf dem linken Weg weiter, den Schildern Richtung Tschafös und Lajen folgend. Der Markierung Nr. 34 folgend steigen wir durch den Wald hinab. An der Gabelung halten wir uns nochmals links, bald über die Wiesenhänge. Auf einem Wiesenweg wandern wir am Waldrand entlang hinunter, ignorieren dabei eine Abzweigung nach St. Peter und folgen schließlich dem Forstweg bis zum Gspoi-Hof hinab. An der dortigen Straße gehen wir bis zur ersten Kehre und halten uns dann geradeaus auf einen Waldweg, der uns sehr steil nach Tschöfas hinabbringt. Dann kommen wir wieder zum Poststeig und über den dem Anfangsweg zurück nach Lajen.

Um die Runde ein wenig abzukürzen können wir auch von Lajen kommend vor der Kirche St. Peter links auf eine Straße abbiegen und bei Markierung 36 in einer weiten Linkskehre den Hang hinaufsteigen. Hinter dem Jos-Hof biegen wir links ein und laufen über Weiden hinauf bis zum Weg Nr. 34. Dann kehrt man, wie bereits beschrieben, nach Tschöfas und Lajen zurück.

Am Poststeig erwarten uns Wege zum Genießen

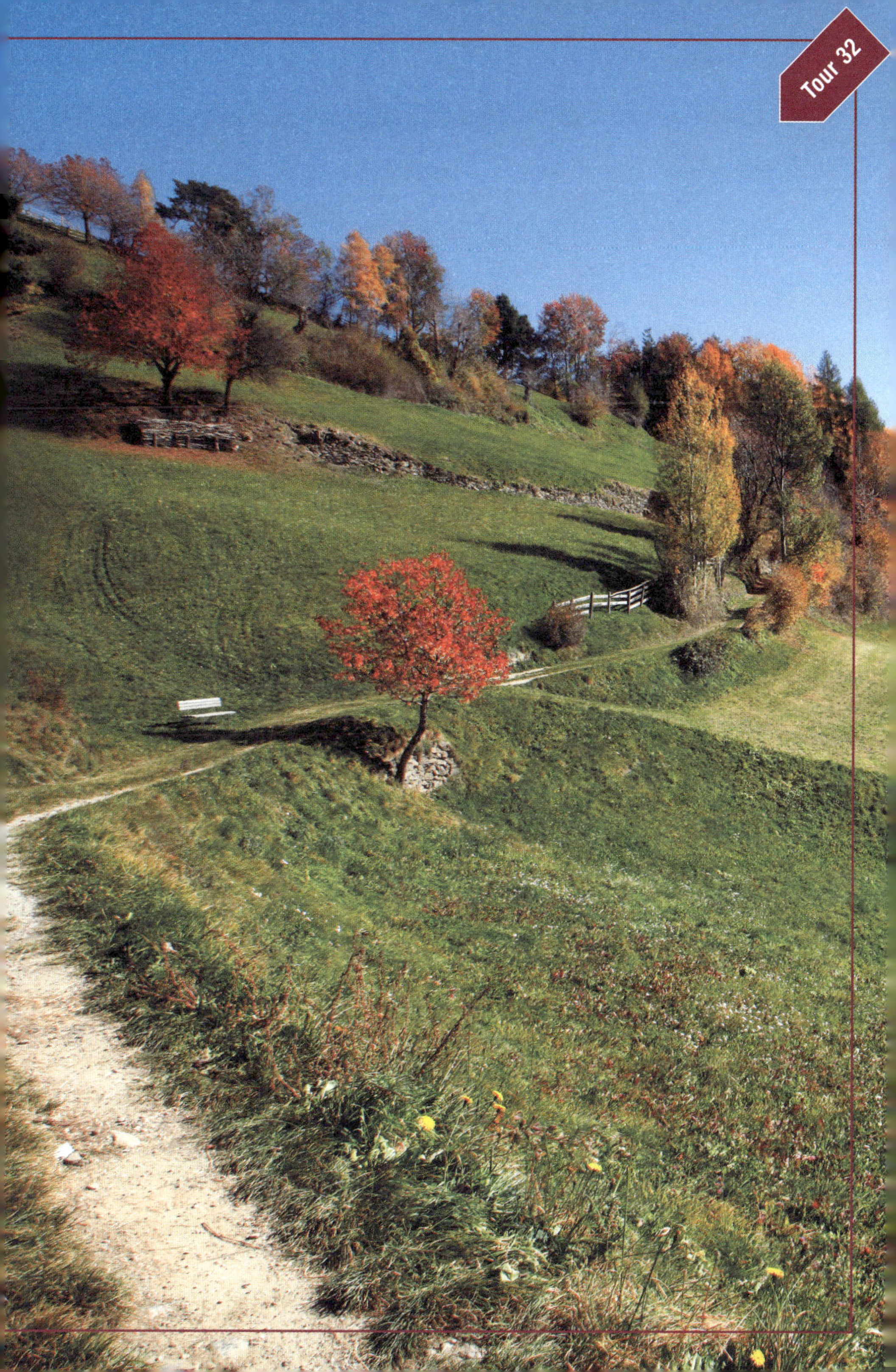
Tour 32

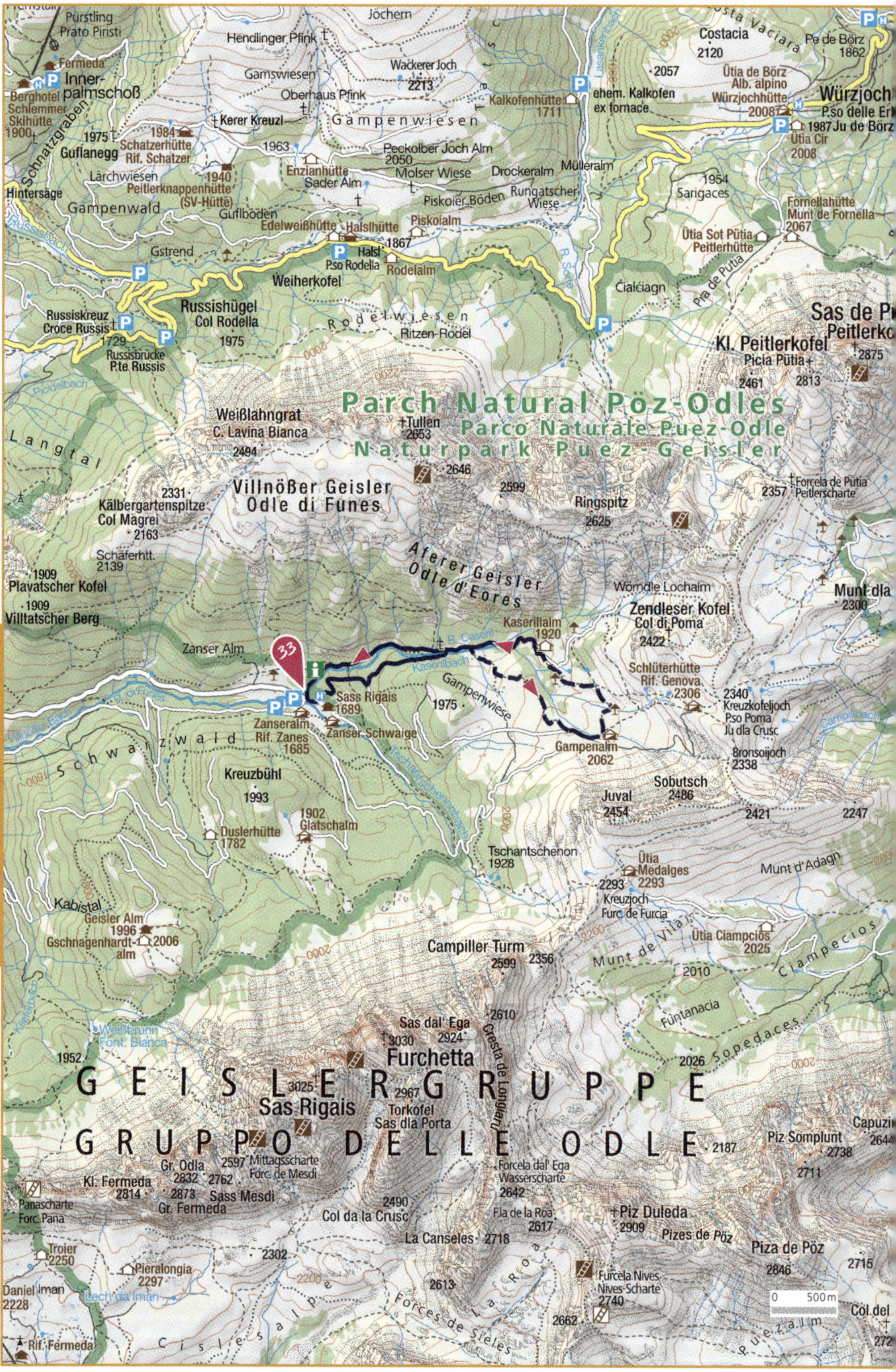

33

Parch Natural Pöz-Odles
Parco Naturale Puez-Odle
Naturpark Puez-Geisler

Villnößer Geisler
Odle di Funes

Aferer Geisler
Odle d'Eores

GEISLERGRUPPE
GRUPPO DELLE ODLE

Furchetta
Sas Rigais

0 500 m

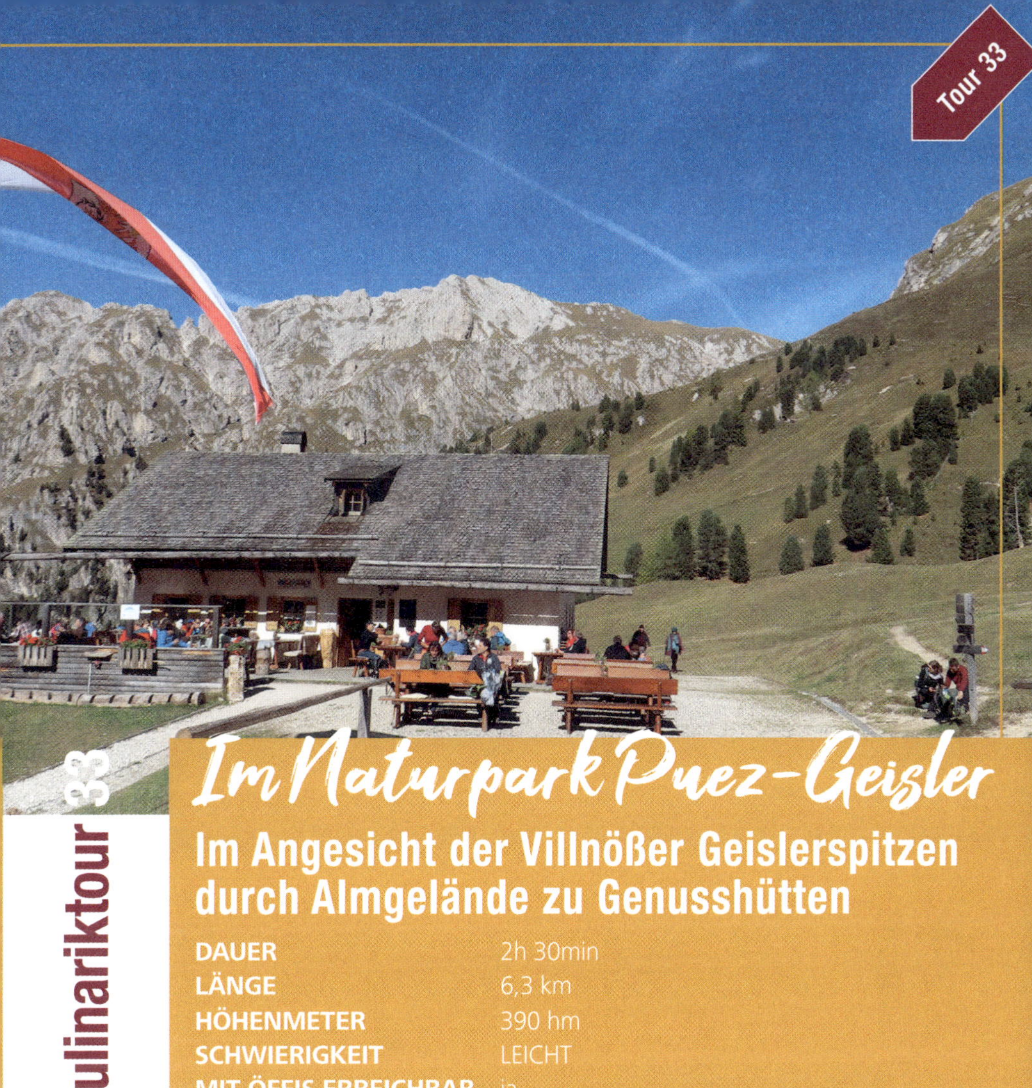

Kulinariktour 33

Im Naturpark Puez-Geisler

Im Angesicht der Villnößer Geislerspitzen durch Almgelände zu Genusshütten

DAUER	2h 30min
LÄNGE	6,3 km
HÖHENMETER	390 hm
SCHWIERIGKEIT	LEICHT
MIT ÖFFIS ERREICHBAR	ja

Das erwartet dich ...

Wer im Villnößtal wandert kann sich glücklich schätzen, in einer einzigartigen intakten Landschaft unterwegs zu sein. Bewusst hat sich die Region dem nachhaltigen sanften Tourismus verschrieben. So trifft man auf eine lebendige Kultur der Bergbauern, die sich auch in den zahlreichen Almen widerspiegelt. Bei der Genussrunde zur Gampenalm erwarten dich abwechselnd breite Waldwege und schmale Almpfade sowie zwei Almhütten, die ihre Gäste mit Südtiroler Spezialitäten verwöhnen.

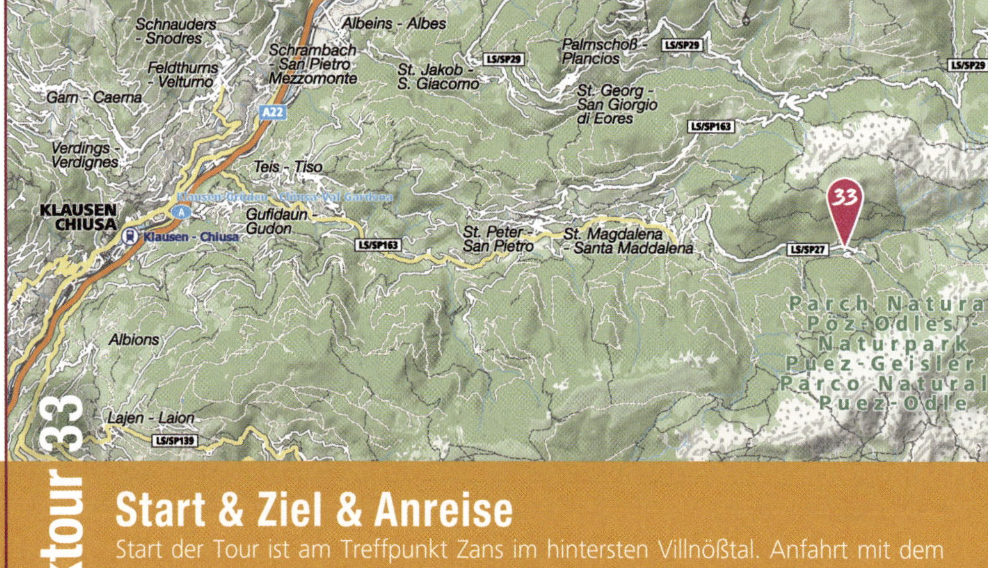

Kulinariktour 33

Start & Ziel & Anreise

Start der Tour ist am Treffpunkt Zans im hintersten Villnößtal. Anfahrt mit dem PKW über die A22 Ausfahrt Klausen/Gröden. 2 Kilometer auf der Staatsstraße SS 12 Richtung Brixen und der Beschilderung folgend nach rechts ins Villnößtal abbiegen. Bis zum Talende weiterfahren, 3 Kilometer später ist der große gebührenpflichtige Parkplatz beim Treffpunkt Zans mit Wildgehege und Einkehr erreicht. Bis Brixen und/oder Klausen Bahnverbindung, danach Buslinie 330 Brixen–Villnöss–Zanser Hütte.

Tourenbeschreibung

Heute sind wir unterwegs inmitten des UNESCO-Welterbes Dolomiten. Die imposante Geislergruppe umrahmt das Villnößtal, Heimat des weltweit bekannten Bergsteigers Reinhold Messner. Betrachtet man die Geislergruppe von Villnöß aus, wird die Trennung durch die Mittagsscharte deutlich. Links dominiert der 3.025 Meter hohe Sass Rigais gefolgt von Großer und Kleiner Furchetta, während rechts die Nadeln (ladinisch „Odles“) mit der markanten Großen Fermeda in den Himmel ragen.

Am Startpunkt orientieren wir uns an der Markierung 33 Kaserill und Gampenalm. Die ersten 30 Gehminuten gestalten sich auf breitem Waldweg stetig bergauf. Nach einer kleinen Flachetappe wird der Kaserillbach einmal überquert und kurz darauf ein zweites Mal. Danach ändert sich mit einem Schwenk nach rechts der Wegcharakter. Der Wald tritt zurück, der Weg verschmälert sich und leitet anfangs noch steinig und über Stufen, später über Almwiesen an Weidezäunen entlang bergauf zur Gampenalm. Zur Rechten treten die Geislerspitzen in den Vordergrund, den Blick nach links gerichtet fällt der markante Peitlerkofel ins Auge. Auch die Schlüterhütte, ein beliebter Ausgangspunkt für den 2.874 Meter hohen Gipfel, ist gut erkennbar. Nach Norden reicht die weite Aussicht bis zum fernen Alpenhauptkamm.

In großflächiger grüner Almlandschaft lässt sich bei der Gampenalm genussvoll rasten. In der gemütlichen Stube oder auf der Panoramaterrasse verwöhnen Hüttenwirt und Familie mit Almschmankerln, Wildgerichten und manchmal sogar mit Spezialitäten vom Brillenschaf – was will man mehr?

Gestärkt und zufrieden ist der Rückweg über die Kaserillalm mit Nr. 31A und 32 markiert. Anfangs leicht bergab durchwandert man in großem Bogen weitläufige Berghänge. Es folgt eine kurze Etappe auf gleichbleibender Höhe, bevor ein schmaler Steig teils über Stufen steil abwärtsführt. In fotogener Gesellschaft stehen alte Latschen und Kiefern sowie verstreute Almhütten auf weiten Wiesenböden.

Der Steig mündet in ein Almsträßchen kurz vor Erreichen der Kaserillalm. Zu den angebotenen hauseigenen Naturprodukten gehören auch vor Ort erzeugte Käsespezialitäten. In gemütlichem Ambiente kann man diese direkt genießen oder auch käuflich erwerben.

Nach entspannter Rast geht es kurz auf dem Almzufahrtsweg abwärts, bevor man auf den vom Hinweg bekannten Anstiegsweg stößt. Nur wenige Meter später nehmen wir für den Rückweg die Variante nach rechts abbiegend auf Wanderweg 32, später mit 25 bezeichnet. Diesem folgend wird eine markante Holzbrücke ignoriert und wenige Schritte später nach links steil bis auf die Höhe des Kaserillbaches abgestiegen. In Fließrichtung wandern wir am Bach entlang zurück zum Ausgangspunkt der kleinen Runde.

Autoren Tipp

Eine dunkle Pigmentierung um die Augen gab dem hübschen Tier seinen Namen. Das Villnößer Brillenschaf ist Südtirols älteste Schafrasse und seit einigen Jahren wieder auf Wiesen und Almen unterwegs, die es als Landschaftspfleger vor Verbuschung schützt. Auch in der Wollverarbeitung ist das Brillenschaf von großem Nutzen, und in der Gastronomie wird es immer mehr zum Superstar. In der jährlich im Oktober stattfindenden Villnößer Brillenschafwoche als Gourmet-Event und dem „Schoafmarkt" erfährt die fast ausgestorbene Schafrasse in jeder Hinsicht eine verdiente neue Wertschätzung.

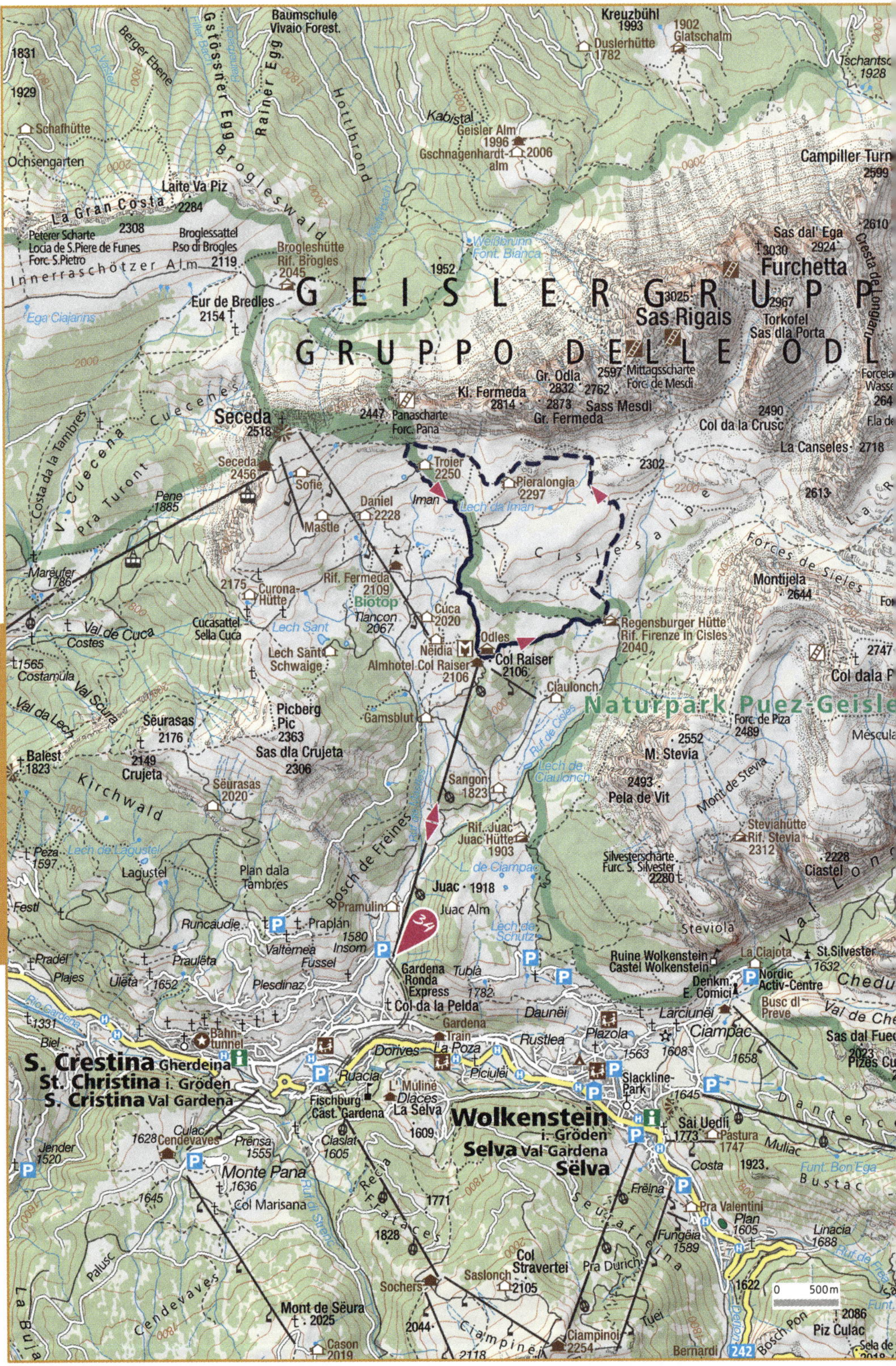

Baumschule
Vivaio Forest.
Kreuzbühl
1993
1902
Glatschalm
Duslerhütte
1782
Tschantsch
1928
1831
Berger Ebene
Gstösser Egg
Rainer Egg
1929
Hottibrond
Schafhütte
Kabistal
Geisler Alm
1996
Gschnagenhardt-
alm
2006
Ochsengarten
Campiller Turm
2599
Laite Va Piz
La Gran Costa
2284
Broglesswald
2308
Peterer Scharte
Locia de S.Piere de Funes
Forc. S.Pietro
Broglessattel
P.so di Broglès
2119
Brogleshütte
Rif. Broglès
2045
Weißbrunn
Font. Bianca
Sas dal Ega
2924
3030
Furchetta
Cresta de Longiarù
2610
Innerraschötzer Alm
1952
Eur de Bredles
2154
GEISLERGRUPPE
3025
Sas Rigais
2967
Torkofel
Sas dla Porta
Ega Ciajarins
GRUPPO DELLE ODLE
Gr. Odla
2832
2597
Mittagsscharte
Forc. de Mesdì
Kl. Fermeda
2814
2762
2873
Sass Mesdì
Gr. Fermeda
Forcela Wasser
Cuecenes
Seceda
2518
2447
Panascharte
Forc. Pana
2490
Col da la Crusc
La Canseles
2718
Costa da la Tambres
V. Cuecena
Seceda
2456
Sofie
Troier
2250
Pieralongia
2297
2302
Pra Turont
Pene
1885
Iman
Lech da Iman
2613
Daniel
2228
Mastle
Cislesalpe
Forces de Sieles
Mareúfer
1786
Rif. Fermeda
2109
Montijela
2644
2175
Curona-
Hütte
Biotop
Tlancon
2067
Cuca
2020
Regensburger Hütte
Rif. Firenze in Cisles
2040
Cucasattel
Sella Cuca
Lech Sant
Val de Cuca
Costes
Odles
Nëidia
Lech Sant
Schwaige
Col Raiser
2106
Almhotel Col Raiser
2106
2747
1565
Costamula
Val Scura
Col dala P
Ciaulonch
Val da Lech
Picberg
Pic
2363
Gamsblut
Naturpark Puez-Geisler
Forc. de Piza
2489
Sëurasas
2176
2552
M. Stevia
Mesculà
Balest
1823
2149
Crujeta
Sas dla Crujeta
2306
Ruf de Cisles
Lech de
Ciaulonch
Sëurasas
2020
Sangon
1823
2493
Pela de Vit
Mont de Stevia
Kirchwald
Rif. Juac
Juac Hütte
1903
Steviahütte
Rif. Stevia
2312
Peza
1597
Lech de Lagustel
Bosch de Freines
L. de Ciampac
Silvesterscharte
Furc. S. Silvester
2280
2228
Ciastel
Lagustel
Plan dala
Tambres
Juac · 1918
Juac Alm
Val Longia
Festl
Pramulin
Runcaudie
Praplán
1580
Insom
34
Lech de
Schutz
Steviola
Valternea
Fussel
Ruine Wolkenstein
Castel Wolkenstein
La Ciajota
St.Silvester
1632
Pradel
Plajes
Uëta
Prauleta
1652
Gardena
Ronda
Express
Tublà
1782
Denkm.
E. Comici
Nordic
Activ-Centre
Chedul
Plesdinaz
Col da la Pelda
Dauněi
Busc di
Preve
Val de Chedul
Rio Gardena
1331
Biel
Larciunëi
Ciampac
Sas dal Fuec
Bahn-
tunnel
Gardena
Train
Rustlea
Plazola
1563
1608
1658
2023
Pizes Cu
S. Crestina Gherdëina
St. Christina i. Gröden
S. Cristina Val Gardena
Dorives
La Poza
Piciulëi
Ruacia
Slackline-
Park
1645
Dantercëpies
Mulinè
Dlaces
La Sëlva
Fischburg
Cast. Gardena
Wolkenstein
i. Gröden
Selva Val Gardena
Sëlva
Sai Uedli
1773
Pastura
1747
Mulìac
1628
Culac
Cendevaves
Jender
1520
Prënsa
1555
Claslat
1605
1609
Costa
1923
Funt. Bon Ega
Monte Pana
1636
Rueda
Bustac
Ruf de Sëura
Col Marisana
1645
1771
Frëina
Pra Valentini
Plan
1605
Fratacia
Seurarena
1828
Fungëia
1589
Linacia
1688
Palusc
Col
Stravertei
Pra Durich
Ruf de Fréa
Saslonch
2105
Sochers
1622
0 500m
Cendevaves
Mont de Sëura
2025
2044
Ciampinëi
Tuei
2086
Piz Culac
La Bula
Cason
2019
2118
Ciampinoi
2254
Bernardi
242
Bosch Pon
Sela de
2018

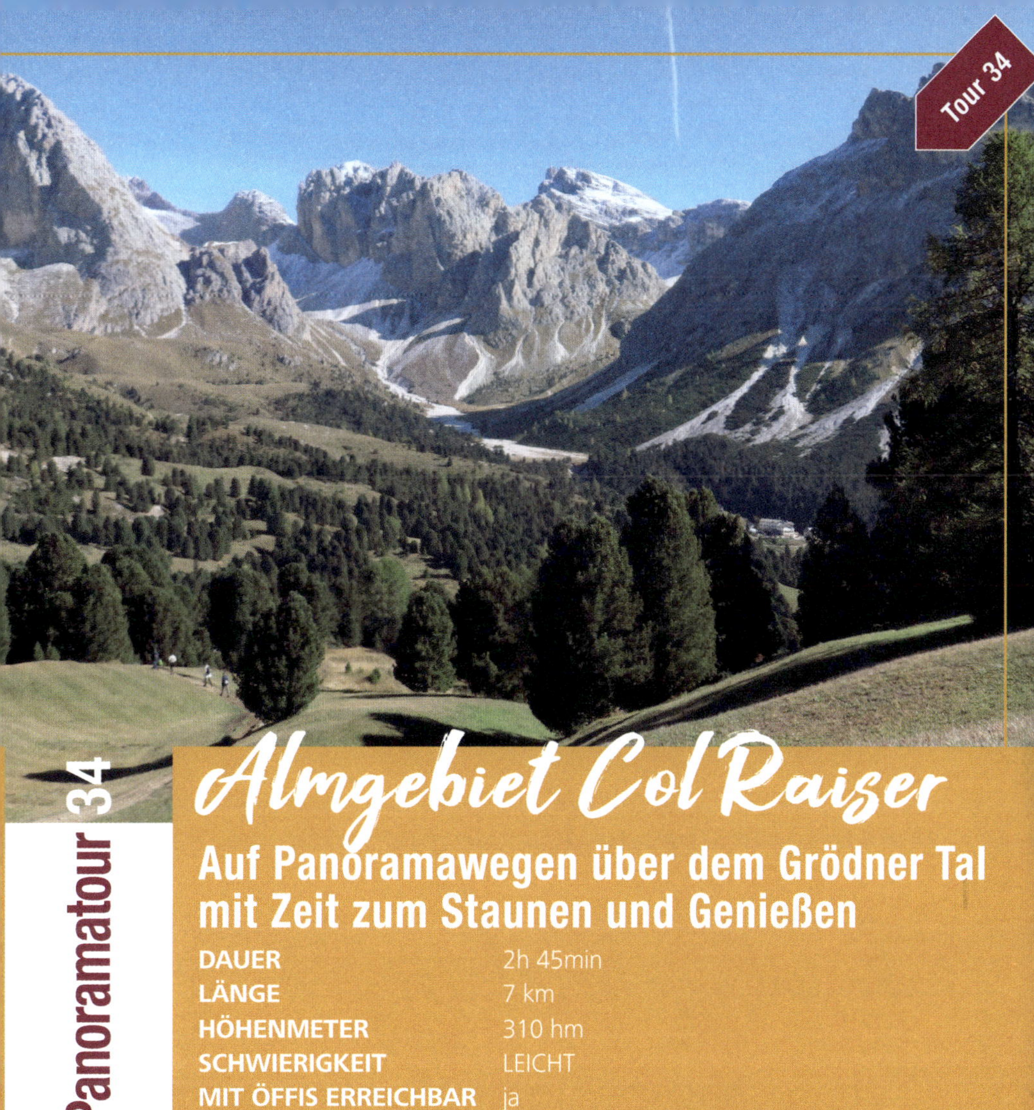

Panoramatour 34

Almgebiet Col Raiser

Auf Panoramawegen über dem Grödner Tal mit Zeit zum Staunen und Genießen

DAUER	2h 45min
LÄNGE	7 km
HÖHENMETER	310 hm
SCHWIERIGKEIT	LEICHT
MIT ÖFFIS ERREICHBAR	ja

Das erwartet dich ...

Die Tour verspricht eine anregende Bergwanderung in der weiten felsigen Hochfläche des Naturparks Puez-Geisler-Raschötz. Auf abwechselnd breiten und schmalen Wegen durchstreifen wir Almwiesen, die im Frühsommer in voller Blüte stehen. Dazu die faszinierende Kulisse des UNESCO-Welterbes Dolomiten und vier Einkehrhütten direkt am Weg – da schlägt das Wanderherz höher. Mit der Kabinenbahn ersparen wir uns fast 680 Höhenmeter. Die dadurch gewonnene Zeit wird dringend benötigt zum Schauen, Staunen und Genießen.

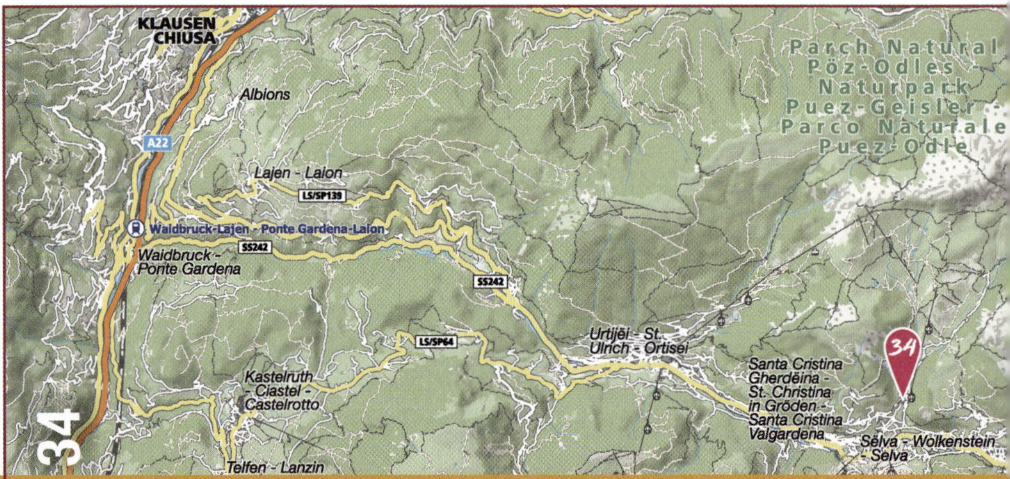

Start & Ziel & Anreise

Ausgangspunkt der Tour ist die Bergstation Col Raiser im Grödner Tal. Mit dem PKW von Bozen kommend in Waidbruck, von Brixen kommend in Klausen nimmt man die Abzweigung ins Grödner Tal bis St. Christina. Hier beschilderte Zufahrt zur Talstation Col Raiser mit großem gebührenpflichtigem Parkplatz. Zugverbindung bis Waidbruck und Klausen. Ab Bahnhof jeweils Busverbindung nach St. Christina und von hier Sommerbus Linie 357 zur Talstation.

Tourenbeschreibung

Schon an der Bergstation der Col Raiser-Bahn macht das Panorama atemlos. Nach einem Rundumblick geht es ausgeschildert auf Weg Nr. 4 leicht bergab zur Regensburger Hütte. Rifugio Firenze heißt die bereits 1888 erbaute und immer wieder vergrößerte und modernisierte Schutzhütte auf Italienisch. Am Fuße der Steviagruppe und der Geislerspitzen hat man hier außerdem einen herrlichen Blick auf die Langkofelgruppe.

Links des Weidezauns bei der Regensburger Hütte beginnt der schmale Bergweg Nr.13 moderat ansteigend über die Cislesalpe an Latschen, Zirben und Lärchen vorbei, bis unterhalb der südseitigen Felswände der Fermeda die Markierung 13B nach links Richtung Seceda zeigt. In einer Steilstufe geht es bis zu einer markanten Weggabelung. Hier stoßen wir auf Steig Nr. 2B, dem wir nach links folgen. Auf dem großartigen Panoramaweg steht man plötzlich überrascht vor einem imposanten Felsturm, der irgendwann von den Felswänden der Fermeda abgebrochen ist. Wenige Schritte weiter ist die Pieralongia Alm inmitten einer grandiosen Felskulisse erreicht. Auf der grasigen Hochfläche verbringen einige Tiere den Sommer, und während dieser Zeit werden Brotzeiten, Mehlspeisen und Milch angeboten.

Der Weiterweg bleibt mit Nr. 2B noch Richtung Seceda, bis es für uns nach ca. 15 Gehminuten nach links hinunter zur Troier Hütte geht. Von der Terrasse reicht der weite Blick über das Tal hinweg zum Sellastock, Langkofelmassiv und Seiser Alm. Wenn dazu köstliche Südtiroler Gerichte aufgetischt werden, fällt der Aufbruch schwer.

Glücklicherweise ist der Rückweg nicht weit. Stetig bergab führt der schöne Wanderweg Nr. 1 an Almhütten und dem Feuchtgebiet Lech da Iman vorbei, bevor er auf den Weg Nr. 4A stößt. Auf diesem gelangt man weiterhin aussichtsreich zurück zur Bergstation. Bis es Zeit wird, mit der Umlaufbahn wieder ins Tal zu schweben, kann man noch beim Almhotel Col Raiser rasten und die Eindrücke der grandiosen Panoramawanderung wirken lassen.

Marende bei der Troier Hütte

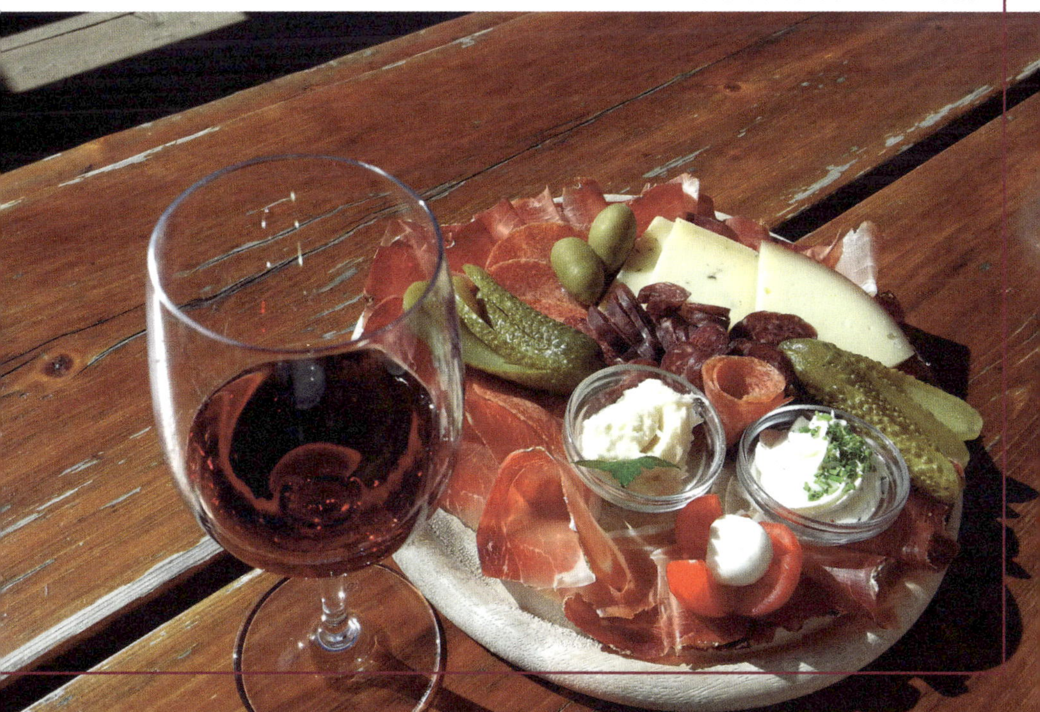

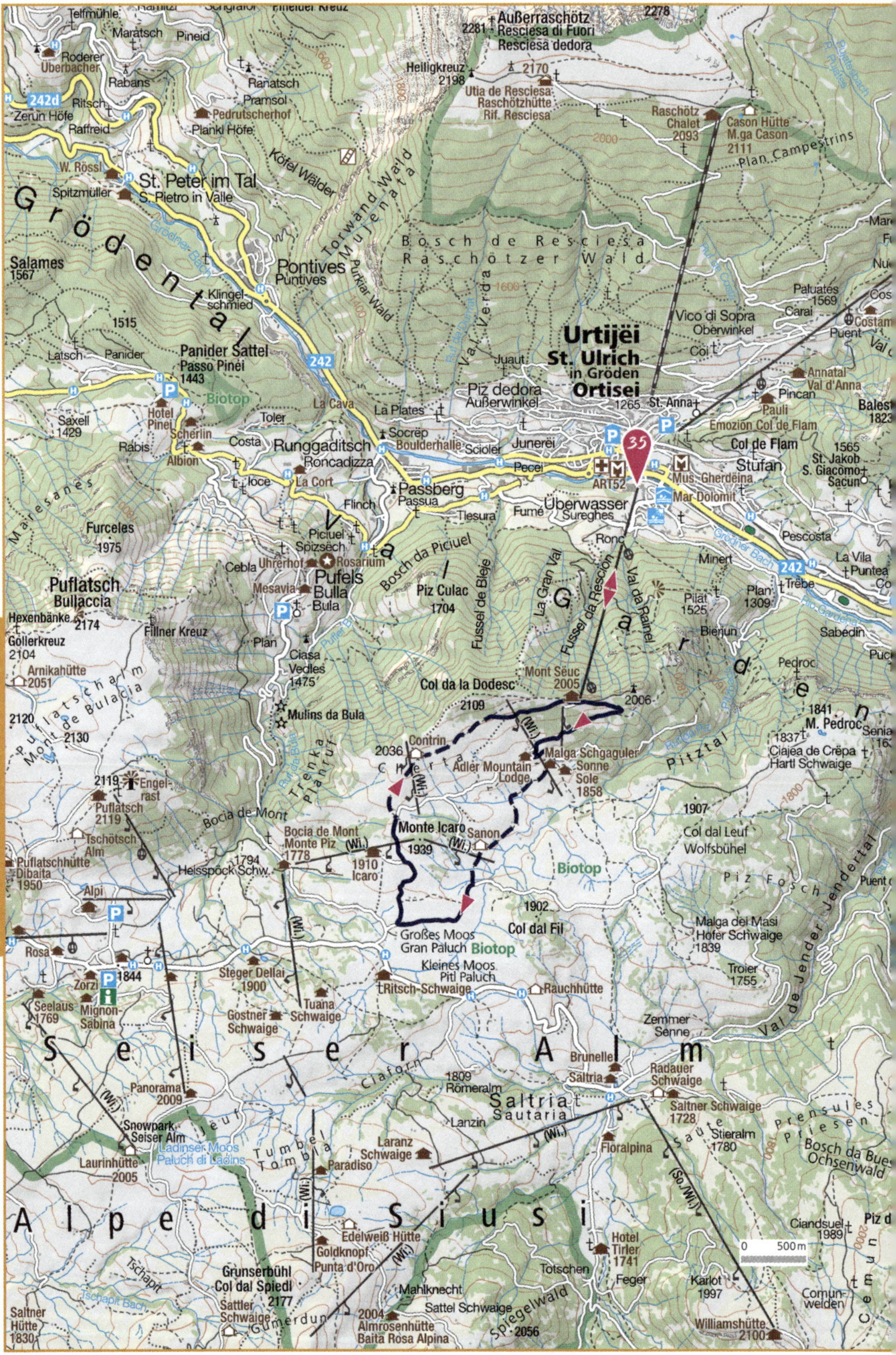

Telfmühle
Maratsch
Pineid
Außerraschötz
2281 Resciesa di Fuori
Resciesa dedora
2278
Roderer
Überbacher
Rabans
Ranatsch
Heiligkreuz
2198
2170
242d
Ritsch
Zerun Höfe
Raffreid
Pramsol
Pedrutscherhof
Planki Höfe
Utia de Resciesa
Raschötzhütte
Rif. Resciesa
Raschötz Chalet
2093
Cason Hütte
M.ga Cason
2111
Plan Campestrins
W. Rössl
St. Peter im Tal
S. Pietro in Valle
Spitzmüller
Köfel Wälder
Torwand Wald
Mujenata
Grödental
Bosch de Resciesa
Raschötzer Wald
Salames
1567
Pontives
Puntives
Klingelschmied
Val Verda
Purkiar Wald
Paluatés
1569
Caral
Vico di Sopra
Oberwinkel
Puent
Costamula
1515
Latsch
Panider
Panider Sattel
Passo Pinei
1443
242
Juaut
Urtijëi
St. Ulrich
in Gröden
Ortisei
Col
Annatal
Val d'Anna
Pincan
Biotop
Saxell
1429
Hotel Pinei
La Cava
La Plates
Piz dedora
Außerwinkel
1265
St. Anna
Pauli
Balest
1823
Scherlin
Toler
Socrëp
Boulderhalle
Emozion Col de Flam
Rabis
Albion
Costa
Runggaditsch
Roncadizza
Scioler
Junerëi
Col de Flam
1565
St. Jakob
S. Giacomo
Sacun
Stufan
Pecei
35
ART52
Mus. Gherdëina
Mar Dolomit
Maresanes
Ioce
La Cort
Passberg
Passua
Flinch
Tiesura
Fumé
Überwasser
Sureghes
Furceles
1975
Piciuel
Spizsëch
Rosarium
Pescosta
Ronc
Minert
La Vila
Puntea
242
Trëbe
Cebla
Uhrerhof
Bosch da Piciuel
Val Gardena
Puflatsch
Bullaccia
Mesavia
Pufels
Bulla
Bula
Piz Culac
1704
Fussel de Bleje
La Gran Val
Fussel da Resciesa
Val da Rainel
Pilat
1525
Plan
1309
Hexenbänke
2174
Fillner Kreuz
Bierjun
Sabedin
Gollerkreuz
2104
Plan
Ciasa Vedles
1475
Col da la Dodesc
Mont Sëuc
2005
Pedroc
Arnikahütte
2051
Puflatscharm
Mont de Bulacia
2120
2130
2109
2006
1841
M. Pedroc
1837
Ciajea de Crëpa
Hartl Schwaige
Mulins da Bula
Trenka
Planruf
Contrin
2036
Chierta
(Wi.)
Adler Mountain Lodge
Malga Schgaguler
Sonne
Sole
1858
Pitztal
2119
Engelrast
Pufatsch
2119
1907
Col dal Leuf
Wolfsbühel
Tschötsch Alm
Bocia de Mont
Bocia de Mont
Monte Piz
1778
(Wi.)
Monte Icaro
1939
Sanon
(Wi.)
Puflatschhütte
Dibaita
1950
1794
Heisspöck Schw.
1910
Icaro
Biotop
Piz Fosch
Val de Jender
Jendertal
Alpi
1902
Col dal Fil
Rosa
Großes Moos
Gran Paluch
Biotop
Malga del Masi
Hofer Schwaige
1839
Zorzi
1844
Steger Dellai
1900
Kleines Moos
Pitl Paluch
Ritsch-Schwaige
Rauchhütte
Troier
1755
Seelaus
1769
Mignon-Sabina
Gostner Schwaige
Tuana Schwaige
Zemmer Senne
Seiser Alm
Ciaforn
Brunelle
Saltria
Radauer Schwaige
Panorama
2009
(Wi.)
1809
Römeralm
Saltria
Sautaria
Saltner Schwaige
1728
Lanzin
Prensules
Priesen
Snowpark Seiser Alm
Leuf
Laranz Schwaige
(Wi.)
Floralpina
Saut
Stieralm
1780
Bosch da Bues
Ochsenwald
Laurinhütte
2005
Ladinser Moos
Paluch di Ladins
Tumbla
Tombla
Paradiso
(So./Wi.)
Alpe di Siusi
Edelweiß Hütte
(Wi.)
Goldknopf
Punta d'Oro
Hotel Tirler
1741
Ciandsuel
1989
Piz d
Tschaprit
Tschapit Bach
Grunserbühl
Col dal Spiedl
2177
Totschen
Feger
Karlot
1997
Comunweiden
0 500 m
Mahlknecht
Sattel Schwaige
Spiegelwald
Sattler Schwaige
Gumerdun
2004
Almrosenhütte
Baita Rosa Alpina
2056
Williamshütte
2100
Saltner Hütte
1830

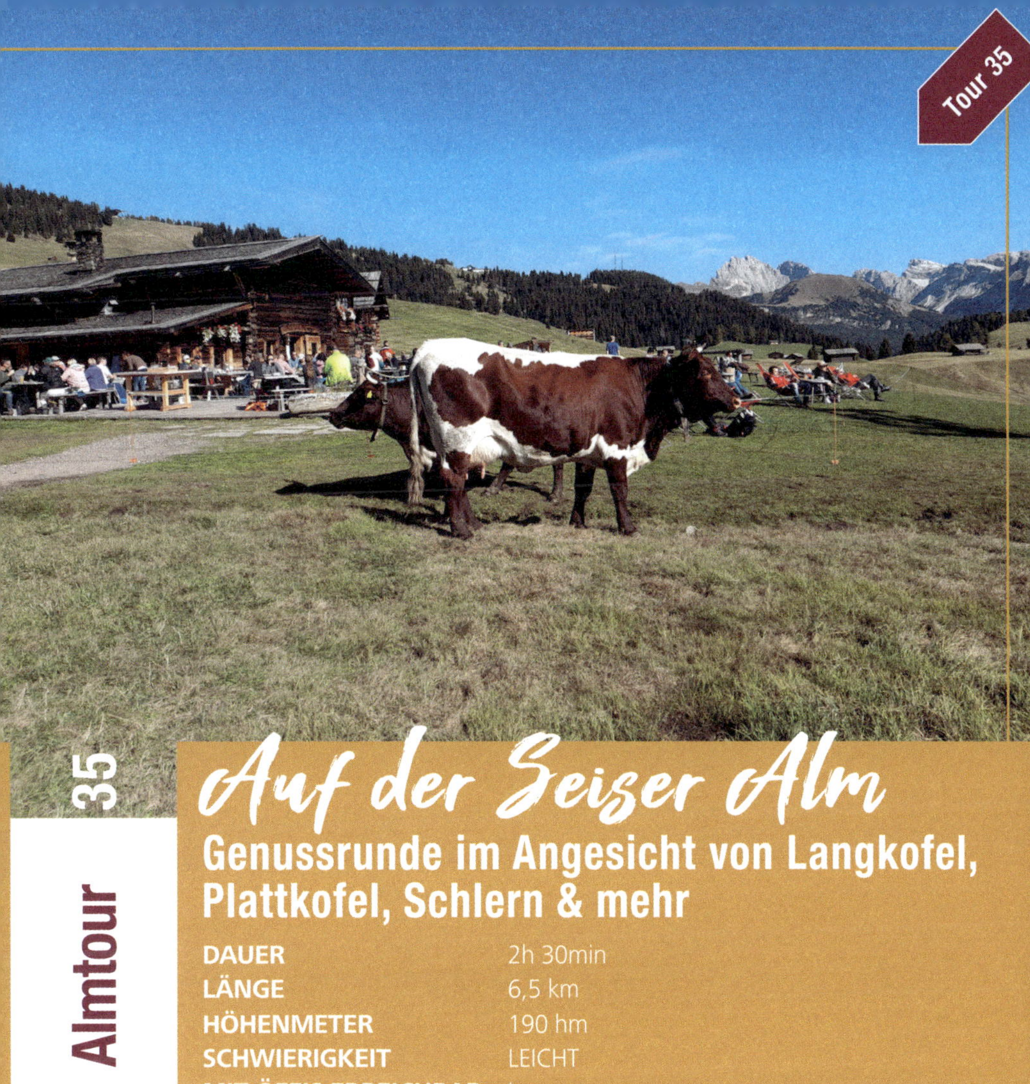

Tour 35

35 Almtour

Auf der Seiser Alm

Genussrunde im Angesicht von Langkofel, Plattkofel, Schlern & mehr

DAUER	2h 30min
LÄNGE	6,5 km
HÖHENMETER	190 hm
SCHWIERIGKEIT	LEICHT
MIT ÖFFIS ERREICHBAR	ja

Das erwartet dich ...

Mit 56 Quadratkilometern ist die Seiser Alm die größte Hochalm Europas. Die sanft geschwungene alpine Kulturlandschaft ist geprägt von Viehweiden und Mähwiesen, von Feuchtgebieten und Bergwald. Besonders im Frühsommer begeistert die Hochfläche mit großartiger Alpenflora. Nur die teilweise massive touristische Erschließung stört das Idyll. Glücklicherweise wurde der Autoverkehr weitgehend verbannt, und daher ist die Seiser Alm nach wie vor ein Wanderparadies.

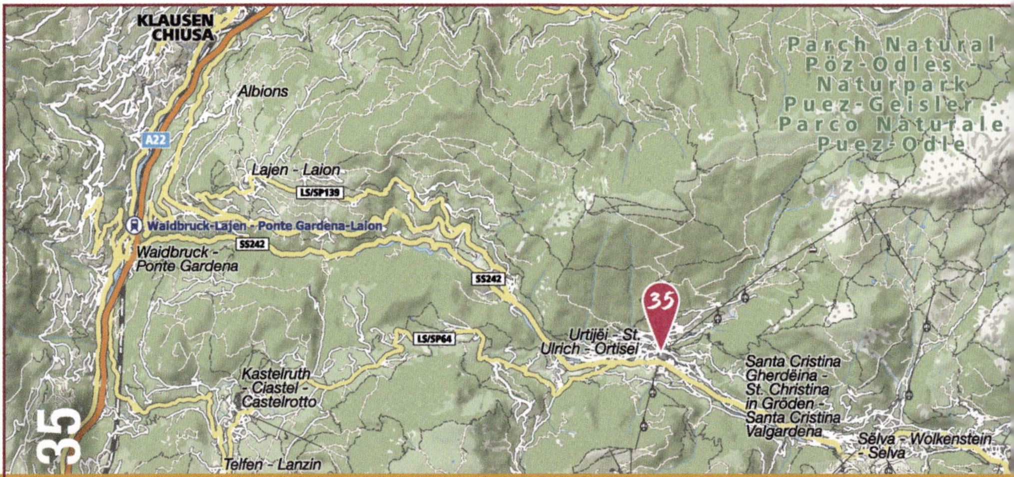

Start & Ziel & Anreise

Ausgangs- und Endpunkt der kleinen Wanderung ist die Bergstation der Umlaufbahn St. Ulrich - Seiser Alm. Gebührenpflichtiger Parkplatz an der Talstation. Mit dem PKW von Bozen kommend in Waidbruck, von Brixen kommend in Klausen nimmt man die Abzweigung ins Grödner Tal bis St. Ulrich. Bahnverbindung bis Waidbruck und Klausen und von hier Busverbindung nach St. Ulrich.

Tourenbeschreibung

Was für ein Start! Nach bequemer Überwindung von etwa 800 Höhenmetern ab St. Ulrich mit der Umlaufbahn steht man an der Bergstation Mont Sëuc staunend vor beeindruckendem Panorama. Fast wie ein Amphitheater wirkt die vor uns liegende Seiser Alm, eingerahmt von Sellastock, Langkofelgruppe, den Rosszähnen und bis zum Schlern.

Von der Bergstation wenden wir uns zunächst nach links auf breitem Weg Nr. 9 in östliche Richtung, bevor dieser nach ca. 500 Meter einen scharfen Knick nach rechts macht und durch Fichtenwald an der Malga Schgaguler (mit Einkehr) vorbei in einem Linksschwenk zum Hotel Sonne hinunterführt. Ab hier folgen wir dem Wanderweg Nr. 6 B weiter abwärts bis zur Sanon Hütte mit einladender Aussichtsterrasse. Der frontale Blick auf die majestätischen Dolomitengipfel zwingt zu einem Genuss-Stopp, der mit traditionellen Südtiroler Leibgerichten noch getoppt werden kann.

Ab der Baita, Schwaige oder Malga – italienische Bezeichnung für Almhütte – folgt man dem Almsträßchen 6 B, bis nach etwa einem Kilometer die Abzweigung nach rechts Richtung Icaro führt. Linker Hand steht das gleichnamige Hotel. Etwa 400 Meter danach biegen wir links ab und steigen auf Pfad 6 a durch sanfte Almwiesen zur Malga Contrin hinauf. Früher gab es auf der riesigen Wiese nur eine kleine Scheune, die dem bekannten Bergsteiger und Filmproduzenten Luis Trenker gehörte. In der Schwaige erfährt man, dass der Großvater der heutigen Besitzer auf seinen Feldern gearbeitet hat und Luis Trenker der Familie dank dieser Freundschaft die Wiese übergab. Die von der Familie daraufhin gebaute Hütte konnte 1996 eingeweiht werden. Gerne verweilt man in der großartigen Aussichtslage und lässt sich die hausgemachten Produkte schmecken. Wie die Gäste fühlen sich auch die Ziegen neben der Hütte und die auf den Wiesen weidenden Kühe sichtlich wohl.

Auch die letzte Etappe zur Bergstation zurück ist Genuss pur. Auf schmalem Panoramaweg und nahezu gleichbleibender Höhe bleibt nur noch eine halbe Gehstunde, ausgefüllt mit Freude über einen unvergesslichen Tag.

Auf der Terrasse der Sanon Hütte mit frontalem Blick auf Lang- und Plattkofel

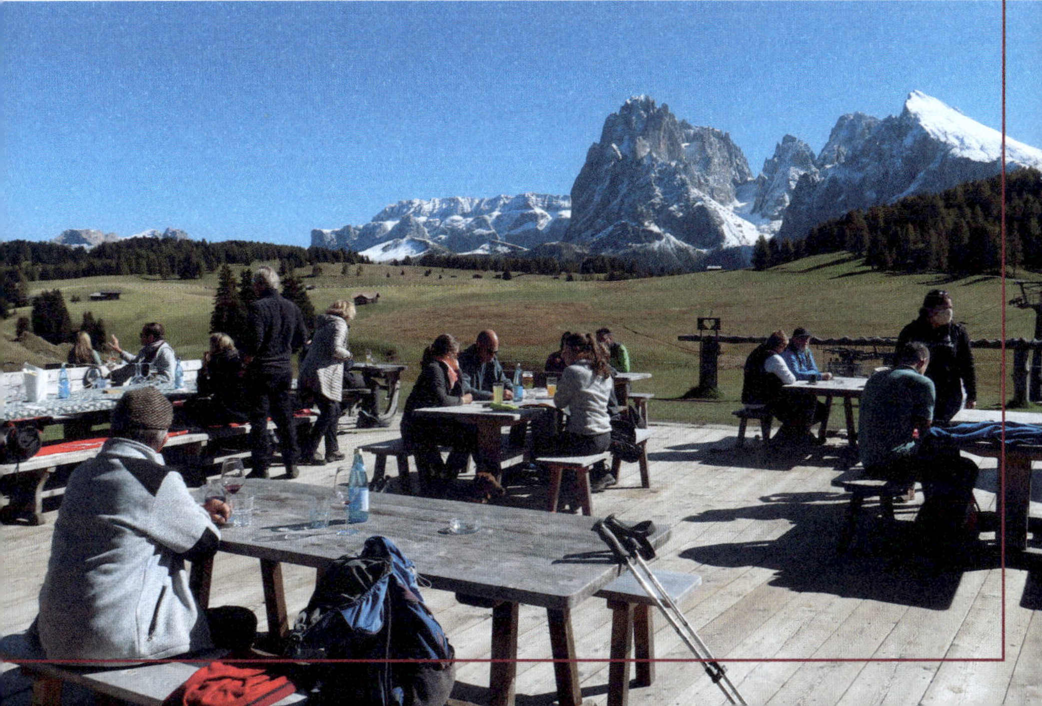

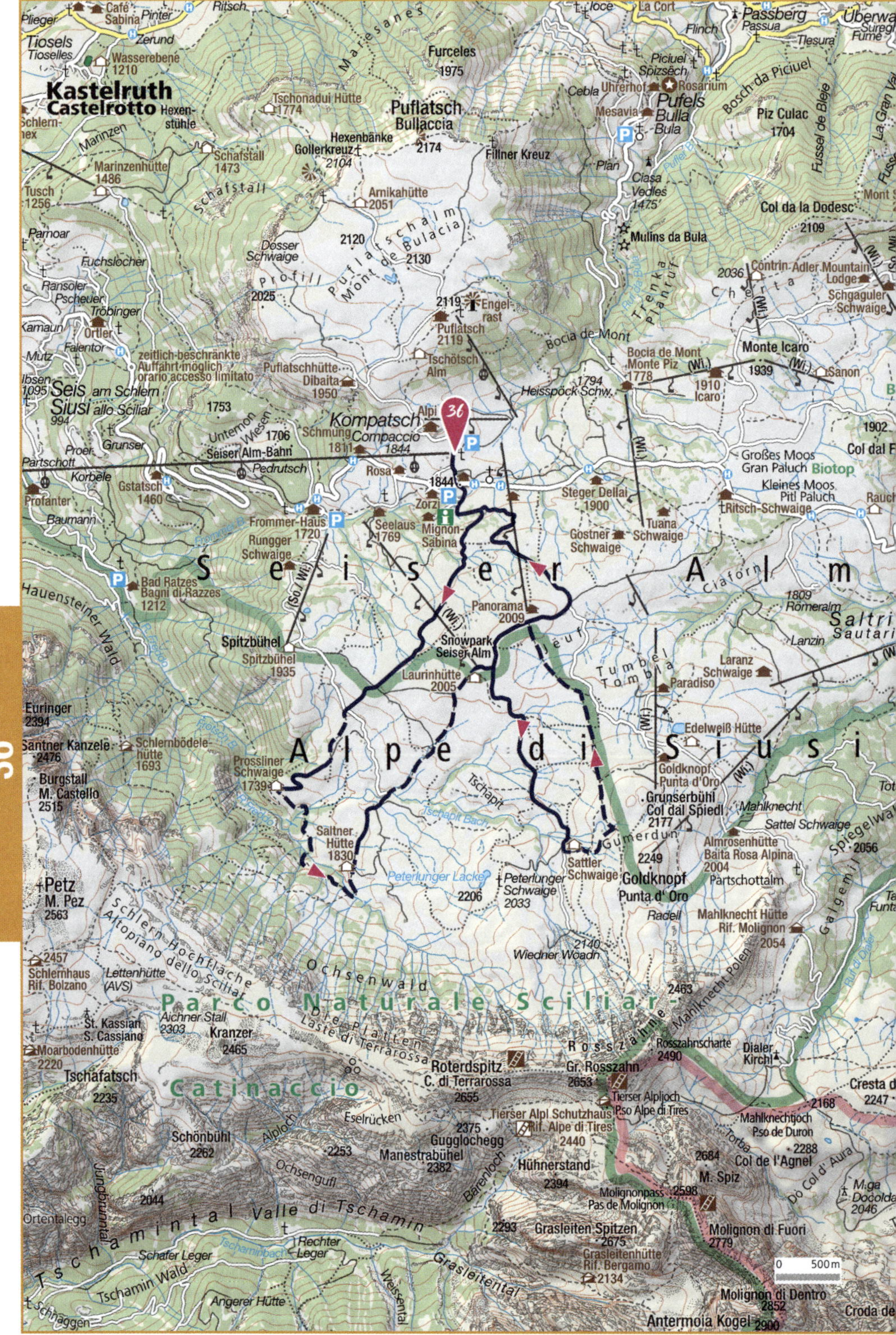
Kastelruth
Castelrotto
Tiosels
Tioselles
Wasserebene
1210
Café Sabina
Pinter
Zerund
Ritsch
Pflieger
Tschonadui Hütte
1774
Hexenstühle
Marinzen
Marinzenhütte
1486
Schafstall
1473
Tusch
1256
Parnoar
Fuchslocher
Pransoler
Pscheuer
Tröbinger
Kamaun
Ortler
Falentor
Mutz
zeitlich beschränkte Auffahrt möglich
orario accesso limitato
Seis am Schlern
Siusi allo Sciliar
994
Proer
Grunser
Partschott
Korbele
Profanter
Gstatsch
1460
Baumann
Bad Ratzes
Bagni di Razzes
1212
Hauensteiner Wald
Furceles
1975
Maresanes
Puflatsch
Bullaccia
2174
Hexenbänke
Gollerkreuz
2104
Amikahütte
2051
Puflatschalm
Mont de Bulacia
2120
2130
Dosser Schwaige
Profil
2025
Engelrast
2119
Puflatsch
2119
Tschötsch Alm
Puflatschhütte
Dibaita
1950
1753
Untermoser Wiesen
1706
Seiser Alm-Bahn
Pedrutsch
Kompatsch
Compaccio
1844
Schmung
1811
Alpi
36
Rosa
1844
Zorzi
Mignon-Sabina
Seelaus
1769
Frommer-Haus
1720
Rungger Schwaige
Spitzbühel
Spitzbühel
1935
Seiser Alm
Alpe di Siusi
Panorama
2009
Snowpark Seiser Alm
Laurinhütte
2005
Prossliner Schwaige
1739
Saltner Hütte
1830
Tschapit
Tschapit Bach
Peterlunger Lacke
Peterlunger Schwaige
2033
2206
Sattler Schwaige
Gumerdun
Goldknopf
Punta d' Oro
2249
Euringer
2394
Santner Kanzele
2476
Schlernbödelehütte
1693
Burgstall
M. Castello
2515
Petz
M. Pez
2563
Schlern Hochfläche
Altopiano dello Sciliar
2457
Schlernhaus
Rif. Bolzano
Lettenhütte
(AVS)
St. Kassian
S. Cassiano
Aichner Stall
2303
Kranzer
2465
Moarbodenhütte
2220
Tschafatsch
2235
Ochsenwald
Parco Naturale Sciliar-Catinaccio
Drei Platten
Laste di Terrarossa
Roterdspitz
C. di Terrarossa
2655
Schönbühl
2262
Alploch
Eselrücken
2375
Gugglochegg
Manestrabühel
2382
2253
Ochsenguf
2044
Jungbrunntal
Ortentalegg
Tschamintal
Valle di Tschamin
Schafer Leger
Rechter Leger
Tschamin Wald
Angerer Hütte
Schaggen
Weissental
Grasleitental
Tierser Alpl Schutzhaus
Rif. Alpe di Tires
2440
Hühnerstand
2394
Barenloch
2293
Grasleiten Spitzen
2675
Grasleitenhütte
Rif. Bergamo
2134
Molignonpass
Pas de Molignon
2598
Molignon di Fuori
2779
Molignon di Dentro
2852
Antermoia Kogel
2900
Croda de
Wiedner Woadn
2140
Rosszähne
Rosszahnscharte
2490
Gr. Rosszahn
2653
Tierser Alpljoch
P.so Alpe di Tires
2463
Mahlknecht Polen
Dialer Kirchl
Cresta d
2247
2168
Mahlknechtjoch
P.so de Duron
2288
Col de l'Agnel
2684
M. Spiz
Do Col d' Aura
M.ga Docolda
2046
Radell
Mahlknecht Hütte
Rif. Molignon
2054
Almrosenhütte
Baita Rosa Alpina
2004
Partschottalm
Sattel Schwaige
Mahlknecht
Grunserbühl
Col dal Spiedl
2177
Goldknopf
Punta d'Oro
Edelweiß Hütte
Paradiso
Tumbel
Tombla
Laranz Schwaige
Lanzin
Saltria
Sautaria
1809
Römeralm
Ciaforn
Galgemig
Spiegelwand
2056
Tot
Funt
Steger Dellai
1900
Gostner Schwaige
Tuana Schwaige
Ritsch-Schwaige
Großes Moos
Gran Paluch
Biotop
Kleines Moos
Pitl Paluch
Col dal F
1902
Rauch
Heisspöck Schw.
1794
Bocia de Mont
Bocia de Mont
Monte Piz
1778
1910
Icaro
Monte Icaro
1939
Sanon
Trenka
Planfur
Contrin
Adler Mountain Lodge
Chertat
2036
Schgaguler Schwaige
Col da la Dodesc
2109
Mulins da Bula
Clasa
Vedles
1475
Plan
Fillner Kreuz
Mesavia
Bula
Pufels
Bulla
Uhrerhof
Rosarium
Piciuel
Spizsèch
Cebla
Flinch
La Cort
Loce
Passberg
Passua
Überwasser
Suregh
Fume
Tlesura
Bosch da Piciuel
Piz Culac
1704
Fussel de Bleje
La Gran Val
Mont
0
500 m

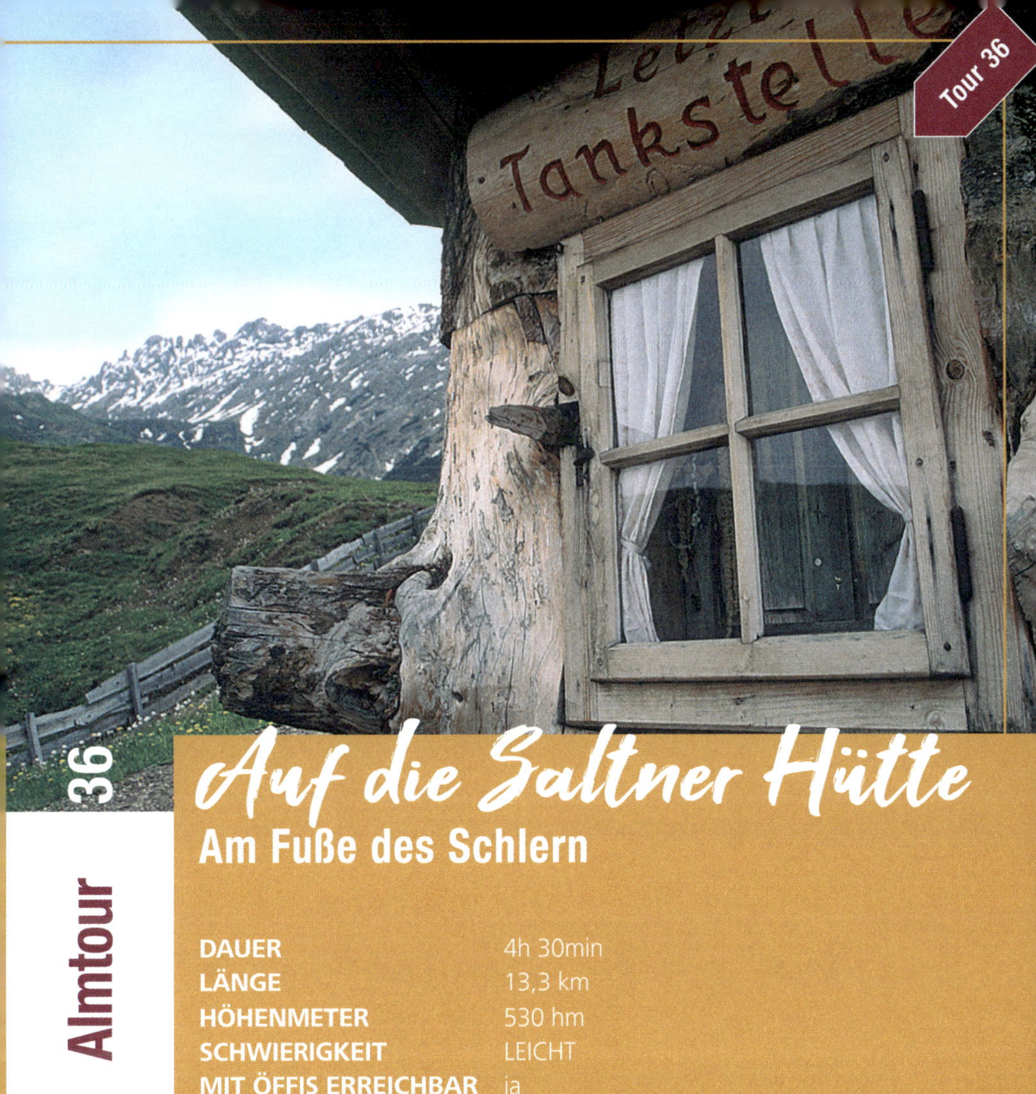

36

Almtour

Auf die Saltner Hütte

Am Fuße des Schlern

DAUER	4h 30min
LÄNGE	13,3 km
HÖHENMETER	530 hm
SCHWIERIGKEIT	LEICHT
MIT ÖFFIS ERREICHBAR	ja

Das erwartet dich ...

Bei dieser Wanderung machen wir uns an zwei Touren zugleich heran; die beiden leichten Einkehrrunden führen über gute Fahr- und Bergwege. Dabei müssen wir jedoch einige Anstiege zurücklegen. Umgeben von Schlern und Rosengarten und inmitten saftiger Wiesen und Weiden ist die Hütte auch für die Augen ein Genuss. Die Runde ist familienfreundlich. Gerade die vielen Jausenstationen kommen bei den Kindern sehr gut an.

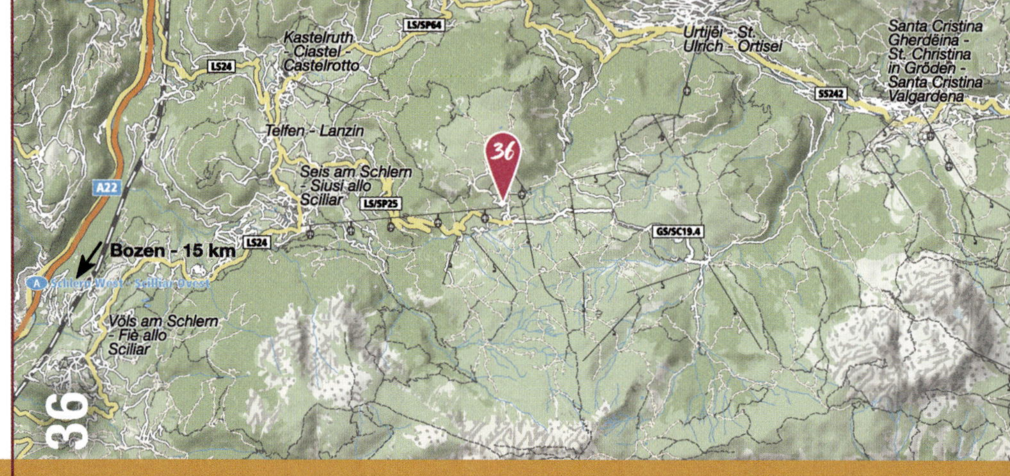

Start & Ziel & Anreise

Ausgangspunkt der Wanderung ist die Bergstation der Seiser-Alm-Bahn in Kompatsch. In Seis befinden sich an der Talstation genügend Parkmöglichkeiten. Parkplätze gibt es auch in Kompatsch, jedoch nur gegen hohe Gebühr. Von Bozen erreichen wir Kompatsch über die SS 12, dann über die LS 24 über Seis nach Kompatsch. Die Straße zur Seiser Alm ist von 9 bis 17 Uhr für den privaten Verkehr gesperrt. Von Brixen fährt ein Bus über Klausen und Kastelruth nach Seis. Auch von Bozen gibt es Busverbindungen über Völs.

Tourenbeschreibung

Die gemütliche Wanderung durch die beiden Almgebiete sind ein wahrer Genuss für Augen und Gaumen. Möglichkeiten zum Einkehren gibt es genügend – die Möglichkeiten der Einkehr sind auf der Seiser Alm recht vielfältig. Vom stattlichen Berggasthaus bis zur gemütlichen Almhütte, da ist für jeden etwas dabei. Die Küche ist überall sehr gut und bietet traditionelle Südtiroler Speisen an. Dabei werden wir bei jeder Einkehr vom Blick auf die Felsabbrüche des Schlern und des gezackten Kammes der Rosszähne in Bann gezogen.

Wir wandern von der Bergstation der Seiser-Alm-Bahn in Kompatsch los. Die Seiser-Alm-Straße führt uns nach rechts, auf der gegenüberliegenden Straßenseite gehen wir einen asphaltierten Fahrweg entlang; er beginnt beim Informationshäuschen. Zehn Minuten später wenden wir uns nach rechts auf einem breiten Almweg mit der Markierung Nr. 10 bergauf. Bald spazieren wir mit Blick auf das

Schlernmassiv nur noch sanft ansteigend über die Almwiesen geradewegs auf die Felsabbrüche zu. Am Wegkreuz bleiben wir geradeaus und wandern dann auf einem Wiesenweg hinab Richtung „Schlern, Saltner Hütte". Nach der Fahrwegquerung gelangen wir ins wilde Frötschbachtal hinunter. Über dem Taleinschnitt befindet sich die Prossliner Schwaige. Die erste Rast bietet einen Blick auf die Schlernwände. Wir schlagen links einen ausgeschilderten Steig zur Saltner Hütte ein. Er begleitet uns über das Frötschbachtal und quert dabei einige Bachläufe. Nachdem wir den Frötschbach überschritten haben biegen wir links ab und überqueren nach kurzem Anstieg mittels einer Holzbrücke erneut den Bach. Kurz darauf erreichen wir die Saltner Hütte.

Hier bringt uns der Fahrweg in sanftem Anstieg nordwärts. Zehn Minuten später zweigt er nach der Brücke über den Tschapitbach nach rechts ab. Nun halten wir uns auf einem Pfad Richtung „Laurinhütte" und der Markierung Nr. 6. Über die Grashänge erreichen wir das Wiesenplateau mit der Laurinhütte. Nach der Rast auf dem herrlichen Logenplatz unterqueren wir einen Sessellift und stoßen auf eine Almstraße. Um nach Kompatsch zurückzukehren halten wir uns hier links. Ambitionierte Wanderer können nun von hier aus auf einer zusätzlichen Runde der Sattler Schwaige einen Besuch abstatten: Dafür folgen wir dem Fahrweg nach rechts und wander der Markierung Nr. 13 folgend in leichtem Auf und Ab über die Almböden Richtung Rosszähne. Links gelangen wir dann in kurzem Anstieg zur Sattler Schwaige mit feinen Almspezialitäten und Kuhglockengeläute.

Der Weiterweg führt uns auf der Almzufahrt kurz bergauf. Dann schlüpfen wir linker Hand durch den Weidezaun auf einen Steig. Er mündet bergan in den Weg Nr. 2, der von der Rosszahnscharte herabführt. Er bringt uns links entlang des Grunserbühls hinab. An den beiden Abzweigungen halten wir uns geradeaus und wandern dann gemütlich über die flachen Wiesenböden. Eine weitere Gabelung leitet uns nach links teils über Holzstege durch das feuchte Ladinser Moos. Der Sessellift beim Alpenhotel Panorama ist eine Möglichkeit, wieder ins Tal zu gelangen. Alternativ können wir der Straße nach rechts folgen. An einer Kreuzung halten wir uns links und wandern in weiten Kehren hinab nach Kompatsch.

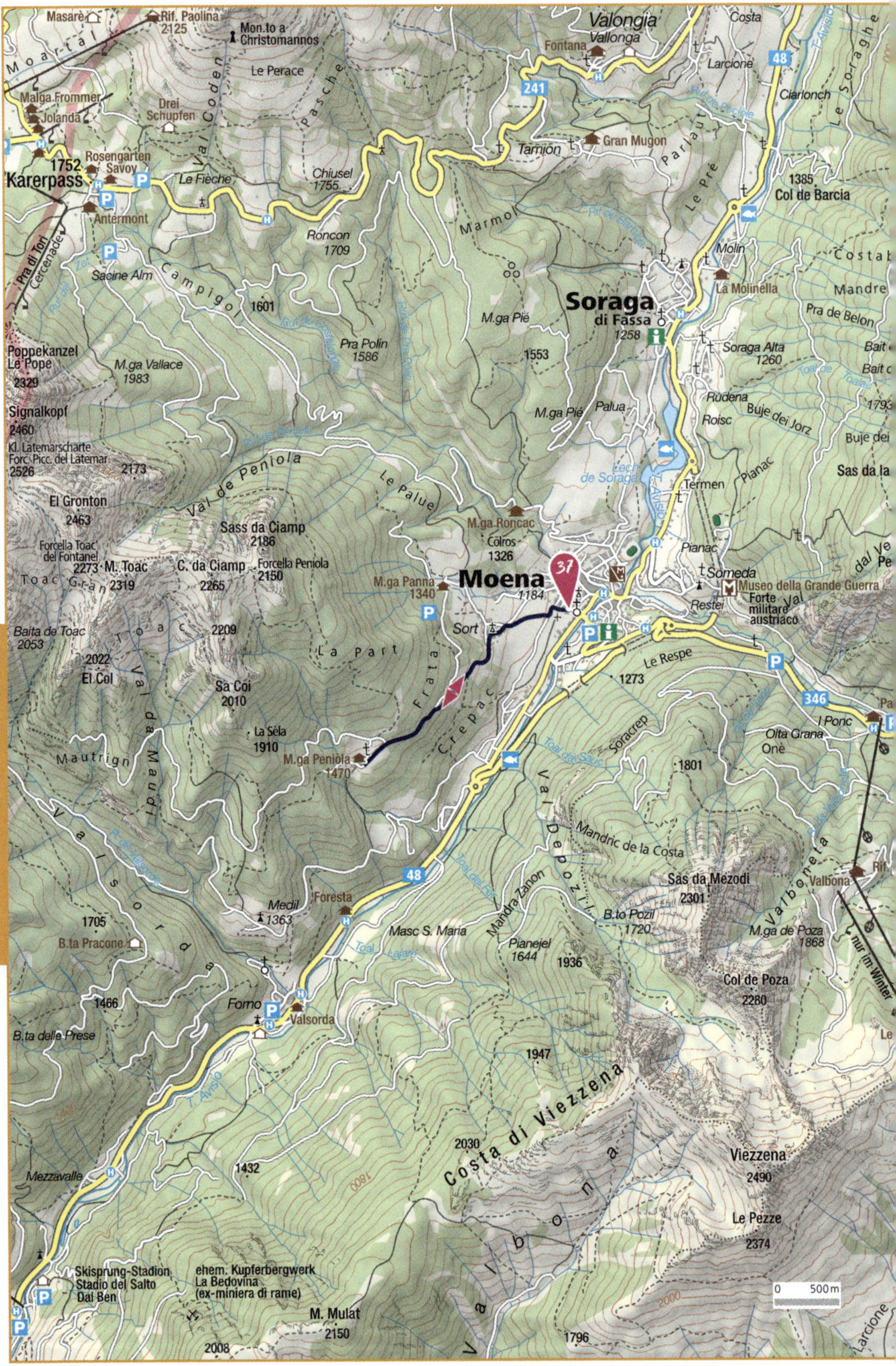

37

Masarè
Rif. Paolina 2125
Mon.to a Christomannos
Valongia
Vallonga
Costa
Moartal
Le Perace
Pasche
Fontana
Larcione
48
T. Avisio
Malga Frommer
Jolanda
Drei Schupfen
Val Coden
241
Ciarlonch
Le Soraghe
Rosengarten Savoy
1752
Karerpass
Le Fleche
Chiusel 1755
Tamion
Gran Mugon
Parlaut
Antermont
Roncon 1709
Marmol
Le Pré
1385
Col de Barcia
Pra di Tori
Cercenade
Sacine Alm
Campigol
Rif. de Bardoa
Molin
Costab
La Molinella
Mandre
Soraga
di Fassa
1258
Pra de Belon
1601
M.ga Pié
Pra Polin 1586
Soraga Alta 1260
Bait
Poppekanzel
Le Pope
2329
M.ga Vallace 1983
1553
Rudena
Buje dei Jorz
1793
Signalkopf
2460
M.ga Pié
Palua
Roisc
Buje dei
Kl. Latemarscharte
Forc. Picc. del Latemar
2526
2173
Val de Peniola
Lech de Soraga
Pianac
Sas da la
Le Palue
Termen
El Gronton
2463
Sass da Ciamp
2186
M.ga Roncac
Colros 1326
Forcella Toac del Fontanel
2273
M. Toac
C. da Ciamp
2265
Forcella Peniola
2150
Pianac
Toac
Gran
2319
M.ga Panna 1340
Moena
1184
Someda
Museo della Grande Guerra
Val dal Ve
Forte militare austriaco
Restei
Baita de Toac
2053
2209
Sort
La Part
Le Respe
2022
El Col
Toac
Frata
1273
Sa Coi
2010
Crepac
346
Val da Maudi
La Sèla 1910
Soracrep
I Ponc
Olta Grana
Onè
Mautrign
M.ga Peniola 1470
Toal dal Sauc
1801
Val Depozil
Valsorda
Mandric de la Costa
Valbonera
Valbona
Sas da Mezodi
2301
Toal dal Rif
48
Foresta
Medil 1363
Mandra Zanon
B.to Pozil 1720
1705
Masc S. Maria
M.ga de Poza 1868
B.ta Pracone
Pianejel 1644
1936
nur im Winter
Col de Poza
2280
1466
Forno
Valsorda
B.ta delle Prese
1947
T. Avisio
Costa di Viezzena
2030
Viezzena
2490
Mezzavalle
1432
Valbona
Le Pezze
2374
Skisprung-Stadion
Stadio del Salto
Dal Ben
ehem. Kupferbergwerk
La Bedovina
(ex-miniera di rame)
M. Mulat
2150
0 500 m
2008
1796
Larcione

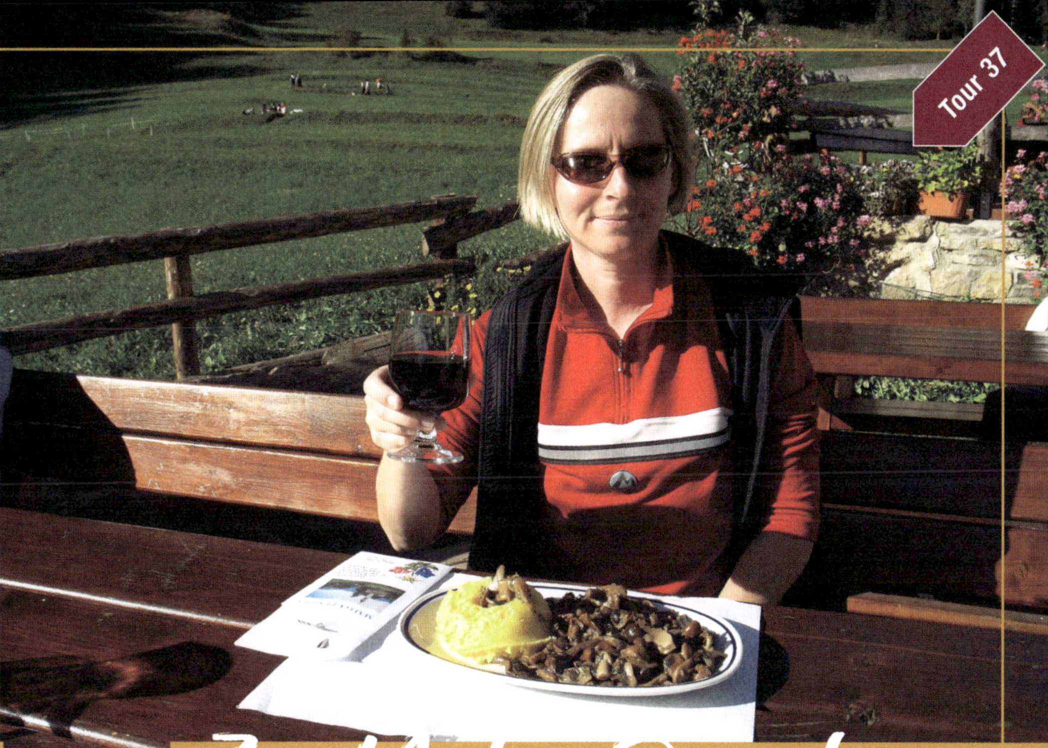

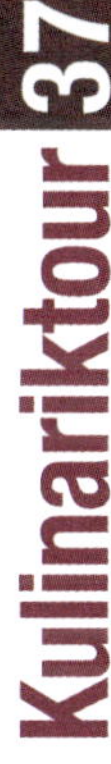

Zur Malga Peniola

Kulinarischer Genuss im Fassatal

DAUER	1h 45min
LÄNGE	4,3 km
HÖHENMETER	300 hm
SCHWIERIGKEIT	LEICHT
MIT ÖFFIS ERREICHBAR	ja

Das erwartet dich ...

Die kurze Wanderung verläuft auf teils geteerten Nebenstraßen sowie Wald- und Wiesenpfaden. Dabei wandern wir in der herrlichen Kulisse des Fassatales. Eine genussvolle Einkehr findet sich im Ristorante Malga Peniola im Weiler Penia. Die Wanderung ist auch für Familien mit kleineren Kindern hervorragend zu bewältigen.

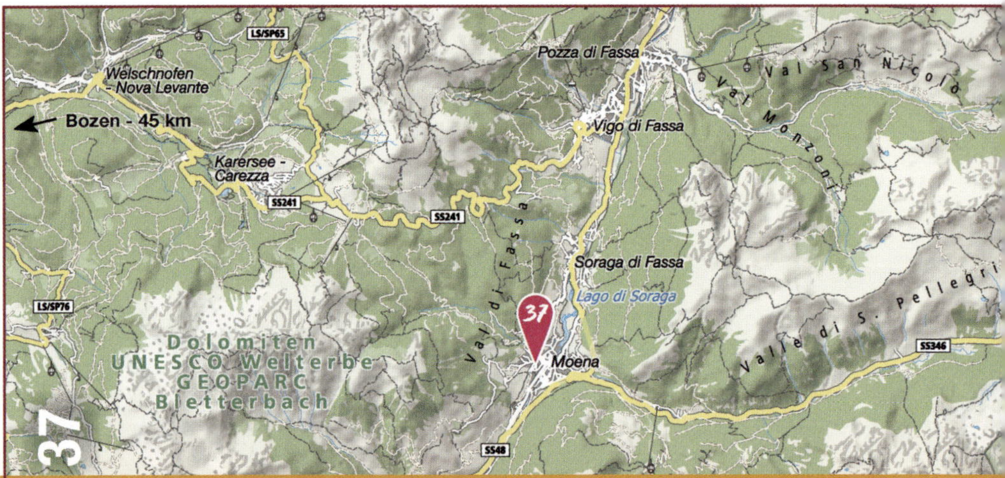

Start & Ziel & Anreise

Ausgangspunkt ist das Örtchen Moena im unteren Fassatal. Von Bozen folgen wir der Strada Statale 241 Richtung Pozza di Fassa. Bei Vigo di Fassa wechseln wir auf die SS48 nach Moena. Parkmöglichkeiten befinden sich beim Friedhof nahe der Kirche. Busse fahren stündlich nach Vigo di Fassa. Dort Umstieg in den Bus B101 nach Richtung Moena.

Tourenbeschreibung

Ursprünglich war das kleine Dorf Peniola eine Bauernsiedlung, die dauerhaft von einigen Familien bewohnt wurde. Die Malga Penila befindet sich im winzigen Weiler Penia und liegt in herrlicher Lage zwischen Moena, dem „Tor zum Val di Fassa" und der Cima da Ciamp. Das kulinarische Angebot hier ist weithin berühmt. Die Malga liegt im Schatten einer bezaubernden Bergkirche aus dem 17. Jahrhundert. Das Kirchlein wurde als Votivkapelle nach einer Sturmflut erbaut. Sie ist San Giovanni Nepomuceno gewidmet, der nach volkstümlicher Überlieferung bei Gefahr durch Hochwasser angerufen wird. Sie ist mit überraschend schönen Gemälden ausgestattet, darunter einige dem Moeneser Maler Don Martino Gabrielli (1681–1747) zugeschriebene Darstellungen. Die Malga selbst hat eine lange Tradition: Seit 1964 wird die Malga Peniola von der Familie Dantone bewirtschaftet. Es werden bodenständige Trentiner Köstlichkeiten serviert.

Wir starten an der Kirche von Moena und wandern zunächst rechts beim Friedhof vorbei und zwischen den beiden Parkplätzen hindurch. An der Strada de Massort biegen wir links ab und halten uns nach ca. 20 Metern rechts auf einen schmalen Wiesenpfad; er verläuft neben einer Hauszufahrt und einer Metallabsperrung und ist mit dem Wegweiser „Predazzo Tour 230“ gekennzeichnet. Wir steigen gut 160 Meter zu einer asphaltierten Straße bergauf und folgen dem Schild „Ristorante Malga Peniola“ nach links.

Zwanzig Minuten später gelangen wir an den Weiler Sort mit seiner kleinen Barockkirche. Am oberen Ortsrand folgen wir der Beschilderung „Penia“. Durch Wiesen und Wald folgen wir dem Weg Nr. 521 zu einer schmalen Straße. Sie bringt uns nach links in gut 40 Minuten zur Malga Peniola und der Chiesetta San Giovanni Nepomuceno im Weiler Penia. Der Rückweg erfolgt auf derselben Route.

Speisen unter dem Kirchturm

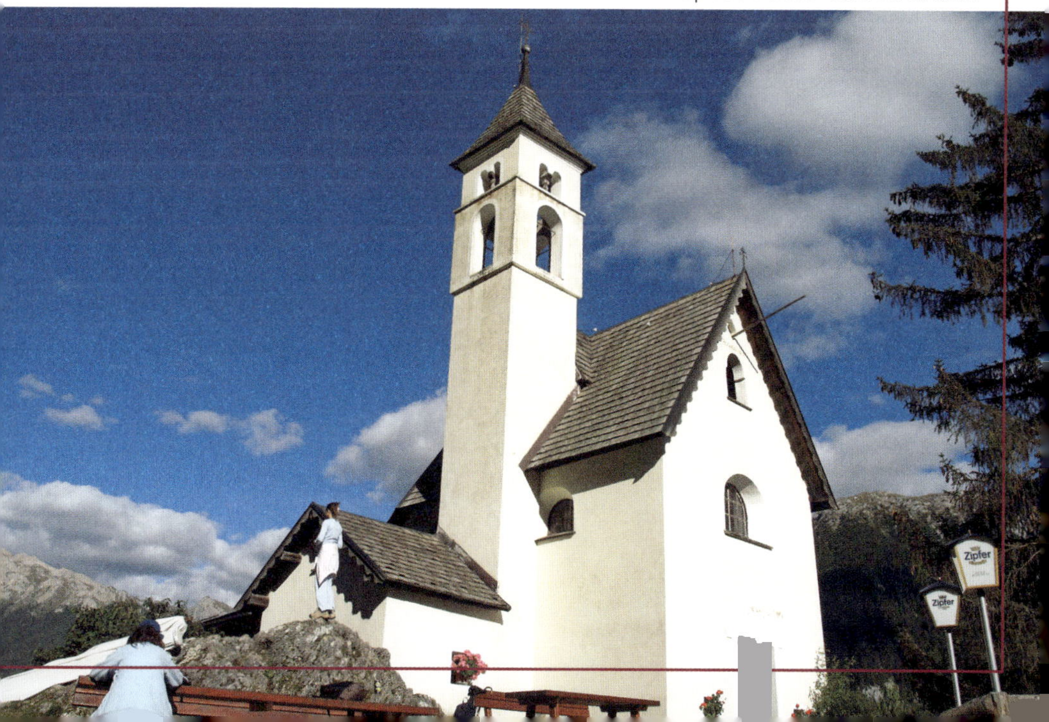

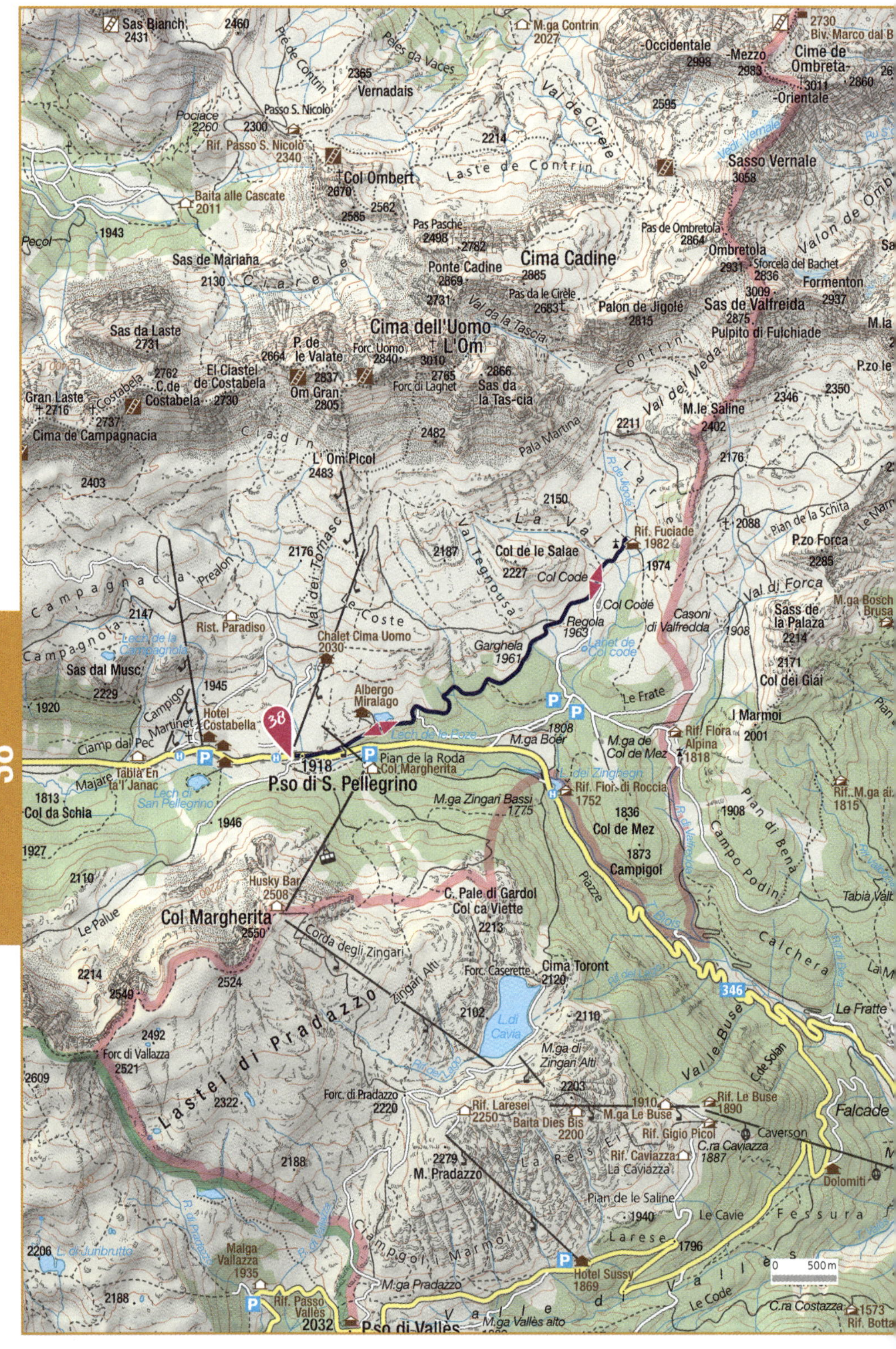
Sas Bianch
2431
2460
M.ga Contrin
2027
2730
Biv. Marco dal B
Prè de Contrin
Peles da Vaces
Occidentale
2998
Mezzo
2983
Cime de Ombreta
3011
Orientale
2860
2365
Vernadais
Val de Cirele
Passo S. Nicolò
Pociace
2260
2300
Rif. Passo S. Nicolò
2340
2595
2214
Vedr. Vernale
Laste de Contrin
Sasso Vernale
3058
Col Ombert
2670
Baita alle Cascate
2011
2562
2585
Valon de Omb
Pecol
1943
Pas Pasche
2498
2782
Pas de Ombretola
2864
Ombretola
Cima Cadine
2931
Sforcela del Bachet
2836
Sas de Mariana
2130
Ciarele
Ponte Cadine
2869
2885
Formenton
2937
Pas da le Cirèle
2683
3009
2731
Val da la Tascia
Palon de Jigolé
2815
Sas de Valfreida
2875
Sas da Laste
2731
Cima dell'Uomo
L'Om
Pulpito di Fulchiade
P. de le Valate
Forc. Uomo
2840
3010
2664
El Ciastel de Costabela
2762
C.de Costabela
2837
2765
2866
Gran Laste
2716
Costabela
2730
Om Gran
2805
Forc di Laghet
Sas da la Tas-cia
Contrin
Val dei Meda
2346
2350
2737
Cima de Campagnacia
M.le Saline
2402
Cladin
2482
Pala Martina
2211
L'Om Picol
2483
2176
2403
R. de Jigole
2150
La Val
2088
Pian de la Schita
P.zo Forca
2285
Val dei Tomasc
2176
2187
Val Tegnousa
Col de le Salae
2227
Col Code
Rif. Fuciade
1982
1974
Prealon
Campagnacia
Col Codé
Val di Forca
Coste
Regola
1963
Casoni di Valfredda
Sass de la Palaza
2214
M.ga Bosch Brusa
2147
Rist. Paradiso
Chalet Cima Uomo
2030
1908
Campagnola
Lech de la Campagnola
Gargheia
1961
Lahet de Col code
2171
Col dei Giai
Sas dal Musc
1945
2229
Le Frate
1920
Campigol
Albergo Miralago
I Marmoi
2001
Hotel Costabella
Martinet
38
Lech de le Poze
1808
M.ga Boèr
Rif. Flora Alpina
1818
M.ga de Col de Mez
Ciamp dal Pec
1918
Pian de la Roda
Col Margherita
Majare
Tablà En la'l Janac
P.so di S. Pellegrino
L. dei Zingari
Rif. Fior di Roccia
1752
Rif. M.ga ai
1815
1813
Col da Schia
Lech di San Pellegrino
M.ga Zingari Bassi
1775
1836
Col de Mez
1908
Pian di Bena
1946
1873
Campigol
Campo Podin
R. di Valfredda
1927
2110
Husky Bar
2508
Piazze
Tabià Valt
C. Pale di Gardol
Col ca Viette
2213
Le Palue
Col Margherita
2550
Corda degli Zingari
R. Biois
Calchera
Zingari Alti
Forc. Caserette
Cima Toront
2120
2214
346
2549
2524
Lastei di Pradazzo
2102
L. di Cavia
2110
Le Fratte
Valle Buse
C.de Solan
2492
Forc di Vallazza
2521
M.ga di Zingari Alti
2609
2322
2203
Forc. di Pradazzo
2220
Rif. Laresei
2250
1910
Rif. Le Buse
1890
Falcade
Baita Dies Bis
2200
M.ga Le Buse
Rif. Gigio Picol
Caverson
C.ra Caviazza
1887
2279
Rif. Caviazza
La Caviazza
2188
M. Pradazzo
Laresei
Dolomiti
Pian de le Saline
1940
Le Cavie
Fessura
Larese
1796
Ciampgol i Marmoi
R. di Pradazzo
2206
L. di Juribrutto
Malga Vallazza
1935
Hotel Sussy
1869
0
500 m
2188
M.ga Pradazzo
Rif. Passo Valles
2032
P.so di Valles
Valle di Valles
M.ga Valles alto
Le Code
C.ra Costazza
1573
Rif. Botta

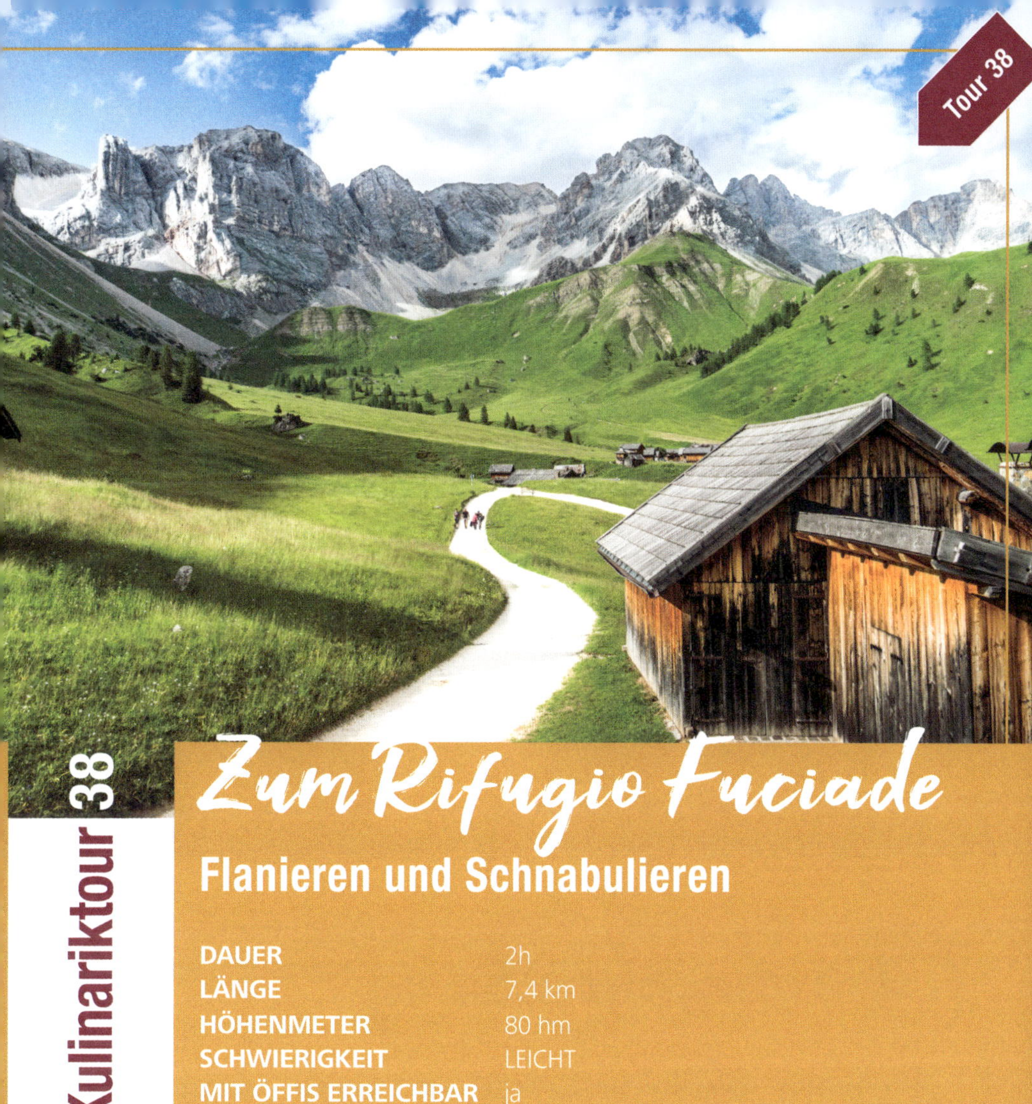

Tour 38

Kulinariktour 38

Zum Rifugio Fuciade

Flanieren und Schnabulieren

DAUER	2h
LÄNGE	7,4 km
HÖHENMETER	80 hm
SCHWIERIGKEIT	LEICHT
MIT ÖFFIS ERREICHBAR	ja

Das erwartet dich ...

Die Almenwanderung führt uns immer über einen Fahrweg, sie ist daher auch für Kinderwagen sehr gut geeignet. Eine schöne Möglichkeit zur Einkehr und Übernachtung bietet das Rifugio Fuciade. Umgeben von der Costabela-Gruppe bietet sich vom Rifugio aus ein atemberaubender Blick auf die Pale di San Martino und dem Col Margherita.

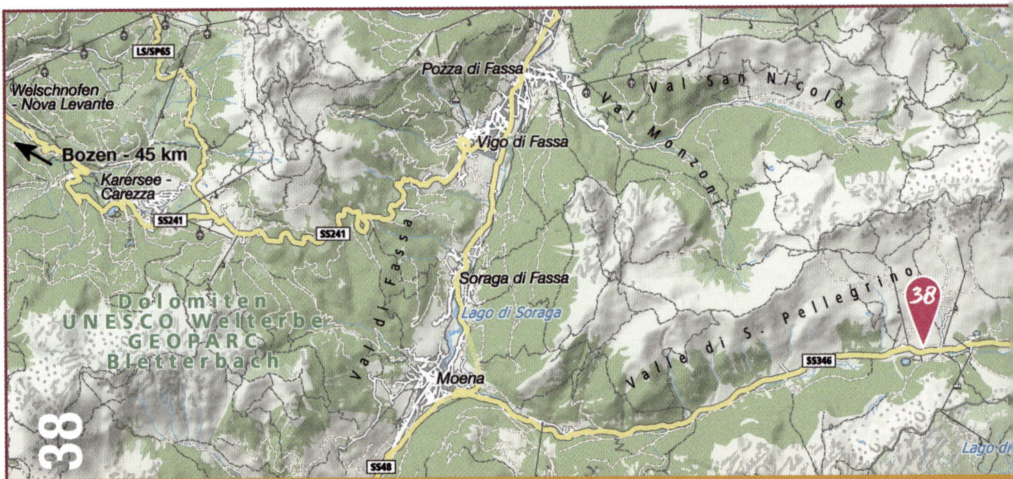

Kulinariktour 38

Start & Ziel & Anreise

Wir beginnen die Wanderung zum Rifugio am Passo di San Pellegrino. Von Bozen aus nehmen wir die SS 241 ins Fassatal. In Vigo di Fassa biegen wir rechts auf die SS 48 Richtung Moena, die SS 346 bringt uns schließlich zum Passo die San Pellegrino. Parkplätze gibt es gegenüber der Kapelle.

Tourenbeschreibung

In ladinischer Sprache definiert „sorega", vom Lateinischen „super aqua" (über dem Wasser); damit ist die Lage der Ortschaft im Bezug auf den Fluss Avisio. Das Dorf liegt an den Hängen der Vallaccia und wird von der Rosengarten-Gruppe mit der Rotwand überragt.

Soraga ist eines der ältesten Dörfer im Fassatal und ein echtes Künstleratelier, wo Bildhauer und Schnitzer die Emotionen der Dolomiten im Holz verewigen. Vor ein paar Hundert Jahren bauten Bauern auf den Hochweiden im Süden der Cima dell'Uomo ein paar Hütten aus Lärchenholz. In den 1960er Jahren wurde eine davon zu einer Wanderherberge umgebaut und in den 1980er Jahren nochmals umgebaut und erweitert. Das Rifugio Fuciade ist heute zu einer Gourmethütte geworden, in der es neben ladinischen Köstlichkeiten auch viele Neukreationen gibt. Ein Ziel also für einen nicht ganz so alltäglichen Familienausflug oder einen besonderen Anlass. Inmitten der traumhaften Dolomitenlandschaft wird das Erlebnis noch eindrücklicher – vorher muss man aber auf jeden Fall reservieren!

Wir starten am großen Parkplatz gegenüber der Kapelle am Passo di San Pellegrino. Die Straße führt uns zunächst nach Osten über die Gemeindegrenze von Moena und am Ristorante Chalet Isabella vorbei. Unter der Skibrücke ca. 150 Meter weiter halten wir uns links auf den geteerten Fahrweg. In leichtem Anstieg führt er uns Richtung „Lech de le Poze, Fuciade" mit der Makierung Nr. 607. Wir spazieren unter einem Lift hindurch und am Albergo Miralago vorbei. Der Lago delle Pozze liegt links hinter den Bäumen verborgen. Über Naturbelag wandern wir durch Waldhänge zu freien Hochweiden und alten Holzstadeln. Von hier aus hat man einen tollen Blick zur Palagruppe. Wir ignorieren eine Abzweigung und erreichen nach gut einer Stunde das Rifugio Fuciade. Es liegt inmitten eines kleinen, zauberhaften Almdorfes. Dahinter die eindrucksvolle Felsenkulisse des Sas da la Tascia und des Palon de Jigolé. Auch eine kleine, aus Stein gebaute Kapelle befindet sich in dem idyllischen Dörfchen. Nach einer ausgiebigen, genussvollen Rast erfolgt der Rückweg auf derselben Route.

Hinter den Wiesen von Fuciade erhebt sich der Sas de Valfreida

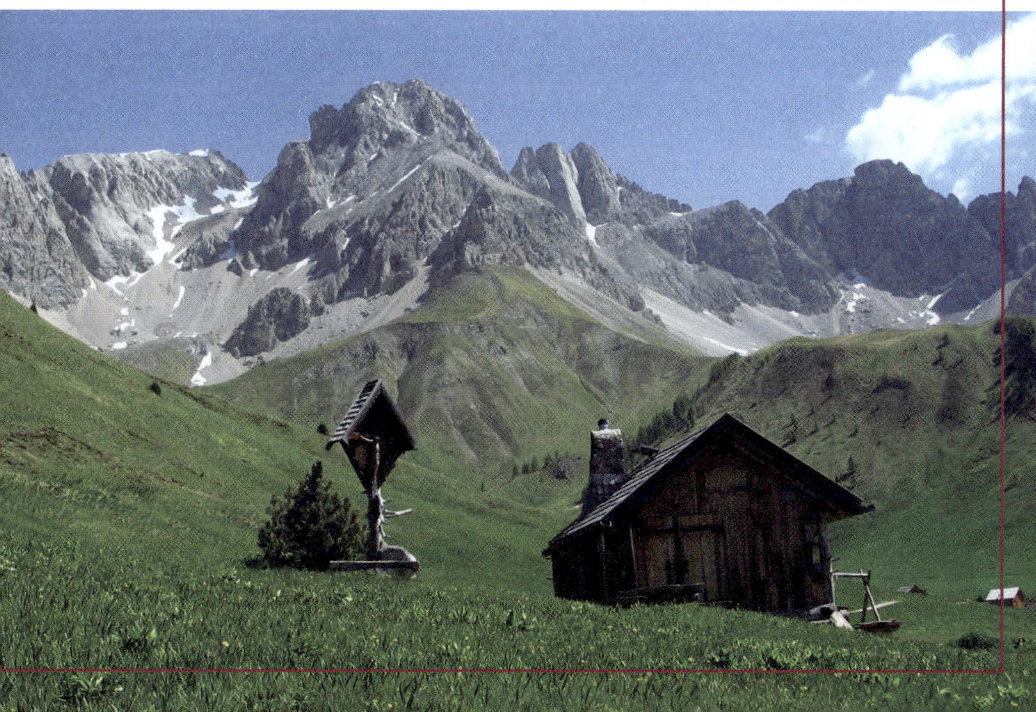

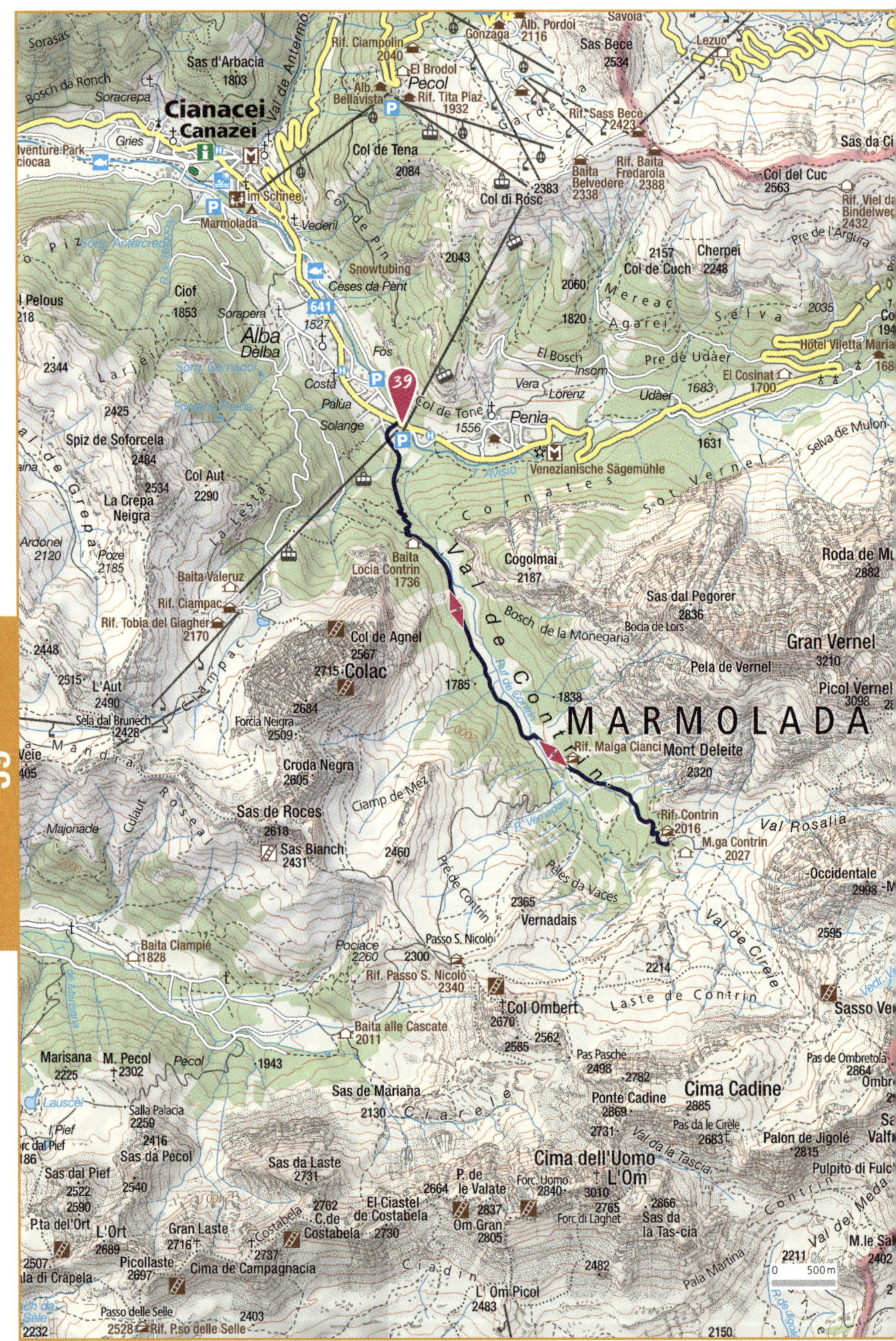

39
Sorasas
Bosch da Ronch
Soracrepa
Sas d'Arbacia
1803
Val de Antermoia
Cianacei
Canazei
Gries
Adventure Park
im Schnee
Marmolada
Vederil
Col de Pin
Piz
Sorg. Antercrepa
Ciof
1853
Sorapera
641
1527
Alba
Dèlba
Sorg. Cernadoi
Fontana Freida
Costa
Palùa
Solange
Fos
Snowtubing
Cèses da Pent
2043
Rif. Ciampolin
2040
El Brodol
Pecol
Alb. Bellavista
Rif. Tita Piaz
1932
Col de Tena
2084
Gonzaga
Alb. Pordoi
2116
Savoia
Sas Bece
2534
Rif. Sass Becè
2423
Rif. Baita Fredarola
2388
Baita Belvedere
2338
2383
Col di Rosc
Lezuo
Sas da Ci
Col del Cuc
2563
Rif. Viel dal Bindelweg
2432
Pre de l'Argura
2157
Col de Cuch
Cherpei
2248
2060
1820
Mereac
Agarei
Selva
2035
Hotel Viletta Maria
El Bosch
Insom
Pre de Udàer
Vera
Lorenz
Udàer
1683
El Cosinat
1700
Col de Tone
1556
Penia
1631
Selva de Mulon
T. Avisio
Venezianische Sägemühle
Sot Vernel
Cornates
Pelous
2344
Larie
2425
Spiz de Soforcela
2484
2534
Col Aut
2290
La Crepa Neigra
La Lesta
Val de Grepa
Ardonei
2120
Poze
2185
Baita Valeruz
Rif. Ciampac
Rif. Tobia del Giagher
2170
Ciampac
2448
2515
L'Aut
2490
Sela dal Brunech
2428
Mandra
Veie
Baita Locia Contrin
1736
Cogolmai
2187
Val de Contrin
Bosch de la Monegaria
Sas dal Pegorer
2836
Bocia de Lors
Roda de Mu
2882
Gran Vernel
3210
Pela de Vernel
Picol Vernel
3098
Col de Agnel
2567
2715
Colac
2684
Forcia Neigra
2509
1785
1838
Ruf de Contrin
MARMOLADA
Rif. Malga Ciapela
Mont Deleite
2320
Croda Negra
2605
Ciamp de Mez
R. Vernadais
Rif. Contrin
2016
M.ga Contrin
2027
Val Rosalia
Occidentale
2998
Majonade
Culaut
Roseal
Sas de Roces
2618
Sas Bianch
2431
2460
Prè de Contrin
Peles da Vaces
2365
Vernadais
Val de Cireie
2595
Baita Ciampiè
1828
Pociace
2260
Passo S. Nicolò
2300
Rif. Passo S. Nicolò
2340
2214
Col Ombert
2670
Laste de Contrin
Sasso Ve
Baita alle Cascate
2011
2585
2562
Pas Pasche
2498
2782
Pas de Ombretola
2864
Ombr
Marisana
2225
M. Pecol
2302
Pecol
1943
Sas de Mariana
2130
Clarele
Ponte Cadine
2869
Cima Cadine
2885
2731
Val da la Tascia
Pas da le Cirèle
2683
Palon de Jigolé
2815
Lauscèl
Salla Palacia
2259
l'Pief
2416
Sas da Pecol
Sas dal Pief
2522
2590
2540
Sas da Laste
2731
2664
P. de le Valate
Forc. Uomo
2840
Cima dell'Uomo
L'Om
3010
Pulpito di Fulc
P.ta del'Ort
L'Ort
2689
Gran Laste
2716
Costabela
2762
C.de Costabela
El Ciastel de Costabela
2730
2837
Om Gran
2805
2765
Forc di Laghet
2866
Sas da la Tas-cia
Val del Meda
M.le Sal
2402
2507
Picollaste
2697
2737
Cima de Campagnacia
Cadin
2482
Pala Martina
2211
0
500 m
Passo delle Selle
2528
Rif. P.so delle Selle
2403
L' Om Picol
2483
2232
2150

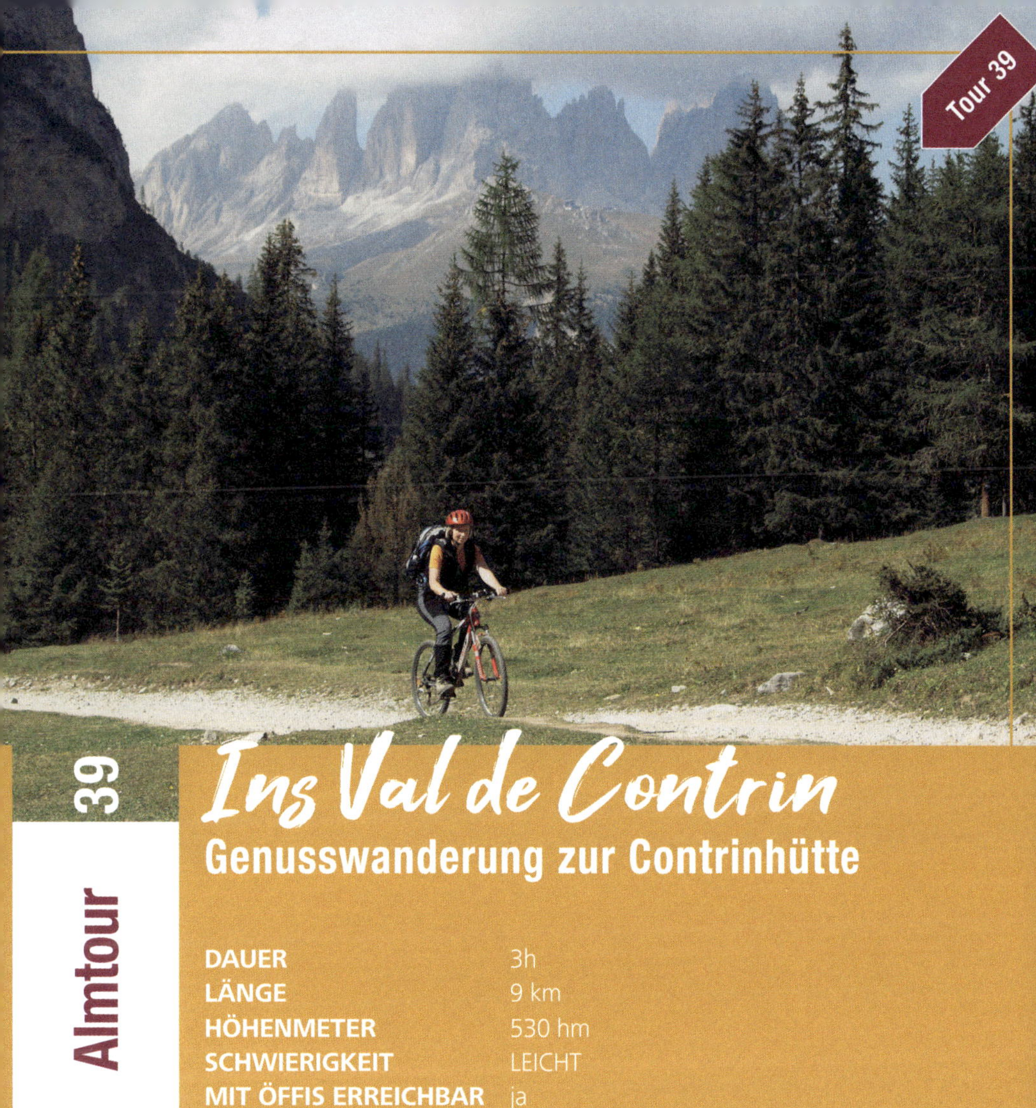

39 Almtour

Ins Val de Contrin

Genusswanderung zur Contrinhütte

DAUER	3h
LÄNGE	9 km
HÖHENMETER	530 hm
SCHWIERIGKEIT	LEICHT
MIT ÖFFIS ERREICHBAR	ja

Das erwartet dich ...

Diese Tal- und Hüttenwanderung verläuft durchgehend auf einem Fahrweg, man könnte hier also auch sehr gut mit dem Bike zur Contrinhütte starten. Dabei genießen wir die Naturwunder eines der schönsten Täler der Dolomiten am Fuße der Marmolada-Gruppe. Auf der Route gibt es eine Fülle an Einkehrmöglichkeiten: Baita Locia de Contrin, Rifugio Baita Cianci, Rifugio Contrin oder die Malga Contrin.

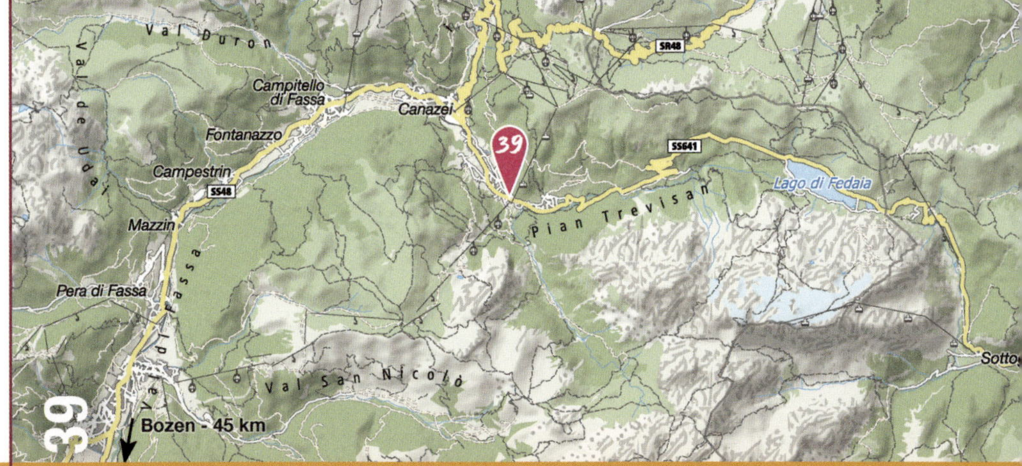

Almtour 39

Start & Ziel & Anreise

Ausgangspunkt ist Alba/Delba, 2,5 Kilometer südöstlich von Canazei. Von Bozen aus nehmen wir die SS 241 Richtung Vigo die Fassa. Hier wechseln wir auf die Strada Dolomites/SS 48. Sie bringt uns direkt nach Alba. Parkplätze gibt es hinter der Seilbahn-Talstation.

Tourenbeschreibung

Über sechs Kilometer reicht das Val de Contrin bis ins Herz der Marmoladagruppe. Dabei bildet es einen grandiosen Talschluss unter wuchtigen Felsriesen wie dem Gran Vernel, den drei Cime d'Ombretta oder der Cima dell'Uomo. Und auch nicht umsonst gilt es als das schönste Dolomitental mit seiner weiten Hochebene, den lichten Wäldern und weiten Wiesen und dem kiesigen Fluss des Ruf de Contrin. Die Contrin-Schutzhütte, die im Ersten Weltkrieg als Kommandozentrale für die Stellungen in der Umgebung diente, stellt heute ein ideales Ziel für alle dar, die gerne wandern gehen, die Berge erklimmen oder sie mit dem Bike erkunden möchten.

Wir spazieren von Alba/Delba an der Hauptstraße entlang und folgen dem ersten Wegweiser „Rifugio Contrin" neben der Cesa Griga. Hier geleitet uns die Streda de Contrin am großen Parkplatz der Talstation der Seilbahn Ciampac vorbei. Wir gelangen an den hinteren Parkplatz und von hier aus über Naturbelag und dem Weg Nr. 602 folgend ins Val de Contrin.

Zuerst wandern wir in Kehren durch den Wald zur Baita Locia de Contrin hinauf. Dann begleiten wir den Ruf de Contrin, der durch sein breites Schuttbett am Fuß einer Felswand dahinplätschert. Er führt uns flach taleinwärts. Nachdem der Weg Nr. 648 abgezweigt ist, halten wir uns links über die Brücke und wandern über die herrlichen Almwiesen direkt zum gastlichen Rifugio Baita Cianci. Kurz darauf gewinnt der Fahrweg an Steigung und bringt uns durch den lichten Wald über dem Tal bis zum Rifugio Contrin.

In der Nähe befinden sich auch die Hütten der Malga Contrin – ein herrliches Wanderziel! Die Schutzhütte wurde gegen Ende des 19. Jahrhunderts vom Deutschen Alpenverein Sektion Nürnberg erbaut. Die Gebirgsjäger zerstörten es dann mit einem Mörserangriff. Heute ist das Rifugio Contrin, das zu den gemütlichsten der Dolomiten zählt, Anlaufstelle für Wanderer, Kletterer und Mountainbiker.

Der Abstieg erfolgt auf der Anstiegsroute.

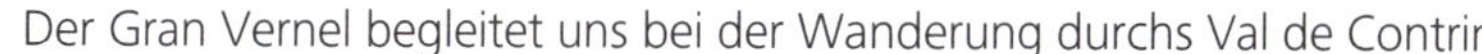

Der Gran Vernel begleitet uns bei der Wanderung durchs Val de Contrin

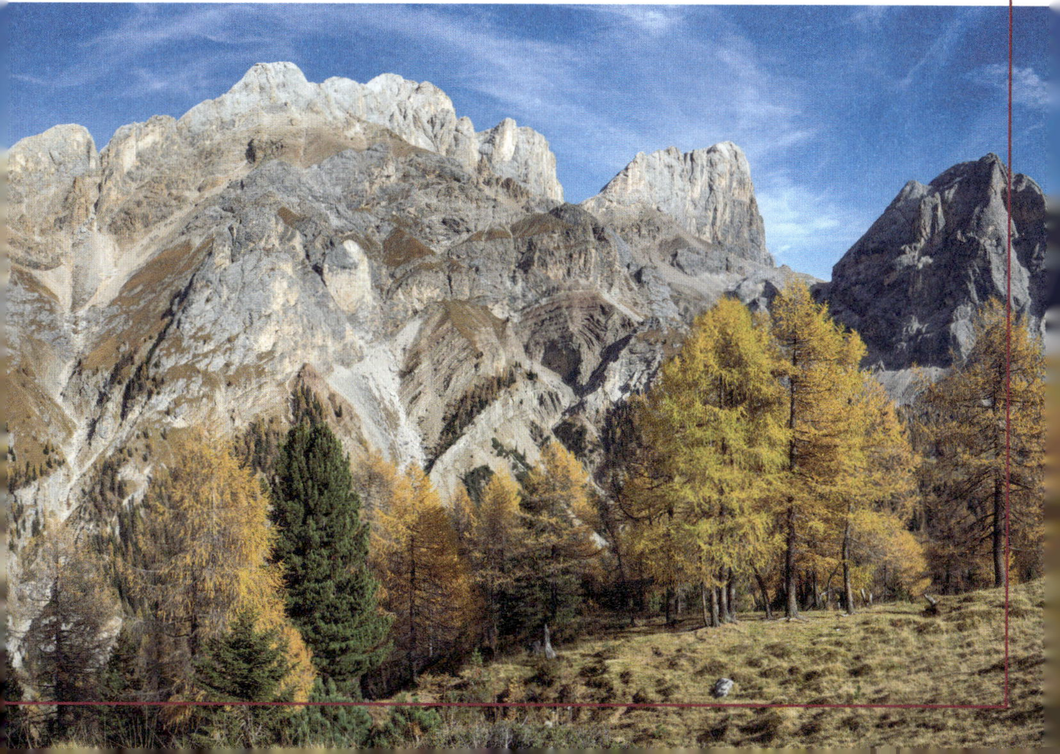

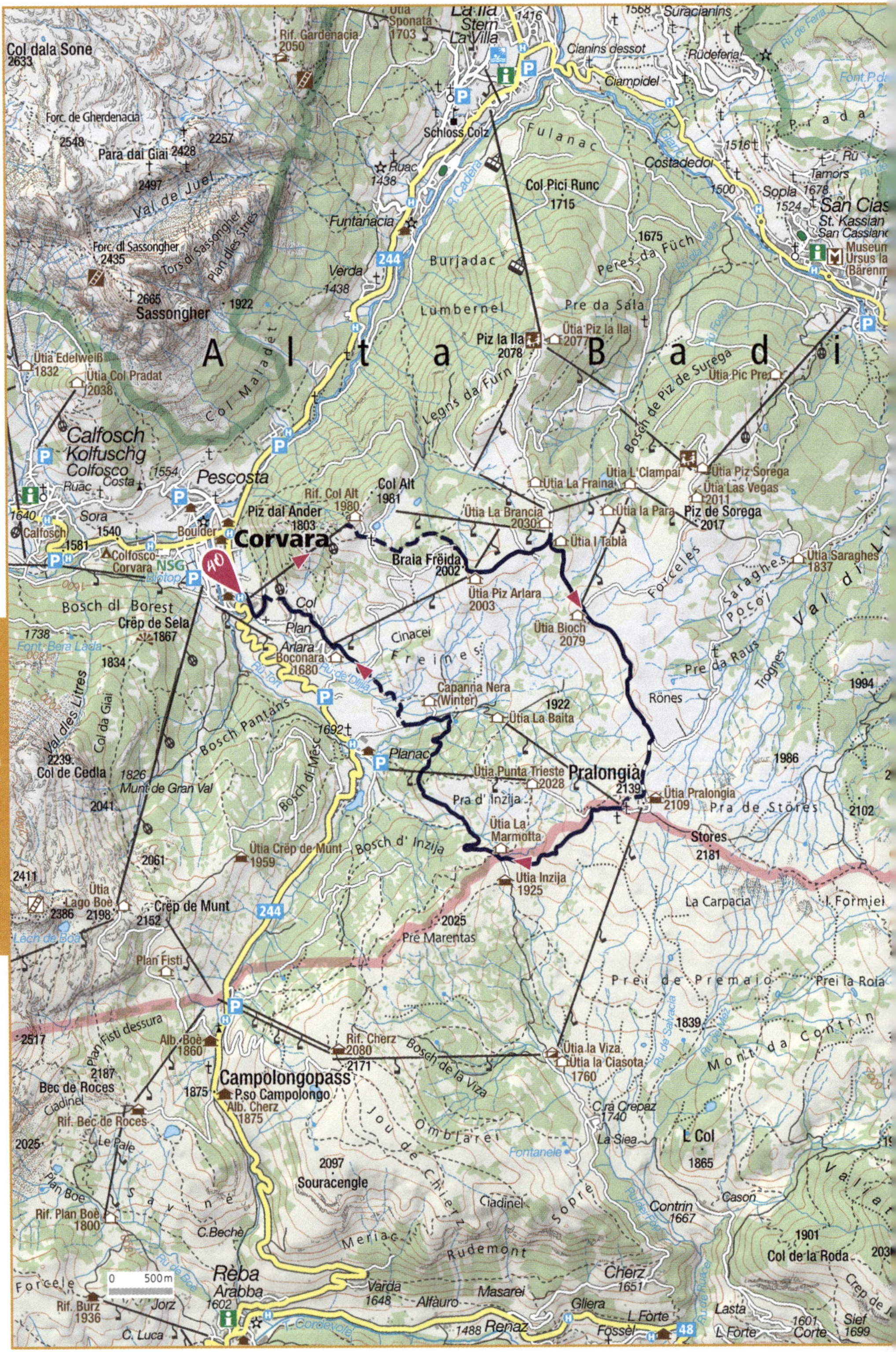

40

Alta Badia

Col dala Sone 2633
Rif. Gardenacia 2050
Útia Sponata 1703
La Ila Stern La Villa
1416
1568
Suracianins
Rüdeferia
Cianins dessot
Ciampidel
Ru de Fèria
Font. P. da
Forc. de Gherdenacia
2548
Para dai Giai 2428
2257
Schloss Colz
Fulanac
Prada
2497
Val de Juel
Ruac 1438
R. Cadëra
Col Pici Runc 1715
Costadedoi
1516
Rü
Tamors
1500
Sopla 1524
1678
San Cias
St. Kassian
San Cassiano
Museum Ursus la Bärenm
Funtanacia
Forc. dl Sassongher 2435
Tors di Sassongher
Plan dles Stnes
Verda 1438
244
Burjadac
1675
Peres da Füch
2665 Sassongher
1922
Lumbernel
Pre da Sala
Piz la Ila 2078
Útia Piz la Ila 2077
Útia Edelweiß 1832
Útia Col Pradat 2038
Col Maladet
Legns da Furn
Bosch de Piz de Surega
Útia Pic Pre
Calfosch
Kolfuschg
Colfosco
1554
Costa
Pescosta
Ruac
Col Alt 1981
Útia La Fraina
Útia L'Ciampai
Útia Piz Sorega
Útia Las Vegas 2011
Piz dal Ander 1803
Rif. Col Alt 1980
Útia La Brancia 2030
Útia la Para
Piz de Sorega 2017
1640
Sora
1540
Calfosch
Boulder
Corvara
Útia I Tablà
1581
Colfosco-Corvara
NSG Biotop
Braia Frëida 2002
Forceles
Útia Saraghes 1837
Saraghes
Pocol
Val di L
Bosch dl Borest
Crëp de Sela 1867
Col Plan
Útia Piz Arlara 2003
Útia Bioch 2079
1738
Font. Bera Lada
1834
Arlara
Boconara 1680
Cinacei
Freines
Ru de Dlila
Ru Tort
Pre da Raus
Trognes
Val dles Litres
Col da Giai
Capanna Nera (Winter)
Rönes
1994
1922
Útia La Baita
1692
Bosch Pantans
2239
Col de Cedla
1826
Munt de Gran Val
Planac
Bosch di Mesc
Útia Punta Trieste 2028
Pralongià 2139
1986
Útia Pralongia 2109
Pra de Störes
2102
2041
Pra d' Inzija
Útia La Marmotta
Stores 2181
Útia Crëp de Munt 1959
Bosch d' Inzija
Útia Inzija 1925
2061
2411
Útia Lago Boè 2198
2386
Crëp de Munt 2152
La Carpacia
I. Formiei
Lech de Boè
2025
Pre Marentas
Plan Fisti
Prei de Premaio
Prei la Roia
Plan Fisti dessura
2517
Alb. Boè 1860
Rif. Cherz 2080
2171
Bosch de la Viza
Útia la Viza
Útia la Ciasota 1760
1839
Ru de Sarvacia
Mont da Contrin
2187
Bec de Roces
Ciadinel
Campolongopass
1875
P.so Campolongo
Alb. Cherz 1875
Jou de Chierz
C.ra Crepaz 1740
La Siea
Rif. Bec de Roces
Ombiarel
2025
Le Pale
L Col 1865
Fontanele
2097
Souracengle
Plan Boè
Savinè
Ciadinel
Cason
Contrin 1667
Rif. Plan Boè 1800
C.Bechè
Meriac
Rudemont
Soprè
1901
Col de la Roda
0 500 m
Rèba
Arabba 1602
Forcele
Rif. Burz 1936
Jorz
C. Luca
Varda 1648
Alfàuro
Masarei
Cherz 1651
Gliera
L. Forte
Lasta
L. Forte
1601 Corte
Sief 1699
Crep de l
T. Cordevole
1488 Renaz
Fossèl
48
40

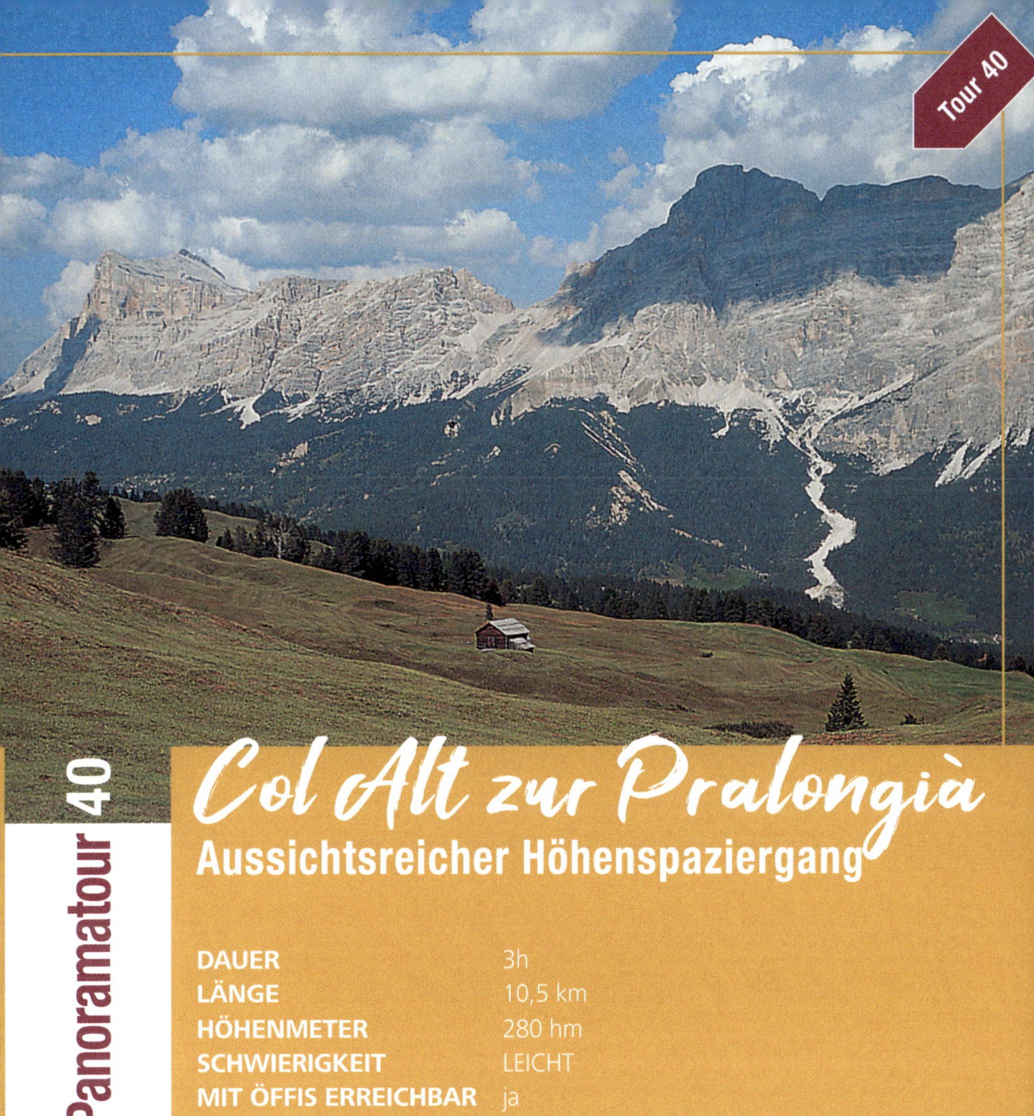

Tour 40

Panoramatour 40

Col Alt zur Pralongià

Aussichtsreicher Höhenspaziergang

DAUER	3h
LÄNGE	10,5 km
HÖHENMETER	280 hm
SCHWIERIGKEIT	LEICHT
MIT ÖFFIS ERREICHBAR	ja

Das erwartet dich ...

Die Rundtour ist eine angenehme, kaum anstrengende Höhenwanderung. Sie führt teilweise auf Fahrwegen. Auch als das „Amphitheater der Dolomiten" bekannte Hochplateau Pralongia bietet es unter anderem Blicke auf die Fanesgruppe mit der Cunturinesspitze, auf die Puezgruppe mit dem Sassongher und auf den beeindruckenden Gletscher der Marmolata. Hier und da wird das Bergpanorama jedoch von den vielen Liftmasten unterbrochen. Auf dem Hochplateau befindet sich seit 1932 die gleichnamige Schutzhütte.

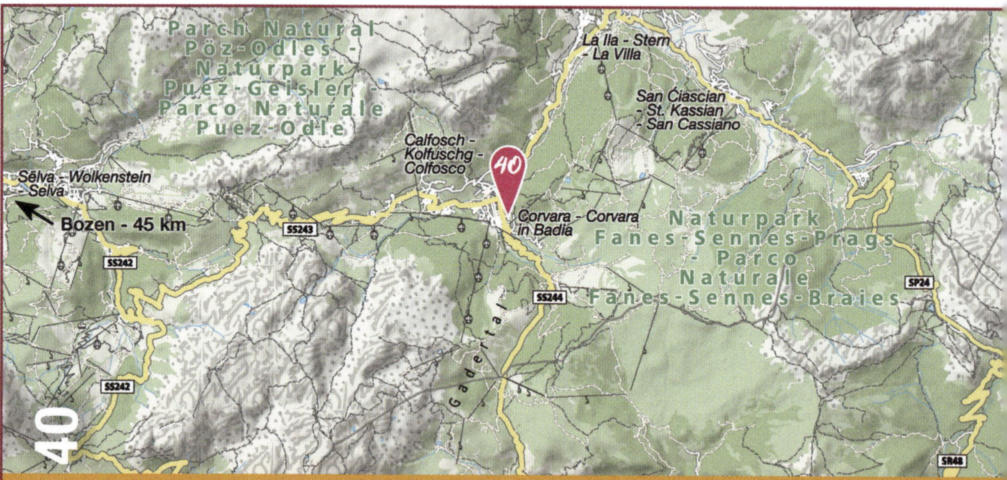

Start & Ziel & Anreise

Ausgangspunkt ist die Bergstation des Col Alt-Sesselliftes. Die Talstation Corvara erreichen wir über die SS 242 ins Grödner Tal. Nach Wolkenstein in Gröden wechseln wir auf die SS 243 nach Corvara. Parkmöglichkeiten gibt es bei der Talstation. Corvara besitzt gute Busverbindungen mit den anderen Ortschaften des Hochabtei. Der Sessellift Col Alt ist von Mitte Juni bis Mitte September von 8.45–12.45 Uhr und von 14–17.30 Uhr in Betrieb.

Tourenbeschreibung

Von Corvara kann man mit dem Lift bequem zum Rand der Pralongia-Hochfläche hinaufgleiten und gleich oben seine aussichtsreiche Wanderung beginnen. Die Länge der Tour lässt sich beliebig variieren, denn Abstiege sind in alle Richtungen möglich. Der SAD-Bus bringt uns bequem zurück nach Corvara. Es ist auf alle Fälle empfehlenswert, das Erlebnis mit einer gemütlichen Einkehr zu verbinden. Dazu laden gleich mehrere Hütten zwischen Col Alt und Pralongia mit traditionellen Gerichten ein.

Von Col Alt wandern wir zunächst hinab bis zu einer Straßengabelung. Hier folgen wir der Markierung Nr. 23 über den breiten, licht bewaldeten Rücken hinauf zur Braia Frëida mit der Ütia Ciablun (Piz Arlara). Wir wandern weiter nach Osten über einen Fahrweg und erreichen die La-Brancia-Hütte (im Sommer geschlossen). Wir passieren das Haus und wandern über einen breiten Fußweg an einem bewaldeten Hang zur Ütia de Bioch. Hier wenden wir uns nach Süden. Ein munteres Auf und Ab begleitet uns am Hauptkamm entlang. Am Schluss steigen wir noch einmal an und gelangen so zu dem von einem Kirchlein gekrönten Pralongià. Ein wenig unterhalb des prächtigen Panoramapunktes steht das Pralongià-Haus. Für den Abstieg wenden wir uns zunächst auf der breiten Fahrspur gen Westen hinab in den Ju d'Inzija. Die Markierung Nr. 24 führt uns dann in das Tälchen des Rü de Confin, des Grenzbaches. Beim Golfplatz gehen wir rechts vorbei und schlendern gemütlich hinab zum Parkplatz des Sesselliftes in Corvara.

Wer seinen Dolomitenurlaub mit ein paar Tagen in einem komfortablen Haus abrunden möchte, der ist bei der Familie Mellauner in Stern am richtigen Platz. Gepflegtes Essen werden hier ebenso großgeschrieben wie echte Gastfreundschaft. Für Weinkenner lagern im Keller allerlei edle Tropfen und serviert werden echte Gaumenfreuden. Zu finden ist das Hotel La Majun in der Colzstraße 59 in Stern/La Villa, Tel. 0471/847030.

Panorama von Corvara

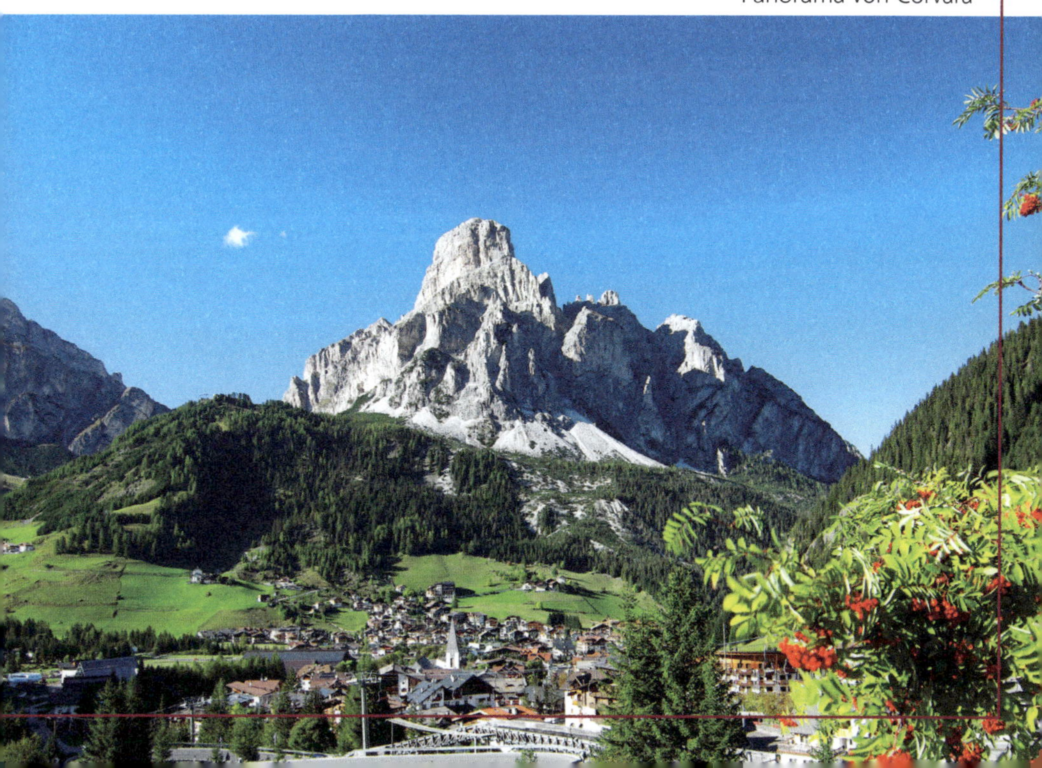

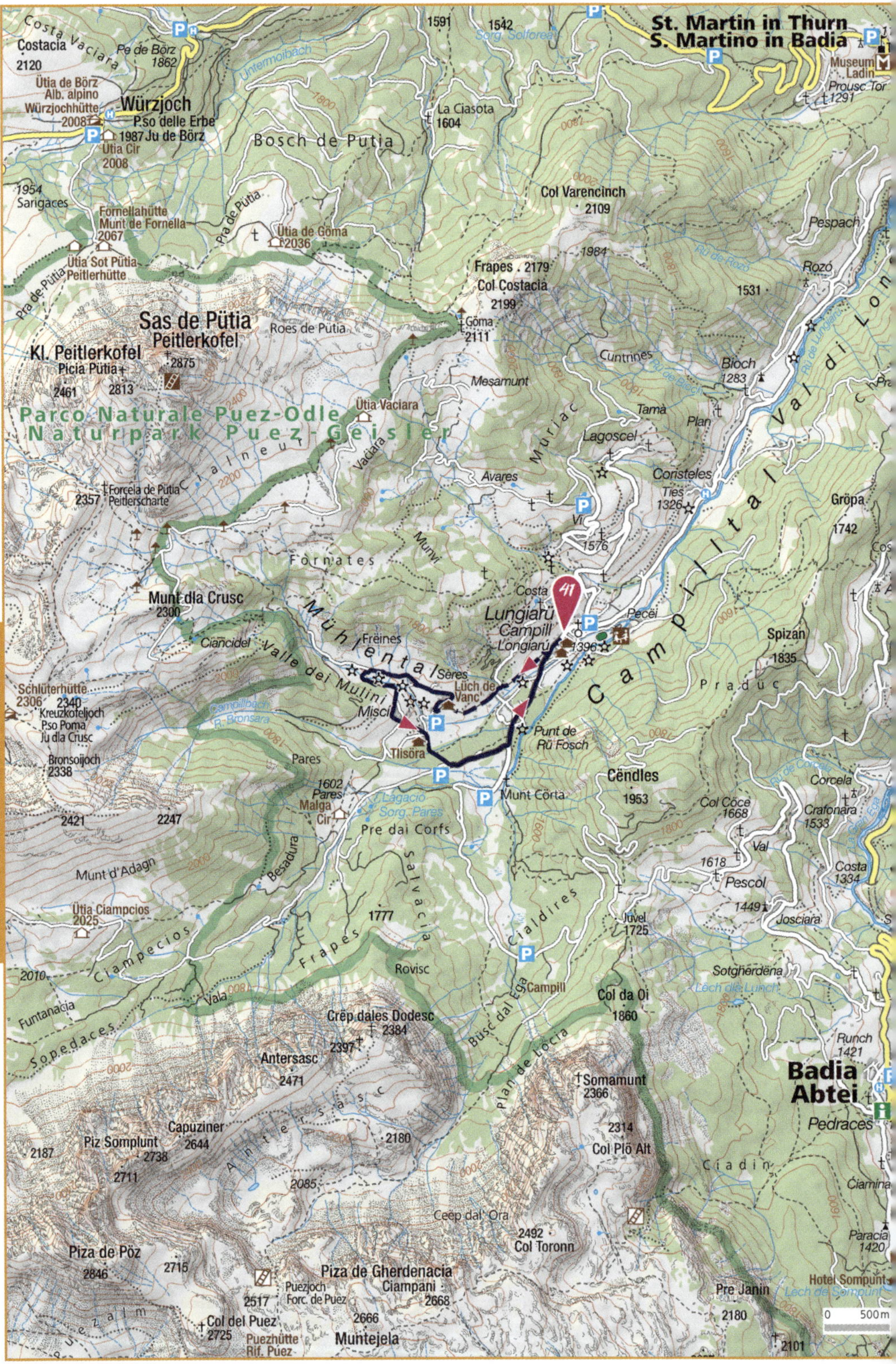

St. Martin in Thurn
S. Martino in Badia
Museum Ladin
Prousc Tor 1291
Costa Vaciara
Costacia 2120
Pe de Börz 1862
Ütia de Börz Alb. alpino Würzjochhütte 2008
Würzjoch P.so delle Erbe 1987 Ju de Börz
Ütia Cir 2008
Untermoibach
1591
1542 Sorg. Solforee
La Ciasota 1604
Bosch de Pütia
1954 Sarigaces
Fornellahütte Munt de Fornella 2067
Pra de Pütia
Ütia de Göma 2036
Ütia Sot Pütia Peitlerhütte
Pra de Pütia
Col Varencinch 2109
Pespach
Rü de Rozo
Rozó
1984
Frapes 2179
Col Costacia 2199
1531
Sas de Pütia Peitlerkofel
Roes de Pütia
Göma 2111
Kl. Peitlerkofel Picia Pütia 2461 2813
2875
Mesamunt
Cuntrines
Rü de Bioch
Bioch 1283
Tamà
Plan
Parco Naturale Puez-Odle
Naturpark Puez-Geisler
Ütia Vaciara
Vaciara
Cialneu
Müriac
Lagoscel
Coristeles
Ties 1326
Forcela de Pütia Peitlerscharte 2357
Avares
Vì
1576
Gröpa 1742
Fornates
Munvi
Costa
Lungiarü Campill Longiarü 1396
Pecei
Val di Longiarü
Campilltal
Munt dla Crusc 2300
Ciancidel
Mühlental
Freines
Sères
Lüch de Vanc
Valle dei Mulini
Misci
Spizan 1835
Praduc
Schlüterhütte 2306
2340 Kreuzkofeljoch Pso Poma Ju dla Crusc
Campillbach R. Bronsara
Tlisöra
Punt de Rü Fosch
Bronsoijoch 2338
Pares
1602 Pares
Malga Cir
Lagacio Sorg. Pares
Munt Còrta
Cëndles 1953
Rü de Corcela
Corcela
Col Coce 1668
Crafonara 1533
2421
2247
Pre dai Corfs
Val
Besadura
Salvacia
Munt d'Adagn
1618 Pescol
Costa 1334
1449 Josciara
Ütia Ciampcios 2025
1777
Cialdires
Juvel 1725
Ciampecios
Frapes
2010
Rovisc
Sotgherdëna
Lech de Lunch
Funtanacia
Vala
Campill
Col da Oi 1860
Sopedaces
Crëp dales Dodesc 2397 2384
Büsc dal Ega
Plan de Locia
Runch 1421
Antersasc 2471
Somamunt 2366
Badia Abtei
Pedraces
2314 Col Plö Alt
Capuziner 2644
2187
Piz Somplunt 2738
2180
Antersasc
2711
2085
Ciadin
Ciamina
Ceep dal Ora
2492 Col Toronn
Paracia 1420
Piza de Pöz 2846
2715
Piza de Gherdenacia Ciampani 2668
Hotel Sompunt
Lech de Sompunt
2517 Puezjoch Forc. de Puez
Pre Janin 2180
Col del Puez 2725
2666 Muntejela
Puezhütte Rif. Puez
2101
0 500 m

41

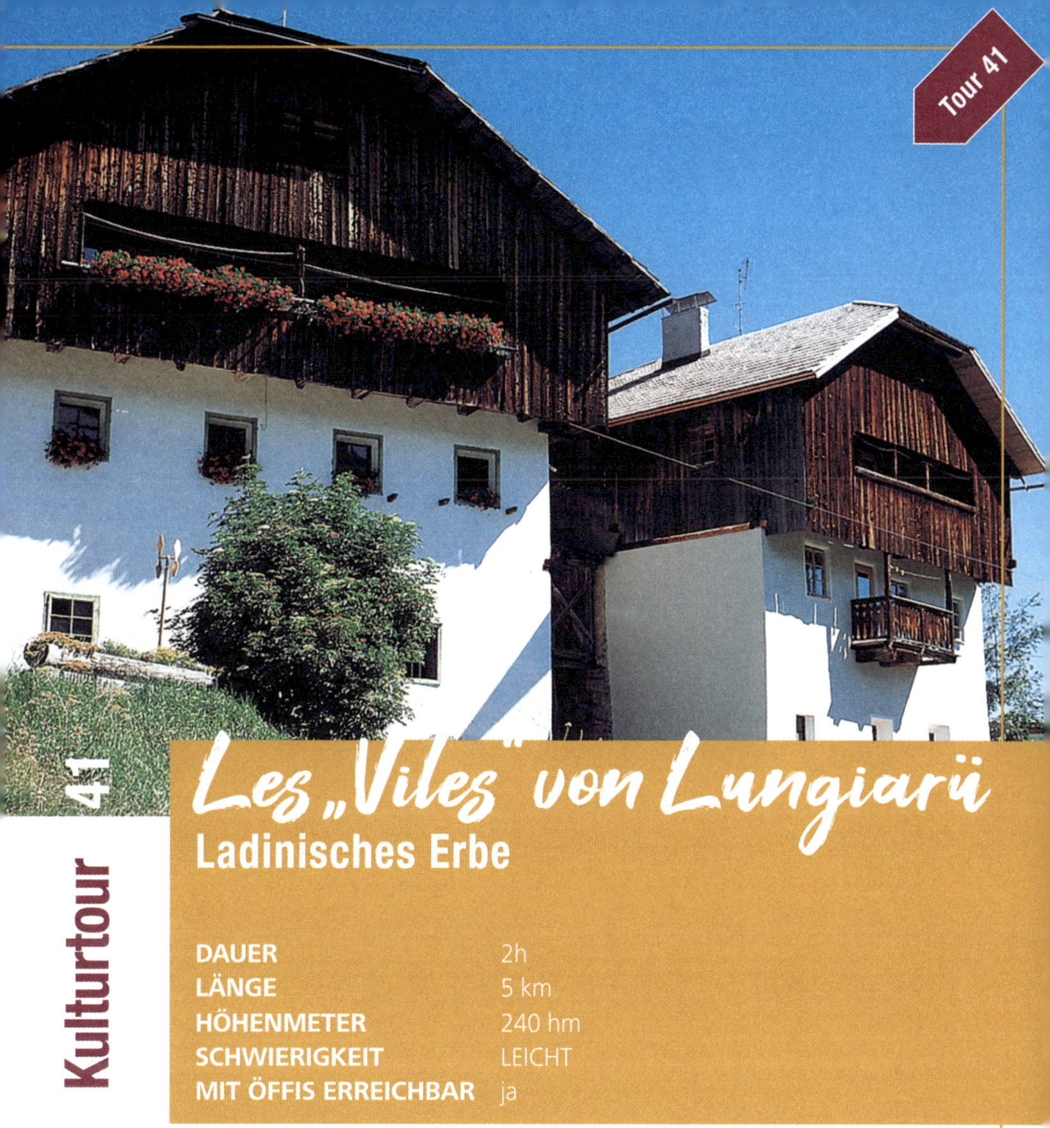

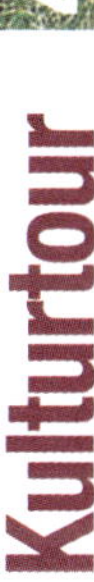

Les „Viles" von Lungiarü

Ladinisches Erbe

DAUER	2h
LÄNGE	5 km
HÖHENMETER	240 hm
SCHWIERIGKEIT	LEICHT
MIT ÖFFIS ERREICHBAR	ja

Das erwartet dich ...

Die kurze Runde ist ein gemütlicher Spaziergang zu den Weilern im innersten Campilltal. Umgeben vom Naturpark Puez-Geisler verfügt der Ort Campill (ladinisch: Lungiarü) nicht nur über atemberaubende Naturschätze, sondern gewährt auch einen guten Einblick in die ladinische Kultur. Der Ort gilt als das erste Bergsteigerdorf der Dolomiten.

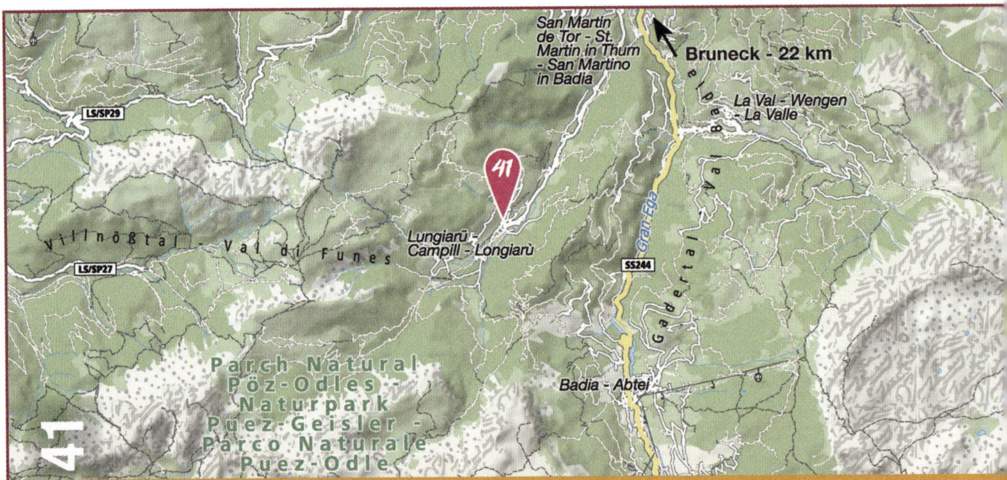

41 Kulturtour

Start & Ziel & Anreise

Ausgangspunkt ist Lungiarü/Campill im gleichnamigen Seitental der Gader. Wir verlassen die A22 bei der Ausfahrt Brixen/Pustertal. Die Pustertaler Staatsstraße/E66 bringt uns bis St. Lorenzen; hier wechseln wir auf die SS244 Richtung St. Martin in Thurn und weiter nach Campill. Parkmöglichkeiten befinden sich im Dorf. Zwischen St. Martin in Thurn und Campill besteht eine Busverbindung.

Tourenbeschreibung

Eine Besonderheit des Gadertales sind die „Viles": Die kleinen Weiler bestehen meist nur aus ein paar Höfen und schmiegen sich hoch oben an die steilen Hänge über dem Talgrund vornehmlich an der Sonnenseite. Ein schönes Beispiel für diese alte, ladinische Siedlungsweise sind die „Viles" im innersten Campilltal. Die Häuschen sind teilweise aus Holz, teilweise aus Stein gebaut und gruppieren sich um den Dorfplatz. In Seres ist ein heute noch genutzter Backofen vorhanden, eine Viehtränke aus Holz und eine „favà": Hier werden im Herbst die Bohnen zum Trocknen aufgehängt. Auf der kleinen Runde vom Ortskern von Lungiarü streifen wir nicht nur die Weiler von Seres und Misci, wir durchqueren auch das Mühlental mit seinen Wassermühlen. Auf dem Rückweg passieren wir einen fachgerecht restaurierten Kalkbrennofen. Damals gab es in der Gemeinde wohl mehr als ein halbes Dutzend solcher Öfen.

Wir gehen vom Dorfplatz zuerst auf der Straße, dann weiter auf einem Feldweg, dem wir zusammen mit der Markierung Nr. 4 rechts des Seeresbaches taleinwärts folgen. Wir passieren den Weiler Freina, dann steigt der Weg zu der malerischen Häusergruppe von Seres hinauf. Auf einer Schotterstraße hinter dem kleinen Dorf wandern wir ein Stück weit ins Mühlental, überqueren den Bach und spazieren am gegenüberliegenden Hang nach Misci. Der etwas größere Weiler besitzt zwei Plätze und hübsche, architektonische Details. Ein asphaltiertes Sträßchen bringt uns hinunter zu dem sehenswerten, alten Kalkbrennofen. Dann kehren wir durch einen schönen Lärchenwald auf der Straße zurück nach Lungiarü.

Zu empfehlen ist bei diesem Ausflug das Museum Ladin Ciastel de Tor; es ist seit 2001 auf Schloss Thurn untergebracht. Hier wird die Kultur der über 30.000 Ladiner anschaulich vermittelt. Ihre Identität wird von zwei wesentlichen Elementen vermittelt: Ihre Sprache, die zurückgeht auf das Volkslatein und ihre Heimat, die einzigartige Dolomitenlandschaft. Im Museum erfahren wir Wissenswertes über Geologie, Archäologie, Geschichte, Sprache, Tourismus und Kunsthandwerk der insgesamt fünf ladinischen Täler. Immer wieder wechselnde Sonderausstellungen mit ladinischem Bezug runden das Bild ab.

St. Martin in Thurn mit dem Museum Ladin Ciastel de Tor

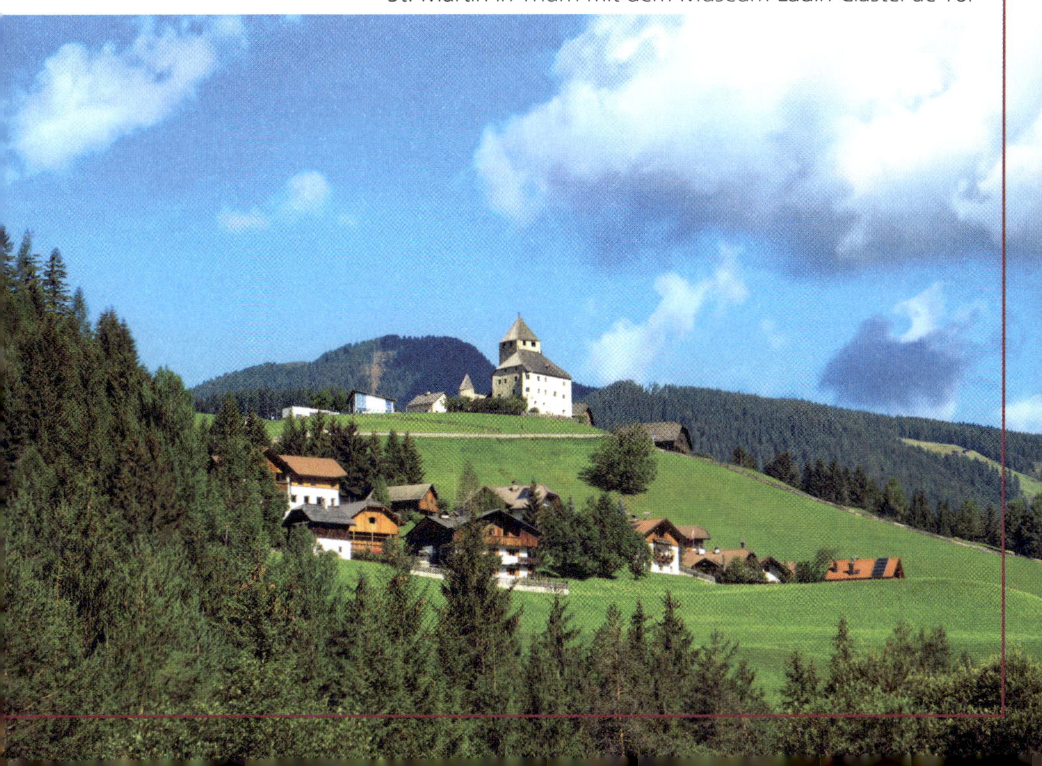

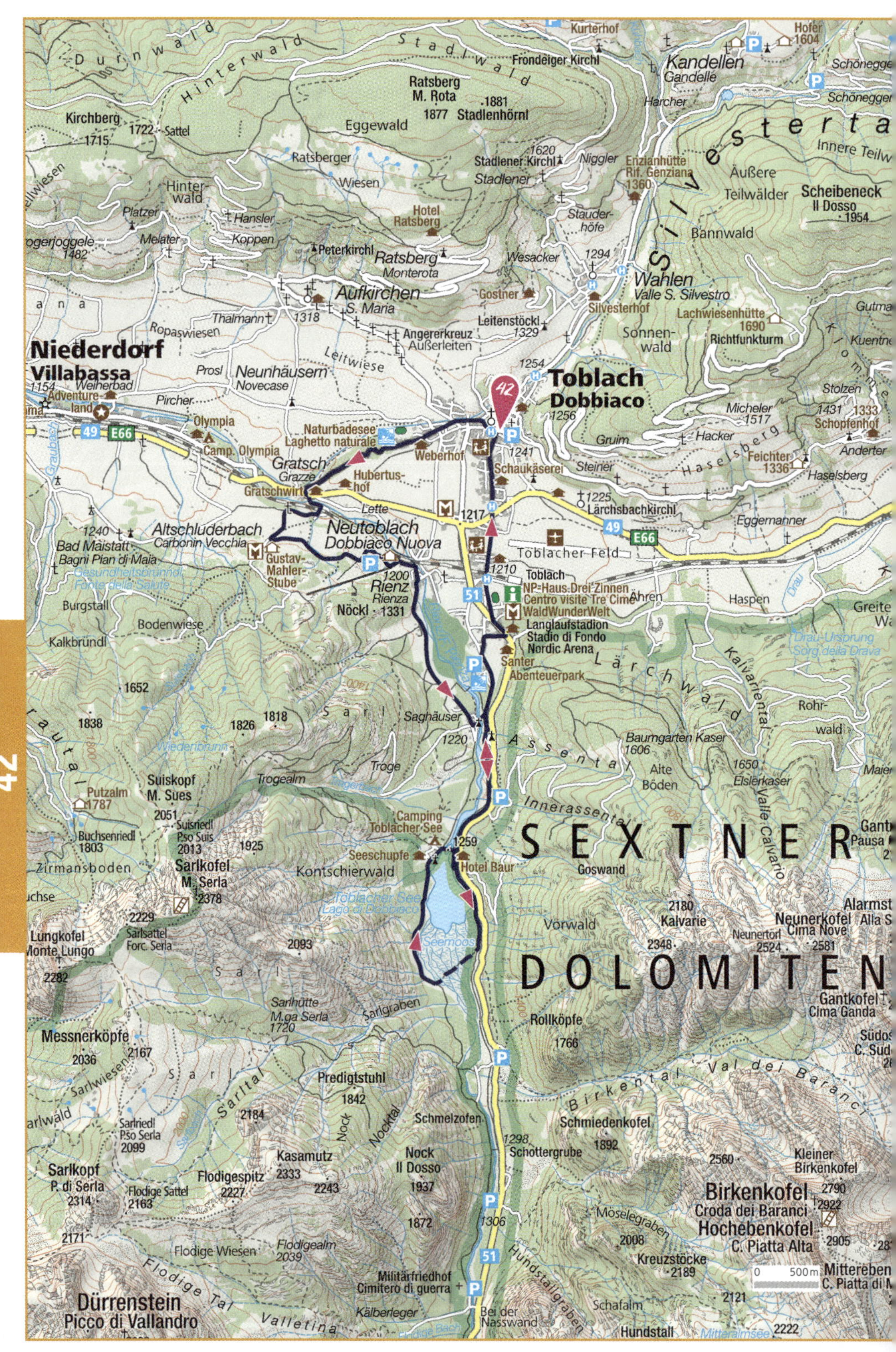

Durnwald
Hinterwald
Stadlwald
Kurterhof
Frondeiger Kirchl
Kandellen
Gandelle
Hofer 1604
Schönegger
Ratsberg
M. Rota
1877
1881
Stadlenhörnl
Eggewald
Kirchberg
1722
Sattel
1715
Harcher
Silvestertal
Innere Teilw
Ratsberger
Wiesen
Stadlener Kirchl
1620
Stadlener
Niggler
Enzianhütte
Rif. Genziana
1360
Äußere Teilwälder
Scheibeneck
Il Dosso
1954
Hinterwald
Platzer
Hotel Ratsberg
Hansler
Stauderhöfe
Bannwald
Melater
Koppen
Peterkirchl
Ratsberg
Monterota
Wesacker
1294
Wahlen
Valle S. Silvestro
1482
Aufkirchen
S. Maria
Gostner
Silvesterhof
Lachwiesenhütte
1690
Gutma
Thalmann
1318
Leitenstöckl
1329
Sonnenwald
Richtfunkturm
Ropaswiesen
Angererkreuz
Außerleiten
Niederdorf
Villabassa
Leitwiese
1254
Toblach
Dobbiaco
1256
Prosl
Neunhäusern
Novecase
42
1154
Weiherbad
Adventure-land
Pircher
Olympia
Stolzen
Micheler
1517
1431
1333
Schopfenhof
49
E66
Camp. Olympia
Naturbadesee
Laghetto naturale
Weberhof
1241
Gruim
Hacker
Haselsberg
Feichter
1336
Anderter
Gratsch
Grazze
Hubertushof
Schaukäserei
Steiner
Gratschwirt
Lette
1217
1225
Lärchsbachkirchl
Eggermanner
1240
Altschluderbach
Carbonin Vecchia
Neutoblach
Dobbiaco Nuova
Toblacher Feld
Bad Maistatt
Bagni Pian di Maia
Gustav-Mahler-Stube
1200
Rienz
1210
Toblach
NP-Haus Drei Zinnen
Centro visite Tre Cime
Ahren
Haspen
Burgstall
Nöckl
1331
WaldWunderWelt
Greite
Bodenwiese
Langlaufstadion
Stadio di Fondo
Nordic Arena
Drau-Ursprung
Sorg. della Drava
Kalkbründl
Santer
Abenteuerpark
Lärchwald
Kalvarienta
1652
Sarl
Saghäuser
Rohrwald
1838
1826
1818
1220
Assenta
Baumgarten Kaser
1606
Alte Böden
1650
Elslerkaser
Maier
Putzalm
1787
Suiskopf
M. Sues
2051
Trogealm
Troge
Innerassenta
Gant
Pausa
Suisriedl
P.so Suis
2013
Camping Toblacher See
1259
Valle Calvario
Buchsenriedl
1803
1925
Seeschupfe
Hotel Baur
SEXTNER
Zirmansboden
Sarlkofel
M. Serla
2378
Kontschierwald
Goswand
Toblacher See
Lago di Dobbiaco
2180
Kalvarie
Neunerkofel
Cima Nove
Alla S
Alarmst
2229
Sarlsattel
Forc. Serla
2093
Seemoos
Vorwald
Neunertörl
2524
2581
2348
Lungkofel
Monte Lungo
2282
Sarl
DOLOMITEN
Gantkofel
Cima Ganda
Sarlhütte
M.ga Serla
1720
Sarlgraben
Rollköpfe
1766
Messnerköpfe
2036
2167
Sarlwiesen
Sarl
Val dei Baranci
Predigtstuhl
1842
Sarltal
Birkental
2184
Schmelzofen
Schmiedenkofel
1892
Sarlriedl
P.so Sarla
2099
Nock
Nocktal
1298
Schottergrube
2560
Kleiner Birkenkofel
Kasamutz
2333
Nock
Il Dosso
1937
Sarlkopf
P. di Serla
2314
2163
Flodige Sattel
Flodigespitz
2227
2243
Birkenkofel
Croda dei Baranci
2790
2922
Hochebenkofel
C. Piatta Alta
2905
1872
1306
Möselegraben
2008
2171
Flodige Wiesen
Flodigealm
2039
51
Kreuzstöcke
2189
0 500 m
Mittereben
C. Piatta di M
Militärfriedhof
Cimitero di guerra
Dürrenstein
Picco di Vallandro
Flodige Tal
Valletina
Kälberleger
Bei der Nasswand
Hundstallgraben
Schafalm
2121
Hundstall
Mitteralmsee
2222

42

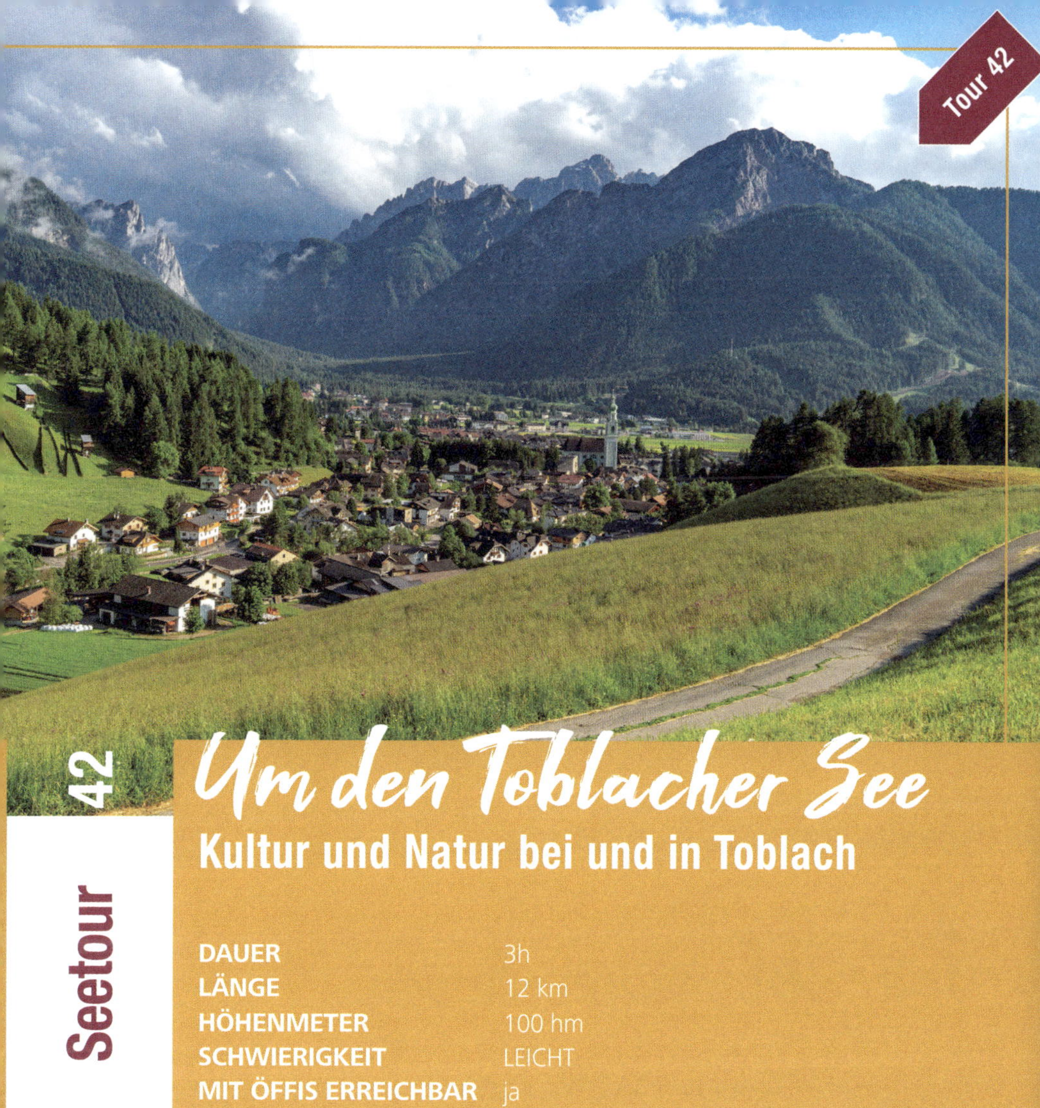

42 Seetour

Um den Toblacher See

Kultur und Natur bei und in Toblach

DAUER	3h
LÄNGE	12 km
HÖHENMETER	100 hm
SCHWIERIGKEIT	LEICHT
MIT ÖFFIS ERREICHBAR	ja

Das erwartet dich ...

Die Wanderung ist zwar nicht gerade kurz, kann aber doch aufgrund ihrer Beschaffenheit, der angenehmen, flachen Wege und der geringen Höhenmeter wohl eher als ein längerer Spaziergang bezeichnet werden. Dabei hat man nicht nur das Dolomitenpanorama im Blick; Toblach selbst hat eine Menge an kulturhistorischen Besonderheiten zu bieten. Der Toblacher See ist eine weitere Augenweide. Wem's nicht zu kalt ist, der kann im Hochsommer sogar den Sprung ins kühle Nass wagen.

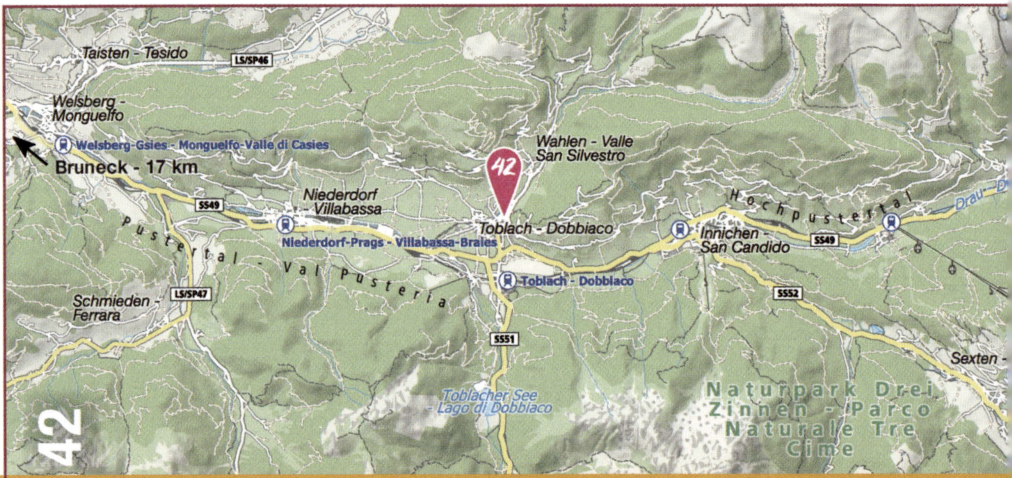

42 Seetour

Start & Ziel & Anreise

Ausgangspunkt ist die Pfarrkirche in der Ortsmitte von Toblach. Von der A22 nehmen wir die Ausfahrt Brixen-Pustertal. Wir folgen der Pustertaler Staatsstraße/E66 bis Toblach. Parkmöglichkeiten befinden sich im Zentrum. Toblach ist Station der Bahnlinie Franzensfeste – Lienz in Osttirol.

Tourenbeschreibung

Wer um Toblach herum wandern geht, der sollte sich nicht nur auf die berühmte Dolomitenschau fokussieren. Auf beiden Seiten der zugigen und offenen Wasserscheide zwischen dem Schwarzen Meer und Adria (Rienz) gibt es weit mehr zu entdecken, als man auf den ersten Blick vermuten mag. Im Ortskern von Toblach rückt die barocke Pfarrkirche mit ihrem hohen Turm ins Zentrum. Drumherum findet man noch ein paar historische Bauwerke wie die Herbstenburg (um 1500). Zwischen 1908 und 1910 verbrachte der österreichische Komponist Gustav Mahler den Sommer über in Toblach. Im Grand Hotel, das heute das Kulturzentrum beherbergt, residierten einst Könige wie Albert von Sachsen oder Milan I. von Serbien. Die damalige feine Gesellschaft hat sich wohl auch schon an der Schönheit des nahen Toblacher Sees erfreut, der romantisch vom Wald eingerahmt zwischen den steilen Felsflanken am Eingang des Höhlensteintales liegt.

Die barocke Pfarrkirche stellt den Mittelpunkt des alten Dorfes Toblach dar. Von hier spazieren wir zuerst durch die Gustav-Mahler-Straße Richtung Westen zu den Häusern von Gratsch. Wir überqueren die Staatsstraße zum Wildpark und zur Gustav-Mahler-Stube mit dem winzigen Komponierhäuschen. Mahler ließ es sich erbauen, um hier ungestört arbeiten zu können. Hier folgen wir der Rienz nach links zum gleichnamigen Weiler und erreichen schließlich über die Saghäuser den Abfluss des nur sechs Meter tiefen Toblacher Sees. Wir spazieren einmal im Uhrzeigersinn um das idyllische Gewässer herum. Dabei erfahren wir an diversen Schautafeln allerhand Wissenswertes über die naturkundlichen Aspekte der Umgebung.

Der Rückweg bringt uns von den Saghäusern nach Neutoblach; hier steht das ehemalige Grand Hotel. Es vermittelt noch immer einen guten Eindruck von dem Lebensstil der vornehmen Gesellschaft des 19. Jahrhunderts. Auch das Naturparkhaus Drei Zinnen ist in dem Kulturzentrum untergebracht. Neben den visuellen Genüssen ob der Schönheit der umliegenden Natur lässt sich der Spaziergang zum Toblacher See gut mit einem Besuch der Schaukäserei Drei Zinnen verbinden. Sie wurde 2004 eröffnet und liegt direkt an der Pustertaler Straße. Öffnungszeiten sind von Dienstag bis Samstag von 8 bis 18 Uhr und Sonntag von 10 bis 17 Uhr.

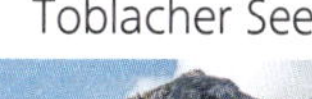

Toblacher See

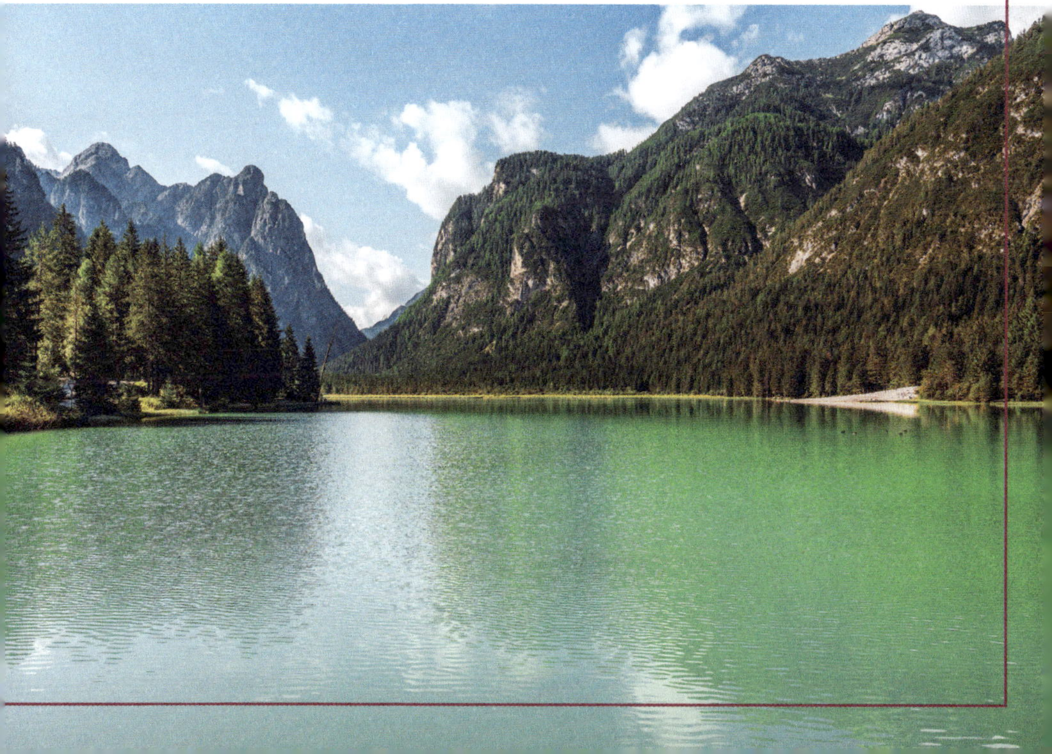

43

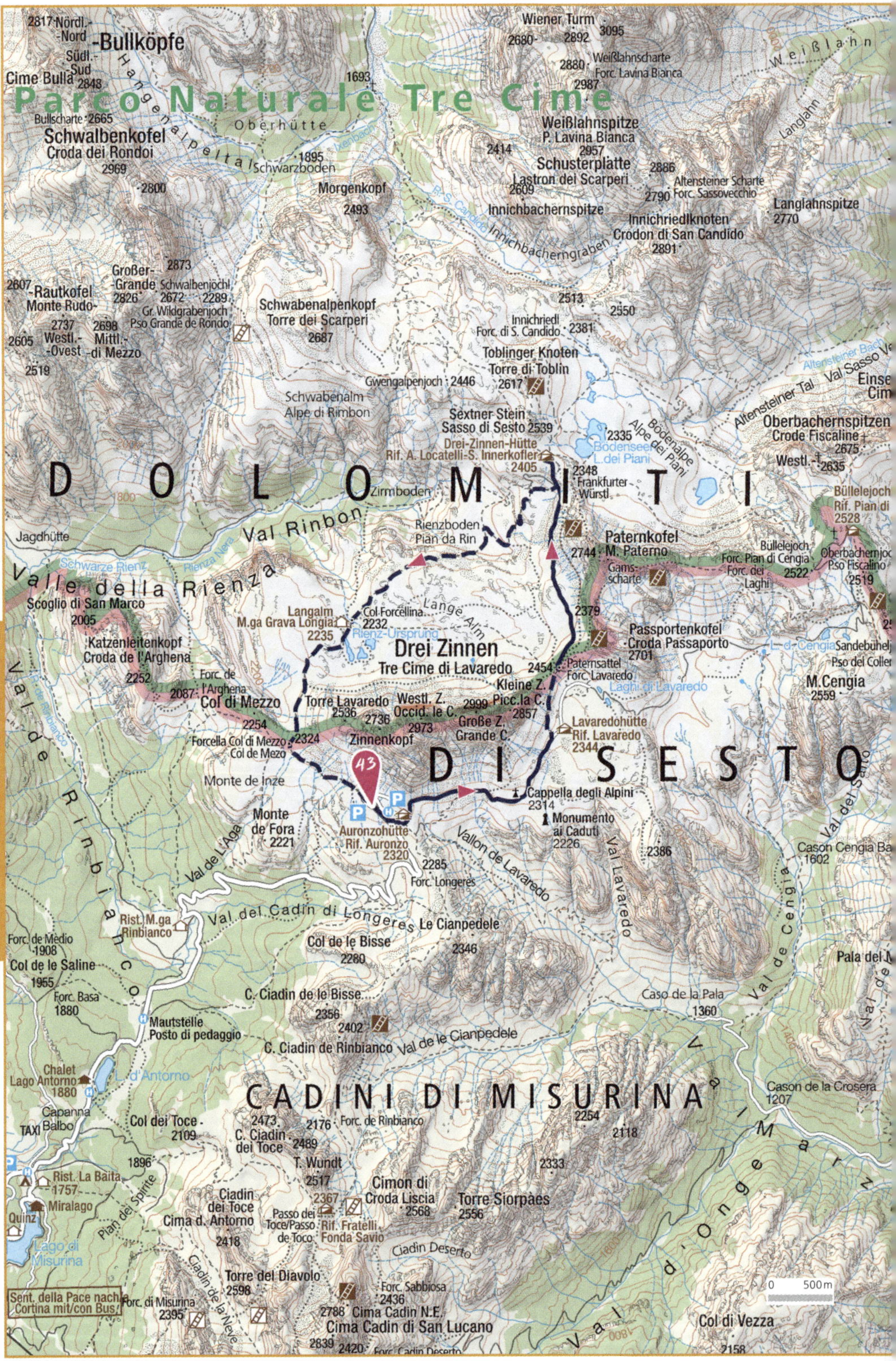

Parco Naturale Tre Cime

DOLOMITI DI SESTO

CADINI DI MISURINA

2817 Nördl.-Nord
Bullköpfe
Südl.-Sud
Cime Bulla 2843
Hangenalpeltal
1693
Oberhütte
Bullscharte 2665
Schwalbenkofel
Croda dei Rondoi
2969
1895
Schwarzboden
2800
Morgenkopf
2493
Wiener Turm
2680
2892
3095
2880
Weißlahnscharte
Forc. Lavina Bianca
2987
Weißlahn
Langlahn
Weißlahnspitze
P. Lavina Bianca
2957
2414
Schusterplatte
Lastron dei Scarperi
2609
2886
Altensteiner Scharte
Forc. Sassovecchio
2790
Langlahnspitze
2770
Innichbachernspitze
Innichriedlknoten
Crodon di San Candido
2891
Innichbacherngraben
R. S. Candido
2873
Großer-Grande
2826
2607
Rautkofel
Monte Rudo
Schwalbenjöchl
2672
2289
Gr. Wildgrabenjoch
Pso Grande de Rondo
2737
Westl.-Ovest
2698
Mittl.-di Mezzo
2605
2519
Schwabenalpenkopf
Torre dei Scarperi
2687
2513
2550
Innichriedl
Forc. di S. Candido
2381
Toblinger Knoten
Torre di Toblin
2617
Gwengalpenjoch 2446
Schwabenalm
Alpe di Rimbon
Sextner Stein
Sasso di Sesto 2539
Drei-Zinnen-Hütte
Rif. A. Locatelli-S. Innerkofler
2405
2335
Bodensee
L. dei Piani
Bodenalpe
Alpe dei Piani
Altensteiner Tal
Altensteiner Bach
Val Sasso Vecchio
Einser
Cima Una
Oberbacherspitzen
Croda Fiscaline
2675
Westl.
2635
Zirmboden
2348
Frankfurter Würstl
Bullelejoch
Rif. Pian di Cengia
2528
Jagdhütte
Val Rinbon
Rienzboden
Pian da Rin
2744
Paternkofel
M. Paterno
Gamsscharte
Bullelejoch
Forc. Pian di Cengia
Forc. dei Laghi
2522
Oberbachernjoch
Pso Fiscalino
2519
Schwarze Rienz
Rienza Nera
Valle della Rienza
Scoglio di San Marco
2005
Langalm
M.ga Grava Longia
2235
Col Forcellina
2232
Lange Alm
Rienz-Ursprung
2379
Passportenkofel
Croda Passaporto
2701
Sandebühel
Pso del Colle
L. d. Cengia
Katzenleitenkopf
Croda de l'Arghena
2252
Forc. de l'Arghena
2087
Col di Mezzo
Drei Zinnen
Tre Cime di Lavaredo
2454
Paternsattel
Forc. Lavaredo
Laghi di Lavaredo
M. Cengia
2559
Kleine Z.
Picc.la C.
2857
Torre Lavaredo
2536
Westl. Z.
Occid. le C.
2736
2999
Große Z.
Grande C.
2973
Lavaredohütte
Rif. Lavaredo
2344
2254
Forcella Col di Mezzo
Col de Mezo
2324
Zinnenkopf
Val de Rinbianco
Monte de Inze
Auronzohütte
Rif. Auronzo
2320
Cappella degli Alpini
2314
Monumento ai Caduti
2226
Monte de Fora
2221
Val de l'Aga
2285
Forc. Longeres
Vallon de Lavaredo
Val Lavaredo
2386
Cason Cengia Bassa
1602
Val de Cengia
Val del Sasso
Rist. M.ga Rinbianco
Val del Cadin di Longeres
Le Cianpedele
2346
Col de le Bisse
2280
Forc. de Medio
1908
Col de le Saline
1955
Forc. Basa
1880
C. Ciadin de le Bisse
2356
2402
Mautstelle
Posto di pedaggio
C. Ciadin de Rinbianco
Val de le Cianpedele
Caso de la Pala
1360
Pala del M.
Val de M.
Chalet Lago Antorno
1880
L. d'Antorno
Cason de la Crosera
1207
Capanna Balbo
TAXI
Col dei Toce
2109
2473
C. Ciadin dei Toce
2489
2176
Forc. de Rinbianco
2254
2118
T. Wundt
2517
2333
1896
Rist. La Baita
1757
Miralago
Quinz
Lago di Misurina
Pian del Spirite
Ciadin dei Toce
Cima d. Antorno
2418
2367
Passo dei Toce/Passo de Toco
Rif. Fratelli Fonda Savio
Cimon di Croda Liscia
2568
Torre Siorpaès
2556
Val d'Onge
Val Marzon
Ciadin Deserto
Torre del Diavolo
2598
Forc. Sabbiosa
2436
Ciadin de la Neve
Sent. della Pace nach/Cortina mit/con Bus
Forc. di Misurina
2395
2788
Cima Cadin N.E.
Cima Cadin di San Lucano
2839
2420
Forc. Cadin Deserto
0
500m
Col di Vezza
2158

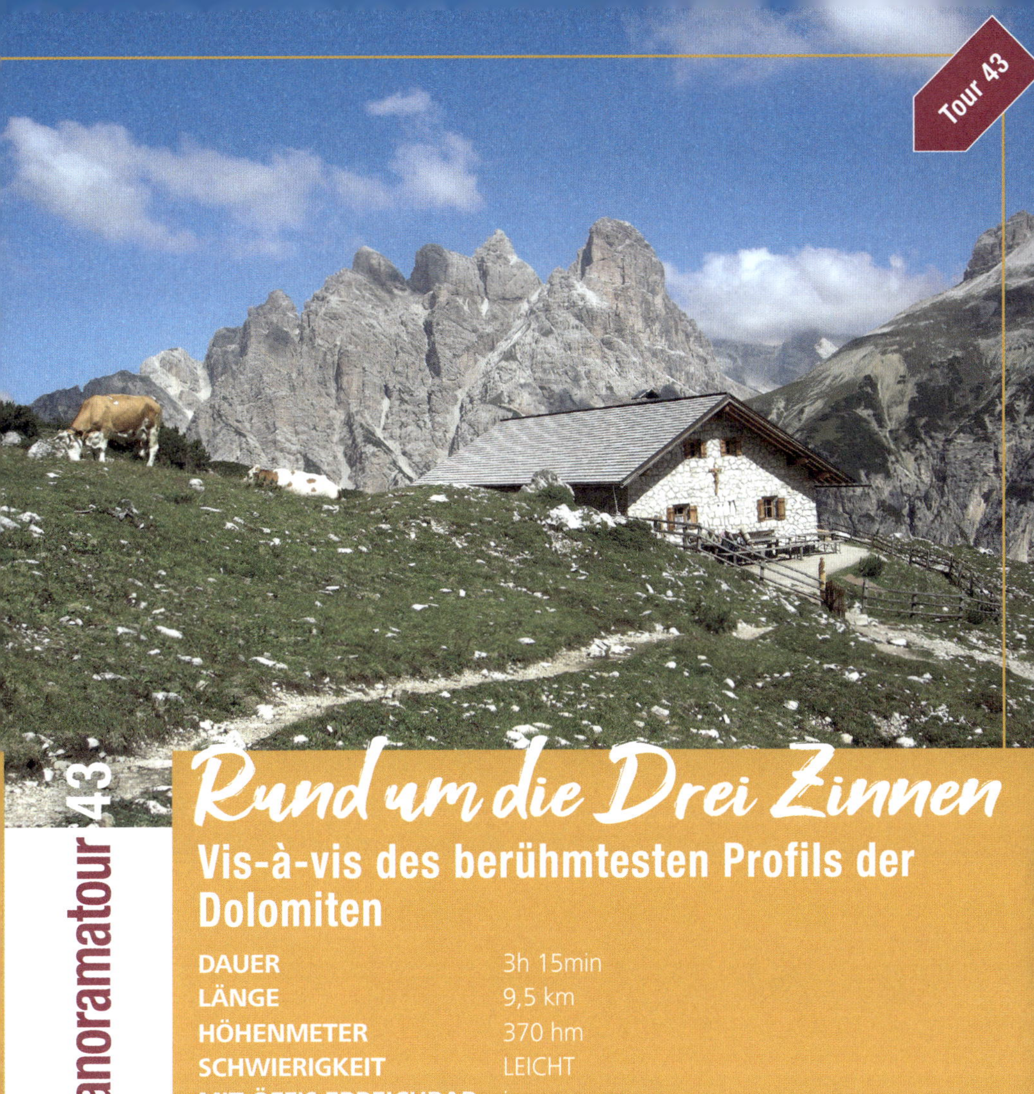

Panoramatour 43

Rund um die Drei Zinnen

Vis-à-vis des berühmtesten Profils der Dolomiten

DAUER	3h 15min
LÄNGE	9,5 km
HÖHENMETER	370 hm
SCHWIERIGKEIT	LEICHT
MIT ÖFFIS ERREICHBAR	ja

Das erwartet dich ...

Diese Runde ist nicht besonders lang und die Anzahl der zu bewältigenden Höhenmeter sind auch eher mäßig. So stellt sie eher einen entspannten Bergspaziergang dar; die Kulisse ist jedoch herausragend im Angesicht des weltberühmten Dreigestirns. Wer der Kolonnenwanderung im Hochsommer ausweichen möchte, der tut gut an einem Aufbruch am Nachmittag. Dieser lässt vielleicht sogar das abendliche Farbspektakel erleben.

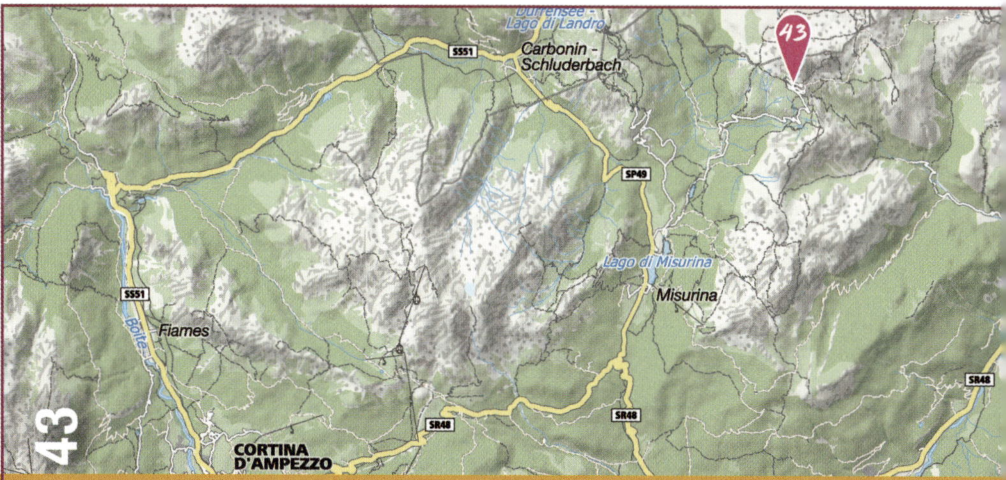

Start & Ziel & Anreise

Ausgangspunkt ist das Rifugio Auronzo. Die Schutzhütte befindet sich am Endpunkt der „Drei-Zinnen-Straße", gut 8 Kilometer von Misurina entfernt. Bei der Hütte gibt es einen sehr großen Parkplatz.

Tourenbeschreibung

Die Drei Zinnen gehören, was das Klettern betrifft, zu den Klassikern der Alpen. Wer jedoch lieber festen Boden unter den Füßen behalten möchte, der sollte sie umwandern. Dafür gibt es viele gut markierte Wege. Bequem erhält man auch so einen Einblick und einmalige Eindrücke in die Bergwelt der Sextner Dolomiten und ihrer Paradegipfel. Auf dem Weg zum Paternsattel tummelt sich alles – modisch poppig, kitschig, Lycra, traditionelle Bergkluft, Jung und Alt. Der leichte Anstieg zum Sattel belohnt mit einem Drei-Zinnen-Blick.

Wir wandern vom Parkplatz am Rifugio Auronzo los. Auf einem ehemaligen Kriegsfahrweg gehen wir unter den Südwänden der Drei Zinnen entlang. Wir passieren die Cappella degli Alpini und erreichen das Rifugio Lavaredo (2344 m). Hier sehen wir hinüber bis ins Ansiei-Tal und der einsamen Marmarole-Gruppe. Im Süden erheben sich die bizarren Zacken der Cadini. Am 2.454 Meter hohen

Paternsattel bestaunen wir die Drei Zinnen in ihrer ganzen Pracht. Der weitere Wegverlauf lässt uns auch immer wieder den Blick nach rechts richten, zur Westwand des Paternkofels (2.744 m). In seinem Nordgrat befindet sich die Felsskulptur des „Frankfurter Würstel". Vom Toblinger Riedl winken dann allmählich auch ein paar Zeiger der berühmten „Sextener Sonnenuhr" herüber: Rotwand, Elfer, Zwölfer und Einser.

Nach und nach bringt uns der Weg in Kehren hinab zum Rienzboden, und im Angesicht der Nordwände der Drei Zinnen wandern wir mit einem längeren Gegenanstieg über die Lange Alm. Dann passieren wir die Tümpel beim Col Forcellina (2232 m), auch Rienzquelle genannt und erreichen die Langalm (2283 m). Vom Grasrücken bei der Alm hat man einen letzten, herrlichen Blick auf die steinerne Schönheit. Die Speisen auf der gemütlichen Alm werden nur mit regionalen Zutaten und mit Produkten aus biologischer und biodynamischer Landwirtschaft zubereitet. Ihre schöne Sonnenterrasse verspricht ein paar herrliche Stunden mit Gipfelschau. Über die Sommermonate wird die Alm von ca. 120 Rindern beweidet. Übernachtungsmöglichkeiten gibt es hier keine, daher bietet sich eine Übernachtung in der nächstgelegenen Auronzohütte an, die über den Höhenweg Nr. 4 erreicht werden kann.

Beliebte Familientour: Die Runde um die Drei Zinnen mit Blick in die Nordwände

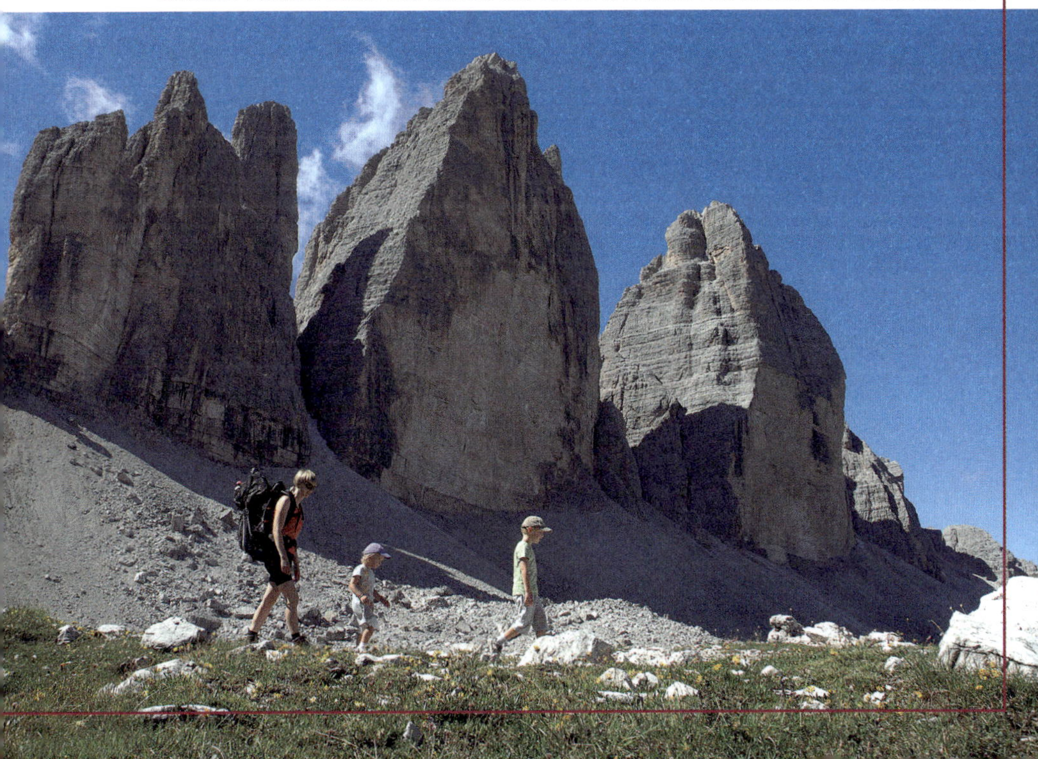

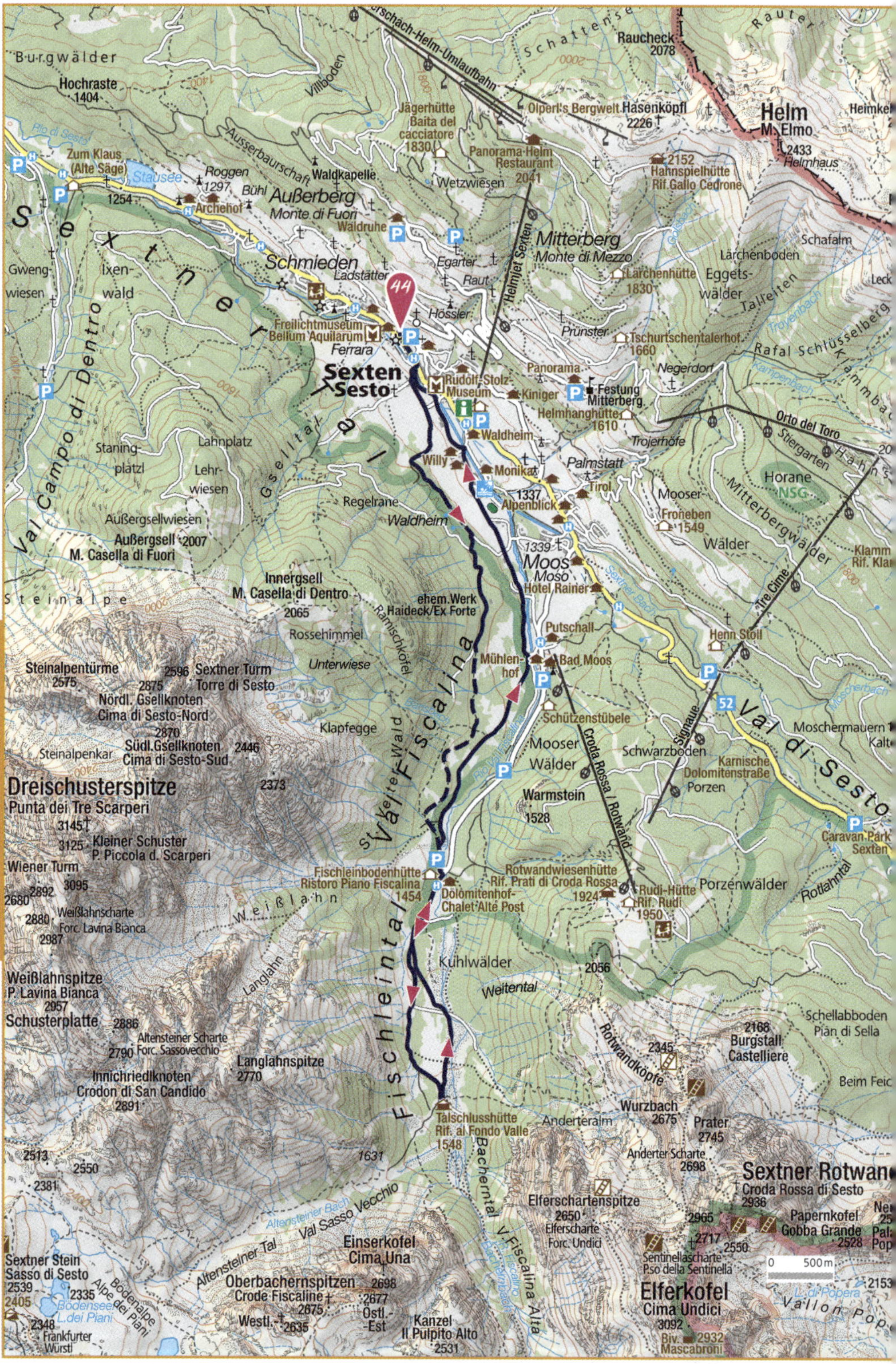

Sexten
Sesto
Sextner Tal
Val di Sesto
Val Fiscalina
Fischleintal
Außerberg
Monte di Fuori
Mitterberg
Monte di Mezzo
Moos
Moso
Schmieden
Helm
M. Elmo
Dreischusterspitze
Punta dei Tre Scarperi
3145
Sextner Rotwand
Croda Rossa di Sesto
2936
Elferkofel
Cima Undici
3092
Einserkofel
Cima Una
Oberbachernspitzen
Crode Fiscaline
Fischleinbodenhütte
Ristoro Piano Fiscalina
1454
Talschlusshütte
Rif. al Fondo Valle
1548
Dolomitenhof
Chalet Alte Post
Rotwandwiesenhütte
Rif. Prati di Croda Rossa
1924
Rudi-Hütte
Rif. Rudi
1950
Rudolf-Stolz-Museum
Freilichtmuseum
Bellum Aquilarum
Panorama-Helm
Restaurant
2041
Hahnspielhütte
Rif. Gallo Cedrone
2152
Jägerhütte
Baita del cacciatore
1830
Lärchenhütte
1830
Tschurtschentalerhof
1660
Helmhanghütte
1610
Hochraste
1404
Innergsell
M. Casella di Dentro
2065
Außergsell
M. Casella di Fuori
2007
Weißlahnspitze
P. Lavina Bianca
2957
Schusterplatte
Langlahnspitze
2770
Innichriedlknoten
Crodon di San Candido
2891
Sextner Stein
Sasso di Sesto
2539
Burgstall
Castelliere
2168
Wurzbach
2675
Prater
2745
Elferscharte
Forc. Undici
Sentinellascharte
Pso della Sentinella
Papernkofel
Gobba Grande
2528
Bad Moos
Mooser Wälder
Warmstein
1528
Caravan Park
Sexten
Karnische Dolomitenstraße
0 500 m

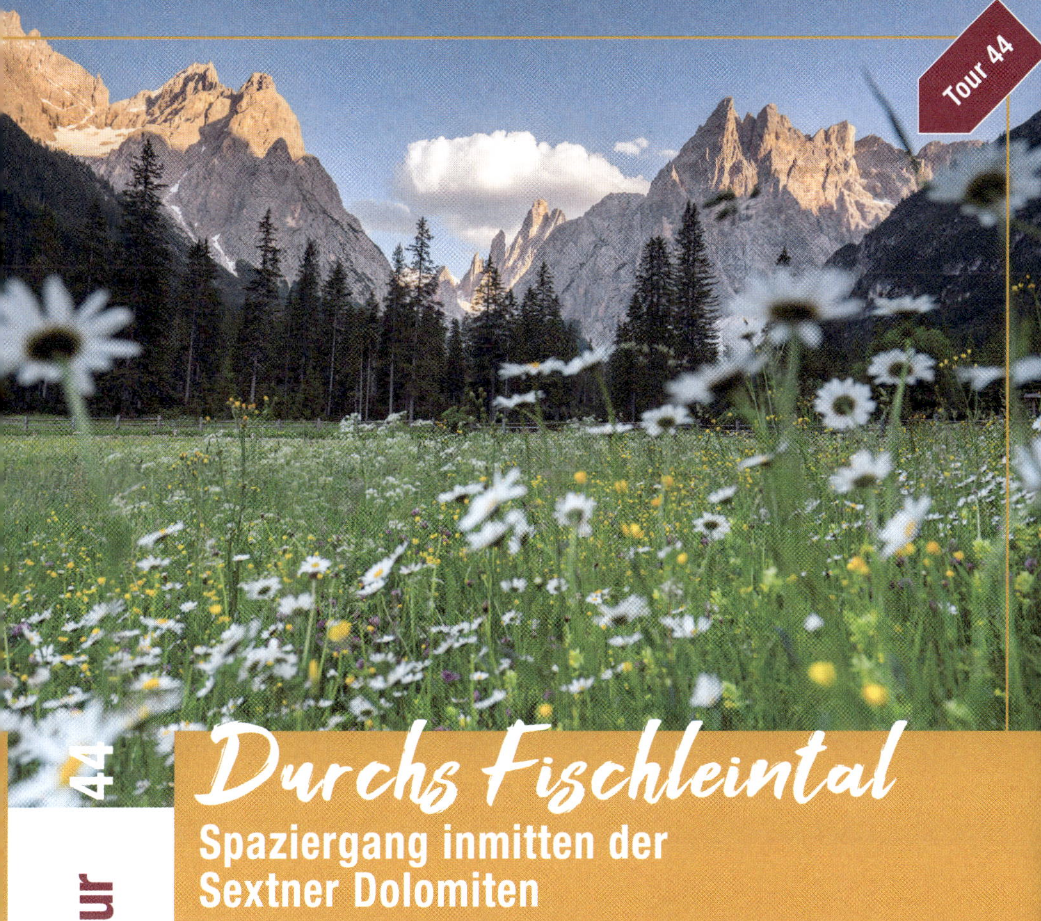

44 Almtour

Durchs Fischleintal

Spaziergang inmitten der Sextner Dolomiten

DAUER	3h
LÄNGE	13 km
HÖHENMETER	210 hm
SCHWIERIGKEIT	LEICHT
MIT ÖFFIS ERREICHBAR	ja

Das erwartet dich ...

Die Rundtour gestaltet sich als gemütliche Talwanderung ohne nennenswerte Steigungen. Dabei erwartet uns eine einzigartige, landschaftliche Schönheit. Über Blumenwiesen, durch dichte Wälder und an urigen Almen vorbei führt das Fischleintal vom Ortsteil Moos durch den Naturpark Drei Zinnen bis hin zur Talschlusshütte. Immer dabei im Blick: Die imposanten Felswände des UNESCO-Welterbes der Dolomiten.

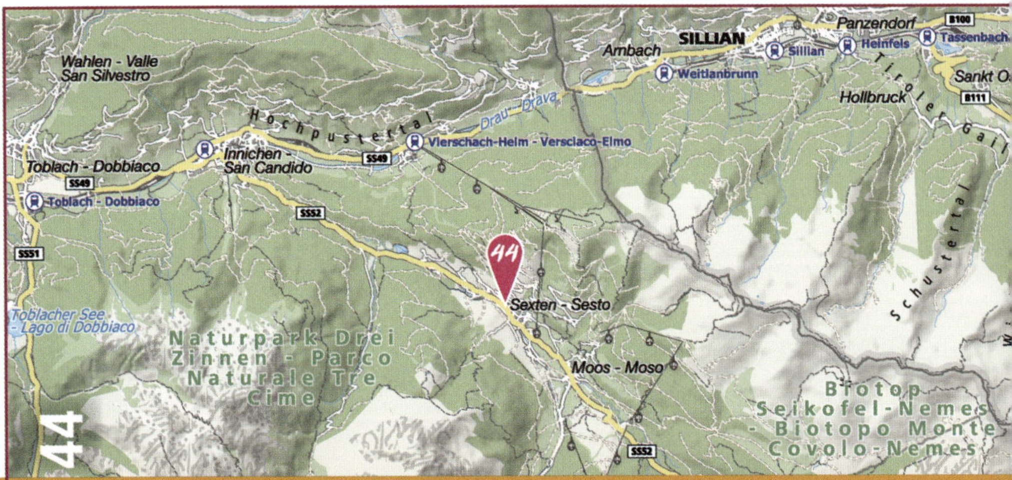

44 Almtour

Start & Ziel & Anreise

Ausgangspunkt der Wanderung ist Sexten. Wir verlassen die A22 Richtung Brixen/Pustertal. Die Pustertaler Staatsstraße E66 führt uns dann über Bruneck und Innichen nach Sexten. Parkmöglichkeiten befinden sich im Ort.

Tourenbeschreibung

Das Fleckchen Erde rund um den Fischleinboden entspricht einfach so ganz und gar unseren Vorstellungen einer perfekten Dolomitenidylle. Formen und Farben vereinen sich hier zu einem vollkommenen Bild. Gerade im Herbst, wenn die späte Herbstsonne die Lärchen verfärbt und sie golden aufflammen und dazu noch der Himmel strahlend blau herunterlacht.

Die Hänge sind mit Latschen überzogen, darüber türmen sich die hellgrauen Felsspitzen in den Himmel. Die massige Dreischusterspitze ragt dabei zur Rechten auf, Elfer und Rotwand finden ihren Platz links davon, im Talhintergrund thront der Zwölfer. Kurz: das Fischleintal ist ein Naturwunder. Fisch wird allerdings lediglich auf dem Teller serviert – wie im Hotel Dolomitenhof (das übrigens schon seit Generationen im Besitz der Bergsteigerdynastie Innerkofler ist). Die deutsche Bezeichnung für dieses Tal ist eine Verballhornung des lateinischen „fiscalina", gleichbedeutend mit „dem königlichen Fiskus angehörend", bzw. tributpflichtig. In diesem Fall nähert sich die italienische Bezeichnung Val Fiscalina der Namenswurzel schon gut an – allerdings eine seltene Ausnahme.

Wir beginnen die Wanderung in Sexten. Von der Ortsmitte aus gehen wir über den Bach (mit Tafeln beschildert) und folgen einem Sträßchen zunächst flach über den Wiesen. Danach geht es rechts kurz bergauf zum „Waldweg Fischleintal"; er führt in sanftem Anstieg auf den Taleingang zu. Hier passieren wir die spärlichen Überreste des ehemaligen Festungswerkes Haldeck. Der Weg führt uns weiter über schöne Lärchenwiesen bis zum Großparkplatz beim Hotel Dolomitenhof. Ein Sandsträßchen – alternativ kann auch der markierte Weg genommen werden – begleitet uns über den licht bewaldeten Fischleinboden zur Talschlusshütte.

Der Rückweg bringt uns zunächst wieder zurück zum Hotel Dolomitenhof. Hier wandern wir dann links des Fischleinbaches weiter auf einem Fahrweg nach Bad Moos. Wir passieren das Sportzentrum und spazieren zurück zu unserem Ausgangspunkt in Sexten.

Im Fischleinboden: Blickfang der elegante Gipfel des Einserkofels

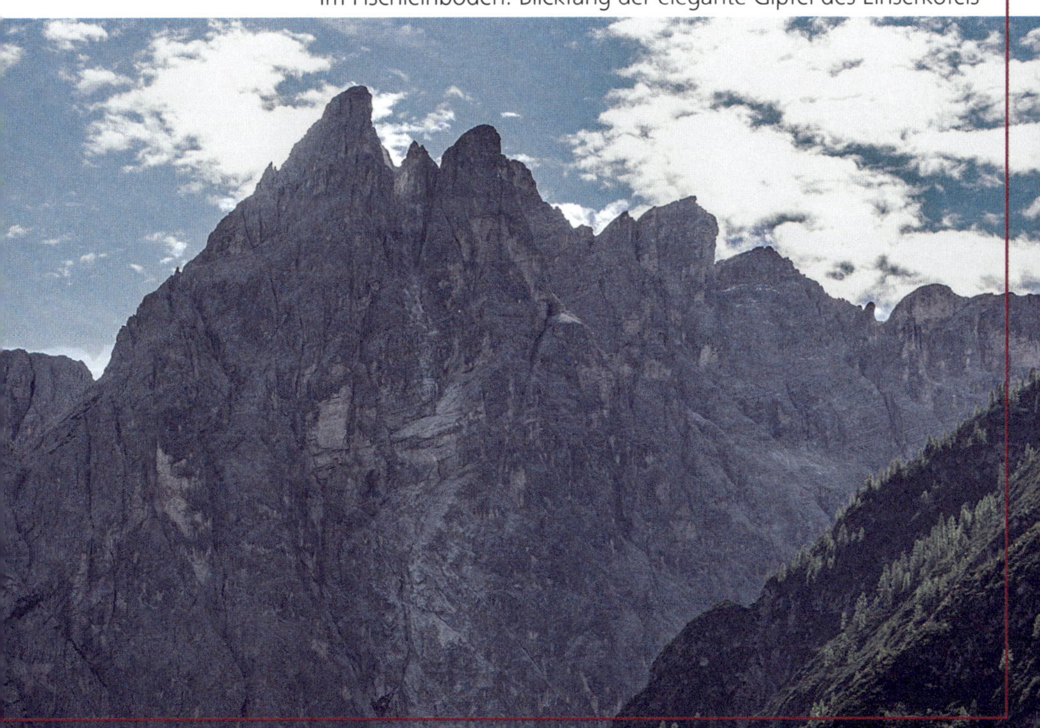

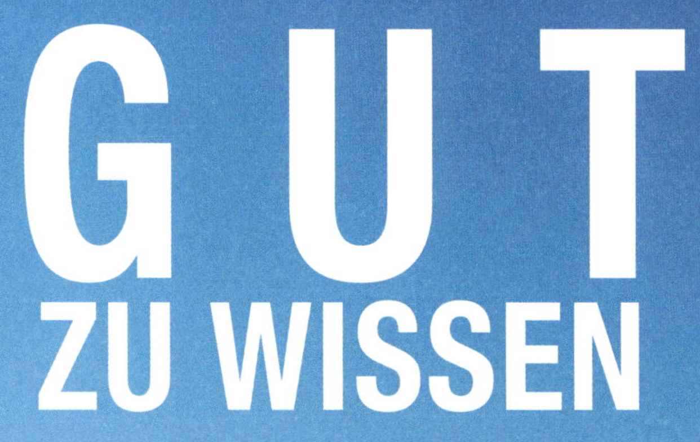

GUT
ZU WISSEN

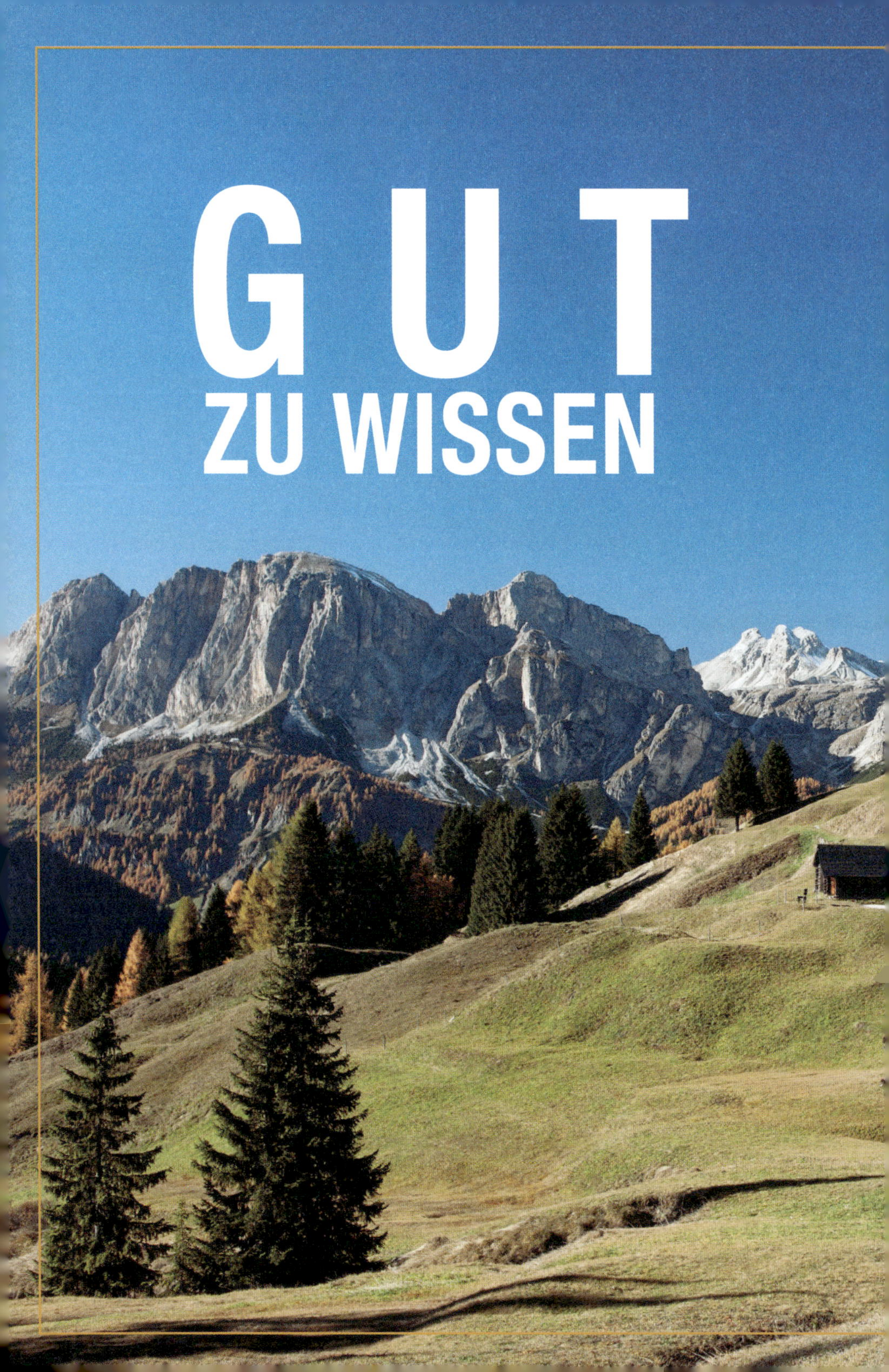

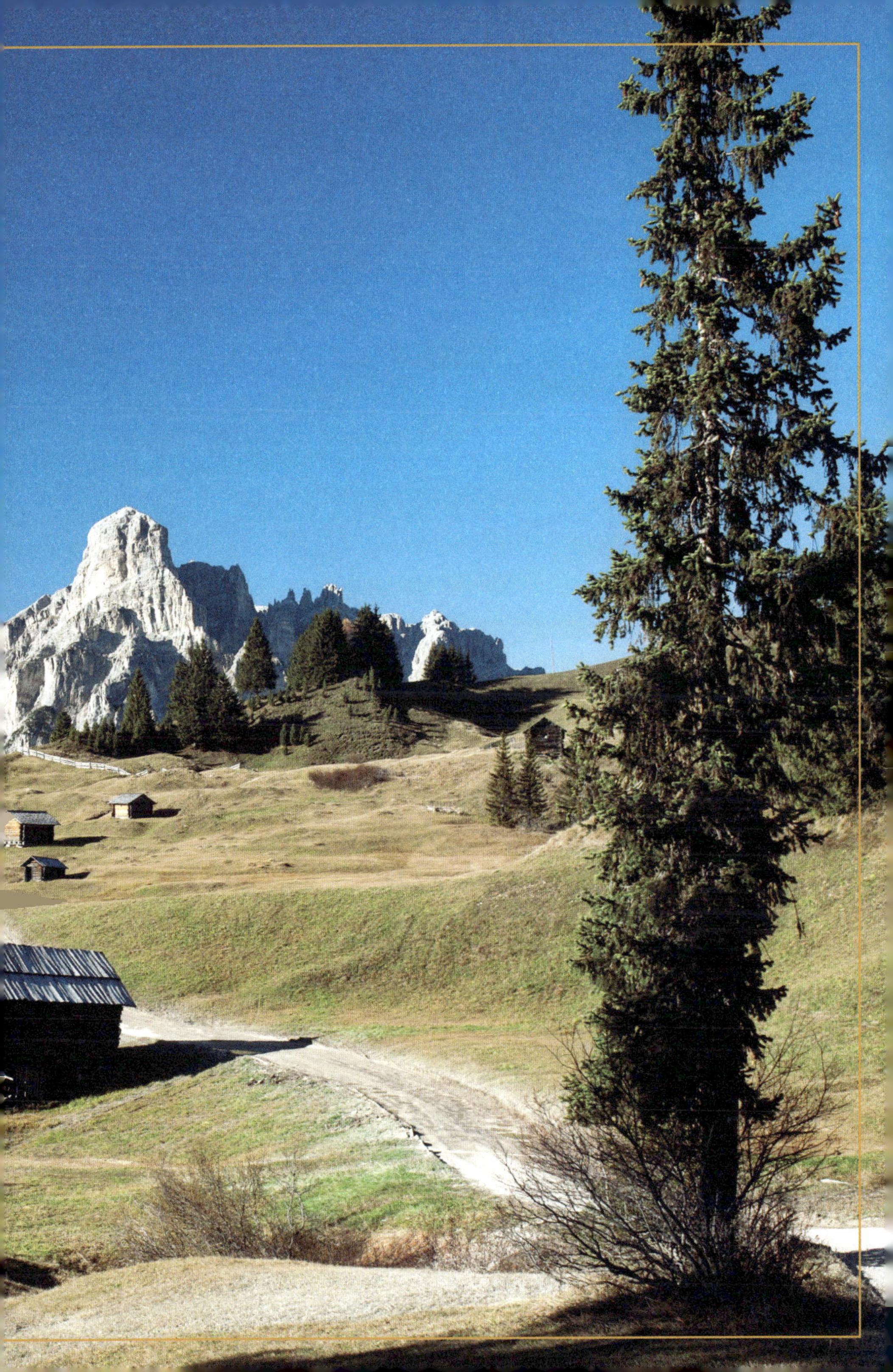

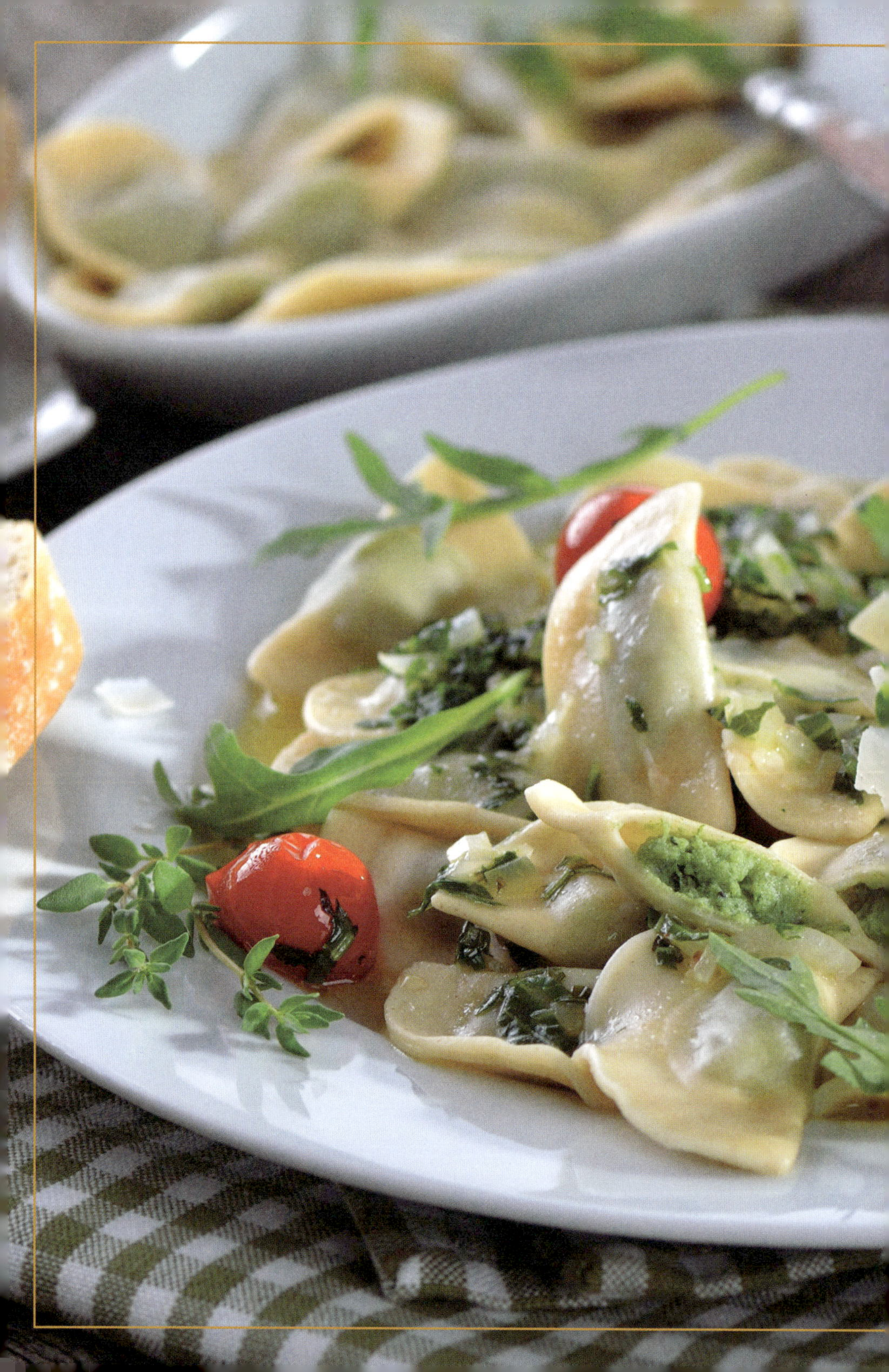

Südtiroler Schlutzkrapflan

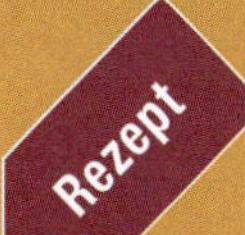

REZEPT FÜR 4 PERSONEN

TEIG:
200 g feines Roggenmehl
300 g Weizenmehl
2–3 Eier, Salz
etwas Öl
lauwarmes Wasser

FÜLLUNG:
700–800 g Spinat
1 kleine Zwiebel
2 EL Butter
1 EL Mehl
⅛ l Milch
1 EL geriebener Parmesan
Salz, Pfeffer, Muskat
60 g Butter
40 g geriebener Parmesan

Die Mehlsorten mischen und mit den Eiern, Salz, Öl und etwas warmem Wasser zu einem nicht zu festen Nudelteig verarbeiten. Diesen ca. 45 Minuten rasten lassen.

Inzwischen die Füllung vorbereiten. Hierzu den Spinat gut waschen, in Salzwasser gar kochen, abseihen, ausdrücken und durch ein Sieb passieren. Die Zwiebel schälen und klein hacken. In Butter glasig dünsten, mit Mehl bestäuben und goldgelb mitrösten, dann die Milch hinzufügen und etwas einkochen lassen. Den Spinat dazugeben, Parmesan darüberstreuen, mischen und kräftig würzen. Unter ständigem Umrühren erkalten lassen. Ausreichend gesalzenes Wasser in einem größeren Topf auf der Kochstelle erhitzen. Den Teig mit einem Nudelholz sehr dünn austreiben. Mit einem Glas oder dem Krapfenradel rund ausstechen, darauf etwas von der Füllung geben, zusammenklappen und die Ränder gut „festpitschen".

Die Schlutzkrapflan in siedendem Salzwasser garen, bis sie an die Oberfläche steigen (ca. 5–10 Minuten). Die Krapfen abseihen, mit geriebenem Parmesan bestreuen und mit zerlassener brauner Butter abgeschmelzt servieren.

Endlich was Neues ausprobieren

Lust was Neues auszuprobieren?

WENN JA, HABEN WIR EIN PAAR VORSCHLÄGE FÜR DICH.

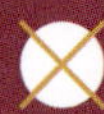

- **ZIPLINE IN DEN DOLOMITEN:** Adrenalin pur! Fliege in St. Vigil in Enneberg mit der größten Zipline Europas. Ein Abenteuer, das du nicht vergessen wirst.

- **ÜBERNACHTUNG IN EINEM FASS:** Auf dem Camping Antholz kannst du in deinem eigenen Schlaffass übernachten und das auch noch äußerst gemütlich und kuschelig!

- **NATURKINO:** Im gemütlichen Freiluft-Kino hoch über Meran, welches von den Einheimschen auch „Knottnkino" genannt wird, kannst du das beeindruckende Bergpanorama genießen.

- **MUSEUM AUF 2.275 METERN HÖHE:** Das auf einem Gipfelplateau gelegene MMM Corones (Messner Mountain Museum) mit atemberaubender Aussicht ist nicht nur ein architektonisches Meisterwerk von Zaha Hadid, sondern zeigt auch die Geschichte des traditionellen Alpinismus, den Reinhold Messner entscheidend geprägt hat.

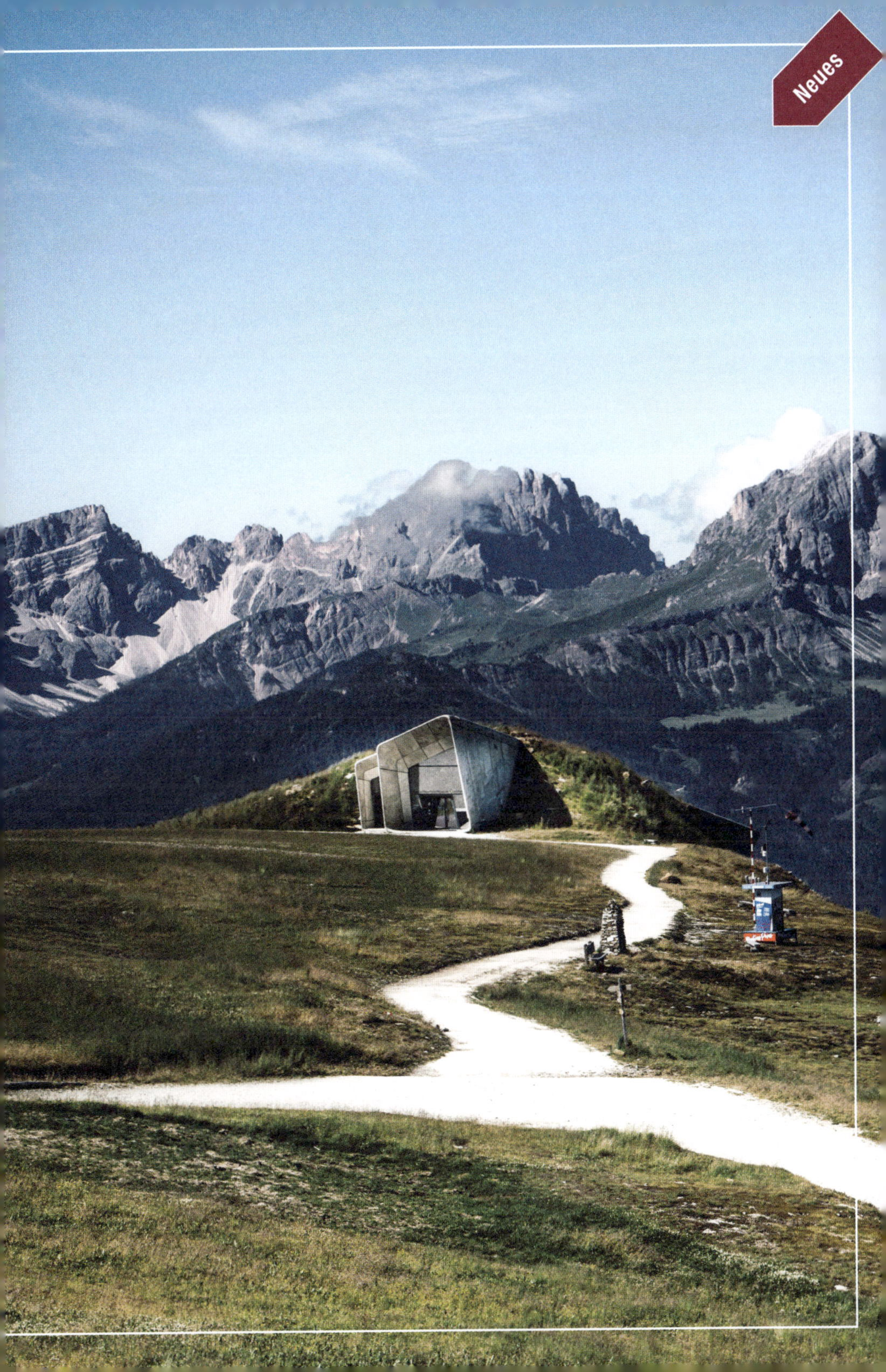
Neues

Von Vorteil
FÜR MENSCH & NATUR

Nachhaltigkeit

BEIM WANDERN

Wandern ist eine recht schonende Sportart für die Natur und unsere Umwelt, wenn wir einige wenige Dinge beachten. Denn das Gleichgewicht ist hier extrem sensibel: Jedes zurückgelassene Papierchen in schönster Umgebung, jede Plastikwasserflasche oder auch noch so tolle Outdoorjacke, dafür voll von chemischen Inhaltsstoffen, fallen ins Gewicht. Folgende fünf Punkte geben euch einen kurzen Überblick, was ihr für euch und die Natur tun könnt. Denn Umweltschutz betrifft uns alle, schließlich haben wir nur eine Erde und mit dieser sollten wir behutsam und respektvoll umgehen.

Und das kannst du machen …

Green-Guide

01 Nachhaltigkeit beginnt schon bei der Anreise: Je mehr Menschen mit dem Auto fahren, desto mehr CO_2-Ausstoß und desto mehr umweltschädlichen Gummiabrieb der Reifen gibt es. Doch viele Ausgangspunkte sind auch gut mit den öffentlichen Verkehrsmitteln zu erreichen. Also einfach mal das Auto stehen lassen. Oder Fahrgemeinschaften bilden.

02 Keine Einwegflaschen: Gerade das Trinken ist auf Wanderungen wichtig. Doch sollte man aus Rücksicht zur Natur und sich selbst zuliebe auf Einwegflaschen aus Plastik verzichten und lieber seine eigene Trinkflasche mitnehmen.

03 Kein Verpackungsmüll: Die Verpflegung für den Hunger zwischendurch ist mindestens genauso wichtig wie das Trinken. Brotdosen bieten sich zum Transport von Proviant an oder einfach alles in ein Bienenwachstuch einwickeln.

04 Wanderausrüstung leihen: Gerade beim Ausprobieren einer Sportart muss nicht gleich alles neu gekauft werden, was dann vielleicht im Keller landet. Manche Ausrüstungsgegenstände können auch erst einmal ausgeliehen werden. Auch ist es nicht notwendig, jedes Jahr ein neues Outfit zu kaufen. Achtet ihr schon beim ersten Kauf auf Qualität, macht sich das bemerkbar, denn qualitativ hochwertigere Produkte begleiten uns oft jahrelang.

05 Weniger ist mehr: Oft findet sich die schönste Natur in unmittelbarer Nähe. So muss es nicht immer die weit entfernte Gebirgskette sein. Auch Ziele, die aufgrund ihrer Bekanntheit an Wochenenden und in den Ferien total überlaufen sind, freuen sich über ein paar Besucher weniger. Weniger bekannte Ziele haben auch ihren Reiz und warten nur darauf, entdeckt zu werden.

Karl-Kapferer-Straße 5, A-6020 Innsbruck

1. Auflage 2023 (23.01)
Verlagsnummer 3518
ISBN 978-3-99121-356-7

Konzept und Bildnachweis

Konzept & Gestaltung: © KOMPASS-Karten GmbH

Text: KOMPASS-Karten AutorInnen (s. Klappe)

Grafische & Kartografische Herstellung:
© KOMPASS-Karten GmbH

Kartengrundlage: © KOMPASS-Karten GmbH unter Verwendung von OpenStreetMap Contributers (www.openstreetmap.org)

Schummerung und Höhenlinien: Autonome Provinz Bozen-Südtirol, Amt für überörtliche Raumplanung

Titelbild: Die Hänge von St. Magdalena und Rentsch vor Bozen; © stevanzz - stock.adobe.com

Cover Rückseite: Südtiroler Wein und Marend;
© Bernadett - stock-adobe.com

Weiterer Bildnachweis:
S.2/3; S.189: © Bergfee - stock.adobe.com
S.4/5: Theresa Tögel
S.8/9; S.10/11; S.43; S.45; S.55; S.57; S.63; S.67; S.85; S.89; S.93; S.97; S.101; S.109; S.113; S.117; S.123; S.153; S.157; S.171; S.187; S.191: Franziska Baumann
S.15; S.35; S.59: © Frank Krautschick - stock.adobe.com
S.16: © Halfpoint - stock.adobe.com
S.18; S.197: © Bernhard - stock.adobe.com
S.21; S.179: © Davide - stock.adobe.com
S.22; S.203: © Julia Hermann - stock.adobe.com
S.24/25: © balakate - stock.adobe.com
S.27: © Lars - stock.adobe.com
S.29; S.214/215: © Manuel Schönfeld - stock.adobe.com
S.31; S.47; S.51: Manfred Föger
S.39: © Composer - stock.adobe.com
S.69; S.71; S.73; S.75; S.77; S.79; S.81; S.83; S.105; S.107: Mark Zahel
S.99: © Ralph Hoppe - stock.adobe.com
S.121: © Niklas - stock.adobe.com
S.125; S.129; S.133; S.137; S.139; S.141; S.143; S.145; S.149; S.159; S.163; S.165; S.167; S.169: Brigitte Schäfer
S.175; S.177; S.181; S.183: Wolfgang Heitzmann und Renate Gabriel
S.185: © Martin Zwick/Danita Delimont - stock.adobe.com
S.193: © EKH-Pictures - stock.adobe.com
S.195: © zauberblicke - stock.adobe.com
S.199; S.201; S.205: Eugen E. Hüsler und Manfred Kostner
S.206/207: © Holger Seidel - stock.adobe.com
S.208: © kab-vision - stock.adobe.com
S.211: © Mauro - stock.adobe.com
S.212: © MichaelStabentheiner - stock.adobe.com

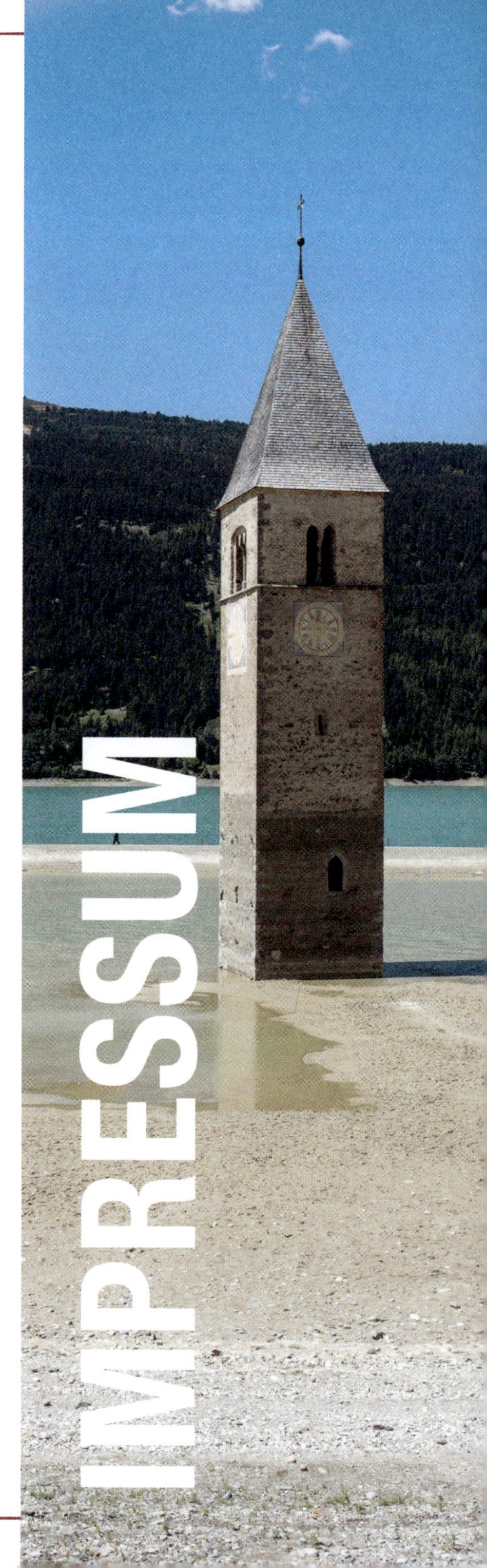

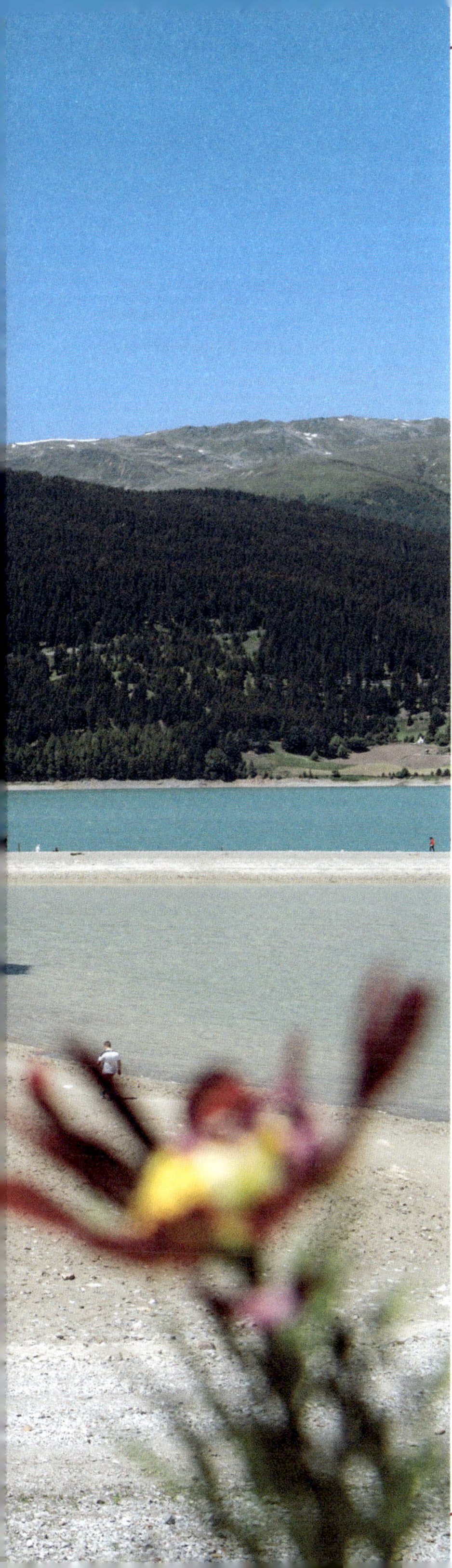

Alle Angaben und Routenbeschreibungen wurden nach bestem Wissen gemäß unserer derzeitigen Informationslage gemacht. Die Wanderungen wurden sehr sorgfältig ausgewählt und beschrieben, Schwierigkeiten werden im Text kurz angegeben. Es können jedoch Änderungen an Wegen und im aktuellen Naturzustand eintreten. Wanderer und alle Kartenbenützer müssen darauf achten, dass aufgrund ständiger Veränderungen die Wegzustände bezüglich Begehbarkeit sich nicht mit den Angaben in der Karte decken müssen. Bei der großen Fülle des bearbeiteten Materials sind daher vereinzelte Fehler und Unstimmigkeiten nicht vermeidbar. Die Verwendung dieses Führers erfolgt ausschließlich auf eigenes Risiko und auf eigene Gefahr, somit eigenverantwortlich. Eine Haftung für etwaige Unfälle oder Schäden jeder Art wird daher nicht übernommen. Für Berichtigungen und Verbesserungsvorschläge ist die Redaktion stets dankbar. Korrekturhinweise bitte an folgende Anschrift:

KOMPASS KARTEN GMBH
Karl-Kapferer-Straße 5, A-6020 Innsbruck
www.kompass.de/service/kontakt

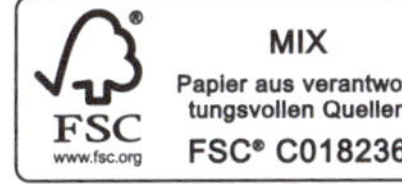

Deine Orientierung

Hallo!
Ich bin deine Anleitung wie du zu den GPX-Tracks aus deinem neuen Buch kommst. Damit kannst du dir die Route in Wander-Apps und Navigationsgeräte laden. Scann den QR-Code oder gehe auf folgende Webseite:

www.kompass.de/gpx

Für Navigationsgeräte und Apps haben wir auf unserer Webseite alle Touren im GPX-Format zum Download bereitgestellt:
Hier findet man alle weiteren Informationen. Einfach das richtige Produkt auf der Seite auswählen, die Daten herunterladen und auf das Zielgerät oder in die gewünschte App importieren.

Was ist ein GPX-Track? GPX ist ein Datenformat für Geodaten. Das Wort GPS steht für Global Positioning System (Globales Positionsbestimmungssystem). Mit einem GPX-Track bekommt man die rote Linie, also den Wanderpfad, als geografische Koordinaten.

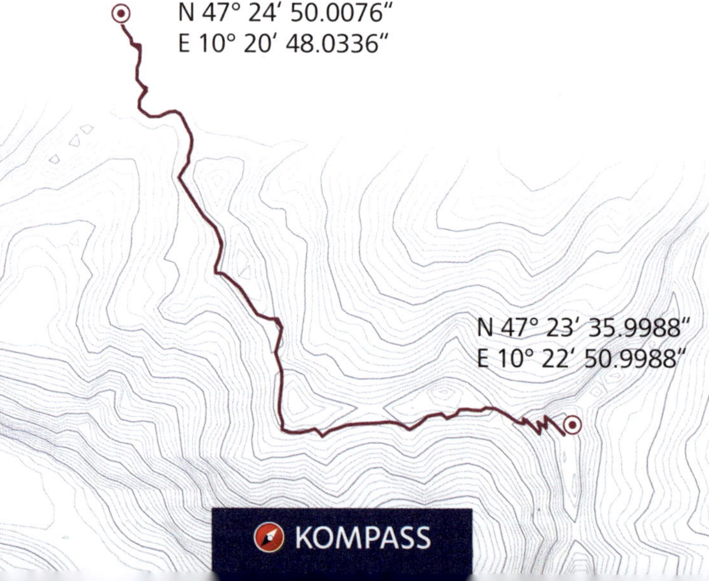